Die Stuttgarter Straßennamen

Die Stuttgarter Straßennamen

Herausgegeben vom Presse- und Informationsamt
der Landeshauptstadt Stuttgart

Bearbeitet von
Eva Walter und Thomas Pfündel

Silberburg-Verlag

CIP-Einheitsaufnahme der Deutschen Bibliothek:

Die **Stuttgarter Strassennamen** / hrsg. vom Presse- und Informationsamt der Landeshauptstadt Stuttgart. Thomas Pfündel ; Eva Walter. – 1. Aufl. – Stuttgart : Silberburg-Verl., 1992

ISBN 3-87407-121-9

NE: Pfündel, Thomas; Walter, Eva; Stuttgart

1. Auflage 1992.

Fotos: Archiv Silberburg-Verlag, Stuttgart: Umschlag, Seite 11, 48 rechts, 66 links, 85, 86, 98/99, 104/105, 139 oben, 160/161, 257, 260/261, 262 rechts, 265. – Bosch Pressebild: Seite 198. – F.D.P. Bundesgeschäftsstelle, Bonn: Seite 238 links. – Aus »Friedrich Wolf. Die Jahre in Stuttgart 1927–1933. Ein Beispiel« (Katalog zur Ausstellung innerhalb der Reihe »Stuttgart im Dritten Reich«, Stuttgart 1983): Seite 78 links. – Landesbildstelle Württemberg: 19, 38, 42, 46, 121, 152, 195, 267. – Landeshauptstadt Stuttgart, Stadtmessungsamt/Runge: Seite 32 rechts, 221, 236. – Landeshauptstadt Stuttgart, Stadtmessungsamt/Joachim Schlenker: Seite 13. – Alle anderen Bilder: Landeshauptstadt Stuttgart, Kulturamt/Stadtarchiv.
Reproduktionen: Schwabenrepro GmbH, Stuttgart.
Druck und Verarbeitung: Wilhelm Röck, Weinsberg.
Printed in Germany.

ISBN 3-87407-121-9

Zur Einführung

Die Geschichte der Straßennamen reicht ins Mittelalter zurück. Damals wurden die Gassen und Gäßchen mit Namen belegt, die sich beispielsweise auf Gewerbe bezogen, die sich dort niedergelassen hatten, auf markante Gebäude, auf bekannte Hausbesitzer, auf die Beschaffenheit oder die Lage der Straße, ob sie besonders eng und schmal war, ob sie auf der Höhe verlief oder steil anstieg. Die Namen der Straßen waren nicht bindend und wandelten sich häufig. Nur noch wenige der aus dem Mittelalter stammenden Benennungen sind heute noch in Gebrauch. Der Mittelpunkt der Stadt hieß bereits 1304 Marktplatz und die Schulstraße schon 1425 Schulgasse. Zu den ältesten Straßennamen gehören außerdem Rosenstraße (1431), Eichstraße (1485) und Kirchstraße (1487), die damals allerdings noch bescheiden »-gasse« genannt wurden.

Die erste amtliche Benennung der Straßen stammt aus dem Jahr 1764. Damals erging eine herzogliche Anordnung an die Stadt, ihre Straßen und Gassen mit Namen zu versehen. Dabei hielt man sich meist an die volkstümlichen Bezeichnungen, die bisher dafür verwendet worden waren.

Einen anderen Weg schlug man im Jahr 1811 ein, als Stuttgart seiner Würde als Haupt- und Residenzstadt des neuen Königreichs Württemberg auf allen Gebieten gerecht zu werden versuchte. Alle Gassen wurden in Straßen umgetauft. Außerdem erhielten die meisten neue Namen, von denen die Verantwortlichen glaubten, sie entsprächen dem neuen Status der Stadt besser. Dazu gehörte in erster Linie die Benennung nach Angehörigen und Verwandten des württembergischen Fürstenhauses, wie Marien-, Charlotten-, Dorotheen-, Eberhard-, Karl-, König- und Fürstenstraße. In den folgenden Jahrzehnten kamen weitere Namensgebungen in diesem Stil hinzu, wie Sophien-, Paulinen-, Katharinen-, Olga-, Augusten-, Eugen- und Alexanderstraße. Den weiblichen Angehörigen der Königsfamilie wurde dabei der Vorzug gegeben.

Die nächsten Um- und Neubenennungen fanden 1820 und 1832 statt. Eine ganze Reihe von neuen Straßen kam Mitte des 19. Jahrhunderts hinzu. Die Vornamen des Fürstenhauses reichten dafür bei weitem nicht aus. So einigte man sich darauf, bedeutende Persönlichkeiten mit der Benennung einer Straße zu ehren, etwa Dichter, Künstler und Erfinder sowie verdiente Persönlichkeiten der Stadt. Genannt seien hier nur Schiller (1853), Gutenberg und Schelling (beide 1858), Senefelder (1861), Kepler und Römer (beide 1862), Uhland (1865) und Cotta (1864). Bürger konnten ihre diesbezüglichen Vorschläge an den Gemeinderat richten.

Die Vergabe von Straßennamen an bedeutende Persönlichkeiten ist heute noch üblich, doch seit 1945 ist man davon abgekommen, lebende Personen mit einzubeziehen.

Eine andere Quelle der Namensgebung sind seit Mitte des 19. Jahrhunderts die althergebrachten Namen der Flure und Gewanne geworden. Sie sind meist seit dem Mittelalter überliefert. Da sich die Stadt auf zuvor landwirtschaftlich genutztes Gelände ausdehnte, bot sich diese Möglichkeit geradezu an. Der Grundsatz, dieses überlieferte Namensgut der Nachwelt zu erhalten, hat bis heute Vorrang bei der Namensgebung. Auf diese alten Flurnamen geht etwa ein Sechstel der Stuttgarter Straßennamen zurück. Dazu gehören beispielsweise die Hasenstraße (1837), Heusteig-, Hoppenlau- und Seidenstraße (1851), Reinsburgstraße (1854), Hasenbergsteige (1855) und Kornbergstraße (1859).

Neue Schwierigkeiten traten auf, nachdem die ersten Vororte nach Stuttgart eingemeindet worden waren. Denn diese hatten ihre eigenen Orientierungssysteme. In manchen kleineren Orten gab es gar keine Straßennamen, denn hier hatte es ausgereicht, die Häuser durchzunumerieren. In Gaisburg war sowohl eine Hausnumerierung im ganzen Ort als auch eine Straßenbenennung vorhanden. Der aufstrebende Kurort Bad Cannstatt hatte bereits Anfang des 19. Jahrhunderts schrittweise eine amtliche Straßenbenennung eingeführt. Bedingt durch die bauliche Erweiterung erfolgten 1822 und 1846 Neubenennungen. Die durchlaufende Numerierung der Häuser in der Cannstatter Altstadt wurde erst in den achtziger Jahren des 19. Jahrhunderts abgeschafft.

Als Gaisburg 1901 nach Stuttgart eingemeindet wurde, diskutierte man darüber, ob die Straßennamen, die in gleicher oder ähnlicher Form in beiden Orten vorkamen, in Gaisburg geändert werden sollten. Der damalige Oberbürgermeister und die Mehrheit des Gemeinderats lehnten dies jedoch ab. Doch schon bald protestierte die Oberpostdirektion, die wegen der doppelten Straßennamen Schwierigkeiten bei der Postzustellung bekam. Die Stadtväter gaben nicht nach, denn sie wollten den Neu-Stuttgartern ihre althergebrachten Straßenbezeichnungen nicht streichen. Erst die nationalsozialistische Regierung nahm 1937 auf die Gefühle der Vorortbewohner keine Rücksicht mehr und schaffte alle Mehrfachbenennungen ab. Einzelne Straßennamen waren sechsmal vorgekommen. Nach den letzten großen Eingemeindungen 1942 blieben weitere Mehrfachbenennungen erhalten, die 1957 geändert wurden. Mit Ausnahme der Wilhelmsplätze und -straßen sowie der Marktplätze in Stuttgart und Bad Cannstatt gibt es keine Doppelbenennungen mehr.

Der Stuttgarter Gemeinderat legte immer wieder Prinzipien zur Straßennamensgebung fest. 1922 einigte man sich darauf, in erster Linie alte Orts- und Gewannamen zu verwenden. An zweiter Stelle sollten sich die Benennungen auf bedeutende Persönlichkeiten beziehen. Außerdem sollte drittens die Orientierung in der gewachsenen Stadt erleichtert werden, indem man sogenannte Namensgruppen für einzelne Stadtgebiete festsetzte. Diese Namens- und Sachgruppen wurden 1955 vom Gemeinderat neu bestimmt. Sie dienen dazu, die Orientierung zu erleichtern. Soweit keine ortsgeschichtlichen oder lagebezogenen Namen für die Neubenennung einer Straße zur Verfügung stehen, werden die Straßennamen aus diesen Namensgruppen ausgewählt. Die Gruppen wurden später für die neuentstandenen Stadtteile erweitert.

Die Namensgebung, bezogen auf die einzelnen Stadtteile:

Inneres Stadtgebiet: Um den Staat, die Stadt, die Wissenschaften oder die Kunst verdiente Persönlichkeiten – Europäische Großstädte – Albberge – Bedeutende Physiker – Deutsche Dichter – Gestalten deutscher Dichtung – Schwäbische Maler – Württembergische Minister – Edelsteine.

Bad Cannstatt: Badeorte – Deutsche Großstädte – Orte aus dem Ostalb- und Rems-Murr-Kreis.

Bergheim: Kriechtiere.

Birkach: Orte aus den Kreisen Biberach und Ravensburg.

Botnang: Bedeutende Musiker – Musikinstrumente – Orte des Kreises Calw.

Büsnau: Ortsnamen und verdiente Persönlichkeiten aus der Bukowina (dem Buchenland).

Degerloch: Bäume und Sträucher – Operntitel – Orte aus den Kreisen Reutlingen und Tübingen.

Dürrlewang: Himmelskörper – Bedeutende Astronomen.

Fasanenhof: Opfer des Nationalsozialismus.

Feuerbach: Burgen und Schlösser – Deutsche Mittelgebirge – Österreichische Städte und Landschaften – Um die Wirtschaft verdiente Persönlichkeiten – Schriftsteller der Exilliteratur.

Freiberg: Berühmte Deutsche aus Böhmen.

Hedelfingen: Um die Binnenschiffahrt verdiente Persönlichkeiten – Orte des Kreises Ulm/Donau.

Heumaden: Gewürze – Orte aus dem Alb-Donau-Kreis.

Hofen: Orte aus dem Kreis Schwäbisch Hall.

Hohenheim: Um die Landwirtschaft verdiente Persönlichkeiten.

Kaltental: Schwarzwaldorte und -berge.

Luginsland: Männliche und weibliche Vornamen.

Möhringen: Orte aus dem Zollernalbkreis und dem Kreis Sigmaringen – Gestalten aus Märchen, Sagen und Fabeln.

Mönchfeld: Fische.

Mühlhausen: Orte aus dem Hohenlohekreis – Baltische Städte.

Münster: Deutsche Ströme und Flüsse.

Neugereut: Wasservögel.

Neuwirtshaus: Nordseeinseln.

Obertürkheim: Schwäbische Seen.

Plieningen: Feld- und Gartenfrüchte – Gräser – Orte aus dem Bodenseekreis.

Riedenberg: Südfrüchte.

Rohracker: Kernobstsorten – Orte des Kreises Heidenheim.

Rot: Orte des Kreises Heilbronn.

Rotenberg: Namen aus der altwürttembergischen Geschichte.

Schönberg: Pilze.

Sillenbuch: Beerenobst – Orte des Kreises Tuttlingen.

Sommerrain: Blumen.

Stammheim: Entdecker und Forschungsreisende – Schmetterlinge und Insekten – Orte des Kreises Ludwigsburg.

Uhlbach: Tiroler Orte – Reb- und Weinsorten.

Untertürkheim: Alpen-Berge und -Orte.

Vaihingen: Gesteinsarten – Bedeutende Geologen – Mineralien und chemische Elemente – Schauspieler – Orte aus den Kreisen Böblingen, Freudenstadt und Rottweil – Bundesstaaten der USA.

Wangen: Orte aus den Kreisen Esslingen und Göppingen.

Weilimdorf: Orte aus den Kreisen der Regierungsbezirke Karlsruhe und Freiburg und des Landes Rheinland-Pfalz – Technische Begriffe.

Wolfbusch: Waldtiere und Waldvögel.

Zuffenhausen: Bedeutende Erfinder – Volksstämme – Orte aus dem Enz-, Hohenlohe- und Tauberkreis.

Viele Namensgebungen sind dem Zeitgeschmack und den politischen Verhältnissen unterworfen. 1933 bis 1945 hießen einige Straßen nach Größen des Nationalsozialismus. Die Planie wurde gleich 1933 in Adolf-Hitler-Straße umbenannt. Weitere Adolf-Hitler-Straßen und -Plätze gab es unter anderem in Birkach (Bei der Eiche), Feuerbach (Stuttgarter Straße), in Sonnenberg und Degerloch (Laustraße) und in Plieningen (Hohenheimer Straße). Nach Hermann Göring und Josef Goebbels hießen Straßen in Möhringen (Rosaweg, Ernsthaldenstraße), nach Reichsstatthalter Wilhelm Murr die Dorotheenstraße (Mitte) und die Hieberstraße (Möhringen). Der Charlottenplatz hieß ab 1934 Danziger Freiheit, während der Marienplatz 1937 in »Platz der SA« umgetauft wurde. Einen während einer Schlägerei verletzten und später verstorbenen SA-Mann ehrten die Nationalsozialisten 1933 mit der Umbenennung der Neuen Brücke in Gregor-Schmid-Straße. Auch die geistigen Wegbereiter des Nationalsozialismus ehrte man mit der Benennung von Straßen, unter anderem den Geistlichen Adolf Stöcker (Naumannstraße), den Publizisten Dietrich Ekkart (Stirnbrandstraße) und den Politiker Ritter von Schönerer (Libanonstraße).

Die Rück- beziehungsweise Umbenennungen erfolgten am 26. Mai und 13. November 1945. Nach 1945 ehrte man Widerstandskämpfer, politisch Verfolgte, ausgewanderte oder ermordete jüdische Mitbürgerinnen und Mitbürger sowie Politiker der Weimarer Republik mit Straßennamen.

So spiegelt sich sowohl die Geschichte der Stadt als auch das allgemeine Zeitgeschehen in den Namen der Straßen, Gassen und Plätze wider. Viele Bürger der Stadt richten sich an die Stadtverwaltung mit Fragen, die den Namen der Straße betreffen, in der sie wohnen. Oft kennt man die Bedeutung der Flurnamen nicht mehr. Auch die Menschen, die als Namensgeber dienten, sind in Vergessenheit geraten.

Diesem Mangel abzuhelfen bemühte sich schon 1887 Professor Dr. Julius Hartmann. Er verfaßte eine »Übersicht über die Herkunft und Bedeutung der Stuttgarter Straßennamen«, die später als Grundlage für entsprechende Teile der Stuttgarter Adreßbücher diente.

Das Amtsblatt der Landeshauptstadt Stuttgart beanwortete die Fragen der Bürgerschaft nach der Bedeutung der Namen von Straßen, Wegen, Steigen, Staffeln, Gassen, Brücken und Stegen, Alleen und Plätzen in einer Artikelserie. Sie wurde von den Mitarbeitern verschiedener Dienststellen der Stadt und des Statistischen Amts erarbeitet. 1951 bis 1966 erschienen unter der Rubrik »Unsere Straßennamen« sämtliche Benennungen. Diese Artikelserie wurde in einer Broschüre zusammengefaßt und vom Statistischen Amt 1973 herausgegeben. 1974 erschien, herausgegeben vom Presse- und Informationsamt der Landeshauptstadt

Stuttgart, auf dieser Grundlage das Buch »Straßennamen in Stuttgart, Herkunft und Bedeutung«, das im selben Jahr in die zweite Auflage ging. Daran arbeiteten das Statistische Amt, das Stadtarchiv und die Rathausbücherei mit.

Das vorliegende Buch stützt sich im wesentlichen auf diese Vorarbeiten. Ergänzt wurden nicht nur alle neuen Straßennamen – immerhin etwa dreihundert! –, sondern auch manche Lebensgeschichten von Personen, die damit mehr ins Licht der Öffentlichkeit gerückt werden. Hierzu zählen die Menschen – darunter viele Politiker und Künstler –, die Opfer der Nationalsozialisten wurden, sowie Demokraten, die sich im 19. Jahrhundert für Freiheit und Demokratie im Lande einsetzten. Die Ergänzungen betreffen auch viele Pflanzen- und Tiernamen, um die Bedeutung der natürlichen Umwelt zu betonen. Denn auch bei der Benennung der Straßen nach Pflanzen und Tieren liegt der Schwerpunkt auf der einheimischen Tier- und Pflanzenwelt. Viele der genannten Pflanzen und Tiere sind inzwischen vom Aussterben bedroht.

Die Stuttgarter Straßennamen

Aachener Straße *(1937, Bad Cannstatt)* Stadt Aachen.

Aalstraße *(1957, Mönchfeld)* Der Flußaal, anguilla, lebt in Flüssen und Gewässern, die ins Meer münden.

Abelsbergstraße *(1911, Ost)* Flurname, Hinweis auf einen früheren Besitzer namens Abel.

Aberle-Weg, Emma- siehe →Emma-Aberle-Weg.

Aberlin-Jörg-Straße *(1945, Bad Cannstatt)* Aberlin Jörg (*um 1420 † 1493 oder 1494 in Stuttgart), Baumeister, Sohn des am Stuttgarter Hof tätigen Baumeisters Hänslin Jörg. Er leitete den Umbau des Langhauses und des Chorgewölbes der Leonhardskir-

Die von Aberlin Jörg erbaute Hospitalkirche (Radierung von Eberhard Emminger, um 1823).

che (1463 bis 1466), baute die Hospitalkirche (1471 bis 1493), vollendete das Langhaus der Stiftskirche, das sein Vater 1433 begonnen hatte, und erbaute die Stadtkirche in Bad Cannstatt (1460 bis 1471).

Ablacher Weg *(1958, Möhringen)* Ortsteil Ablach der Gemeinde Krauchenwies, Landkreis Sigmaringen.

Abraham-Wolf-Straße *(1931, Sonnenberg)* Abraham Wolf (*1715 † 1792), Schulmeister und Schultheiß in Möhringen.

Abstatter Straße *(1951, Rot)* Gemeinde Abstatt, Landkreis Heilbronn.

Achalmstraße *(1897, Ost)* Berg der Schwäbischen Alb bei Reutlingen.

Achardweg *(1938, Zuffenhausen)* Franz Carl Achard (*1753 † 1821) gilt als Begründer der Rübenzuckerfabrikation. Er errichtete 1801 auf dem Gut Kunern in Schlesien die erste Rübenzuckerfabrik (1810 Lehranstalt für Rübenzuckerfabrikation).

Ackermannstraße *(1957, Vaihingen)* Sophie Charlotte Ackermann, geb. Biereichel (*1714 † 1792 Hamburg), berühmte Schauspielerin der Goethezeit. Die Truppe, die seit 1764 in Hamburg spielte, wurde von ihrem Mann, Konrad Ernst Ackermann (*1712 † 1771), geleitet. Die Töchter Dorothea und Charlotte waren ebenfalls bedeutende Schauspielerinnen.

Ackerweg *(um 1907, Wangen)* Flurname.

Adalbert-Stifter-Straße *(1964, Mönchfeld und Freiberg)* Adalbert Stifter (*1805 † 1868), österreichischer Dichter.

Adelheidweg *(1933, Ost)* Adelheid Wildermuth (*1848 † 1932), Stuttgarter Wohltäterin und Jugendschriftstellerin, Tochter der Dichterin Ottilie Wildermuth, siehe →Wildermuth-Weg.

Adenauer-Straße, Konrad- siehe →Konrad-Adenauer-Straße.

Adestraße *(1953, Zuffenhausen)* Verdiente Familie in Zuffenhausen.

Adler-Staffel, Karl- siehe →Karl-Adler-Staffel.

Adlerstraße *(1874, Süd)* Der Adler, aquila, ist ein vom Aussterben bedrohter, mächtiger Greifvogel.

Admiralweg *(1957, Stammheim)* Der Admiral, vanessa atalanta, ist einer der schönsten Tagfalter.

Adolf-Engster-Weg *(1978, Büsnau)* Adolf Engster (*Radautz † 1969 Stuttgart-Büs-

Der Nachtwächterbrunnen von Adolf Fremd (1910).

nau), Gründer der Buchenländer Siedlungsgenossenschaft.

Adolf-Fremd-Weg *(1926, Nord)* Adolf Fremd (*1853 Vaihingen a.d. F. † 1924 Stuttgart), Bildhauer und Professor, schuf zahlreiche Plastiken und Denkmäler, darunter 1900 den Nachtwächterbrunnen.

Adolf-Kröner-Straße *(1914, Ost)* Adolf (von) Kröner (*1836 Stuttgart † 1911 Stuttgart), Verlagsbuchhändler, erwarb 1859 die Mäntler'sche Druckerei (die er zur »A. Kröner, Verlagsbuchhandlung« ausbaute), und 1889 den Cotta'schen Verlag. Verlegte die Gesamtausgaben von Goethe und Schiller, die vierzigbändige »Jubiläumsausgabe« (1902/07) und die sechzehnbändige »Säkularausgabe« (1904/05).

Adolfstraße *(1934, Feuerbach)* Männlicher Vorname, nach Adolf Fahrion, siehe →Siegelbergstraße.

Adornostraße *(1957, Plieningen und Steckfeld)* Oscar Adorno (*1872 † 1937), Präsident der Württembergischen Landwirtschaftskammer.

Äckerlesweg *(um 1895, Uhlbach)* Flurname.

Äckerwaldstraße *(um 1940, Sillenbuch)* Der Flurname bezeichnet einen Wald, der zur Schweinemast genutzt wurde.

Ährenweg *(1936, Hedelfingen)* Ähre, Teil des Getreidehalms, der die Samen trägt.

Äußeren Graben, Am siehe →Am äußeren Graben.

Äxtlestraße *(1965, Birkach)* Der Flurname geht möglcherweise auf einen Personennamen zurück.

Affalterstraße *(1900, 1986, Feuerbach)* Affalter bezeichnet eine Flur mit Apfelbäumen und geht auf den mittelhochdeutschen Begriff »affalter« zurück, der Apfelbaum bedeutet.

Der Ailenberg bei Obertürkheim, 1986.

Afternhaldenstraße *(1895, Süd)* Der Flurname Afternhalde wurde schon im 13. Jahrhundert urkundlich erwähnt und bedeutet »hintere Halde«.

Agnesstraße *(1932 und 1945, Degerloch)* Weiblicher Vorname.

Ahornstraße *(1932, Degerloch)* Zu den Ahorngewächsen, aceraceae, gehören Bäume und Sträucher.

Aichelestraße *(1954, Plieningen)* Heinrich Aichele (*1865 † 1952), Oberlehrer, Gründer der Spar- und Darlehenskasse Plieningen.

Ailenbergstraße *(1936, Obertürkheim)* Flurname nach dem auf der Markung Esslingen gelegenen Ailenberg. 1297 wurde er als Ölberg bezeugt, ein Hinweis auf den Ölberg in Jerusalem oder auf die Abgabe von Öl an die Obrigkeit als Pacht für einen Acker.

Aixheimer Straße *(1959, Sillenbuch)* Ortsteil Aixheim der Gemeinde Aldingen, Landkreis Tuttlingen.

Akazienweg *(1921, Degerloch)* Akazie, acacia, baum- und strauchförmige Pflanzengattung der Mimosengewächse.

Akeleiweg *(1979, Sommerrain)* Die Akelei, aquilegia, gehört zu den Hahnenfußgewächsen. Sie steht unter Naturschutz.

Aladinweg *(1965, Möhringen)* Märchengestalt aus »Tausendundeiner Nacht«.

Alarichstraße *(1935, Feuerbach)* Alarich (*370 † 410), König der Westgoten. Er starb bei den Vorbereitungen zur Überfahrt nach Afrika in Cosenza.

Albatrosweg *(1952, Wolfbusch)* Der Albatros, diomedea exulans, kommt als Segler in südlichen Meeren vor. Er brütet auf kahlen Inseln.

Albblick *(1939, Vaihingen)* Ausblick zur Schwäbischen Alb.

Albert-Schäffle-Straße *(1931, Ost)* Albert Schäffle (*1831 Nürtingen † 1903 Stuttgart), Volkswirt und Soziologe, studierte in Tübingen und trat 1850 in die Redaktion des »Schwäbischen Merkur« ein. 1860 bis 1868 Professor der Nationalökonomie, 1862 bis 1865 Mitglied des Württembergischen Landtags, 1868 des deutschen Zollparlaments, 1868 Universitätsprofessor in Wien, 1871 österreichischer Handelsminister.

Albertstraße *(1898, Ost)* Männlicher Vorname.

Albigenserweg *(1957, Vaihingen)* Nach Lenaus Versdichtung »Die Albigenser« (1842), die den Verzweiflungskampf der Sekte der Albigenser (1209 bis 1229) schildert. Diese hatten sich von Kirche und Papst gelöst und wurden unter Papst Innozenz III. in einem Kreuzzug bekämpft und vernichtend geschlagen.

Albplatz *(1930, Degerloch)* Schwäbische Alb.

Albrecht-Dürer-Weg *(1928, Nord)* Albrecht Dürer (*1471 Nürnberg † 1528 Nürnberg), bedeutendster deutscher Maler, Kupferstecher und Zeichner der Renaissance.

Albrecht-Leo-Merz-Weg *(1984, Frauenkopf)* Albrecht Leo Merz (*1884 † 1967), Begründer der Merzschule Stuttgart.

Albrechtstraße *(um 1918, Feuerbach)* Männlicher Vorname.

Albstadtweg *(1977, Möhringen)* Stadt Albstadt, Zollernalbkreis.

Albstraße *(1936, Degerloch)* Schwäbische Alb.

Albuchweg *(1926, Ost)* Teil der Schwäbischen Alb bei Heidenheim zwischen Fils- und Brenztal.

Aldinger Straße *(1933, Mühlhausen)* Ortsteil Aldingen der Gemeinde Remseck am Nekkar, Landkreis Ludwigsburg.

Alemannenstraße *(1933, Zuffenhausen)* Der westgermanische Stamm der Alemannen drang im 3. Jahrhundert n. Chr. aus dem unteren Elbegebiet nach Südwestdeutschland ein. Die Alemannen eroberten um 260 das Land zwischen Limes und Rhein, das bis dahin unter römischer Herrschaft stand. Im 4. und 5. Jahrhundert kamen das Elsaß und die Ostschweiz hinzu. Um 496 wurden sie vom Frankenkönig Chlodwig unterworfen und blieben unter fränkischer Herrschaft. Das unter dem Frankenkönig Karl Martell erloschene Stammesherzogtum entstand im 10. Jahrhundert als Herzogtum Schwaben neu.

Alexanderstraße *(1862, Mitte und Süd)* Alexander II. Nikolajewitsch (*1818 Moskau † 1881 Petersburg), seit 1855 Kaiser von Rußland, Bruder der Königin Olga von Württemberg, Sohn des Kaisers Nikolaus I. Unter seiner Regierung wurden 1861 die Leibeigenschaft aufgehoben und Recht und

Verwaltung reformiert. Der Zusammenschluß Rußlands mit Deutschland und Österreich im Dreikaiserbündnis 1872 hatte wegen des Gegensatzes zwischen Rußland und Österreich keinen langen Bestand. 1881 fiel Alexander II. in Petersburg dem Bombenattentat einer anarchistischen Gruppe zum Opfer. Siehe die Abbildungen auf dem Buchumschlag.

Alfdorfer Straße *(1954, Ost)* Gemeinde Alfdorf, Rems-Murr-Kreis.

Alfons-Härtel-Weg *(1980, Möhringen)* Alfons Härtel war der erste katholische Pfarrer in Möhringen.

Alfred-Dehlinger-Straße *(1935, Möhringen)* Professor Dr. Alfred Dehlinger (*20. Mai 1874 Stuttgart † 24. Juli 1959 Stuttgart), württembergischer Finanzminister 1924 bis 1942. Entstammte einer Stuttgarter Beamtenfamilie, studierte in Tübingen Staats- und Rechtswissenschaften und kam 1898 zur württembergischen Finanzverwaltung. 1917 ins Reichsschatzamt nach Berlin berufen, kehrte er kurz vor Kriegsende wieder nach Stuttgart zurück. Acht Jahre war er konservativer, dann bürgerparteilicher Gemeinderat, ab 1924 Finanzminister in der Regierung Bazille. Dies blieb er bis 1942. In seinem anschließenden Ruhestand widmete er sich vor allem dem Studium der staatlichen Entwicklung Württembergs. Er veröffentlichte eine Reihe bedeutsamer Publikationen auf dem Gebiet der Verwaltungsgeschichte und des Verwaltungsrechts. Wegen seiner Mitgliedschaft in der württembergischen Regierung während der NS-Zeit ordnete ihn die Spruchkammer VI in Stuttgart 1948 in einem Entnazifizierungsverfahren als Minderbelasteter ein. Er sei zwar nie Mitglied der NSDAP geworden, habe aber seine Fähigkeiten als Finanzminister dem Naziregime zur Verfügung gestellt. Schon vor seinem Tod wurde er wiederholt für seine Verdienste um den Ausbau der Verkehrsinfrastruktur des Landes, vor allem der Bahn, des Neckarkanals und der Elektrizitätsversorgung, geehrt.

Alfred-Lörcher-Weg *(1984, Ost)* Alfred Lörcher (*1875 † 1962), Stuttgarter Bildhauer.

Alfredstraße *(1902, Ost)* Männlicher Vorname.

Alice-Haarburger-Staffel *(1987, Degerloch)* Alice Haarburger (*16. November 1891 Reutlingen † 1941), Malerin, stammte aus einer angesehenen jüdischen Familie, die ab 1903 in Stuttgart lebte. Ihr Urgroßvater Isaak Hess aus Laupheim gilt als einer der bedeutendsten Juden des 19. Jahrhunderts. Er gründete 1830 den »Württembergischen Verein zur Versorgung armer israelitischer Waisen« und tat viel für die Emanzipation der jüdischen Bevölkerung Württembergs. Alice Haarburger studierte nach ihrer Schulausbildung Malerei, zunächst in Stuttgart, dann in München. Schon als Zwanzigjährige gehörte sie dem Württembergischen Malerinnenverein in Stuttgart an. 1927 bis 1937 hat sie nicht nur in Stuttgart mehrfach ihre Werke ausgestellt.

Alice Haarburger

Ab 1933 war sie gezwungen, nur noch innerhalb geschlossener jüdischer Ausstellungen ihre Bilder zu zeigen, vor allem bei den von Karl Adler eingerichteten Ausstellungen der »Stuttgarter jüdischen Kunstgemeinschaft«. Nach ihrer Deportation nach Riga am 1. Dezember 1941 wurde sie für tot erklärt. Ihre etwa 150 erhaltenen Ölbilder – Stilleben, Landschaften, Interieurs und Bildnisse – befinden sich in Privatbesitz.

Allgäustraße *(1971, Plieningen)* Landschaft in Oberschwaben zwischen Bodensee und Lech.

Allmandring *(1976, Vaihingen)* Der Flurname wird von der Allmende hergeleitet. Damit bezeichnete man im frühen Mittelalter den Teil der Gemeindeflur, der sich im Gemeinbesitz des Dorfes befand, zumeist Weide oder Wald. Später ging die Allmand zum Teil in Gemeindebesitz, zum Teil in Gemeindenutzungen über.

Allmandstraße *(um 1936, 1986, Vaihingen)* siehe →Allmandring.

Allmersbacher Straße *(1962, Bad Cannstatt)* Gemeinde Allmersbach im Tal, Rems-Murr-Kreis.

Alosenweg *(1927, Hedelfingen)* Der Flurname wurde erstmals 1376 als Anlose genannt und befand sich vermutlich im Besitz des Esslinger Spitals. Vielleicht wurde die Flur auch nach einem Besitzer benannt.

Alpenrosenstraße *(1957, Vaihingen)* Die Alpenrose, rhododendron, wächst in den Wäldern der Alpen. Sie steht unter Naturschutz und ist vom Aussterben bedroht.

Alpirsbacher Weg *(1981, Kaltental)* Alpirsbach im Schwarzwald.

Alpseeweg *(1977, Hofen)* Zweitgrößter See im Allgäu bei Immenstadt.

Altäckerweg *(1933, Hoffeld)* Der Flurname bezeichnet eine ältere Feldflur im Gegensatz zu später erfolgten Rodungen.

Die Birkacher Alte Dorfstraße im Jahr 1948, Holzschnitt von R. Greiß.

Alte Dorfstraße *(1957, Birkach)* Die Alte Dorfstraße erinnert an den früheren Dorfcharakter von Birkach.

Altenbergstraße *(1905, Süd)* Der Flurname wurde 1451 erstmals genannt. Er bezeichnet eine ältere Anlage von Weinbergen als Unterscheidung zu Weinkulturen, die erst später angelegt wurden.

Altenburg, Auf der siehe →Auf der Altenburg.

Altenburger Steige *(1908, Bad Cannstatt)* Als »Staig zu Altenburg« wurde sie 1461 erwähnt. Ihr oberer Teil ist eine alte Römerstraße, die zum Ortsteil Altenburg der im Mittelalter selbständigen Gemeinde Brye und Altenburg führte. Hier befand sich St. Martin, die Urkirche des Stuttgarter Tals. Die Gemeinde kam im 15./16. Jahrhundert zu Cannstatt.

Alten Friedhof, Am siehe →Am alten Friedhof.

Alten Park, Im siehe →Im alten Park.

Alte Poststraße *(1957, Mitte)* Die 1811 benannte Poststraße führte zum Postplatz, wo sich seit Mitte des 18. Jahrhunderts die Thurn und Taxis'sche Poststation befand. Als man den Postplatz Ende der fünfziger Jahre zum Rotebühlplatz umgestaltete, benannte man die Straße in Alte Poststraße um.

Alte Steige *(um 1887, Feuerbach)* Altüberlieferter Name für die ansteigende Straße.

Alte Straße *(vor 1922, Kaltental)* Benannt nach der alten Landstraße nach Vaihingen.

Alte Stuttgarter Straße *(um 1912, Botnang)* Bezeichnet den alten, von Botnang nach Stuttgart führenden Weg. Die neue Stuttgarter Straße wurde 1938 in Beethovenstraße umbenannt.

Alte Untertürkheimer Straße *(1896, Bad Cannstatt und Untertürkheim)* Bezeichnet die alte, von Bad Cannstatt nach Untertürkheim führende Straße, eine einstige Römerstraße. Die nach dem Bau der Umgehungsbahn Untertürkheim–Kornwestheim 1896 angelegte neue Untertürkheimer Straße wurde 1936 in Augsburger Straße umbenannt.

Alte Weinsteige *(1904, Süd und Degerloch)* Die in der ersten Hälfte des 14. Jahrhunderts künstlich angelegte Straße führte vom Inneren Esslinger Tor (an der Marktstraße) etwa im Zuge der Hauptstätter Straße zu den »Vorspannstationen« beim heutigen Marienplatz und dann steil auf die Höhe des »Haigst«. Sie umging Gebiete, die sich in der Hand der Reichsstadt Esslingen befanden (Vaihingen, Möhringen), und diente dem Wein- und Warenverkehr zwischen Oberland und Unterland, ja sie bildete sogar die Scheidelinie zwischen dem Land »ob der Steig« und »unter der Steig«. Die Unterhaltung der Steige bereitete der Stadt manche Sorge. Sie wurde 1772 von der herzoglichen Straßenkasse übernommen. Der jahrhundertealte Verkehrsweg verlor nach dem Bau der »Neuen Weinsteige« im Jahre 1831 rasch an Bedeutung. Durch den Bau der Zahnradbahn, die im August 1884 dem Verkehr übergeben wurde, kam die »Alte Weinsteige« jedoch wieder zur Geltung.

Amadeusweg *(um 1957, Vaihingen)* Vorname des Komponisten Mozart, nach dem diese Straße früher benannt war.

Am äußeren Graben *(1984, Stammheim)* Benannt nach einem nahegelegenen Gewann.

Am alten Friedhof *(1911, Untertürkheim)* Der Name geht auf einen vor 1574 um die Kapelle des heiligen Wendel als »Gottesaker« oder »Leiblege« angelegten Friedhof zurück. Dieser wurde wiederholt vergrößert und schließlich »Alter Friedhof« genannt. Er ist seit 1947 ein öffentlicher Park.

Am Bergheimer Hof *(1971, Bergheim)* Nach einem nahegelegenen landwirtschaftlichen Gut, das 1304 erstmals urkundlich erwähnt

Die steile Alte Weinsteige mit Zahnradbahn, 1912.

wurde und ursprünglich wohl zu einem Dorf gehörte.

Am Bergwald *(1936, Hedelfingen)* Bezieht sich auf die Lage der Straße.

Am Bismarckturm *(1911, Nord)* Benannt nach dem 1904 errichteten Bismarckturm auf dem Gähkopf.

Am Bopserweg *(1940, Süd)* 1436 wurde der »Bopser« erstmals urkundlich als Waldgebiet erwähnt. Der Flurname ist nicht erklärbar.

Am Boschwerk *(1938, Feuerbach)* Nach den dortigen Robert-Bosch-Werken.

Am Buberlesbach *(1981, Botnang)* Nach dem nahegelegenen Buberlesbach.

Am Dobelbach *(1925, Süd)* Der Flurname »Dobel« bezeichnet ein enges, tiefes Waldtal. Er wurde 1314 erstmals urkundlich erwähnt. Durch die Flur floß früher ein Bach.

Am Eichenhain *(1936, Sillenbuch)* Nach dem Naturschutzgebiet »Eichenhain«.

Ameisenbergstraße *(1903, Ost)* 1285 erstmals genannter Flurname.

Améry-Weg, Jean- siehe →Jean-Améry-Weg.

Am Feldrand *(1939, Vaihingen)* Die Straße lag dem offenen Feld zu.

Am Föhrenwald *(1939, Vaihingen)* Die Straße führt den Föhrenwald entlang.

Am Fruchtkasten *(1967, Mitte)* Die 1393 erstmals urkundlich erwähnte herrschaftliche Große Kelter wurde später als Fruchtkasten (Kornspeicher) verwendet. Die Renaissancefassade dieses heute noch erhaltenen Gebäudes gestaltete 1596 Hofbaumeister Heinrich Schickhardt neu.

Am gelben Weg *(1947, Ost)* Die nach Eigenschaftswörtern benannten Straßen Am gelben Weg, Am grünen Weg, Am kurzen Weg und Am oberen Weg bilden eine Nachbarschaft und werden von Haußmann- und Talstraße umschlossen.

Am grünen Weg *(1926, Ost)* siehe →Am gelben Weg.

Am Hohengeren *(1908, Ost)* Dieser Flurname bezeichnet ein spitz zulaufendes Grundstück in Höhenlage. »Ger« bedeutete Speerspitze.

Am Hopfenrain *(1939, Vaihingen)* Der Name weist auf den früheren Hopfenanbau hin.

Am Jakobsbrunnen *(1984, Bad Cannstatt)* Vater und Sohn Jakob Boger waren Gastwirte der früheren Schankwirtschaft »Zu den drei Linden«. Im Volksmund hieß die Straße schon lange nach den beiden Wirten.

Am Klingenbach *(1913, Ost)* Der Klingenbach floß ehemals durch Gablenberg und Gaisburg.

Am Klosterhof *(1935, Münster)* Der Klosterhof wurde erstmals 1193 urkundlich genannt und gehörte zum Besitz des Klosters Lorch.

Am Kochenhof *(1911, Nord)* Geht auf das ehemalige Koch'sche Gut auf der Feuerbacher Heide zurück.

Am Kräherwald *(1905, Nord und West)* Als »Kreer« 1432 erstmals urkundlich erwähnter Flurname, der sich vermutlich von der Krähe herleitet.

Am Kriegsbergturm *(1932, Nord)* Aussichtsturm auf dem Kriegsberg, siehe →Kriegsbergstraße.

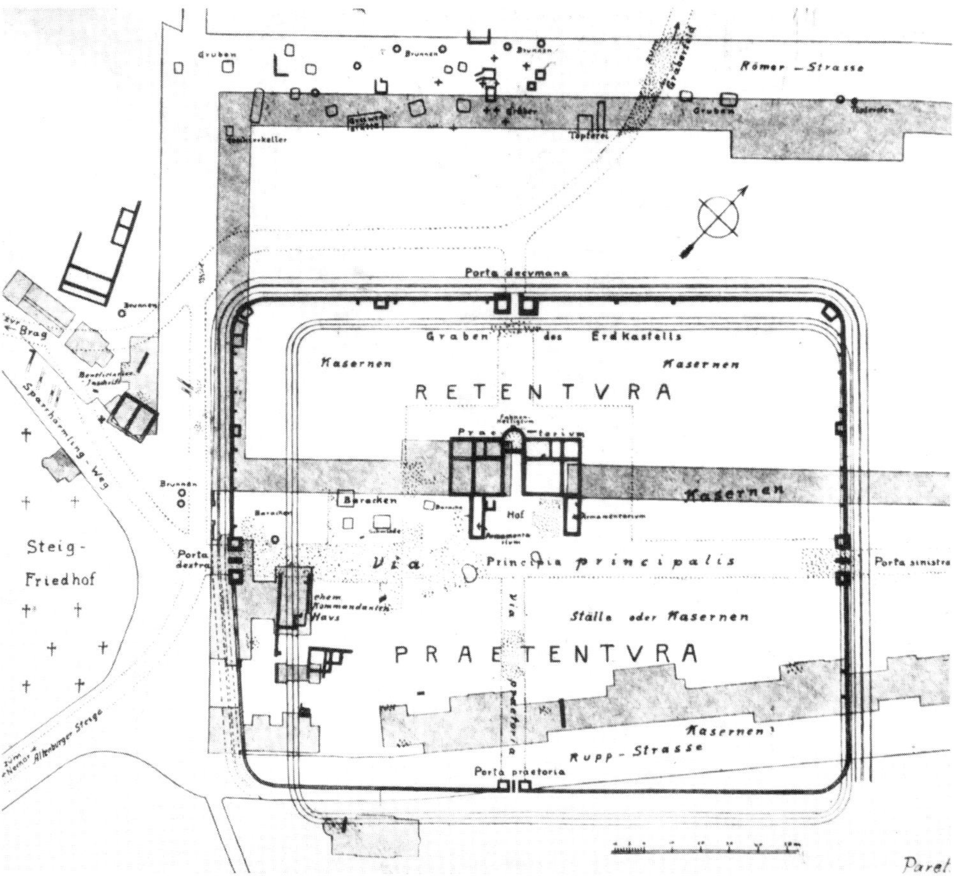

»Am Römerkastell«: Grundriß des römischen Forts auf der Altenburg von Oscar Paret.

Am kurzen Weg *(1919, Ost)* siehe →Am gelben Weg.

Am Lehenweg *(1859, 1972, Süd)* Der Name der im Süden unserer Stadt gelegenen Flur »Im Lehen« ist schon 1304 zu finden und wohl von dem Rechtsbegriff »das Lehen« hergeleitet.

Am Leuzebad *(1932, Ost und Bad Cannstatt)* Nach den ehemaligen Besitzern des Mineralbads Leuze. 1833 wurde auf der Berger Insel – Sauerbrunneninsel – eine Mineralquelle erbohrt und 1842 dort ein Bad eröffnet, das 1851 in den Besitz der Familien Leuze und Hofmann kam. 1921 ging es in städtischen Besitz über.

Ammergasse *(1934, Münster)* Nebenfluß des oberen Neckars.

Am Mittelkai *(1958, Hedelfingen und Wangen)* Nach der Lage im Neckarhafen.

Ammonitenweg *(um 1935, Vaihingen)* Der Name geht auf Ammonitenfunde in diesem Gelände zurück.

Am Mühlkanal *(1937, Ost)* Nach dem zur einstigen Berger Mühle führenden Kanal.

Am Neckartor *(1936, Mitte)* Nach einem ehemaligen Stadttor, das seinen Namen und seinen Platz in der Neckarstraße einige Male wechselte. Früher hieß es Cannstatter Tor, vorher Akademie-Tor.

Am oberen Berg *(1967, Degerloch)* Flurname.

Am oberen Weg *(1919, Ost)* siehe →Am gelben Weg.

Am Ochsenwald *(1976, Rohr)* Nach dem Waldgewann.

Am Ostkai *(1958, Hedelfingen und Wangen)* Nach der Lage im Neckarhafen.

Am Reichelenberg *(1875, Mitte)* Als Reichelenberg wurde 1304 der Hang am Ende des Bopserwaldes bezeichnet. Die Benennung ist auf den Personennamen Richlin zurückzuführen.

Am Römerkastell *(1938, Bad Cannstatt)* Benannt nach dem 1894 auf der Altenburg entdeckten Römerkastell. Die Wiedergabe seines Grundrisses befindet sich auf einer Marmortafel am Gebäude Rommelstraße 1. Vergleiche die Abbildung auf Seite 19.

Am Schattwald *(1948, Büsnau)* Bezieht sich auf die Lage der Straße. Ein Schattwald ist ein an einem Nordhang gelegener Wald.

Am Schnarrenberg *(1981, Münster)* Gewanname.

Am Schwanenplatz *(1978, Ost)* Das populäre Lokal »Zum Schwanen« im einstigen Berger Amtshaus war vor allem wegen seiner Gartenwirtschaft weithin bekannt. Es wurde 1941 geschlossen.

Am Seegraben *(um 1937, Zuffenhausen)* Nach dem unter dieser Straße eingedolten »Seegraben«.

Am Seelachwald *(1934, Wolfbusch)* Der Flurname Seelach bezeichnet ein Gebüsch von Salweiden.

Amselweg *(um 1936, Vaihingen)* Amsel, turdus merula, verbreiteter Gartenvogel.

Am Sonnenweg *(um 1931, Heumaden)* Bezieht sich auf den Verlauf der Straße Richtung Süden.

Am Sportpark *(1986, Feuerbach)* Bezeichnet die Lage der Straße am Sportpark.

Am Stadtgraben *(1937, Bad Cannstatt)* Hier verlief früher der Stadtgraben, also der Graben vor der Stadtmauer.

Am Stadtpark *(1938, Zuffenhausen)* Die Straße führt am Stadtpark entlang.

Am Steinbruch *(um 1924, Zuffenhausen)* Nach einem ehemaligen Steinbruch.

Am Steinenberg *(1978, Hedelfingen)* Nach dem dortigen Gewann Steinenberg.

Amstetter Straße *(1957, Hedelfingen)* Gemeinde Amstetten, Alb-Donau-Kreis.

Am Tazzelwurm *(1924, Nord)* Der Tazzelwurm ist ein Fabeltier und wird als ein zwei Meter langes, sehr dickes, hinten abgestutztes, graues, giftiges Reptil mit zwei kurzen Vorderbeinen und spitzen Ohren beschrieben. Der Sage nach soll es vor allem bei Wetterwechsel erscheinen. »Zum Tazzelwurm«, vermutlich nach Scheffels »Kufsteinlied«, nannte ein Wirt sein Anwesen, auf dem sich heute das Haus Nr. 17 befindet. Da er keine Schankkonzession erhielt, ließ er gegen ein kleines Entgelt die Besucher die Aussicht bewundern und servierte ihnen auf Wunsch ein Glas »Zibebenmost«.

Amundsenstraße *(1957, Stammheim)* Roald Amundsen (*1872 † 1928), norwegischer Polarforscher. Er erreichte als erster am 15. Dezember 1911 den Südpol. Nachdem er 1923 und 1925 vergeblich Flüge zum Nordpol unternommen hatte, gelang es ihm 1926, den Pol mit dem italienischen Luftschiff »Norge« zu überfliegen. Er veröffentlichte 1929 seine Autobiographie »Mein Leben als Entdecker«. Amundsen verscholl bei einem Flug im Juni 1928, als er auf der Suche nach der verunglückten Mannschaft des Luftschiffs »Italia« war.

Am Vogelherd *(1935, Wolfbusch)* An dieser Stelle wurden früher Vögel in Netzen gefangen.

Am Waldrand *(1968, Lederberg)* Bezeichnet die Lage der Straße am Waldrand.

Am Wallgraben *(1927, Möhringen und Vaihingen)* Der Flurname geht vermutlich auf einen Grenzgraben zurück.

Am Wammesknopf *(1972, Stammheim)* Der Flurname geht wohl auf den Knopf am Wams, dem Männerrock, zurück.

Am Weißen *(1983, Rohracker)* Nach dem nahegelegenen Gewann.

Am Weißenhof *(1916, Nord)* Der Weißenhof wurde vom Bäckermeister Georg Philipp Weiß (*1741 † 1822 Stuttgart) 1779 auf der Feuerbacher Heide gegründet. Er war ursprünglich ein Gutshof ohne Wirtschaft, erhielt später die Schankgerechtigkeit und wurde ein beliebtes Ausflugslokal der Stuttgarter.

Am Westkai *(1958, Hedelfingen und Wangen)* Bezeichnet die Lage im Neckarhafen.

Am Wildbädle *(1986, Hedelfingen)* Nach dem nahegelegenen Gewann.

Am Wildwechsel *(1976, Rohr)* Naturgebundener Name.

Am Wolfsberg *(1972, Hoffeld)* Der Flurname geht auf den Wolf, lupus, zurück.

An der Burg *(1972, Feuerbach)* Nach der ehemaligen Burg Frauenberg, erbaut in der ersten Hälfte des 13. Jahrhunderts. Die Fundamente des Bergfrieds, des Turms, sind erhalten.

An der Kelter *(1937, Rohracker)* Bezeichnet die Lage der Straße an der ehemaligen Kelter.

Andernacher Weg *(1937, Bad Cannstatt)* Stadt Andernach am Rhein.

An der Ringmauer *(1933, Mühlhausen)* Nach der Ringmauer, die den Ort umgab.

Andreästraße *(1956, Bad Cannstatt)* Johann Valentin Andreä (*1586 Herrenberg † 1654 Stuttgart), Hofprediger, Konsistorialrat, Abt und Generalsuperintendent, der sich während des Dreißigjährigen Krieges besonders um die Wiederaufrichtung der Gemeinden bemüht hat. Von ihm gingen (anonym) die ersten Rosenkreuzer-Schriften aus.

Andreas-Fauser-Straße *(1980, Möhringen)* Andreas Fauser (*1828 † 1908), Landwirt.

Andronikow, Margarethe Fürstin siehe →Wrangellstraße.

Anemonenweg *(1936, Ost)* Die Anemone, anemone sylvestris, wächst im Wald und gehört zu den geschützten Pflanzen.

Anhöhe, Zur siehe →Zur Anhöhe.

Anisweg *(1957, Heumaden)* Anis, pimpinella anisum, ist eine aus dem Mittelmeerbereich stammende Heil- und Gewürzpflanze.

Anna Peters gründete den Württ. Malerinnenverein.

Annabergstraße *(1935, Bad Cannstatt)* Der Annaberg liegt in Oberschlesien bei Gliwice (Gleiwitz) im heutigen Polen. Auf dem Annaberg befindet sich eine der heiligen Anna geweihte Wallfahrtskirche. Oberschlesien gehörte zu den sogenannten Abstimmungsgebieten, die der Versailler Vertrag 1919 festgelegt hatte. Die Einwohner sollten selbst entscheiden, ob sie zu Polen oder zum Deutschen Reich gehören wollten. Vor und nach der Abstimmung, die am 20. März 1921 erfolgte, gab es blutige Auseinandersetzungen zwischen Polen und deutschen Selbstschutzverbänden. Der Annaberg ist einer der Orte, an denen es zu Kämpfen kam. Er wurde am 21. Mai 1921 von einem deutschen Freikorps erstürmt. Nach dem Abstimmungsergebnis (60 Prozent für das Deutsche Reich, 40 Prozent für Polen) legte der Völkerbundrat eine Teilung fest, die von beiden Seiten als willkürlich empfunden wurde und neuen Konfliktstoff enthielt. Polen wurde ein Drittel des Gebiets, fast die Hälfte der Bevölkerung und vier Fünftel der Industrie zugesprochen. Im Juni 1921 stellten britische Truppen die Ruhe im Land wieder her. Die Teilung erfolgte ein Jahr später.

Anna-Peters-Straße *(1931, Sonnenberg)* Anna Peters (*1843 Mannheim † 1926 Stuttgart-Sonnenberg), Blumenmalerin. Tochter des holländischen Malers Pieter Francis Peter (*1818 Nijmwegen † 1903 Stuttgart) und seiner Frau Heinrika Gertruda geb. Mali (*1820/1821 Mauren bei Böblingen † 1884 Stuttgart). Das Ehepaar lebte ab 1846 in Stuttgart. Peters war geschätzter Hofmaler und bildete seine Töchter Anna und Pietronella (*1848 † 1924) in der Kunst des Malens aus. Anna malte Blumenstilleben, Pietronella Kinder und Tiere. Gemeinsam mit der dritten Schwester Ida (*1946 † 1923), die den Haushalt führte, lebten sie in Sonnenberg, Sonnenbühlstraße 8 (heute Sonnenbergstraße). Vor allem Pietronella hielt den Garten in Sonnenberg in ihren Szenen fest. Anna Peters, Sally Wiest und Magdalena Schweizer gründeten 1893 den Württembergischen Malerinnenverein.

Anna-Schieber-Weg *(1977, Degerloch)* Anna Schieber (*12. Dezember 1867 Esslingen † 7. August 1945 Tübingen), Schriftstellerin. Nach dem Tod des Vaters, der Küfer in Esslingen war, zog sie mit ihrer Familie nach Stuttgart. Sie lernte im Kunsthaus Schaller, wohnte ab 1920 in Degerloch. Damals war sie schon durch ihren erfolgreichen Roman »Alle guten Geister« berühmt. Ihre vielen Romane und Erzählungen erreichten hohe Auflagen. Ihr Hauptwerk ist »Wachstum und Wandlung«, ihr ganz persönliches »Lebensbuch«. Aus Anna Schiebers Schaffen ist zu ersehen, daß ihr nichts vom Geschehen und den Bewegungen ihrer Zeit entgangen ist. Sie war eine vielgeliebte Erzählerin.

Annastraße *(1920, Luginsland)* Weiblicher Vorname.

Anna-Vaihinger-Weg *(1989, Sillenbuch)* Anna Vaihinger (*1874 † 1959), Sillenbucher Wohltäterin.

Anne-Frank-Weg *(1960, Fasanenhof)* Anne Frank (*1929 Frankfurt am Main † 1945 im Konzentrationslager Bergen-Belsen). Die jüdische Familie Frank emigrierte 1933 nach Amsterdam und tauchte 1940 dort unter. Die Tochter Anne schrieb über ihre Erlebnisse im Amsterdamer Hinterhaus-Versteck ein Tagebuch. Die Familie wurde am 1. August 1944 entdeckt, verhaftet und in ein Konzentrationslager verbracht. Einziger Überlebender der Familie war Annes Vater, der nach seiner Rückkehr im Hinterhausversteck das Tagebuch seiner Tochter fand. Das Tagebuch der Anne Frank erschien nach Kriegsende zunächst in Holland, dann auch in Deutschland.

Anschützweg *(1957, Zuffenhausen)* Ottomar Anschütz (*1846 † 1907), Erfinder der Momentfotografie.

Antwerpener Straße *(1936, Bad Cannstatt)* Stadt Antwerpen in Belgien.

Anweiler Weg *(1957, Kaltental, Möhringen und Vaihingen)* Nach den Herren von Anweil, die 1593 bis 1623 die Burg Kaltental besaßen.

Anzengruberstraße *(1933, Nord)* Ludwig Anzengruber (*1839 † 1889), österreichischer Dramatiker und Erzähler.

Apfelblütenweg *(1928, Vaihingen)* Nach den Blüten des Apfelbaums.

Aprikosenstraße *(1946, Obertürkheim)* Nach der Frucht Aprikose.

Archivstraße *(1851, Mitte)* Nach dem 1822 bis 1826 an der ehemaligen Neckarstraße erbauten Hauptstaatsarchiv.

Argengasse *(1934, Münster)* Fluß in Oberschwaben, mündet zwischen Kressbronn und Langenargen in den Bodensee.

Argonnenstraße *(1936, Bad Cannstatt)* Zum Gedenken an die im Argonnerwald in Frankreich ruhenden Toten des Ersten Weltkrieges.

Arkansasstraße *(1982, Vaihingen)* Bundesstaat der USA.

Arlbergstraße *(1936, 1984, Untertürkheim)* Bergpaß in Österreich auf der Wasserscheide zwischen Donau und Rhein.

Arminstraße *(1897, Süd)* Der Cheruskerfürst Arminius (*18 oder 16 v. Chr. † 19 oder 21 n. Chr.), fälschlich Hermann genannt, besiegte in der Schlacht im Teutoburger Wald 9 n. Chr. die Römer unter Varus und machte der römischen Herrschaft in Germanien ein Ende. Arminius wurde von Verwandten ermordet.

Arndtstraße *(1899, West)* Ernst Moritz Arndt (*1769 † 1860), politischer Dichter, Schriftsteller und Publizist. Verhalf als Mitarbeiter des Freiherrn vom Stein mit seinen Flugschriften und Liedern der nationalen Erhebung gegen Napoleon zum Erfolg. Wegen politisch unerwünschter Ansichten wurde er 1820 seiner Stellung als Geschichtsprofessor in Bonn enthoben und 1840 wieder eingesetzt. In der Frankfurter Nationalversammlung 1848/49 trat er für ein preußisches Kaisertum ein und für die politische Freiheit und Einheit der Deutschen.

Arnold-Cahn-Weg *(1952, Bad Cannstatt)* Geheimrat Dr. Arnold Cahn (*1858 † 1927) war Chefarzt des Cannstatter Krankenhauses.

Arnoldstraße *(1957, Mühlhausen)* Nach der früheren Baumwollspinnerei Arnold.

Arnulf-Klett-Platz *(1974, Mitte)* Dr. Arnulf Klett (*8. April 1905 Stuttgart † 14. August 1974 Bühl/Baden), Jurist und Kommunalpolitiker, 1945 bis 1974 Oberbürgermeister von Stuttgart. Der Pfarrersohn ging in Nürtingen und Stuttgart zur Schule, studierte in Tübingen und München und promovierte 1928 in Tübingen zum Dr. jur. Zwei Jahre später ließ er sich als Anwalt in Stuttgart nieder. 1933 wurde er von den Nationalsozialisten zwei Monate lang im Konzentrationslager Heuberg festgehalten, weil er die Gleichschaltung der württembergischen Presse verurteilt und aus seiner Abneigung gegen Reichsstatthalter Murr und dessen Mitarbeiter keinen Hehl gemacht hatte. Dennoch konnte Klett seine Anwaltspraxis während der Jahre des Hitler-Regimes erhalten. Erst im November 1944 wurde er notdienstverpflichtet und arbeitete bis Mai 1945 in der Feststellungsbehörde für Kriegsschäden in der Stuttgarter Stadtverwaltung. Von der französischen (23. April 1945) und der amerikanischen Besatzung (8. Oktober 1945) wurde Klett als Oberbürgermeister von Stuttgart eingesetzt. Den Besatzungsbehörden war Klett genehm, denn er hatte als Rechtsanwalt auch Widerständler verteidigt und war nicht nationalsozialistisch belastet. Bei jeder Wahl, zuletzt 1966, wurde er von der Bürgerschaft in seinem Amt bestätigt. Seine große Beliebtheit gründete sich auf seinen Humor und seine offene Art. Neben seinen Oberbürgermeisterpflichten übte er zahlreiche Ehrenämter aus, unter anderem war er Präsident des Deutschen Städtetages. Nach kurzer Krankheit starb er am 14. August 1974 während eines Kuraufenthalts auf der Bühler Höhe im Schwarzwald.

Oberbürgermeister Dr. Arnulf Klett

Arnulfstraße *(1937, Luginsland)* Männlicher Vorname.

Arrasstraße *(1936, Bad Cannstatt)* Den Opfern der schweren Kämpfe bei Arras im Ersten Weltkrieg zum Gedächtnis.

Arthurstraße *(um 1911, Rohr)* Männlicher Vorname.

Arthurstraße, Obere siehe →Obere Arthurstraße.

Artusweg *(1938, Feuerbach)* Artus war König der keltischen Briten und kämpfte um 500 n. Chr. gegen die eindringenden Sachsen. Um ihn und die Helden seiner Tafelrunde rankt sich eine Sage, die aus alten keltischen Märchen und Fabeln erwuchs. Ihr wurden die Sagen von Parzival, vom Gral und von Tristan angegliedert.

Asangstraße *(1937, Obertürkheim und Uhlbach)* Der Flurname wird von Asang hergeleitet, was abgebrannter, abgesengter Wald bedeutet. Siehe auch →Im Asemwald.

Asemwald, Im siehe →Im Asemwald.

Aspacher Straße *(1937, Zuffenhausen)* Gemeinde Aspach, Rems-Murr-Kreis.

Aspenwaldstraße *(1925, Botnang)* Flurname, der von der Aspe, populus tremula, der Zitterpappel, hergeleitet wird.

Asperger Straße *(1905, Stammheim)* Stadt Asperg, Landkreis Ludwigsburg.

Aspergstraße *(1903, Ost)* Nach dem Berg Hohenasperg mit der gleichnamigen Burg. Er galt als höchster Berg Württembergs, auf den so mancher zwar schnell hinauf-, aber erst nach Jahren wieder herunterkam, denn hier war ein berüchtigtes Gefängnis untergebracht. Vor allem Oppositionelle setzten die württembergischen Herzöge und Könige hier hinter Gitter.

Asternweg *(1937, Sommerrain)* Die Aster, lateinisch aster, ist eine Gartenblume.

Au, In der siehe →In der Au.

Auberlenweg *(1928, Botnang)* Samuel Gottlob Auberlen (*1758 Fellbach † 1829 Ulm/Donau), war Musiker, Musikdirektor und Organist in der Schweiz, ab 1817 am Münster in Ulm. Er komponierte Lieder und Tänze.

Auensteiner Straße *(1937, Zuffenhausen)* Ortsteil Auenstein der Gemeinde Ilsfeld, Landkreis Heilbronn.

Auerbachstraße *(1946, Bad Cannstatt, Burgholzhof und Münster)* Berthold Auerbach (*1812 Nordstetten bei Horb † 1882 Cannes), Dichter, Verfechter der jüdischen Emanzipation. War 1830 bis 1832 am Gymnasium in Stuttgart. Bekannt sind seine »Schwarzwälder Dorfgeschichten«.

Auerhahnweg *(1935, Wolfbusch)* Auerhuhn, tetrao urogallus, seltener Waldvogel.

Auf dem Haigst *(1907, Degerloch)* Der Flurname leitet sich von »höchst« ab, was man im hiesigen Dialekt »haigst« ausspricht. Dieser Bergvorsprung war bis zur Eingemeindung der Fildervororte der höchstgelegene Punkt des Stuttgarter Stadtgebiets.

Auf der Altenburg *(1920, Bad Cannstatt)* Nach dem abgegangenen Ort und der Burg der Herren von Altenburg, die wohl von König Rudolf 1287 zerstört wurde. Siehe auch →Altenburger Steige.

Auf der Gans *(1979, Sommerrain)* Nach dem dortigen Gewann.

Auf der Heide *(um 1937, Rohr)* Der Flurname bezeichnet Ödland, das als Viehweide genutzt wurde.

Auf der Hub *(1984, Stammheim)* Nach dem nahegelegenen Gewann.

Auf der Kanzel *(1925, Nord)* Der Flurname charakterisiert eine vorspringende Geländeform.

Auf der Steig *(1908, Bad Cannstatt)* Schon 1461 urkundlich erwähnter Straßenname, siehe →Altenburger Steige.

Prinzessin Auguste von Sachsen-Weimar-Eisenach

Augsburger Platz *(1964, Bad Cannstatt)* Stadt Augsburg.

Augsburger Straße *(1964, Bad Cannstatt, Untertürkheim und Obertürkheim)* siehe →Augsburger Platz.

Augustenstraße *(1841, West)* Prinzessin Auguste von Sachsen-Weimar-Eisenach, geb. Prinzessin von Württemberg (*1826 Stuttgart † 1898 Stuttgart), das jüngste Kind König Wilhelms I. und der Königin Pauline, heiratete 1851 Hermann Prinz zu Sachsen-Weimar-Eisenach. Das Ehepaar bewohnte in Stuttgart das von Christian Friedrich Leins erbaute Palais Weimar in der Neckarstraße.

August-Halm-Straße *(1936, Botnang)* August Halm (*1869 Großaltdorf bei Schwäbisch Hall † 1929 Saalfeld), Komponist, Musikpädagoge und Musikschriftsteller. Halm war einer der Initiatoren der Jugendmusikbewegung. Seine Kompositionen umfaßen unter anderem Sinfonien, Orchesterwerke und Klavierstücke. Von seinen Schriften sind »Von zwei Kulturen der Musik« und »Die Symphonie Anton Bruckners« bekannt geworden.

August-Lämmle-Weg *(1968, Bad Cannstatt)* August Lämmle (*1876 Ludwigsburg-Oßweil † 1962 Tübingen), Schriftsteller, Lyriker und Erzähler. Er war Leiter der Abteilung Volkskunde beim Landesamt für Denkmalpflege und wohnte lange in Bad Cannstatt.

August-von-Hartmann-Straße *(1976, Hohenheim)* Johann Georg August von Hartmann (*1764 Stuttgart † 1849 Stuttgart), Kameralist und Förderer der Landwirtschaftlichen Schule in Hohenheim.

Aulendorfer Straße *(1963, Birkach)* Stadt Aulendorf, Landkreis Ravensburg.

August Lämmle, Mundartdichter und Volkskundler.

Auricher Straße *(1953, Rot)* Ortsteil Aurich der Stadt Vaihingen/Enz, Landkreis Ludwigsburg.

Austraße *(1935, Münster)* Der Flurname geht auf die Flußaue des Neckars zurück.

Autenriethweg *(1957, Süd)* Jakob Friedrich Autenrieth (*1740 Stuttgart † 1800 Stuttgart), Professor an der Hohen Carlsschule, Geheimrat und Direktor der Rentkammer.

Auwärterweg *(1957, Möhringen)* Alter Möhringer Familienname.

Auwiesenstraße *(um 1937, Rohr)* Mit dem Flurnamen wurde eine wasserreiche Wiese bezeichnet.

Azenbergaufgang *(1906, Nord)* Um 1280 erstmals genannter Flurname, nach dem Personennamen Azzo.

Azenbergstraße *(1873, Nord)* siehe →Azenbergaufgang.

Azuritweg *(1978, Heumaden)* Azurit oder Kupferlasur, ein Mineral, chemisch wasserhaltiges Kupferkobalt, dient zur Gewinnung von Kupfer und Kupfervitriol sowie als blaue Farbe.

Bachgerstenstraße *(1962, 1982, Weilimdorf)* Der Flurname geht wohl auf den Anbau von Gerste in der Nähe des Lindenbaches zurück.

Bachhalde *(1957, Mühlhausen)* Der Flurname bezeichnet das Hanggelände über dem Feuerbach.

Bach-Platz, Johann-Sebastian- siehe →Johann-Sebastian-Bach-Platz.

Bachstelzenstraße *(1981, Neugereut)* Bachstelze, motacilla alba, einheimischer Vogel.

Bachstraße *(1928, Vaihingen)* Nach dem Nesenbach.

Bachwiesenstraße *(1922, Süd)* Geht auf die zwischen Nesenbach und Wald gelegenen Wiesen zurück.

Backnanger Straße *(1937, Bad Cannstatt)* Stadt Backnang, Rems-Murr-Kreis.

Badbrunnenstraße *(1929, Bad Cannstatt)* Nach dem Flurnamen.

Badergasse *(1937, Bad Cannstatt)* Benannt nach dem Gewerbe der Bader, die Badmeister und Heilkundige waren.

Badstraße *(1835, Bad Cannstatt)* Nach den Sulzbädern »Männlein und Weiblein« und »Obere Sulz« an der Bahnhofstraße, die schon von den Römern benutzt wurden.

Bächlenweg *(1933, Hedelfingen)* Der Flurname »Im Bächlein« oder »An den Bächen« wurde 1363 erstmals urkundlich genannt. Die Flur liegt an der Einmündung des Katzenbachs in den Dürrbach.

Bäckergasse *(1905, Bad Cannstatt)* Sie geht auf einen Bäcker Mattes zurück.

Bälz-Straße, Erwin- siehe →Erwin-Bälz-Straße.

Bärenseestraße *(1951, Büsnau)* Nach dem See im Rotwildpark.

Bärenstäffele *(1986, Feuerbach)* So hieß die Staffel im Volksmund, nach einem Zuchteber, der am Fuß der Staffel gehalten wurde und Bär hieß.

Bärenstraße *(1811, Mitte)* 1584 erstmals als Bärengasse genannt, nach dem ehemaligen Gasthof zum Bären, der eine Zeitlang auch geistliche Herberge war und 1791 abgebrochen wurde. Der Dichter Nikodemus Frischlin (*1547 † 1590) war Stammgast im »Bären«, und der wegen seiner erotischen Abenteuer bekannte Giacomo Casanova (*1725 † 1798) logierte hier, als er im Jahr 1765 Stuttgart besuchte.

Bäumer-Weg, Paul- siehe →Paul-Bäumer-Weg.

Bahnhofstraße *(1856, Bad Cannstatt)* Die Straße führt am Bahnhof entlang.

Baienfurter Weg *(1963, Birkach)* Gemeinde Baienfurt, Landkreis Ravensburg.

Baldernstraße *(1937, Feuerbach)* Schloß Baldern im gleichnamigen Ortsteil der Gemeinde Bopfingen, Ostalbkreis.

Balinger Straße *(1957, Möhringen)* Stadt Balingen, Zollernalbkreis.

Baltenstraße *(1933, Mühlhausen)* Bewohner der baltischen Staaten Estland, Lettland und Litauen.

Balthasar-Neumann-Straße *(1964, 1972, Freiberg)* Johann Balthasar Neumann (*1687 Eger † 1753 Würzburg), bedeutender Baumeister des Barock. Fertigte 1746 einen Entwurf für das Residenzschloß in Stuttgart, der jedoch nicht ausgeführt wurde.

Banatstraße *(1927, Bad Cannstatt)* Landschaft in der südlichen ungarischen Tiefebene, 1920 zwischen Rumänien, Jugoslawien und Ungarn aufgeteilt. Nachdem das Banat während der Türkenherrschaft im 16. und 17. Jahrhundert verödet war, siedelten sich nach 1718, als es unter österreichische Herrschaft gekommen war, Deutsche dort an: die Banater Schwaben. Ende des Zweiten Weltkriegs wurden diese verfolgt und zum Teil vertrieben. Nach Ende des Ceaucescu-Regimes in Rumänien 1989 kehrten viele der dort ansässigen Banater Schwaben nach Deutschland zurück.

Bandkellerstraße *(1909, Feuerbach)* Alter Keller der Küfer, in dem diese die Eisenbänder für die Fässer aufbewahrten.

Banzhaldenstraße *(1971, Feuerbach)* Flurname, der auf eine Bannhartshalde zurückgeht, einen Abhang einer Waldweide, die unter Bann stand und der allgemeinen Nutzung entzogen war.

Barbarossaplatz *(1937, Untertürkheim)* Friedrich I. (*1122 wahrscheinlich Waiblingen † 1190 im Fluß Saleph in Kleinasien ertrunken) wurde wegen seines roten Bartes Barbarossa genannt. Er wurde 1147 Herzog von Schwaben, 1152 deutscher König und 1155 zum Kaiser gekrönt. Barbarossa starb auf dem dritten Kreuzzug.

Barbarossastraße *(1913, Untertürkheim und Luginsland)* siehe →Barbarossaplatz.

Barbenweg *(1957, Mönchfeld)* Die Barbe, barbus, lebt in den Mittelläufen der Flüsse.

Barchetstraße *(1969, Vaihingen)* Die Straße hieß früher »Im Barchet«, wohl ein Hinweis auf die einst in Vaihingen ansässige Barchentweberei. Barchent ist ein Stoff aus Baumwolle oder aus Leinen mit Baumwolle.

Bardiliweg *(1936, Ost)* Franz Bardili (*1811 Dornstetten bei Freudenstadt † 1870 Stuttgart), Bierbrauereibesitzer. Er ließ sich um 1840 in Stuttgart als Apotheker nieder und übernahm später die Denningersche Bierbrauerei in der Tübinger Straße.

Bartensteiner Straße *(1937, Zuffenhausen)* Ortsteil Bartenstein der Gemeinde Schrozberg, Landkreis Schwäbisch Hall.

Barth-Straße, Gustav- siehe →Gustav-Barth-Straße.

Baseler Straße *(1981, Riedenberg)* Stadt Basel in der Schweiz.

Bassermannstraße *(1957, Vaihingen)* Albert Bassermann (*1867 Mannheim † 1952 Zürich), Schauspieler. War 1890 bis 1895 am Meininger Hoftheater, 1900 bis 1914 am Deutschen und am Lessingtheater in Berlin und später an verschiedenen Bühnen. Er emigrierte 1934 in die USA.

Bastianweg *(1957, Stammheim)* Adolf Bastian (*1826 Bremen † 1905 Port of Spain, Trinidad), Völkerkundler. Er unternahm große Reisen in alle Teile der Erde und erforschte vor allem Hinterindien. 1886 wurde er Leiter des Museums für Völkerkunde in Berlin. Bastian gilt als Begründer der neuzeitlichen Völkerkunde.

Bauernwaldstraße *(1922, Botnang)* Der Flurname bezeichnet den von der herzoglichen Rentkammer an die Botnanger 1770 zum Ausstocken verkauften Wald.

Bauernwaldweg, Oberer siehe →Oberer Bauernwaldweg.

Bauerweg *(1953, Zuffenhausen)* Louis Bauer (*1837 Großheppach bei Waiblingen † 1930 Zuffenhausen), Bäckermeister und Löwenwirt. Er war 49 Jahre lang Gemeinderat und Amtsverweser und wurde 1922 Ehrenbürger von Zuffenhausen.

Bauhüttenweg *(1932, Stammheim)* Nach der Bauhütte Schwaben, die dort Wohnhäuser erstellte.

Baumann-Steg, Heinrich- siehe →Heinrich-Baumann-Steg.

Baumann-Straße, Heinrich- siehe →Heinrich-Baumann-Straße.

Baumannweg *(1928, Bad Cannstatt)* Eugen Baumann (*1846 † 1896), Chemiker, Entdecker des organisch gebundenen Jods in der Schilddrüse.

Baumeisterweg *(1960, Feuerbach)* Willi Baumeister (*1889 Stuttgart † 1955 Stuttgart), Maler und Professor an der Akademie der bildenden Künste. Er war einer der wichtigsten Wegbereiter der abstrakten Malerei.

Professor Willi Baumeister war einer der Wegbereiter der abstrakten Malerei.

Der Schüler Adolf Hölzels wurde 1928 Dozent der Frankfurter Kunstschule und wegen seines avantgardistischen Malstils 1933 von den Nationalsozialisten fristlos entlassen. Er kehrte nach Stuttgart zurück, verdiente seinen Lebensunterhalt mit Gebrauchsgraphik für die Industrie und malte heimlich weiter. Seine zahlreichen Ausstellungen im Ausland konnten vor der deutschen Presse geheimgehalten werden. Aus deutschen Museen wurden seine Werke entfernt und zum Teil vernichtet. Nach Kriegsende war Baumeister als Vertreter der modernen Kunst am geistigen Wiederaufbau der Bundesrepublik maßgeblich beteiligt. Theodor Heuss berief ihn 1946 als Leiter der Malklasse an die Staatliche Akademie der Bildenden Künste Stuttgart.

Baumgartenweg *(1937, Sillenbuch)* Der Weg liegt inmitten einer obstreichen Gegend.

Hofbaumeister Georg Beer entwarf unter anderem das Neue Lusthaus. Hier ein Stich aus dem Jahr 1850.

Baumreute *(1927, Süd)* Der Flurname bedeutet gerodetes Land, das mit Bäumen bepflanzt wurde.

Baumwiesenweg *(1938, Vaihingen)* Nach der Lage der Straße.

Bauschweg *(1957, Ost)* Alter Stuttgarter Familienname.

Bazlenstraße *(1953, Sillenbuch)* Julius Bazlen (*1756 † 1837), Sillenbucher Lehrer.

Bebelstraße *(1946, West)* August Bebel (*1840 Köln-Deutz † 1913 Passugg, Schweiz), Mitbegründer und Führer der Sozialdemokratischen Partei Deutschlands, einflußreicher Organisator der deutschen Arbeiterbewegung und überragender Politiker der deutschen Sozialdemokratie.

Bebenhäuser Hof *(1957, Mitte)* Das Kloster Bebenhausen besaß hier im Mittelalter einen Pfleghof. Dabei handelte es sich um einen Komplex von Wohn- und Speichergebäuden sowie Stallungen, der von einer Mauer umgeben war. Er unterstand nicht der Rechtsprechung der Stadt Stuttgart, sondern der Hoheitsgewalt Bebenhausens, weshalb sich hier immer wieder Asylsuchende einfanden. Die Weinberge des Klosters Bebenhausen an den Stuttgarter Hängen wurden schon 1229 urkundlich erwähnt; sie sind damit der älteste nachweisbare Klosterbesitz im Stuttgarter Tal.

Bechergasse *(1937, Uhlbach)* Nach den Besenwirtschaften der Weingärtner, in denen Wein ausgeschenkt und »gebechert« wurde.

Beerstraße *(1913, Süd)* Georg Beer (*1527 Bönnigheim † 1600 Stuttgart), Baumeister. In Stuttgart wirkte er am Bau des Alten Schlosses mit und errichtete im Auftrag des

Herzogs Ludwig von Württemberg das Neue Lusthaus (1583 bis 1593), das sich an der Stelle des heutigen Kunstgebäudes am Schloßplatz befand. Dieses war eines der bedeutendsten Profangebäude der Renaissance in Deutschland. Nach seinem Umbau zum Opernhaus im 18. und zum Hoftheater im 19. Jahrhundert war nur wenig von seiner ursprünglichen Bausubstanz übrig geblieben. Als das Hoftheater 1902 abbrannte, kam die Treppenanlage wieder zum Vorschein, die später in den Mittleren Anlagen aufgestellt wurde.

Beethovenstraße *(1938, Botnang)* Ludwig van Beethoven (*1770 Bonn † 1827 Wien), Komponist. Die Straße hieß früher Neue Stuttgarter Straße.

Begonienweg *(1933, Sommerrain)* Die Begonie, begonia, ist eine Gartenblume.

Behlesstraße *(um 1895, 1975, Uhlbach)* Christian Gotthilf Behles (*1810 † 1878), Schulmeister, später Schultheiß in Uhlbach.

Behringstraße *(1946, Rohr und Vaihingen)* Emil (von) Behring (*1854 † 1917), Bakteriologe, Entdecker des Diphtherieheilserums.

Bei den Funktürmen *(1932, Hoffeld)* Dort standen von 1925 bis 1956 zwei jeweils hundert Meter hohe Funktürme, die erste Sendeanlage des Rundfunks in Württemberg. Das Sendegebäude an ihrem Fuß diente 1953 als Probestudio des SDR-Fernsehens.

Bei der Eiche *(1947, Zuffenhausen)* Nach der Lage der Straße.

Bei der Linde *(1945, Birkach)* Nach der Lage der Straße.

Bei der Meierei *(1911, Bad Cannstatt)* Die Meierei im Rosensteinpark wurde 1833 bis 1840 erbaut.

Bei der Wette *(1931, Rotenberg)* Jahrhundertelang diente die 1925 beseitigte Wette dem Dorf als Feuersee und Pferdeschwemme. Wette bedeutet Weiher.

Beilsteiner Straße *(1937, Zuffenhausen und Rot)* Stadt Beilstein, Landkreis Heilbronn.

Beim Esel *(1978, Weilimdorf)* Nach der schon im 18. Jahrhundert bekannten volkstümlichen Beschimpfung.

Beim Herzogenberg *(1967, Untertürkheim)* Flur im Besitz des württembergischen Herzogshauses.

Beim Höhenfreibad *(1947, Nord)* Nach der Lage der Straße beim Höhenfreibad im Killesbergpark.

Beim Inselkraftwerk *(1935, Untertürkheim)* Nach der Lage der Straße.

Beim Römerhaus *(1938, Vaihingen)* Das »Römerhaus« war ein in alten Karten verzeichnetes »römisches Wachhaus«, das in Vaihingen den Namen »Käppele« führte. Es stammte nicht aus römischer Zeit, sondern wurde als Feldkapelle im 16. Jahrhundert erbaut und 1936 abgebrochen.

Beim Römerhof *(1984, Zazenhausen)* Nach dem nahegelenen ehemaligen römischen Gutshof.

Beim Schnatzgraben *(1934, Wolfbusch)* Die gleichnamige Flur wurde wohl nach dem 1397 genannten Bauern Schnatt bezeichnet.

Belaustraße *(1977, Botnang)* Nach dem dortigen Gewann.

Belchenstraße *(1936, Kaltental)* Der Belchen (1414 m) ist einer der höchsten Berge des Schwarzwalds.

Bellingweg *(1937, Bad Cannstatt)* Johannes Andreas Belling, Amtmann, ließ 1739 die

Mineralquelle auf der Berger Insel fassen und überbauen.

Belser-Straße, Christian- siehe →Christian-Belser-Straße.

Benckendorffstraße *(1899, Süd)* Graf Konstantin von Benckendorff (*1784 † 1828 Bulgarien), russischer Gesandter in Stuttgart und General. Seine Frau und er sind auf dem Heslacher Friedhof in dem von Giovanni Salucci 1823 gestalteten Mausoleum mit der Aufschrift »NUR SIE« beigesetzt. Im Mausoleum befindet sich ein Doppelbildnis der Verstorbenen, das der Bildhauer Johann Heinrich Dannecker geschaffen hat.

Benger-Straße, Luise- siehe →Luise-Benger-Straße.

Benzenäckerstraße *(1971, Hofen)* Dortige Flur, wohl nach einstigem Besitzer Benz.

Benz-Platz, Karl- siehe →Karl-Benz-Platz und Benzstraße.

Benzstraße *(1936, Bad Cannstatt und Untertürkheim)* Karl Benz (*1844 Karlsruhe † 1929 Ladenburg), Ingenieur und Automobilbauer. Benz konstruierte im Jahr 1884 den ersten dreirädrigen Motorwagen. Die von ihm ein Jahr zuvor in Mannheim gegründete Firma Benz & Cie. und die Stuttgarter Daimler - Motoren - Gesellschaft schlossen sich 1926 zur Daimler-Benz AG in Stuttgart zusammen.

Karl Benz

Berg, Am oberen siehe →Am oberen Berg.

Das Benckendorff-Mausoleum in Heslach.

Berg, Neuer siehe →Neuer Berg.

Berger Steg *(um 1931, Ost und Bad Cannstatt)* Führt bei Berg über den Neckar. Der Berger Steg war nach dem Ende des Zweiten Weltkriegs die einzige Verbindung zwischen den beiden Neckarseiten, alle anderen Brücken im Cannstatter Bereich waren von Bomben getroffen oder in den letzten Kriegstagen von deutschen Truppen gesprengt worden.

Berghaustraße *(um 1933, Rohr)* Der Flurname geht auf den Waldschlag auf dem Berg zurück.

Bergheimer Hof, Am siehe →Am Bergheimer Hof.

Bergheimer Straße *(um 1930, Weilimdorf)* Nach dem Bergheimer Gutshof, siehe →Am Bergheimer Hof.

Bergiusweg *(1960, Fasanenhof)* Friedrich Bergius (*1884 Goldschmieden, Kreis Breslau † 1949 Buenos Aires), Chemiker, erfand in Zusammenarbeit mit Pier das Bergius-Pier-Verfahren zur Herstellung flüssiger Kohlenwasserstoffe aus Kohle sowie ein Verfahren zur Umwandlung von Holz in Zucker. Bergius erhielt mit Carl Bosch 1931 den Nobelpreis für Chemie.

Berglenstraße *(1934, Ost)* Die Berglen sind ein Teil des Welzheimer Waldes.

Bergnelkenstraße *(1957, Vaihingen)* Die Alpennelke, dianthus alpinus, steht unter Naturschutz.

Bergstaffelstraße *(1946, Obertürkheim)* Nach der Lage der Straße.

Bergstraße *(1907, Ost)* Nach der Lage der Straße.

Bergwald, Am siehe →Am Bergwald.

Berlichingenstraße *(1933, Zazenhausen)* Götz von Berlichingen (*1480 Jagsthausen † 1562 Schloß Hornberg), fränkischer Reichsritter. Er verlor im Landshuter Erbfolgekrieg 1504 die rechte Hand, die durch eine eiserne ersetzt wurde. Seine Lebensbeschreibung diente Goethe als Quelle für das gleichnamige Schauspiel.

Berliner Platz *(1956, Mitte)* Nach der deutschen Hauptstadt Berlin.

Berneckstraße *(1936, Kaltental)* Schwarzwaldtal bei Schramberg.

Berner Straße *(1981, Riedenberg)* Hauptstadt der Schweiz.

Bernhartshöhe *(1972, Vaihingen)* Nach dem dortigen Gewann.

Bernhauser Straße *(um 1922, Plieningen)* Ortsteil Bernhausen der Stadt Filderstadt, Landkreis Esslingen.

Bernsteinstraße *(1978, Heumaden)* Der Bernstein, verfestigtes Harz von Nadelhölzern der Tertiärzeit, wird als Schmuckstein verwendet.

Bertastraße *(1946, Feuerbach)* Weiblicher Vorname, nach Berta Fahrion, siehe →Siegelbergstraße.

Bertholdweg *(1981, Untertürkheim)* Männlicher Vorname.

Bertolt-Brecht-Straße *(1971, Feuerbach)* Bertolt (Bert) Brecht (*1898 Augsburg † 1956 Berlin), Dramatiker, Schriftsteller und Regisseur.

Bertramstraße *(1963, Untertürkheim)* Männlicher Vorname.

Besigheimer Straße *(1938, Zuffenhausen)* Stadt Besigheim, Landkreis Ludwigsburg.

Beskidenstraße *(1916, Bad Cannstatt)* Westlicher Teil der Karpaten.

Bessemerstraße *(1938, Zuffenhausen)* Sir Henry Bessemer (*1813 † 1898), englischer Ingenieur, erfand 1855 das nach ihm benannte Bessemer-Verfahren, das die Massenherstellung von Stahlsorten ermöglichte, die aus Schmelzen gewonnen werden.

Betzengaiern, Im siehe →Im Betzengaiern.

Betzweilerstraße *(1957, Vaihingen)* Ortsteil Betzweiler der Gemeinde Betzweiler-Wälde, Landkreis Freudenstadt.

Beundweg *(1936, Hedelfingen)* Der Flurname Beund bedeutet eingehegtes Grundstück, das von der üblichen Flurnutzung ausgenommen ist.

Beuroner Straße *(1957, Möhringen)* Gemeinde Beuron, Landkreis Sigmaringen.

Beutelsbacher Straße *(1936, Untertürkheim)* Ortsteil Beutelsbach der Stadt Weinstadt, Rems-Murr-Kreis.

August Beyer baute 1879 den Hasenbergturm. Aus Angst, der 36 Meter hohe Turm könne den anfliegenden Bomberstaffeln eine Orientierungshilfe bieten, wurde das Bauwerk 1943 gesprengt. Der Turmstumpf ist heute noch erhalten.

Beuthener Straße *(1925, Bad Cannstatt)* Stadt Beuthen, Oberschlesien, Polen, heißt heute Bytom.

Beutterstraße *(1931, Rotenberg)* Alexander Beutter (*1862 Herrenalb † 1952 Korntal), 1926 Ehrenbürger von Rotenberg, dort 1891 bis 1926 erster ständiger Pfarrer, Kirchenmusiker und Musikgelehrter.

Beyerstraße *(1902, Nord)* August (von) Beyer (*1834 Künzelsau † 1899 Ulm/Donau), Architekt und Münsterbaumeister. Werke in Stuttgart: bauliche Anlage des Pragfriedhofes, Hotel Marquardt, Olgastift und Hasenbergturm. Außerdem restaurierte er das Kloster Bebenhausen, das Schloß Jagsthausen und die Heilbronner Kilianskirche und vollendete den Turmausbau des Ulmer Münsters.

Biberacher Straße *(1936, Wangen)* Stadt Biberach an der Riß in Oberschwaben.

Biberweg *(1935, Wolfbusch)* Der Biber, castor fiber, gehört zu den Nagetieren.

Biegelstraße *(1895, Süd)* Nach der Lage der Güter in einem engen Winkel (Biegel), bis 1895 Enge Straße.

Bieler Weg *(1981, Riedenberg)* Stadt Biel in der Schweiz.

Bienenweg *(1951, Vaihingen)* Die Honigbiene, apis mellifica, lebt in einem gut organisierten Staatswesen.

Bientzlestraße *(1952, Birkach)* Alteingesessene Familie.

Bietigheimer Straße *(1938, Zuffenhausen)* Stadtteil Bietigheim der Stadt Bietigheim-Bissingen, Landkreis Ludwigsburg.

Bihlplatz *(1935, Süd)* Georg Friedrich Bihl (*1847 Stuttgart † 1935 Stuttgart), Architekt und Baurat. Er gründete 1891 das Architek-

Das Marienhospital ist ein Werk des Architekten Georg Friedrich Bihl. Das Foto stammt aus dem Jahr 1896.

turbüro Bihl und Woltz. Von den Stuttgarter Bauten sind das Marienhospital und das Wilhelmhospital hervorzuheben. Bihl gehörte 1885 bis 1887 dem Bürgerausschuß und 1887 bis 1900 dem Gemeinderat an. Für seine großen Verdienste wurden ihm Auszeichnungen verliehen.

Biklenstraße *(1930, Untertürkheim)* Ludwig Jakob Biklen (*1753 † 1834), Untertürkheimer Schultheiß, erschloß die dortigen Gipsbrüche.

Bildäckerstraße *(1957, Heumaden)* Flurname nach einem früher vorhandenen Bildstock.

Bildstöckle *(1955, Möhringen)* Nach einem früher vorhandenen Bildstock.

Bilfingerstraße *(1921, Bad Cannstatt)* Georg Bernhard Bilfinger (*1693 Cannstatt † 1750 Stuttgart), Philosoph, Staatsmann und evangelischer Theologe, Präsident des Konsistoriums.

Bilihildstraße *(1933, Zazenhausen)* Bilihild stiftete mit ihrem Mann Helmulf dem 774 geweihten Kloster Lorsch an der Bergstraße im Jahr 788 mehrere Grundstücke. In der Schenkungsurkunde wurde Zazenhausen erstmals erwähnt. Siehe auch →Helmulfstraße.

Billertstraße *(um 1954, Kaltental)* Der Flurname könnte sich von Billhart, einer Zusammensetzung aus Bild und Hart, herleiten. Hart bedeutet Weidewald.

Binderstraße *(1958, Hedelfingen)* Altes Hedelfinger Geschlecht.

Bingener Weg *(1958, Möhringen)* Gemeinde Bingen, Landkreis Sigmaringen.

Binsdorfer Straße *(1957, Möhringen)* Ortsteil Binsdorf der Gemeinde Geislingen, Zollernalbkreis.

Binsenstraße *(um 1930, Feuerbach)* Die Binse, juncus, kommt in Mitteleuropa in rund 30 Arten vor.

Birkacher Straße *(um 1915, Riedenberg)* Führt nach Birkach.

Birken, Unter den siehe →Unter den Birken.

Birkendörfle *(1957, Nord)* Nach der dortigen, im Volksmund so benannten Siedlung.

Birkenhofstraße *(1952, 1983, Birkach)* Nach dem alten Gasthaus Birkenhof in Birkach.

Birkenkopf, Unter dem siehe →Unter dem Birkenkopf.

Birkenpilzstraße *(1970, Schönberg)* Der Birkenpilz, leccinum scabrum, ist eßbar.

Birkenwaldstraße *(1936, Nord)* Seit 1466 bekannter Flurname.

Birkheckenstraße *(1957, Birkach und Schönberg)* Der Flurname bezieht sich auf die Hecken, die sich früher entlang der Straße zogen.

Birkhuhnweg *(1935, Wolfbusch)* Das Birkhuhn, lyrurus tetrix, kommt nur noch sehr selten in Moor und Heide vor, nachdem sein Lebensraum immer mehr zerstört wird.

Birnblütenweg *(1938, Vaihingen)* Bezieht sich auf die Blüten des Birnbaums.

Bischoffstraße *(1957, Vaihingen)* Otto Bischoff (*1882 † 1950), Gewerbeschulrat, der sich um das Berufsschulwesen in Vaihingen verdient gemacht hat.

Blick vom Blauen Weg auf Heslach, 1905. Böheimsiedlung und »Eiernest« sind noch nicht gebaut.

Bismarckplatz *(1884, West)* Otto von Bismarck (*1815 † 1898), Reichskanzler 1871 bis 1890, Gründer des Deutschen Reiches.

Bismarckstraße *(1884, West)* siehe →Bismarckplatz.

Bismarckturm, Am siehe →Am Bismarckturm.

Bissinger Straße *(1938, Zuffenhausen)* Stadtteil Bissingen der Stadt Bietigheim-Bissingen, Landkreis Ludwigsburg.

Bittingerweg *(1927, Kaltental)* Dr. Dietrich Bittinger (*1869 † 1926), 1911 bis 1914 Polizeidirektor in Stuttgart.

Bitzer Weg *(1957, Möhringen)* Gemeinde Bitz, Zollernalbkreis.

Bläulingweg *(1957, Stammheim)* Die Bläulinge, lycaendae, sind Tagfalter. In Mitteleuropa kommen rund 60 Arten vor, weltweit etwa 3000.

Blankensteinstraße *(1957, Zazenhausen)* Nach den Edelfreien von Blankenstein, 1321 genannte Besitzer der Neuen Burg Mühlhausen, der Engelburg.

Blarerstraße *(1934, Bad Cannstatt)* Ambrosius Blarer (*1492 Konstanz † 1564 Winterthur), Reformator, führte 1534 bis 1538 mit Schnepf die Reformation in Württemberg ein.

Blasiusweg *(1957, Rotenberg)* Blasius, genannt 1607, war Burgvogt der Burg Württemberg.

Blauer Weg *(1932, Süd und West)* Auf die blaue Wanderweg-Markierung bezogene Volksmundbezeichnung.

Blaufelder Weg *(1937, Zuffenhausen)* Gemeinde Blaufelden, Landkreis Schwäbisch Hall.

Blautopfstraße *(1946, Obertürkheim)* Nach dem Quelltopf des Flusses Blau in Blaubeuren.

Bleicher-Straße, Willi- siehe →Willi-Bleicher-Straße.

Blessingstraße *(1933, Zuffenhausen)* Gottl. August Blessing (*1830 † 1897), Fabrikant und langjähriger Gemeinderat in Zuffenhausen.

Blindschleichenweg *(1955, Bergheim)* Die Blindschleiche, anguis fragilis, ist keine Schlange, sondern gehört zur Familie der Schleichen. Sie ist völlig harmlos und kann bis zu 50 Jahre alt werden.

Bloch-Weg, Ernst- siehe →Ernst-Bloch-Weg.

Blos-Straße, Wilhelm- siehe →Wilhelm-Blos-Straße.

Bludenzer Straße *(1938, Feuerbach)* Stadt Bludenz in Vorarlberg/Österreich.

Blümleweg *(1957, Vaihingen)* Alter Vaihinger Familienname.

Blütenstraße *(1952, Birkach)* Nach den Blüten.

Blumenstraße *(1851, Mitte)* Nach den Blumen.

Blumhardtstraße *(1946, Steckfeld)* Johann Christoph Blumhardt der Ältere (*1805 Stuttgart † 1880 Bad Boll), pietistischer Pfarrer. Durch Krankenheilungen löste er eine Erweckungs- und Bußbewegung aus. Ab 1852 war er in Bad Boll Hausvater einer Gemeinde aus vielen Ländern. Christoph Blumhardt (*1842 Möttlingen bei Calw † 1919 Bad Boll), Pfarrer und religiöser Sozialist, Mitarbeiter seines Vaters in Bad Boll, nach dessen Tod Leiter des »Erholungsheimes«. Als Sozialdemokrat sechs Jahre Abgeordneter im Württembergischen Landtag.

Blum-Straße, Ludwig- siehe →Ludwig-Blum-Straße.

Bochumer Straße *(1925, Bad Cannstatt)* Stadt Bochum.

Bockelstraße *(1957, Heumaden)* Schultheiß Hans Bockel erbaute 1683 das Rathaus in Heumaden.

Bodelschwinghstraße *(1946, Degerloch)* Friedrich von Bodelschwingh (*1831 † 1910), Pfarrer und Begründer der Inneren Mission in Bethel bei Bielefeld.

Bodoweg *(1981, Luginsland)* Männlicher Vorname.

Böblinger Straße *(1864, Süd und Kaltental, ab 1936 auch in Vaihingen)* Stadt Böblingen.

Böckinger Straße *(1951, Rot)* Stadtteil von Heilbronn.

Böcklerstraße *(1957, Süd)* Hans Böckler (*1875 † 1951), erster Vorsitzender des Deutschen Gewerkschaftsbundes.

Böheimstraße *(1870, Süd)* Nach dem schon im 14. Jahrhundert vorkommenden Bürgernamen Behaim, siehe auch →Böhmisreuteweg.

Böhmerwaldstraße *(1939, Feuerbach)* Böhmisch-bayerisches Grenzgebirge.

Böhme-Weg, Jakob- siehe →Jakob-Böhme-Weg.

Böhmisreuteweg *(1810, Süd)* Die Bezeichnung ist auf den einstigen Weiler »Behaimsruti« (1304) zurückzuführen, zusammengesetzt aus Reute (gerodete Stelle) und dem Namen des Eigentümers Behaim.

Böhmstraße *(1950, Degerloch)* Alter Degerlocher Familienname.

Böhringerstraße *(1892, Zuffenhausen)* Flurname.

Bönnigheimer Straße *(1938, Zuffenhausen)* Stadt Bönnigheim, Landkreis Ludwigsburg.

Bofistweg *(1957, Schönberg)* Bofist oder Bovist ist eine Pilzart. Der Flaschenbovist, lycoperdon perlatum, ist der häufigste Vertreter der Gattung Stäubling. Sein erst weißes Äußeres wird schließlich hellbraun. Dann öffnet sich am Scheitel ein Loch, durch das die Sporen wie eine Rauchwolke ins Freie gelangen.

Bogenstraße *(1957, Vaihingen)* Nach der bogenförmigen Führung der Straße, siehe auch →Pfeilstraße.

Bolzstraße *(1945, Mitte)* Eugen Bolz (*15. Dezember 1881 Rottenburg † 23. Januar 1945 Berlin-Plötzensee), 1912 bis 1933 Abgeordneter der Zentrumspartei im Reichstag und Landtag, ab 1919 württembergischer Justizminister, ab 1923 Innenminister von Württemberg. Am 8. Juni 1928 wurde Eugen Bolz zum württembergischen Staatspräsidenten gewählt. Bolz kämpfte gegen die aufkommende Hitlerbewegung und verfocht mutig die Demokratie. Nach der »Machtergreifung« der Nationalsozialisten wurde Bolz am 15. März 1933 zum Rücktritt gezwungen, im April verhaftet und von einer von der SA aufgeputschten Menschenmenge beschimpft.

Eugen Bolz

Zunächst in das Gefängnis auf dem Hohenasperg gebracht, wurde er später wieder freigelassen. Er lebte dann in Stuttgart und schloß sich der Widerstandsbewegung um

Beck, Goerdeler und Graf Moltke an. Nach dem Attentat auf Hitler wurde er am 12. August 1944 verhaftet und nach Berlin gebracht. Vom Volksgerichtshof wurde er am 21. Dezember 1944 zum Tode verurteilt und im Januar 1945 hingerichtet. – Ursprünglich bildete die Bolzstraße den Anfang der Schloßstraße.

Bonatzweg *(1957, Nord)* Paul Bonatz (*6. Dezember 1877 Solgne bei Metz † 20. Dezember 1956 Stuttgart), Architekt und Professor an der Technischen Hochschule Stuttgart. Der Stuttgarter Hauptbahnhof, 1914 bis 1922 von Bonatz und dem Architekten Fritz Scholer erbaut, eröffnete eine neue Epoche der Baukunst, die im Zeichen der »Stuttgarter Schule« stand. Bonatz ließ hier die technischen Funktionen des 20. Jahrhunderts in der Architektur zur Geltung kommen. Der Verzicht auf stilisierendes Beiwerk hob die Qualitäten des Natursteins besonders hervor und sicherte so der Stadtlandschaft einen monumentalen Aspekt. Mit dieser Arbeit folgte Bonatz seinem Lehrmeister, dem Architekten Theodor Fischer, der für Stuttgart das Kunstgebäude und das Gustav-Siegle-Haus, die Erlöserkirche und die Fangelsbachschule gebaut hatte.

Paul Bonatz

Bonatz wirkte seit 1908 als Lehrer an der Stuttgarter Technischen Hochschule. Neue Aufgabenstellungen brachten für ihn die Schleusenbauwerke des Neckars im Jahr 1926. Hier wie in einigen Autobahnbrücken, die er ab 1936 baute, machte er die technischen Funktionen zu Ausdrucksformen der Architektur, die sich harmonisch in die Landschaft einfügen sollten. Als Gegner des NS-Regimes bekam er schließlich keine Aufträge mehr. Weiteren Schwierigkeiten entging er durch die Berufung an die Technische Hochschule in Istanbul 1943. 1948 kehrte er nach Stuttgart zurück und erlebte noch den Wiederaufbau des Hauptbahnhofes.

Bondorfer Weg *(1957, Vaihingen)* Gemeinde Bondorf, Landkreis Böblingen.

Bonhoefferweg *(1960, Fasanenhof)* Nach den in Breslau geborenen Brüdern Dietrich Bonhoeffer (*1906 † 1945), evangelischer Theologe, Direktor des Predigerseminars der Bekennenden Kirche, und Klaus Bonhoeffer (*1901 † 1945), Rechtsanwalt, die als Widerstandskämpfer von den Nationalsozialisten hingerichtet wurden.

Bonlandener Straße *(1939, Degerloch)* Ortsteil Bonlanden der Stadt Filderstadt, Landkreis Esslingen.

Bopfinger Weg *(1938, Bad Cannstatt)* Stadt Bopfingen, Ostalbkreis.

Bopserklinge *(1924, Süd)* Flurname, Taleinschnitt am Bopser, siehe →Bopserstraße.

Bopserstraße *(1872, Mitte und Süd)* Schon 1436 wurde der Flurname »Bopzer« erwähnt. Auch der heute unbewaldete Teil an der Bopserwaldstraße war früher Waldgebiet. Der Flurname ist nicht erklärbar.

Bopserwaldstraße *(1899, Süd)* Die Straße führt in den Bopserwald.

Bopserweg, Am siehe →Am Bopserweg.

Borkumstraße *(1934, Neuwirtshaus)* Nordseeinsel.

Borsigstraße *(1936, Feuerbach)* August Borsig (*1804 † 1854), Großindustrieller, gründete 1837 eine Eisengießerei und Maschinenbauanstalt in Berlin, die seit 1841 vor allem Lokomotiven baute.

Bosch-Straße, Robert- siehe →Robert-Bosch-Straße.

Boschwerk, Am siehe →Am Boschwerk.

Boskopweg *(1983, Rohracker)* Apfelsorte.

Boslerstraße *(1936, Ost)* Berg der Schwäbischen Alb bei Weilheim an der Teck.

Botnanger Steige *(1901, West)* Führt zum Stadtteil Botnang.

Botnanger Straße *(1920, West)* Führt zum Stadtteil Botnang.

Bottroper Straße *(1957, Bad Cannstatt)* Stadt Bottrop.

Bottwarstraße *(1937, Zuffenhausen)* Nach zwei im Bottwartal gelegenen Orten, der Stadt Großbottwar und dem Ortsteil Kleinbottwar der Stadt Steinheim an der Murr, Landkreis Ludwigsburg.

Brabandtgasse *(1957, Plieningen)* Alter Plieninger Familienname.

Brachetweg *(1937, Heumaden)* Der Flurname Brachet bedeutet unbebautes, brachliegendes Feld.

Brachvogelweg *(1972, Neugereut)* Der Lebensraum des Großen Brachvogels, numenius arquata, große feuchte Wiesen, wird immer mehr eingeschränkt, so daß der Vogel vom Aussterben bedroht ist.

Brackenheimer Straße *(1938, Zuffenhausen)* Stadt Brackenheim, Landkreis Heilbronn.

Brählesgasse *(1937, Bad Cannstatt)* Nach dem alten Stadtfischer- und Schiffmeistergeschlecht Brähle.

Brändle-Weg, Reinhold siehe →Reinhold-Brändle-Weg.

Brändströmweg *(1935, Steinhaldenfeld)* Elsa Brändström (*1888 St. Petersburg † 1948 Cambridge, Mass., USA), schwedische Philanthropin, linderte als Abgeordnete des schwedischen Roten Kreuzes 1914 bis 1920 das Los der deutschen Kriegsgefangenen in Sibirien und wurde daraufhin »Engel von Sibirien« genannt.

Brahmsweg *(1928, Botnang)* Johannes Brahms (*1833 Hamburg † 1897 Wien), Komponist.

Brandenkopfweg *(1957, Kaltental und Vaihingen)* Schwarzwaldhöhe im Ortenaukreis.

Brandgasse *(um 1908, Feuerbach)* Die Bezeichnung geht auf einen großen Brand im Jahr 1800 in Feuerbach zurück.

Brandstraße, Obere siehe →Obere Brandstraße.

Brandstraße, Untere siehe →Untere Brandstraße.

Brauhofstraße *(1936, Hedelfingen)* Ortsbezogener Name.

Braunjörgweg *(1947, Möhringen)* Der Flurname geht wohl auf den Spitznamen des Besitzers zurück.

Braunweg *(1927, Ost)* Dr. theol. Friedrich (von) Braun (*1850 † 1904), Oberkonsistorialrat, Stadtdekan an der Hospitalkirche.

Brecht-Straße, Bertolt- siehe →Bertolt-Brecht-Straße.

Bregenzer Straße *(1938, Feuerbach)* Landeshauptstadt von Vorarlberg/Österreich.

Breitensteinstraße *(1968, Plieningen)* Berg der Schwäbischen Alb bei Weilheim an der Teck.

Breite Straße *(1811, Mitte)* Durch die einstige »Obere Gasse«, später »Stadtschreibereigasse«, floß schon im 13. Jahrhundert der Verkehr von der Innenstadt zum »Oberen Tor« und weiter in Richtung Schwarzwald. Den Graben vor der Stadtmauer (im Zuge der heutigen Königstraße) überspannte hier die Stadtschreibereibrücke. Im 14. und 15. Jahrhundert standen zu beiden Seiten der Straße die Gebäude des Katharinenspitals, eines Altersheims und Krankenhauses. Zum Abstellen von Wagen und Gerät vor dem Spital wurde die Straße verbreitert – daher der Name.

Breitlingstraße *(1906, Ost)* Dr. Wilhelm (von) Breitling (*1835 Gaildorf † 1914 Stuttgart), 1896 bis 1906 württembergischer Justizminister, 1901 bis 1906 zugleich württembergischer Ministerpräsident.

Breitscheidstraße *(1946, Mitte und West)* Dr. Rudolf Breitscheid (*2. November 1874 Köln † 24. August 1944 im KZ Buchenwald), Politiker. Breitscheid gründete 1908 zusammen mit Th. Barth und H. von Gerlach die Demokratische Vereinigung, schloß sich 1912 der SPD an, wurde nach der Parteispaltung 1915 Mitglied der USPD. 1915 bis 1923 war er Herausgeber des Wochenblatts »Der Sozialist«, 1918/19 preußischer Innenminister, ab 1920 zunächst für die USPD, nach deren Wiedervereinigung mit der SPD für diese Reichstagsabgeordneter und Fraktionsvorsitzender. Außenpolitisch arbeitete er für die Verständigung, unterstützte die Locarno-Politik Stresemanns und wurde in die deutsche Völkerbundkommission berufen. 1933 mußte er in die Schweiz, dann nach Frankreich emigrieren, wo er 1940 von der Vichy-Regierung an die deutsche Gestapo ausgeliefert wurde. 1944 kam er bei einem Luftangriff auf das KZ Buchenwald, wo er inhaftiert war, um.

Breitschwertstraße *(1933, Mühlhausen)* Franz (von) Breitschwert (*1804 † 1858), 1837 bis 1858 Pfarrer in Mühlhausen, als Verfasser einer Chronik bekannt geworden.

Breitwiesenstraße *(1959, Möhringen)* Der Name der erstmals 1310 genannten Flur deutet auf ein ausgedehntes Wiesengelände hin.

Brennerstraße *(1894, Mitte)* Nach einer früher dort ansässigen Familie Brenner.

Brenner-Straße, Rudolf- siehe →Rudolf-Brenner-Straße.

Brenntenhau *(1957, Rohr)* Der Flurname bezeichnet ein Waldstück, das nach der Brandrodung zeitweise ackerbaulich genutzt wurde.

Brentenwaldstraße *(1952, Steckfeld)* Plieninger Waldteil, siehe →Brenntenhau.

Brenzstraße *(1928, Bad Cannstatt)* Johannes Brenz (*1499 Weil der Stadt † 1570 Stuttgart), Reformator, verfaßte noch vor Luther den ersten evangelischen Katechismus und half Herzog Ulrich von Württemberg bei der Einführung der Reformation. 1553 wurde er zum Propst der Stiftskirche ernannt. 1559 schuf Brenz die »Große Württembergische Kirchenordnung«.

Johannes Brenz

Brestlingweg *(1957, Sillenbuch)* Mundartliche Bezeichnung für Gartenerdbeere.

Brückenstraße: Blick über die Wilhelmsbrücke zur Cannstatter Vorstadt, um 1927.

Brettacher Straße *(1951, Rot)* Ortsteil Brettach der Gemeinde Langenbrettach, Landkreis Heilbronn.

Brettheimer Weg *(1964, Zuffenhausen)* Ortsteil Brettheim der Gemeinde Rot am See, Kreis Schwäbisch Hall.

Bretzfelder Straße *(1952, Rot)* Gemeinde Bretzfeld, Hohenlohekreis.

Breuningstraße *(1931, Sonnenberg)* Johann Michael Breuning (*1801 † 1863), Möhringer Schultheiß.

Brigachstraße *(1934, Münster)* Einer der beiden Quellflüsse der Donau.

Brockenweg *(1936, Feuerbach)* Berg im Harz.

Brodbeckweg *(1936, Untertürkheim)* Georg Wilhelm Brodbeck (*1782 † 1859), Untertürkheimer Amtmann.

Brod-Weg, Max- siehe →Max-Brod-Weg.

Brombeerweg *(1936, Sillenbuch)* Die Brombeere, rubus fructiosus, ist eine der bekanntesten Wildbeerenarten.

Bromberger Straße *(1928, Bad Cannstatt)* Stadt Bromberg, Polen, heute Bydgoszcz.

Brommerstraße *(1957, Vaihingen)* Nach dem Vaihinger Schultheißen Stoffel Brommer (erwähnt um 1570).

Bronnäcker *(1911, Ost)* Der Flurname bezeichnet ein nasses Gebiet mit unterirdischen Quellen.

Bruchsaler Straße *(1930, Bad Cannstatt)* Stadt Bruchsal, Landkreis Karlsruhe.

Bruckenäcker *(1953, Vaihingen)* Der Flurname bezeichnet in der Nähe einer Brücke gelegene Äcker.

Bruckenschlegel, Im siehe →Im Bruckenschlegel.

Bruckmannweg *(1927, Nord)* Dr. Peter Bruckmann (*1865 † 1937), Geheimer Hofrat in Heilbronn, Fabrikant, erster Vorsitzender des Deutschen Werkbundes, Förderer des Neckarkanals.

Brucknerstraße *(1928, Botnang)* Anton Bruckner (*1824 † 1896), österreichischer Komponist.

Bruckwiesenweg *(1935, 1988, Untertürkheim)* Der Flurname bezeichnet die Wiesen bei der früheren Neckarbrücke.

Brückenstraße *(1846, Bad Cannstatt)* Nach der Wilhelmsbrücke. Bis 1835 führte nur eine 375 Fuß lange Brücke mit einer hölzernen Fahrbahn auf zwei hölzernen und sieben steinernen Pfeilern bei Cannstatt über den Neckar. 1835 bis 1838 ist dann die 133 Meter lange, aus fünf Steinbögen gebildete Wilhelmsbrücke gebaut worden, die 1929 erneuert, 1945 gesprengt und 1949 wiederaufgebaut wurde.

Brühl, Im siehe →Im Brühl.

Brühl, Unterer siehe →Unterer Brühl.

Brühlbachweg *(1936, Rohr)* Nach dem durch die Flur Brühl fließenden Bach, siehe →Brühlstraße.

Brühlstraße *(1928, Vaihingen)* Nach der Flur Brühl, die ein wasserreiches Wiesengelände in Ortsnähe bezeichnet, das meistens im Besitz der Ortsherrschaft war.

Brunhildenweg *(1930, Degerloch)* In der Nibelungensage genannte Frau des Burgunderkönigs Gunter.

Brunnenrain *(1933, Zazenhausen)* Der Flurname deutet auf eine Quelle hin.

Brunnenstraße *(1846, Bad Cannstatt)* Führt zum Wilhelms- und Daimlerbrunnen am Sulzerrain.

Brunnenwiesen *(1967, Riedenberg)* Der Flurname weist auf Wiesen bei einer Quelle hin.

Bruno-Frank-Straße *(1945, Heumaden)* Bruno Frank (*13. Juni 1887 Stuttgart † 20. Juni 1945 USA), Schriftsteller. Nach seiner Jugendzeit in Stuttgart – er entstammte einer wohlhabenden Bankiersfamilie – studierte er in Heidelberg, Tübingen, München und Straßburg Jura und promovierte zum Dr. phil. In München heiratete Frank die Tochter der Schauspielerin Fritzi Massary und wohnte benachbart zu Thomas Mann, dessen Freund er wurde. Er schrieb Lustspiele, historische Novellen und Romane, deren bekanntester »Trenck« (1926) wurde. Seine 1928 erschienene »Politische Novelle« war ein Plädoyer für Völkerverständigung und eine Warnung vor dem aufziehenden Faschismus.

Bruno Frank

1933 emigrierte Bruno Frank zuerst in die Schweiz, dann nach Kalifornien. Dort schrieb er »Cervantes«, »Die Monduhr« oder »Der Reisepaß«, in Hollywood verfaßte er Filmdialoge. Auch dort war er wieder der Nachbar des ebenfalls emigrierten Thomas Mann, der nach Franks Tod schrieb: »Er wuchs, er stieg, der glücklich Begabte, arbeitete mit unnachlässigem Ernst an sich und griff mit reinstem Ehrgeiz nach immer höheren Kränzen.« Literaturfreunde schätzen seine »unschwäbischen«, phantasievollen, psychologischen Erzählungen, die Spannungsbögen der historischen Sujets und die auch literarisch spürbare Wärme seiner Menschenfreundlichkeit.

Bruno-Jacoby-Weg *(1982, Degerloch)* Bruno Jacoby (*29. Mai 1853 Magdeburg † 28. Oktober 1918 Stuttgart), Gründer der Stuttgarter Berufsfeuerwehr. Zunächst Brandmeister in Stendal, wurde er 1891 nach Stuttgart berufen, um die erste Stuttgarter Berufsfeuerwehr aufzubauen. Er gewann wegen seines großen persönlichen Einsatzes, seiner ungewöhnlichen Tatkraft und seines großen Organisationstalents bei den Stuttgartern große Popularität.

Bruno Jacoby

Bryestraße *(1874, Bad Cannstatt)* Nach der auf der linken Neckarseite gelegenen, im Mittelalter selbständigen Gemeinde Brye (Brie) und Altenburg, die im 15./16. Jahrhundert nach Cannstatt eingegliedert wurde. Burg Brie war vom 13. bis 15. Jahrhundert im Besitz der Herren von Brie. Die Gemeinde wurde 1554 noch »Vorstadt zu Bry vor dem Brückenthor« genannt.

Bubenhaldenstraße *(1918, Feuerbach)* Der Flurname könnte entweder nach den Buben in der Bedeutung von Knappen benannt worden sein oder vom Spielplatz der Dorfjugend.

Buberlesbach, Am siehe →Am Buberlesbach.

Buchauer Straße *(1936, Wangen)* Stadt Bad Buchau, Landkreis Biberach.

Buchenhofstaffel *(1979, West)* Der »Buchenhof« war ein Luftkur-Hotel in der oberen Hasenbergsteige. Als Hotel garni bestand er bis 1982. Das ursprüngliche Haus im Schweizer Stil, das im Zweiten Weltkrieg zerstört wurde, umfaßte auch eine Galerie mit großer Aussichtsterrasse. Der Warmbronner Dichter Christian Wagner pries sie im Gästebuch mit den Versen: »Willst du retten dich, Freund, aus Stuttgarts Straßengetriebe, suchen ein stilles Asyl, so flücht' zu der schattigen Höh' des Hasenbergs hinan, wo dir winket ein Weinhaus, vornehm, edel, zumal als rebenumsponnene Villa. Oben der heil'ge Wald und unten das schwäb'sche Firenze, göttlich schwelgst du so in Wein und herrlichem Ausblick.«

Buchenländer Straße *(1951, Büsnau)* Die Anwohner der Straße waren vielfach Umsiedler aus dem Buchenland (Bukowina).

Buchenstraße *(1895, Süd)* Die Rotbuche, fagus silvatica, ist ein verbreiteter Waldbaum.

Buchfinkenweg *(1957, Vaihingen)* Der Buchfink, fringilla coelebs, ist einer der häufigsten heimischen Singvögel.

Buchrain, Im siehe →Im Buchrain.

Buchwald, Im siehe →Im Buchwald.

Buchwaldstaffel *(1948, Ost)* Der Flurname bezeichnet einen Buchenwald.

Büchlerstraße *(1929, Hofen)* Michael Büchler (*1532 † 1568), erster Pfarrkaplan in Hofen.

Büchsenstraße *(1811, Mitte)* Nach dem 1515 erbauten und 1569 erneuerten Büchsenhaus (Schützenhaus) der Büchsenschützengesellschaft benannt, die 1500 gegründet wurde. Die Straße wurde schon 1520 »besetzter Weg « (gepflasterter Weg) genannt.

Büsnauer Platz *(1951, Büsnau)* Nach dem ehemaligen Büsnauer Hof, der 1109 als Besitz der Pfalzgrafen von Tübingen urkundlich genannt wurde.

Büsnauer Straße *(1892, Vaihingen und Büsnau)* siehe →Büsnauer Platz.

Bundschuhstraße *(1937, Weilimdorf)* Der »Bundschuh« war das Symbol der Bauern im Bauernkrieg 1525. Ein Bundschuh war ein Stück Leder, das mit einem Riemen um den Knöchel befestigt wurde und als Fußbekleidung diente.

Bunsenweg *(1927, Nord)* Robert Wilhelm Bunsen (*1811 Göttingen † 1899 Heidelberg), Chemiker und Naturforscher.

Buowaldstraße *(1937, Sillenbuch)* Der Flurname bezeichnet einen Buchenwald.

Burckhardtstraße *(1920, Bad Cannstatt)* Dr. Karl (von) Burckhardt (*4. Januar 1818 Cannstatt † 13. September 1888 Waldbad), Arzt. Wurde 1888 Ehrenbürger von Bad Cannstatt. Studierte Medizin und Chirurgie in Tübingen und Paris, wirkte lange Jahre als Badearzt in Wildbad. Durch seine Studien, so schrieb die »Schwäbische Chronik« nach seinem Tod, gewann er »die gründliche akademische Vorbereitung für seinen Beruf, dem er in den nächsten zehn Jahren als praktischer Arzt in seiner Vaterstadt Cannstatt mit Treue und Gewissenhaftigkeit und stets wachsendem Vertrauen oblag«. Als großer Musikliebhaber verband ihn mit dem Komponisten und Dirigenten Friedrich Silcher eine herzliche Freundschaft. 1855 wurde er zum königlichen Badearzt in Wildbad ernannt, von 1887 an durfte er sich auch Hofrat nennen. Bei seinen kaiserlichen und fürstlichen Patienten gewann er höchstes Ansehen. Er entwickelte ein freies, nicht von Schulmeinungen abhängiges Urteil. Der Grund, warum er 1868 seine Entlassung nahm, dürfte in der ablehnenden Haltung der Finanzverwaltung gegenüber seinen Vorschlägen und Wünschen gelegen haben. Nach dem Tod seiner Frau wohnte er bei seinem Schwiegersohn, dem Esslinger Fabrikanten R. Merkel.

Burenstraße *(um 1907, Zuffenhausen)* Südafrikanische Siedler holländischer Abkunft.

Burg, An der siehe →An der Burg.

Burgäckerstraße *(1929, Hofen)* Der Flurname bezeichnet ein ehemals zur Hofener Burg gehörendes Feld.

Burgauer Straße *(1957, Möhringen)* Ortsteil Burgau der Gemeinde Dürmentingen, Landkreis Biberach.

Burgenlandstraße *(1938, Feuerbach)* Österreichisches Bundesland.

Burgfelder Straße *(1957, Möhringen)* Ortsteil Burgfelden der Stadt Albstadt, Zollernalbkreis.

Burggrafenweg *(1957, Kaltental)* Nach den Herren von Kaltental, die mehrfach auch Burggrafen in Stuttgart waren. Siehe auch das Bild auf Seite 46.

Burghaldenstaffel *(1938, Feuerbach)* Die Staffel führt in den Burghaldenweg.

Burghaldenweg *(1939, Feuerbach)* Der Flurname geht auf die nahegelegene ehemalige Burg Frauenberg zurück.

Burgherrenstraße *(1938, Feuerbach)* Führt am Hang der ehemaligen Burg »Frauenberg« entlang, siehe →An der Burg.

Burggrafenweg: Burg »Kaltenstall by stukart 1515«, Silberstiftzeichnung von Hans Baldung Grien.

Burgholzstraße *(1951, Bad Cannstatt und Münster)* Der Flurname könnte auf einen ehemals zur Altenburg gehörenden Wald zurückgehen.

Burgstallstraße *(1891, Süd)* Einstiger herrschaftlicher Wald, der seinen Namen von einer abgegangenen Burg hat. Diese wurde bereits 1312 als »Burgstall« erwähnt.

Burgstraße *(um 1936, Kaltental)* Nach der Burg der Herren von Kaltental, die 1796 bis 1837 abgetragen wurde.

Burgunderstraße *(1938, 1982, Zuffenhausen)* Ostgermanischer Volksstamm.

Burtenbachstraße *(1957, Stammheim)* Nach der Familie Schertlin von Burtenbach, die durch Heirat 1588 bis 1737 Besitzer von Stammheim und Zazenhausen war.

Buschlestraße *(1957, West)* Eugen Buschle (*1849 † 1906), Möbelfabrikant in Stuttgart.

Busch-Weg, Wilhelm- siehe →Wilhelm-Busch-Weg.

Bußallee *(um 1928, Zuffenhausen)* Waldallee, die in die Flur Buß führt. Buß bedeutet Geländeerhebung.

Bussardweg *(1936, Wolfbusch)* Der Bussard, buteo, ist der häufigste einheimische Greifvogel.

Bußbachstraße *(1937, Sillenbuch)* Der Flurname bezeichnet einen am Fuß einer Geländeerhebung (Buß) entspringenden Bach.

Bussenstraße *(1938, Ost)* Berg in Oberschwaben.

Cäsar-Flaischlen-Straße *(1924, Nord und West)* Cäsar Flaischlen (*1864 Stuttgart

† 1920 Gundelsheim), Lyriker, Dramatiker und Erzähler. Flaischlen war das Pseudonym von Cäsar Friedrich Stuart. Flaischlen leitete 1895 bis 1900 in Berlin die Kunstzeitschrift Pan. Seine bekanntesten Werke sind »Jost Seyfried«, 1905, ein autobiographischer Roman, die Romane »Lehr- und Wanderjahre« (1899) und »Im Schloß der Zeit« (1904) sowie der Gedichtband »Von Alltag und Sonne« (1908). Sein bekanntestes Gedicht ist »Hab Sonne im Herzen«. Flaischlen war einer der meistgelesenen Autoren seiner Zeit.

Cäsar Flaischlen

Cahn-Weg, Arnold- siehe →Arnold-Cahn-Weg.

Calwer Straße *(1811, Mitte)* Die Calwer Straße ist aus der Heigelinschen Gasse und der Stallmeistereygasse hervorgegangen. Ihre jetzige Bezeichnung verdankt sie dem 1836 abgebrochenen Calwer Tor, dem Stadttor an der Straße nach Calw.

Camerer-Straße, Wilhelm- siehe →Wilhelm-Camerer-Straße.

Cannstatter Straße *(1936, Mitte und Ost)* Führt nach Bad Cannstatt.

Carlos-Grethe-Weg *(1933, Nord)* Professor Carlos Grethe (*1864 Montevideo, Uruguay † 1913 Nieuport, Belgien), Kunstmaler. Er wurde 1899 an die Stuttgarter Akademie der bildenden Künste berufen.

Carlos-Straße, Don- siehe →Don-Carlos-Straße.

Chamissostraße *(1934, West)* Adelbert von Chamisso (*1781 † 1838), Dichter und Naturforscher.

Champignystraße *(1927, Vaihingen)* Nach den Kämpfen der Württemberger in Champigny bei Paris im deutsch-französischen Krieg 1870.

Charlottenplatz *(1811, Mitte)* Entstand durch den Abbruch des Esslinger Tors und seiner umliegenden Gebäude, siehe →Charlottenstraße.

Charlottenstraße *(1811, Mitte)* Charlotte Auguste geb. Prinzessin von Bayern (*1792 Mannheim † 1873 Wien), erste Frau des damaligen Kronprinzen und späteren Königs Wilhelm I., Tochter des Königs Maximilian I. von Bayern. Seitens des Kronprinzen war diese Ehe eine Zweckheirat, um der Heiratspolitik Napoleons zu entgehen. Er ließ sich 1816 scheiden, um kurz danach seine Kusine, Prinzessin Katharina von Rußland, zu heiraten. Charlotte ging ebenfalls eine zweite Ehe ein und heiratete im selben Jahr Kaiser Franz I. von Österreich.

Chemnitzer Straße *(1967, 1982, Degerloch)* Stadt Chemnitz in Sachsen.

Cheruskerstraße *(1938, Zuffenhausen)* Germanischer Volksstamm.

Chiemseeweg *(1971, Hofen)* See in Oberbayern.

Chopinstraße *(1950, Botnang)* Frédéric Chopin (*1809 † 1849), polnischer Komponist und Pianist. 1831 komponierte er in Stuttgart seine berühmte »Revolutionsetüde«.

Christian-Belser-Straße *(1969, Kaltental und Sonnenberg)* Christian Belser (*1802 † 1885), Verleger in Stuttgart. Am 12. September 1835 zeigte der Buchbinder des Königlichen Consortiums, Christian Jakob Belser, die Errichtung einer Buchhandlung an. Er tat kund, »für die Verbreitung religiöser und pädagogischer Schriften thätig zu seyn und von Zeit zu Zeit gute Schriften in eigenem Verlage herauszugeben«. 1856 erschien »Die Tierwelt Deutschlands und der Schweiz« mit zwölf Farbdrucktafeln. Der Erfolg des Werkes stellte, neben theologisch-didaktischem Schrifttum, die Zukunft der Firma sicher. Belser wurde zum renommierten Zeitungs- und Illustrierten-Verlag, der unter anderem den »Volksfreund aus Schwaben«, die »Württembergische Landeszeitung«, ab 1913 die »Süddeutsche Zeitung«, später dann das »Stuttgarter Evangelische Wochenblatt« herausgab. Heute ist der Verlag auf Kunstbände spezialisiert.

Christophstraße *(1817, Mitte)* Herzog Christoph von Württemberg (*1515 Urach † 1568 Stuttgart), Sohn von Herzog Ulrich, führte im streng lutherischen Geist die Reformation in Württemberg durch und legte die Basis für das vorbildliche Schulwesen des Landes.

Herzog Christoph

Clara-Zetkin-Straße *(1946, Sillenbuch)* Clara Eißner (*1857 Wiederau, Sachsen † 1933 Archangelskoje bei Moskau) war zunächst Lehrerin. Als 1878 die Sozialistengesetze in Kraft traten, wurde sie Mitglied der SPD. Sie lernte den russischen Revolutionär Ossip Zetkin (*um 1850 Odessa † 1889 Paris) kennen, folgte ihm in die Emigration nach Paris und lebte unverheiratet bis zu seinem Tod mit ihm zusammen. Zetkins Namen (den nach französischem Recht auch ihre beiden Söhne trugen) führte sie als Schriftsteller-Pseudonym. Nach Zetkins Tod zog sie nach Stuttgart und übernahm beim J. H. W. Dietz Verlag die Leitung des SPD-Frauenblattes »Die Arbeiterin«. Das Nachfolgeblatt »Die Gleichheit« gab sie von 1892 bis 1917 heraus. In dieser Zeit war sie Mitglied des SPD-Parteivorstands, 1907 bis 1917 auch Sekretärin der Internationalen sozialistischen Frauenbewegung. Zeitlebens setzte sie sich für die Frauenemanzipation ein. 1899 hatte Clara Zetkin den Kunstmaler Georg Friedrich Zundel geheiratet; 1903 waren sie zusammen nach Sillenbuch gezogen, wo Rosa Luxemburg, August Bebel und selbst Lenin bei ihnen zu Gast waren (siehe auch →Friedrich-Zundel-Straße). 1917 trat Clara Zetkin von der SPD zur USPD über. Nach Kriegsende wurde sie in die württembergische verfassunggebende Landesversammlung gewählt, wo sie als erste Frau in einem deutschen Parlament das Wort ergriff.

Clara Zetkin

1919 wurde Clara Zetkin Mitglied der KPD, für die sie von 1920 bis 1933 Reichstagsabgeordnete war. Seit 1920 lebte sie mit größeren Unterbrechungen in Moskau. Im Alter von 71 Jahren ließ sie sich von Georg Friedrich Zundel scheiden. Erblindet, geschwächt und wegen der »Machtübernahme« der Nationalsozialisten verzweifelt, starb sie 1933 in Archangelskoje bei Moskau. 400 000 Menschen gaben ihr die letzte Ehre; Stalin und Molotow trugen die Urne zur Kremlmauer, wo sie eingebettet wurde.

Claudiusstraße *(1899, West)* Matthias Claudius (*1740 † 1815 Hamburg), Dichter. Von ihm stammt das Gedicht »Der Mond ist aufgegangen«.

Cleebronner Straße *(1938, Zuffenhausen)* Gemeinde Cleebronn, Landkreis Heilbronn.

Colmarer Straße *(1938, Zuffenhausen)* Stadt Colmar im Elsaß.

Comburgstraße *(1936, Ost)* Comburg bei Schwäbisch Hall.

Corelliweg *(1961, Botnang)* Arcangelo Corelli (*1653 † 1713), italienischer Komponist.

Corneliusstraße *(1946, Sillenbuch)* Peter Cornelius (*1824 Mainz † 1874 Mainz), Dichter und Komponist.

Cottastraße *(1864, Süd)* Johann Friedrich Freiherr Cotta von Cottendorf (*1764 Stuttgart † 1832 Stuttgart), Buchhändler, Verleger und Politiker. Wurde durch persönliche Beziehungen zu Schiller und Goethe der bedeutendste Verleger seiner Zeit. Er begründete den Ruf Stuttgarts als Verlagsstadt. Cotta verlegte unter anderem Goethes und Schillers Werke, die Werke Schlegels, Hölderlins und vieler Wissenschaftler und Technologen.

Johann Friedrich Cotta

Cotta gründete die für Jahrzehnte maßgebende »Allgemeine Zeitung«, die vor der Zensur nach Augsburg floh. Das »Morgenblatt für gebildete Stände« und zahlreiche Zeitschriften sorgten dafür, daß im Verlag die Fäden des deutschen Geisteslebens zusammenliefen. Cotta war 1826 bis 1830 Vizepräsident des Landtags.

Crailsheimer Straße *(1937, Zuffenhausen)* Stadt Crailsheim, Landkreis Schwäbisch Hall.

Cranko-Weg, John- siehe →John-Cranko-Weg.

Creglinger Straße *(1937, Zuffenhausen)* Stadt Creglingen, Tauberkreis.

Dachswaldweg *(1930, Vaihingen und Kaltental)* Der Flurname bezeichnet ein nach dem Dachs benanntes Waldstück.

Dachsweg *(1935, Wolfbusch)* Der Dachs, meles meles, gehört zur Familie der Marder. Er lebt in Wäldern und Parks.

Dachtlerstraße *(1937, Weilimdorf)* Nach der Familie Dachtler, deren Mitglieder sich um das Wohl der früher selbständigen Gemeinde Weilimdorf verdient gemacht haben.

Däumlingweg *(1961, Möhringen)* Der Däumling ist der daumengroße Held aus den Kinder- und Hausmärchen der Brüder Grimm.

Dagobertstraße *(1937, Untertürkheim)* Erinnert an den 638 verstorbenen Frankenkönig Dagobert.

Dahlienweg *(1933, Sommerrain)* Die Dahlie, dahlia, ist eine verbreitete Gartenblume.

Dahn-Straße, Felix- siehe →Felix-Dahn-Straße.

Daiberweg *(1958, Bad Cannstatt)* Carl Heinrich Daiber (*1815 Encre, Frankreich † 1881 Bad Cannstatt). Rektor und Verfasser der »Beschreibung und Geschichte der Stadt Cannstatt«.

Daimlerplatz *(1957, Bad Cannstatt)* Gottlieb Daimler (*1834 Schorndorf † 1900 Bad Cann-

Gottlieb Daimler, der Erfinder des Autos, des Motorrads und des Motorboots.

statt), Ingenieur, Erfinder, Mitbegründer der Daimler Motoren-Gesellschaft 1890, seit 1926 Daimler-Benz AG, siehe auch →Benzstraße. Nach dem Besuch des Polytechnikums in Stuttgart sammelte Daimler praktische Erfahrungen in England. 1872 bis 1882 war er Technischer Leiter der Kölner Gasmotorenfabrik Deutz. Mit Wilhelm Maybach gründete er 1882 in Bad Cannstatt eine Versuchswerkstatt und entwickelte hier 1883 einen schnellaufenden Fahrzeugmotor, den er 1885 bis 1886 in eine Kutsche (neben dem gleichzeitig konstruierten Benz-Wagen der Anfang des Automobilbaus), in ein Boot, in Schienenfahrzeuge und ein Luftschiff einbaute. 1885 entstand das erste Motorrad. Gemeinsam mit Karl Benz gilt er als Erfinder des Autos.

Daimlerstraße *(1937, Bad Cannstatt)* siehe →Daimlerplatz.

Damaschkestraße *(1933, Steinhaldenfeld)* Adolf Damaschke (*1865 Berlin † 1935 Berlin), Sozialreformer, Gründer des Bundes Deutscher Bodenreformer.

Daniel-Stocker-Weg *(1984, Ost)* Daniel Stocker (*9. Juli 1865 Stuttgart † 19. April 1957 Stuttgart), Bildhauer. Wie sein jüngerer Bruder Rudolf studierte er an der Stuttgarter Kunstakademie. Sein Lehrer war Professor Adolf von Donndorf. Bei einem längeren Italienaufenthalt vertiefte er seine Studien. Als freier Künstler ließ er sich in Stuttgart nieder. 1915 wurde er hier zum Professor ernannt. Seine Vorliebe galt größeren Plastiken, sein Stil siedelte zwischen Klassizismus und Naturnähe. Er schuf ein umfangreiches Werk an Kleinplastiken, Büsten, Gedenktafeln, Grab- und Denkmälern. Hervorzuheben ist die Bronzeplastik des Bocksprung-Brunnens am Stöckach (1912), die Brunnennymphe an der Alexanderstraße, die List-Büste in den Bopseranlagen und die Figur »Die Musik« auf der Attika des Großen Hauses. Für die Stadt Stuttgart schuf er 1938 die Plastik »Baldur und Erde«, die vor dem Leichenhaus im Pragfriedhof aufgestellt ist.

Danielweg *(1926, Luginsland)* Männlicher Vorname.

Danneckerstraße *(1884, Mitte)* Johann Heinrich (von) Dannecker (*1758 Stuttgart † 1841 Stuttgart), Bildhauer und Professor der bildenden Künste an der Karlsakademie. War Sohn eines herzoglichen Stallknechts und einer Weberstochter und bewarb sich als Dreizehnjähriger gegen den

Willen seines Vaters als Schüler an der Hohen Carlsschule. Dort erhielt er seine Bildhauerausbildung und gehörte zum engeren Kreis um Schiller, mit dem ihn eine lebenslange Freundschaft verband. Dannecker war der bedeutendste Bildhauer Württembergs und um 1800 neben Gottfried Schadow führender Vertreter des Klassizismus in Europa. Von ihm stammen unter anderem die Nymphengruppe, die sich früher im Oberen Schloßgarten befand, im Krieg zerstört und in einer Nachbildung im Rosensteinpark wieder aufgestellt wurde, die Brunnennymphe (früher am Neckartor, jetzt im städtischen Lapidarium) und eine Porträtbüste Schillers. Wegen seiner Gastfreundlichkeit berühmt war Danneckers Haus am Schloßplatz, das Atelier, Wohnhaus, Museum und Kunstschule zugleich war. Jeder Reisende, war er Künstler, Gelehrter oder Kaufmann, der nach Stuttgart kam, machte Dannecker seine Aufwartung. Die »Danneckerei«, wie man sie nannte, wurde 1895 abgerissen. Seine Nachfolger sind der Olga-Bau, der im Krieg zerstört wurde, und ein Neubau des Dresdner Bank.

Johann Heinrich Dannecker: Selbstbildnis.

Danziger Straße *(um 1935, Sonnenberg)* Stadt Danzig (Gdansk) in Polen.

Darmstädter Straße *(1957, Bad Cannstatt)* Stadt Darmstadt.

Darwinstraße *(1946, Rohr)* Charles Darwin (*1809 † 1882), englischer Naturforscher, Begründer der Abstammungslehre.

Dattelweg *(1957, Riedenberg)* Dattel, Frucht der Dattelpalme, phoelix dactylifera.

Davoser Weg *(1981, Riedenberg)* Stadt Davos in der Schweiz.

Deckerstraße *(1869, Bad Cannstatt)* Ferdinand Decker (*1835 Cannstatt † 1884 Nürnberg), Ingenieur, Fabrikant und Gemeinderat, förderte die Erbauung des Druckwasserwerks.

Degen, Im siehe →Im Degen.

Degenfelder Straße *(1936, Wangen)* Stadtteil Degenfeld der Stadt Schwäbisch Gmünd, Ostalbkreis.

Degerlocher Straße *(1931, Sonnenberg)* Führt nach Degerloch.

Dehlinger-Straße, Alfred- siehe →Alfred-Dehlinger-Straße.

Dehmelweg *(1969, Sillenbuch)* Richard Dehmel (*1863 † 1920 Blankenese), Dichter.

Deidesheimer Straße *(1937, 1977, Weilimdorf)* Stadt Deidesheim an der Weinstraße.

Delpweg *(1960, Fasanenhof)* Alfred Delp (*1907 Mannheim † 1945 Berlin), Jesuit, katholischer Theologe und Soziologe, arbeitete seit 1942 in der Widerstandbewegung des Kreisauer Kreises mit am Entwurf einer christlichen Sozialordnung. Wurde als Gegner des Nationalsozialismus im Juli 1944 verhaftet, vom Volksgerichtshof zum Tode verurteilt und hingerichtet.

Demetriusweg *(1967, Vaihingen)* Drama von Friedrich Schiller.

Dennerstraße *(1896, Bad Cannstatt)* Carl Denner (*1813 Bad Cannstatt † 1890 Bad Cannstatt), Schuhmachermeister und Gemeinderat, dessen gleichnamiger Sohn eine Stiftung für die Erweiterung der Kursaalanlagen machte.

Dessauer Straße *(1943, Bad Cannstatt)* Stadt Dessau.

Dettenhäuser Straße *(1939, Degerloch)* Gemeinde Dettenhausen, Landkreis Tübingen.

Deyhleweg *(um 1958, Ost)* Altes Gablenberger Weingärtnergeschlecht.

Diakonissenplatz *(1900, West)* Nach dem nahegelegenen Diakonissenmutterhaus.

Diamantenweg *(1951, Nord)* Der Diamant ist einer der wertvollsten Edelsteine.

Dianaweg *(1951, Wolfbusch)* Diana, römische Göttin der Jagd.

Diedenhofer Straße *(1938, Zuffenhausen)* Stadt Diedenhofen (französisch Thionville), Lothringen, Frankreich.

Diemershaldenstraße *(1895, Mitte und Ost)* Der 1334 genannte Flurname geht auf den Personennamen Dietmar zurück.

Diepoldweg *(1957, Hedelfingen)* Nach dem mutmaßlichen Besitzer der früheren Burg über Hedelfingen, Diepold von Bernhausen, der 1286 bei Hedelfingen fiel.

Dieselstraße *(1937, Feuerbach)* Rudolf Diesel (*1858 † 1913), Ingenieur und Erfinder des Dieselmotors.

Dietbachstraße *(1907, Untertürkheim und Luginsland)* Nach der Flur, in welcher der Dietbach entspringt. Der Name Diet deutet auf eine Quelle mit starker Schüttung hin.

Dieterlestraße *(1938, Feuerbach)* Christian Friedrich Dieterle (*1860 † 1900), Schultheiß in Feuerbach.

Diezstraße *(1957, Rohr)* Diez von Rohr, Angehöriger des Ortsadels, genannt 1392 bis 1406.

Dilleniusstraße *(1912, Bad Cannstatt)* Friedrich (von) Dillenius (*1819 Stuttgart † 1884 Bad Cannstatt), Geheimrat und Generaldirektor der württembergischen Staatseisenbahnen. Der Ausbau des württembergischen Eisenbahnnetzes und der Bodenseedampfschiffahrt ist auf ihn zurückzuführen.

Dillmannstraße *(1900, Nord und West)* Dr. Christian (von) Dillmann (*1829 Illingen † 1899 Stuttgart), Oberstudienrat. 1872 wurde ihm die Leitung des Stuttgarter Realgymnasiums übertragen, dessen Errichtung im wesentlichen auf seine Initiative zurückzuführen ist und das heute seinen Namen trägt.

Dillweg *(1957, Heumaden)* Der Dill, anethum gravolens, ist eine Gewürzpflanze.

Dinghofstraße *(um 1902, Möhringen)* In den Möhringer Lagerbüchern wurde früh ein Dinghof (Fronhof) erwähnt, ein grundherrlicher Hof, wo Gericht gehalten wurde, Abgaben eingezogen und die Güter verteilt wurden.

Dinkelacker, Im siehe →Im Dinkelacker.

Dinkelsbühler Straße *(1928, Bad Cannstatt)* Stadt Dinkelsbühl.

Dinkelstraße *(1957, Steckfeld, Birkach, Plieningen, Asemwald)* Der Dinkel ist eine Weizenart, bei der die Hülsen (Spelzen) am Korn bleiben. Er ist im ökologisch orientierten Landbau sehr beliebt, halten die Spelzen doch Umweltschadstoffe zurück. Die unreif geernteten Körner heißen Grünkern.

Dirschauer Straße *(1935, Bad Cannstatt)* Stadt Dirschau an der Weichsel, Polen, heißt heute Tczew.

Dischinger Weg *(1935, Wolfbusch)* Nach der ehemaligen Burg Dischingen, von der Reste des Turms, eines Kellers und der Schildmauer erhalten sind. Der Weg hieß 1573 Burgweg, 1788 »Tischinger Weg«.

Distlerstraße *(1937, Frauenkopf)* Hans Distler (*1864 † 1935), Geheimer Hofrat, Augenarzt und Chefarzt des Marienhospitals. Er baute 1902 das erste Haus, ein Jagdhaus, im heutigen Stadtteil Frauenkopf.

Ditzinger Straße *(1926, Weilimdorf)* Stadt Ditzingen, Kreis Ludwigsburg.

Dobelbach, Am siehe →Am Dobelbach.

Dobelklinge *(1934, Süd)* Die Begriffe Dobel (Tobel) und Klinge bezeichnen ein tief eingeschnittenes Tal.

Dobelstraße *(1876, Mitte)* 1350 erstmals urkundlich erwähnte Flur am Dobelbach, siehe auch →Dobelklinge.

Döffinger Weg *(1957, Vaihingen)* Ortsteil Döffingen der Gemeinde Grafenau, Landkreis Böblingen.

Döringstraße *(1957, Vaihingen)* Theodor Döring (*1803 Warschau † 1878 Berlin), Schauspieler, 1838 bis 1843 in Stuttgart.

Die Reste der ehemaligen Burg Dischingen im Wald zwischen Wolfbusch und Botnang.

Doggenburgstraße *(1911, Nord und West)* Nach der in der zweiten Hälfte des 19. Jahrhunderts auf der Feuerbacher Heide errichteten Züchterei württembergischer Hatzrüden (Jagdhunde).

Doggerstraße *(1957, Vaihingen)* Dogger, die mittlere Schichtfolge der Jura-Formation, auch Brauner Jura genannt.

Dolmetsch-Straße, Eugen- siehe →Eugen-Dolmetsch-Straße.

Don-Carlos-Straße *(1967, Kaltental und Vaihingen)* Drama von Friedrich Schiller.

Donizettistraße *(1961, Botnang)* Gaetano Donizetti (*1797 † 1848), italienischer Komponist.

Donndorf-Weg, Karl- siehe →Karl-Donndorf-Weg.

Donnersbergstraße *(1936, Feuerbach)* Berg im Pfälzer Bergland.

Donzdorfer Straße *(1934, Wangen)* Gemeinde Donzdorf, Landkreis Göppingen.

Dornbirner Straße *(1938, Feuerbach)* Stadt Dornbirn in Vorarlberg.

Dornbusch, Unterer siehe →Unterer Dornbusch.

Dornbuschweg *(1934, Nord)* Naturverbundener Name.

Dornhaldenstraße *(1902, Süd)* Der Flurname bezeichnet einen mit Dorngesträuch bewachsenen Hang.

Die Markthalle in der Dorotheenstraße im Jahr 1938.

Dornierstraße *(1935, Feuerbach)* Dr. Claude Dornier (*1884 Kempten † 1969 Zug, Schweiz), Flugzeugkonstrukteur, gründete 1913 eine Flugzeugwerft in Friedrichshafen.

Dornröschenweg *(1954, Möhringen)* Märchengestalt.

Dornstraße *(1957, Mitte)* Karl Dorn (*1815 Stuttgart † 1891 Betzingen, heute Reutlingen-Betzingen), Hüttendirektor und Dozent in Tübingen.

Dorotheenstraße *(1811, Mitte)* Herzogin Friederike Dorothee Sophie von Württemberg, geb. Prinzessin von Brandenburg-Schwedt (*1736 Schwedt † 1798 Stuttgart), Gattin von Herzog Friedrich Eugen, der 1795 bis 1797 Herzog von Württemberg war. Die bekanntesten ihrer zwölf Kinder waren Friedrich, Herzog, Kurfürst und König von Württemberg, und Sophie Dorothea (Zarin Maria Feodorowna), die Großfürst Paul von Rußland (Zar Paul I.) heiratete.

Dorpater Straße *(1933, Mühlhausen)* Universitätsstadt Dorpat in Estland.

Dorschweg *(1957, Mönchfeld)* Der Dorsch, gadus morhua, ist einer der wichtigsten Speisefische. In seiner großen Form heißt er Kabeljau und kann bis zu 50 Kilogramm schwer werden.

Dortmunder Straße *(1925, Bad Cannstatt)* Stadt Dortmund.

Drackensteinstraße *(1937, Ost)* Gemeinde Drackenstein, Landkreis Göppingen.

Dreher-Straße, Gotthilf- siehe →Gotthilf-Dreher-Straße.

Dreibrunnenweg *(1967, Rohr)* Der Flurname weist auf drei ehemals vorhandene Brunnen (Quellen) hin.

Dreifelderstraße *(1967, Plieningen)* Die Dreifelderwirtschaft war hier die früher übliche Form der landwirtschaftlichen Nutzung.

Friederike Dorothee Sophie von Württemberg

Dreizlerstraße *(1937, Heumaden)* Alteingesessenes Heumadener Geschlecht.

Dreysestraße *(1938, 1984, Zuffenhausen)* Johann Nikolaus von Dreyse (*1787 † 1867), Erfinder des Zündnadelgewehrs.

Drosselweg *(um 1936, Vaihingen)* Die Drosseln, turdinae, sind Singvögel. Die bekannteste Drossel ist die Amsel, turdus merula. Weit verbreitet ist die Singdrossel, turdus philomelos.

Drostestraße *(1938, Weilimdorf)* Annette Freiin von Droste-Hülshoff (*1797 Hülshoff bei Münster/Westfalen † 1848 Meersburg), Dichterin.

Dürer-Weg, Albrecht- siehe →Albrecht-Dürer-Weg.

Dürnauer Weg *(1963, Birkach)* Gemeinde Dürnau bei Bad Buchau, Landkreis Biberach.

Dürrbachstraße *(1927, Rohracker)* Der Flurname geht auf ein wasserarmes Bächlein zurück.

Dürrbeinstaffel *(1957, Schönberg)* Im Volksmund wird der Nelkenschwindling, marasmius oereades, Dürrbein genannt. Er schrumpft bei trockenem Wetter im Sommer zusammen, quillt beim nächsten Regen aber wieder auf. Obwohl der fünf bis acht Zentimeter hohe Pilz einen dünnen Hut und einen dünnen Stiel hat, ist er ein geschätzter Speisepilz. Man findet ihn auf ungedüngten Wiesen und an Wegrändern.

Dürrheimer Straße *(1937, Bad Cannstatt)* Gemeinde Bad Dürrheim, Schwarzwald-Baar-Kreis.

Dürrlewangstraße *(um 1936, Dürrlewang und Rohr)* Der Flurname wurde 1306 als Durnwank, später als Durlinwang erwähnt und leitet sich von Wang, einer Wiese, und wohl vom Namen eines Besitzers ab.

Dürrstraße *(1929, West)* Dr.-Ing. Ludwig Dürr (*1878 Stuttgart † 1956 Friedrichshafen), Luftschiffbauer und Mitarbeiter des Grafen Zeppelin.

Düsseldorfer Straße *(1925, Bad Cannstatt)* Stadt Düsseldorf.

Duisburger Straße *(1937, Bad Cannstatt)* Stadt Duisburg.

Dullensberg *(1933, Mühlhausen)* Der Flurname geht wohl auf den Personennamen Dull zurück.

Dumontweg *(1957, Vaihingen)* Louise Dumont (*1862 Köln † 1932 Düsseldorf), Schauspielerin, 1889 bis 1895 am Hoftheater in Stuttgart.

Dunantsteg *(1989, Mitte)* Henri Dunant (*1828 Genf † 1910 Heiden), Gründer des Roten Kreuzes. Er war Kaufmann und wurde 1859 auf einer Geschäftsreise Augenzeuge der blutigen Schlacht von Solferino, bei der 40 000 Soldaten verwundet wurden. Gemeinsam mit Gleichgesinnten rief er in Genf 1863 eine Organisation zur Versorgung und Pflege von Verwundeten ins Leben, deren Personal den Status der Unverletzlichkeit erhielt und durch ein besonderes Zeichen, das rote Kreuz auf weißem Feld, geschützt wurde.

Henri Dunant

Vier Jahre später machte Dunant Konkurs und fügte so Verwandten und Freunden schwere Verluste zu. In Genf wurde er wegen betrügerischen Bankrotts verurteilt und gesellschaftlich geächtet. Die Kontakte mit dem Gründer des Württembergischen Sanitätsvereins, Dr. Hahn, und dessen Freund Dr. Ernst Rudolf Wagner blieben bestehen. 1868 wurde Dunant Ehrenpräsident des Württembergischen Sanitätsvereins; von 1876 bis 1887 lebte er in Stuttgart in Wagners Haus in der Hasenbergsteige.

Der inzwischen verarmte Dunant fand schließlich im Appenzeller Luftkurort Heiden Zuflucht. Durch einen Artikel in der Stuttgarter Zeitschrift »Über Land und Meer« wurde die Weltöffentlichkeit auf sein

Schicksal aufmerksam. Eine Spendensammlung, zu der der Stuttgarter Oberbürgermeister Dr. Emil Rümelin aufrief, erbrachte 25 000 Goldmark. Dunant lehnte es jedoch ab, das Geld für sich selbst zu verwenden. Ein Buch über die Entstehungsgeschichte des Roten Kreuzes, das der Stuttgarter Lehrer Rudolf Müller verfaßte, brachte 1897 die gesellschaftliche Rehabilitation Dunants, der 1901 den Friedensnobelpreis erhielt.

Durlehaustraße *(um 1920, Weilimdorf)* Nach der gleichnamigen Flur. Unter Hau verstand man einen durchgeforsteten Wald. Siehe auch →Dürrlewangstraße.

Dusestraße *(1957, Vaihingen)* Eleonora Duse (*1858 † 1924), italienische Schauspielerin, glänzte mit ihren Menschendarstellungen in Dramen von Dumas, Ibsen und Maeterlinck. Mit wachsendem Erfolg spielte sie in Italien und seit 1892 auch im Ausland.

Duttenhoferstraße *(1936, Untertürkheim)* Max Duttenhofer (*1843 Rottweil † 1903 Tübingen), Teilhaber und Leiter der Pulverfabrik Rottweil, erster kaufmännischer Direktor der Daimler-Motoren-Gesellschaft.

Eberhardstraße *(1811, Mitte)* Graf Eberhard im Bart (*1445 Urach † 1496 Tübingen), 1450 bis 1495 Graf Eberhard V., 1495/1496 Herzog Eberhard I. von Württemberg.

Graf Eberhard im Bart

Er gründete im Jahr 1477 die Universität Tübingen und vereinigte durch den Münsinger Vertrag 1482 den Stuttgarter und den Uracher Teil der württembergischen Grafschaft wieder zu einem Land und sicherte dessen Unteilbarkeit. Sein Wahlspruch lautete: »Attempto«, ich wag's.

Ebersbacher Straße *(1936, Wangen)* Gemeinde Ebersbach an der Fils, Landkreis Göppingen.

Ebert-Straße, Friedrich- siehe →Friedrich-Ebert-Straße.

Ebinger Weg *(1971, Möhringen)* Stadtteil Ebingen der Stadt Albstadt, Zollernalbkreis.

Ebitzweg *(1822, Bad Cannstatt)* Der Name der Flur Ebitzäcker ist ein neuerer Flurname und kann nicht erklärt werden.

Ebner-Straße, Heinrich- siehe →Heinrich-Ebner-Straße.

Ebniseestraße *(1946, Obertürkheim)* Ebnisee im Welzheimer Wald.

Echazstraße *(1934, Münster)* Nebenfluß des oberen Neckars.

Echterdinger Straße *(1922, Plieningen)* Stadtteil Echterdingen der Stadt Leinfelden-Echterdingen, Landkreis Esslingen.

Eckartshaldenweg *(1906, Nord)* Der Flurname wurde 1279 erstmals urkundlich genannt und geht auf den Personennamen Eckart zurück.

Eckartstraße *(1897, Nord)* siehe →Eckartshaldenweg.

Eckener-Straße, Hugo- siehe →Hugo-Eckener-Straße.

Ecklenstraße *(1902, Ost)* Der Flurname wurde 1350 in einer Urkunde als Bezeichnung eines Vorsprungs des Ameisenberges erwähnt.

Ecksteinstraße *(1952, Birkach)* Friedrich G. J. Eckstein (*1857 Birkach † um 1930), Sohn eines Birkacher Pfarrers, Wohltäter von Birkach, Großkaufmann in Johannesburg und London.

Edelweißweg *(1937, Bad Cannstatt und Sommerrain)* Das Edelweiß, leontopodium alpinum, ist eine seltene alpine Pflanze, die unter strengem Naturschutz steht.

Edenbergstraße *(vor 1937, Rohracker)* Der Flurname leitet sich vielleicht von öde ab.

Edenhallstraße *(1957, Sonnenberg)* Nach dem Gedicht von Ludwig Uhland »Das Glück von Edenhall«.

Edenkobener Straße *(1938, Weilimdorf)* Stadt Edenkoben an der Weinstraße.

Edisonstraße *(1931, Zuffenhausen)* Thomas Edison (*1847 † 1931), amerikanischer Erfinder unter anderem der Dynamomaschine, des Grammophons, des Kinematographen und der Glühbirne.

Eduard-Pfeiffer-Straße *(1910, 1948, Nord)* Dr. Eduard (von) Pfeiffer (*1835 Stuttgart † 1921 Stuttgart), Sohn des Hofbankdirektors Max Pfeiffer, eines der ersten Juden, die in Stuttgart Wohnrecht erhalten hatten. Eduard Pfeiffer studierte unter anderem Nationalökonomie und Finanzwissenschaft in Berlin und Paris und schloß mit der Promotion zum Dr. jur. ab.

Eduard Pfeiffer

Pfeiffer war Abgeordneter der Deutschen Partei im württembergischen Landtag. Außerdem war er in verschiedenen Aufsichtsräten von Banken und Betrieben tätig. Sein Hauptanliegen war die Förderung des Genossenschaftswesens, das der Jurist und Wirtschaftsfachmann auf Reisen in England kennengelernt hatte.

Zunächst wurde Pfeiffer Mitglied im Arbeiter-Bildungsverein, der 1863 gegründet wurde. Ein Vereinsheim entstand, eine Wasch- und Badeanstalt und ein Arbeiter- und Ledigenwohnheim in der Heusteigstraße, das heutige Eduard-Pfeiffer-Haus. Darüber hinaus war Eduard Pfeiffer Gründungsmitglied von zwei bedeutenden Vereinen in Stuttgart. Der 1864 gegründete »Spar- und Konsumverein« hatte sich zum Ziel gesetzt, für günstige Einkaufsbedingungen zu sorgen. Sein unermüdlicher Einsatz für die Idee der Genossenschaft ließ ihn rasch zum Organisator der deutschen Konsumgenossenschaftsbewegung werden. Der »Verein für das Wohl der arbeitenden Klassen«, von Pfeiffer 1866 mitgegründet, wurde der größte und einflußreichste seiner Art in Deutschland. Dieser Verein kümmerte sich um die Verbesserung der Wohnverhältnisse und baute ganze Stadtviertel neu. Die Schaffung von preiswerten Wohnungen für Arbeiter war das Ziel. Pfeiffer und der Verein arbeiteten die Pläne einer »Musterkolonie« in Ostheim aus, die 1891/92 gebaut wurde. Ihr folgten Westheim, Südheim und Ostenau. Pfeiffer und der »Verein zum Wohl der arbeitenden Klassen« machten sich auch um die Sanierung der Altstadt verdient. 87 baufällige Häuser im Viertel zwischen Eberhard-, Stein- und Nadlerstraße wurden 1906 abgebrochen und an ihrer Stelle 36 neue, mehrstöckige Häuser errichtet, darunter der Eberhardsbau. Im Jahr 1909 wurde Eduard Pfeiffer das Ehrenbürgerrecht der Stadt Stuttgart verliehen – als erstem Bürger jüdischer Abstammung. Die Wiederbenennung der Straße, die unter den Nationalsozialisten Adalbert-Stifter-Straße hieß, erfolgte 1948.

Eduard-Steinle-Straße *(1945, Sillenbuch)* Eduard Steinle (*1875 † 1941), verdienter Sillenbucher Bürger, setzte sich unter anderem für den Bau der Straßenbahn nach Sillenbuch ein.

Efeu, Im siehe →Im Efeu.

Egelhaafstraße *(1945, Rohr)* Dr. phil. Gottlob Egelhaaf (*1848 Gerabronn † 1934 Stuttgart), Geschichtsforscher und langjähriger Rektor des Karlsgymnasiums in Stuttgart.

Egerer Straße *(1947, Möhringen)* Stadt Eger (Cheb), Tschechoslowakei.

Egerweg *(1983, Rohracker)* Nach der Bezeichnung im Volksmund.

Egilolfstraße *(1957, Birkach)* Egilolf von Hohenheim beschenkte um 1100 das Kloster Hirsau mit Gütern. In der entsprechenden Urkunde wurde Hohenheim erstmals urkundlich erwähnt.

Egle-Weg, Joseph-von- siehe →Joseph-von-Egle-Weg.

Eglosheimer Straße *(1958, Stammheim)* Stadtteil von Ludwigsburg.

Egmontweg *(1967, Vaihingen)* Trauerspiel von Johann Wolfgang von Goethe.

Ehmannstraße *(1915, 1978, Nord und Bad Cannstatt)* Dr. Karl (von) Ehmann (*1827 Stuttgart † 1889 Stuttgart), Baudirektor, verdient um die Wasserversorgung der Schwäbischen Alb und zahlreicher Städte, auch Stuttgarts.

Ehniweg *(1957, Stammheim)* Nach dem 1683 bis 1693 in Stammheim wirkenden Pfarrer Ehni.

Ehrenhalde *(1904, Nord)* Der Flurname leitet sich von Herrenhalde her. Die Besitzer waren geistliche Herren des Klosters Kaisheim bei Donauwörth.

Ehrenhaldenstaffel *(1934, Nord)* Flurname, siehe →Ehrenhalde.

Ehrlichweg *(1960, Fasanenhof)* Paul Ehrlich (*1854 † 1915), Serumforscher und Begründer der Chemotherapie, Nobelpreisträger 1908.

Eibenweg *(1935, Degerloch)* Die Eibe, taxus baccata, ist ein Nadelbaum, der einst in den deutschen Wäldern verbreitet war. Heute dient sie vor allem als Heckenpflanze.

Eibseeweg *(1976, Hofen)* Alpensee am Nordfuß der Zugspitze.

Eichäcker *(1960, Fasanenhof)* Der Flurname bezeichnet Äcker am Eichenwald.

Eiche, Bei der siehe →Bei der Eiche.

Eichendorffweg *(1932, West)* Joseph Freiherr von Eichendorff (*1788 † 1857), Dichter. Die Lieder »Wer hat dich, du schöner Wald« und »Wem Gott will rechte Gunst erweisen«, sind von ihm. Seine Novelle »Aus dem Leben eines Taugenichts«, 1826, ist eines der meistgelesenen Werke der Romantik.

Eichenhain, Am siehe →Am Eichenhain.

Eichenparkstraße *(1957, Riedenberg)* Nach dem dortigen Eichenhain.

Eichgehrenweg *(um 1937, Rohr)* Der Flurname bezeichnet ein keilförmiges Waldstück. »Ger« oder »Gehr« bedeutete Speerspitze.

Eichhörnlesweg *(1935, Wolfbusch)* Das Eichhörnchen, sciurus vulgaris, lebt in Wäldern und Parks und wird so zutraulich wie kein anderes wild lebendes Tier.

Eichstraße *(1811, Mitte)* Wurde als Eichgasse erstmals 1485 genannt. Stuttgarter Bürger ließen dort ihre Fässer eichen.

Eichwiesenring *(1974, Möhringen)* Flurname.

Eidechsenweg *(um 1935, Vaihingen)* Die Eidechse, lacerta, bevorzugt trockene und warme Stellen und Unterschlupfmöglichkeiten. Die wechselwarme Echse ist im Sommer beweglich und flink, im Winter kalt und starr.

Eierstraße *(1887, Süd)* Wird vom Flurnamen Eiernest abgeleitet, der ursprünglich Arnest (Adlernest) hieß.

Eifelstraße *(1936, Feuerbach)* Teil des Rheinischen Schiefergebirges.

Eilfingerweg *(1938, Uhlbach)* Nach dem bekannten Eilfinger Wein, der bei Maulbronn angebaut wird.

Einkornstraße *(1916, Ost)* Berg bei Schwäbisch Hall.

Einsiedelweg *(1953, Feuerbach)* Schlößchen Einsiedel im Schönbuch.

Einsteinstraße *(1968, 1972, Bad Cannstatt)* Professor Dr. Albert Einstein (*1879 Ulm/Donau † 1955 Princeton, New Jersey, USA), Physiker. Einstein begründete ein neues physikalisches Weltbild und ein tiefgreifend naturwissenschaftliches Denken. Seine Mutter stammte aus Bad Cannstatt; er selbst wuchs in Ulm auf. Einstein war von 1902 bis 1909 am Patentamt in Bern tätig, dann Professor für theoretische Physik in Zürich und Prag. 1914 wurde er an die Preußische Akademie der Wissenschaften und als Direktor des Kaiser-Wilhelm-Instituts für Physik nach Berlin berufen. 1933 emigrierte er in die USA, weil er sich wegen seiner jüdischen Abstammung dauernder Angriffe ausgesetzt sah, und forschte am Institute for Advanced Study in Princeton weiter. Aus Sorge vor einer atomaren Aufrüstung Deutschlands gab er 1939 den Anstoß zum Bau der Atombombe, ohne selbst daran beteiligt gewesen zu sein. – Im Alter von 26 Jahren entwickelte Einstein die Spezielle Relativitätstheorie; 1916 folgte die Allgemeine Relativitätstheorie. Die Formeln beschreiben die Struktur von Raum und Zeit in bewegten Bezugssystemen und in Abhängigkeit von der Schwerkraft: Masse wächst mit der Geschwindigkeit; Lichtgeschwindigkeit kann grundsätzlich nicht überschritten werden; Zeit führt als vierte Koordinate zum vierdimensionalen Raum-Zeit-Kontinuum. Außerdem stellte Einstein das Gesetz von der Trägheit der Energie, das Gesetz der allgemeinen Äquivalenz von Masse und Energie und die Theorie der Brownschen Molekularbewegung auf. Aus seiner Lichtquantenhypothese folgerte Einstein, daß auch elektromagnetische Strahlung aus Teilchen besteht. Seine Vermutung eines Welle-Teilchen-Dualismus der Strahlung führte zum fotochemischen Quantenäquivalenzgesetz. 1921 erhielt Albert Einstein den Nobelpreis für Physik.

Eisbärenstraße *(1957, Vaihingen)* Der Eisbär, thalarctos maritimus, lebt in der Arktis.

Eisenauer Weg *(1954, Büsnau)* Nach dem Kur- und Bergort im Buchenland (Bukowina).

Eisenbahnstraße *(1894, Bad Cannstatt)* Lagebezogener Name.

Eisenhutweg *(1987, Bad Cannstatt)* Der Blaue Eisenhut, aconitum napellus, ist eine stark giftige, geschützte Heilpflanze.

Eisenstädter Straße *(1938, Feuerbach)* Landeshauptstadt des österreichischen Bundeslandes Burgenland.

Eisestraße *(1946, Möhringen)* Albert Eise (*1896 Oeffingen, jetzt Fellbach-Oeffingen †1942 KZ Dachau), katholischer Ordensgeistlicher, Gegner des Nationalsozialismus, starb im Konzentrationslager Dachau.

Eisvogelweg *(1972, Neugereut)* Der Eisvogel, alcedo atthis, ist ein selten gewordener Vogel, der unter Naturschutz steht. Er nistet in Uferwänden von Bächen und Flüssen. Da diese meist nicht mehr natürlich, sondern ausgebaut sind, ist sein Überleben gefährdet.

Elbestraße *(1935, Münster)* Einer der Hauptströme Europas, der bei Cuxhaven in die Nordsee mündet.

Elchweg *(1935, Wolfbusch)* Der Elch, alces alces, ist der größte noch lebende Hirsch.

Elfenstraße *(1952, Möhringen)* Elfen sind Figuren aus Sage und Märchen, Lichtgestalten, Mittelwesen zwischen Menschen und Göttern in Erde, Wasser und Luft.

Elisabethenstraße *(1900, West)* Nach der dortigen Kirche Sankt Elisabeth.

Elsässer Straße *(1938, 1982, Zuffenhausen)* Elsaß, Landschaft am Oberrhein in Frankreich.

Elsas-Straße, Fritz- siehe →Fritz-Elsas-Straße.

Elsaweg *(1927, Degerloch)* Gestalt aus der Oper Lohengrin von Richard Wagner.

Elsenhansstraße *(1938, 1986, Feuerbach)* Nach einer alten Feuerbacher Familie. Johannes Elsenhans (*1777 † 1841) war Amtsverweser und Schultheiß in Feuerbach. Von seinen Söhnen beteiligte sich Johannes, der Pfarrer war, an der Revolution von 1848 und kam 18 Monate auf den Asperg, während sein Bruder Ernst, der sich ebenfalls der Aufstandsbewegung angeschlossen hatte, nach ihrem Zusammenbruch zum Tode verurteilt und 1849 in Rastatt erschossen wurde.

Elsental, Im siehe →Im Elsental.

Elsterstaffel *(1931, Süd)* Die Elster, pica pica, ist ein häufig anzutreffender Vogel.

Elsterweg *(1927, Süd)* siehe →Elsterstaffel.

Eltinger Steige *(1976, Botnang)* Stadtteil von Leonberg. Die Steige und ihre Fortsetzung, der Obere Kirchhaldenweg, hießen 1938 bis 1975 Eltinger Straße.

Eltinger Straße *(1938, Botnang)* siehe →Eltinger Steige.

Elwertstraße *(1937, Bad Cannstatt)* Immanuel Gottlieb Elwert (*1759 Bad Cannstatt † 1811 Bad Cannstatt), Arzt, Studienfreund von Friedrich Schiller.

Emerholzweg *(1972, 1978, Stammheim)* Der Flurname geht auf ein Gehölz bei einem Emerfeld zurück. Emer ist ein andere Name für die Weizenart Dinkel, siehe →Dinkelstraße.

Emhildstraße *(1933, Zazenhausen)* Nach der Stifterin Emehild, die in der ältesten Zazenhäuser Urkunde von 788 genannt wird.

Emil-Gärttner-Straße *(1946, Obertürkheim)* Emil Gärttner (*1896 † 1944), Arbeiter, der unter den Nationalsozialisten in der kommunistischen Gruppe um die Brüder Friedrich und Hermann Schlotterbeck illegal tätig war. Er wurde zusammen mit der Familie Schlotterbeck von der Gestapo verhaftet und am 30. November 1944 in Dachau hingerichtet. Die Aktivitäten der Gruppe bestanden aus dem Sammeln von Informationen über die Rüstungsindustrie, über mögliche Quartiere und Wege zur Schweizer Grenze. Siehe auch →Schlotterbeckstraße.

Emilienstraße *(1937, Vaihingen)* Nach Emilie Vollmoeller, geb. Behr (*1852 † 1894), Frau des Fabrikanten Robert Vollmoeller; siehe auch →Vollmoellerstraße.

Einweihung des von Emil Kiemlen geschaffenen Juno-Brunnens im Cannstatter Kurpark, 1910.

Emil-Kiemlen-Weg *(1986, Bad Cannstatt)* Emil Kiemlen (*1869 Bad Cannstatt † 1956 Stuttgart), Bildhauer und Maler. Studierte an der Stuttgarter Kunstakademie bei Professor Adolf von Donndorf. Er gehörte zu den angesehendsten Bildhauern seiner Zeit. Viele Denkmale in und um Stuttgart stammen von ihm: der Juno-Brunnen im Cannstatter Kurpark, das Porträt am Daimler-Denkmal in Cannstatt, etliche Kriegerdenkmale, zwei überlebensgroße Standbilder der Könige Karl und Wilhelm II. für die alte König-Karls-Brücke, die im Zweiten Weltkrieg eingeschmolzen wurden, und, als sein »Schmuckstück«, der Postmichel-Brunnen in Esslingen.

Emil-Schuler-Platz *(1967, Zuffenhausen)* Emil Schuler (*1888 † 1955), langjähriger Stadtrat und 1945 bis 1953 Bezirksvorsteher von Zuffenhausen.

Emil-Wolff-Straße *(1954, Hohenheim)* Dr. Emil Wolff (*1818 Flensburg † 1896 Stuttgart), Professor und bekannter Agrikulturchemiker der ehemaligen Landwirtschaftlichen Hochschule Hohenheim.

Emma-Aberle-Weg *(1980, Botnang)* Emma Aberle (*1886 † 1949), Heimatdichterin. Sie wuchs in der Alten Stuttgarter Straße 25 auf und lebte dort mit ihrer Schwester bis zu ihrem Tod. Ihr Vater starb früh, ihre beiden Brüder zogen in die Fremde. Nach der Schule arbeitete sie sich in der Papierfabrik Eugen Lemppenau in Stuttgart von der ungelernten Arbeiterin bis zur Directrice empor. Mit dem ersten selbstverdienten Geld kaufte sie sich Bücher und vertiefte sich in die deutschen Klassiker. »Allmählich fing ich an, in meiner Freizeit, Gedanken und Gestalten, die in mir sich formten und herausdrängten, zu Papier zu bringen.« Unter dem Titel »Lazarett« erschien ihre erste Veröffentlichung in einer Stuttgarter Tageszeitung. Es war eine ernsthafte Auseinandersetzung mit den Folgen des Ersten Weltkrieges. Zu dem Dichter Christian Wagner (*1835 † 1918) fühlte sie sich geistig hingezogen und stand ihm freundschaftlich nahe. Sein Denken und Werk hatten großen Einfluß auf sie. 1920 erschienen von Emma Aberle »Sinnsprüche«, von denen die meisten in ihrem Gartenhaus, ihrem Zufluchtsort in der heutigen Gustav-Mahler-Straße im Botnanger Himmerreich, verfaßt worden waren. Ihre Gedichtsammlungen sind noch heute in Botnang bekannt. Weitere Arbeiten: »Aus meiner Seele – Phantasien und Bilder«(1924); Kindheitserinnerungen wie »Ein Gang durch die Botnanger Kirbe vor

50 Jahren«, »Alt-Botnang«, »Sonntagstanz bei der Geißeiche vor 80 Jahren«; ein Reisebericht »Von Nord nach Süd«. Nach der Begegnung mit Hebbel versuchte sie, biblische Stoffe zu Dramen zu gestalten. Ihr literarischer Nachlaß fand Aufnahme im Deutschen Literaturarchiv in Marbach am Neckar.

Emser Straße *(1937, Bad Cannstatt)* Badeort an der Lahn.

Endersbacher Straße *(1957, Bad Cannstatt)* Ortsteil Endersbach der Stadt Weinstadt, Rems-Murr-Kreis.

Engelbergstraße *(1953, Bergheim, Giebel)* Berg bei Leonberg.

Engelboldstraße *(1936, Kaltental)* Engelbold von Kaltental, 1125 in einer Urkunde erwähnt.

Engelhornweg *(1927, Ost)* Carl Engelhorn (*1849 Stuttgart † 1925 Stuttgart), Verleger. »Engelhorn's Allgemeine Romanbibliothek« erreichte mit 1042 Bänden eine Auflage von fast 20 Millionen Bänden. Aber auch wichtige geographische und philosophische Arbeiten erschienen bei Engelhorn.

Carl Engelhorn

Der Verleger übte zahlreiche Ehrenämter aus, so war er Vorsitzender des Süddeutschen Buchhändlervereins, Erster Vorsitzender des Börsenvereins des deutschen Buchhandels, Gründungsmitglied des Berliner Goethebunds sowie Vorsitzender, später Ehrenvorsitzender des Deutschen Verlegervereins. Er schenkte der Stadt die von ihm 1901 erbaute Stuttgarter Volksbibliothek, die in der Stadtbücherei aufging.

Enge Straße *(um 1906, Vaihingen)* Lagebezogener Name.

Engster-Weg, Adolf- siehe →Adolf-Engster-Weg.

Engstlatter Weg *(1967, Möhringen)* Ortsteil Engstlatt der Stadt Balingen, Zollernalbkreis.

Entenweg *(1933, Zazenhausen)* Die Stockente, ana platyrhynchos, ist die häufigste einheimische Wildente.

Entringer Straße *(1957, Degerloch)* Ortsteil Entringen der Gemeinde Ammerbuch, Landkreis Tübingen.

Enzianweg *(1936, Ost)* Der Gelbe Enzian, gentiana lutea, ist eine alte Heilpflanze, deren Wurzel vielfach zu Schnaps angesetzt wird. Sie steht ebenso unter Naturschutz wie der Blaue Enzian, gentiana verna, der im Frühjahr blüht.

Enzstraße *(1934, Münster)* Nebenfluß des Neckars.

Epplestraße *(1957, Degerloch und Möhringen)* Gustav Epple (*1883 Botnang † 1955 Stuttgart), Baumeister und Bauunternehmer.

Erbenolweg *(1915, Nord)* 1281 urkundlich genannter Flurname. Unter dem Grundwort »nol« verstand man eine rundliche Bergform. Der Bestandteil »Erbe« ist ein Personenname.

Erbsenbrunnengasse *(1846, Bad Cannstatt)* Nach dem Erbsenbrunnen in der Marktstraße von Bildhauer Fritz von Graevenitz. Der junge Richard von Weizsäcker stand für die Figur Modell. Das Wasser dieses Brunnens eignet sich, im Gegensatz zu dem der übrigen Brunnen, besonders zum Kochen von Erbsen.

Erbstetter Straße *(1962, Bad Cannstatt)* Ortsteil Erbstetten der Gemeinde Burgstetten, Rems-Murr-Kreis.

Erdbeerweg *(1969, Sillenbuch)* Die Erdbeere, fragaria, gehört zur Familie der Rosengewächse. Ihre eßbaren, wohlschmeckenden Früchte sind Scheinfrüchte, zur Vermehrung dienen Ausläufer.

Erdmannhäuser Straße *(1958, Stammheim)* Gemeinde Erdmannhausen, Landkreis Ludwigsburg.

Erfurter Straße *(1926, Bad Cannstatt)* Stadt Erfurt.

Erich-Ponto-Weg *(1961, Vaihingen)* Erich Ponto (*1884 Lübeck † 1957 Stuttgart), Staatsschauspieler, ab 1947 am Württembergischen Staatstheater.

Erichstraße *(1952, Stammheim)* Männlicher Vorname.

Erikastraße *(1967, Luginsland)* Weiblicher Vorname.

Erisdorfer Straße *(1957, Birkach)* Ortsteil Erisdorf der Gemeinde Ertingen, Landkreis Biberach.

Erlacher Straße *(1951, Rot)* Gemeinde Großerlach, Rems-Murr-Kreis.

Erlenweg *(1920, Degerloch)* Die Erle, alnus glutinosa, ein Laubbaum, wächst vor allem in Niederungen.

Erligheimer Straße *(1951, Rot)* Gemeinde Erligheim, Landkreis Ludwigsburg.

Erlkönigstraße *(1957, Vaihingen)* Nach Goethes Ballade »Erlkönig«, die von Schubert vertont wurde.

Ernst-Bloch-Weg *(1978, Feuerbach)* Ernst Bloch (*8. Juli 1885 Ludwigshafen † 4. August 1977 Tübingen), deutscher Philosoph. Bloch studierte Philosophie und Physik und war anschließend freier Schriftsteller. Aus einer jüdischen Familie stammend, emigrierte er 1933 in die USA; 1948 kehrte er nach Deutschland zurück. Zunächst lebte er in Leipzig, hatte dort einen Lehrstuhl für Philosophie und erhielt 1955 den Nationalpreis der DDR. Wegen zunehmender politischer Divergenzen zum SED-Regime siedelte er 1961 nach Tübingen über. Dort erhielt er eine Gastprofessur. 1967 wurde er mit dem Friedenspreis des Deutschen Buchhandels ausgezeichnet. Bloch verstand sich als Sozialist, der die Vorstellungen insbesondere des jungen Marx mit den naturrechtlichen Postulaten der Aufklärung und der christlich-jüdischen Heilserwartung verbinden wollte. Seine gesamte Philosophie stellte er unter das universale »Prinzip Hoffnung«.

Ernsthaldenstraße *(um 1957, Vaihingen)* In Möhringen gelegene Flur Ernsthalde, nach einem Möhringer Bürger benannt.

Ernst-Kachel-Straße *(1957, Vaihingen)* Ernst Kachel (*1865 Lauffen a. N. † 1931 Vaihingen a. d. F.), Schultheiß und Ehrenbürger von Vaihingen.

Ernst-Reuter-Platz *(1967, Giebel)* Professor Ernst Reuter (*1889 † 1953), Politiker. Als Kriegsgefangener in Rußland Volkskommissar in der wolgadeutschen Republik, kehrte 1918 nach Deutschland zurück. Er wechselte zum zweitenmal die Partei und trat von der KPD in die SPD über, in der er zuvor schon Mitglied gewesen war. Reuter wurde 1932 in den Reichstag gewählt und entzog sich seiner politischen Verfolgung seit dem Machtantritt der Nationalsozialisten durch die Emigration in die Türkei, war dort 1939 bis 1945 Professor für Kommunalwissenschaften in Ankara. Nach Kriegsende 1945 war er am Aufbau der Bundesrepublik Deutschland maßgeblich beteiligt, wurde 1947 Oberbürgermeister von Berlin, nach der Teilung der Stadt 1950 Regierender Bürgermeister von (West-)Berlin und 1951 Präsident des Deutschen Städtetages.

Ernst-Schädle-Staffel *(1951, Vaihingen)* Ernst Schädle (*1864 † 1929), Förderer des kulturellen Lebens der Gemeinde Vaihingen und der Bestrebungen des Schwäbischen Albvereins.

Ernst-Sieglin-Platz *(1925, Süd)* Dr. Ernst (von) Sieglin (*1848 Stuttgart † 1927 Stuttgart), Geheimrat, Stuttgarter Industrieller und Ägyptenforscher. Seine erste große Expedition unternahm er nach Alexandrien. Seine Privatsammlung alexandrinischer Denkmäler schenkte er 1907 dem König von Württemberg, der sie dem Museum vaterländischer Altertümer übergab. Vom König bekam er Titel und Rang eines Geheimen Hofrats; von der Tübinger Universität wurde er zum Ehrendoktor ernannt. Da er die Universität auch mit namhaften Beiträgen förderte, verlieh sie ihm die Würde eines Ehrensenators.

Ernst Sieglin

Erntedankweg *(1937, Heumaden)* Dankbarkeit für die Ernte gegenüber Gott oder den Göttern findet sich in fast allen Kulturen. Das christliche Erntedankfest wird am ersten Sonntag im Oktober gefeiert.

Erwin-Bälz-Straße *(1938, Degerloch)* Prof. Dr. Erwin Bälz (*1849 Bietigheim † 1913 Stuttgart), verdienter Arzt und Fachschriftsteller. Er war fast drei Jahrzehnte als Arzt in Japan, kehrte mit höchsten Ehren ausgezeichnet 1905 zurück und verbrachte seine letzten Lebensjahre in Stuttgart.

Erwin-Hageloh-Straße *(1986, Bad Cannstatt)* Erwin Hageloh (*24. 12. 1876 Bad Cannstatt † 31. 1. 1965), Buchhändler und Heimatforscher. Schon jung begann Hageloh, sich mit Heimatgeschichte zu beschäftigen. Im Laufe seines Lebens schrieb er unzählige Aufsätze über Cannstatts Geschichte.

Erwin-Schoettle-Platz *(1987, Süd)* Erwin Schoettle (*18. Oktober 1899 Leonberg † 25. Januar 1976 Bühlerhöhe). Nach einer Lehre als Schriftsetzer studierte er an der Kunstgewerbeschule in Stuttgart. 1921 bis 1928 war er im Druckereigewerbe tätig. Er trat 1919 der SPD bei und wurde 1931 deren Parteisekretär im Landesvorstand. 1933 emigrierte Erwin Schoettle zunächst in die Schweiz, dann nach England. Dort arbeitete er für das deutsche Programm der BBC. Nach dem Krieg baute er maßgeblich den SPD-Landesverband neu auf und wurde dessen Vorsitzender (bis 1962). Dem Bundestag gehörte er 1949 bis 1972 an, 1961 bis 1969 war er Bundestags-Vizepräsident.

Erwin Schoettle

Einen Namen hat sich Schoettle auch als Gründer, Mitherausgeber und -verleger der »Stuttgarter Nachrichten« gemacht.

Erzbergerstraße *(1946, Nord)* Matthias Erzberger (*1875 Buttenhausen † 1921 Bad Griesbach), Politiker und Reichsfinanzminister. Bis 1896 Lehrer in Feuerbach, bis 1903 Redakteur in Stuttgart. Von 1903 bis zu seinem Tode gehörte er als Abgeordneter des Zentrums dem Reichstag an. Im Ersten Weltkrieg trat er für eine Verfassungsreform und für einen Verständigungsfrieden ein. Er unterzeichnete den Waffenstillstand von Compiègne am 11. November 1918. Als erster Finanzminister nach dem Ersten Weltkrieg führte Erzberger die nach ihm benannte Finanz- und Steuerreform durch. Er wurde Opfer eines politischen Attentats: Zwei ehemalige Offiziere ermordeten ihn auf dem Kniebis.

Matthias Erzberger

Eschenauer Straße *(1952, Rot)* Ortsteil Eschenau der Gemeinde Obersulm, Landkreis Heilbronn.

Eschenweg *(1922, Degerloch)* Die Esche, fraxinus ornus, gehört zur Familie der Ölbaumgewächse.

Esel, Beim siehe →Beim Esel.

Eselweg *(vor 1937, Frauenkopf und Rohracker)* Der Esel, equus asinus, gehört zur Familie der Pferde.

Espachweg *(1957, Rohr)* Der Flurname entstand aus Espan, der Bezeichnung für ein dorfnahes, als Viehweide und Festplatz benutztes Gelände.

Esperantostraße *(1982, West)* Welthilfssprache Esperanto.

Essener Straße *(1925, Bad Cannstatt)* Stadt Essen.

Essigweg *(1945, Rohr)* Johann Georg Essig (*1645 † 1705), Prälat. Nachdem er verschiedene Pfarrstellen im Lande bekleidet hatte, wurde er zum ersten Rektor des neuen Gymnasiums in Stuttgart ernannt.

Esslinger Hof *(1846, Bad Cannstatt)* Nach dem ehemaligen Hof des in Cannstatt reich begüterten Spitals zu Esslingen.

Esslinger Straße *(1698, 1811, Mitte)* Die schon 1472 urkundlich genannte Straße in der Esslinger Vorstadt führte zum Äußeren Tor beim heutigen Charlottenplatz. Ihre Fortsetzung bildete ein Feldweg zu der am Neckar gelegenen Reichsstadt Esslingen.

Etzelstraße *(1898, Süd)* Eberhard (von) Etzel (*1784 Stuttgart † 1840 Stuttgart), Oberbaurat, Erbauer der Neuen Weinsteige.

Eugen-Dolmetsch-Straße *(1945, Degerloch)* Eugen Dolmetsch (*1859 Stuttgart † 1944 Calw), Stadtgeschichtsforscher, veröffentlichte zahlreiche Beiträge zur Heimat- und Personengeschichte Stuttgarts. Besonders sind seine beiden Bücher »Bilder aus Alt-Stuttgart« (1930) und »Aus Stuttgarts vergangenen Tagen« (1931) hervorzuheben.

Eugen Dolmetsch

Eugensplatz *(1877, Mitte)* Herzog Wilhelm Eugen von Württemberg (*1846 Bückeburg † 1877 Düsseldorf), Enkel des Herzogs Eugen von Württemberg, nach dem die Eu-

Herzog Wilhelm Eugen von Württemberg

genstraße benannt ist. Er heiratete 1874 Großfürstin Wera von Rußland, siehe →Werastraße.

Eugenstraße *(1857, Mitte)* Herzog Eugen von Württemberg (*1788 Oels † 1857 Carlsruhe in Schlesien), Neffe von König Friedrich I. von Württemberg und der Zarin Maria Feodorowna, General in russischen Diensten, nahm 1810 am Krieg gegen die Türken und 1812 am Feldzug gegen Napoleon teil.

Eugen-Weg, Karl- siehe →Karl-Eugen-Weg.

Eulenbühlweg *(1984, Freiberg)* Flurname.

Eulenrain, Im siehe →Im Eulenrain.

Eulerstraße *(1958, Dürrlewang)* Leonhard Euler (*1707 † 1783), schweizerischer Mathematiker und Astronom.

Eupener Straße *(1925, Bad Cannstatt)* Stadt Eupen in Belgien.

Europaplatz *(1960, Fasanenhof)* Zur Förderung der europäischen Einheitsidee.

Eybacher Straße *(1934, Wangen)* Ortsteil Eybach der Stadt Geislingen an der Steige, Landkreis Göppingen.

Eybgasse *(1933, Mühlhausen)* Trägt den Namen des früher in Mühlhausen begüterten Geschlechts. Maria Magdalena von Eyb, verheiratete von Closen (*1600 † 1663), wurde durch ihre aufopferungsvolle Tätigkeit während des Dreißigjährigen Krieges die »Mutter« der Gemeinde.

Eyth-Steg, Max- siehe →Max-Eyth-Steg.

Faberstraße *(1913, Ost)* J. H. Faber (*1682 † 1755) wurde 1712 Pfarrer in Gaisburg. Sein Sohn Johann Gottfried (*1725 † 1808) löste ihn nach seinem Tode ab.

Färberstraße *(1811, Mitte)* Leitet ihren Namen von der Schönfarbgasse ab, die erstmals 1698 genannt wurde und in der »Kunst-, Waid- und Schönfärber« wohnten. Die Stammväter der bekannten schwäbischen Färberfamilie Ploucquet hatten sich 1692 dort angesiedelt.

Fahrionstaffel *(1938, Feuerbach)* Ludwig Fahrion (*1860 † 1921) und Adolf Fahrion (*1865 † 1937), langjährige Feuerwehrkommandanten und Werkmeister.

Fahrionstraße *(1938, Feuerbach)* siehe →Fahrionstaffel.

Faißtweg *(1928, Botnang)* Immanuel Faißt (*1823 Esslingen † 1894 Stuttgart), Direktor des Stuttgarter Konservatoriums, ließ sich 1846 als Orgelvirtuose in Stuttgart nieder. Der Künstler wurde 1847 Dirigent des Vereins für klassische Kirchenmusik. 1849 war er unter den Gründern des Schwäbischen Sängerbundes und von 1859 an neben Lebert Vorstand des Konservatoriums, an dem er Orgelspiel und Komposition lehrte. An der Tübinger Universität hatte sich Faißt den Doktorgrad durch seine »Beiträge zur Geschichte der Klaviersonate« erworben.

Falbenhennenstraße *(1897, Süd)* Der Flurname »Falwen hennen« wurde 1350 erstmals urkundlich genannt, vermutlich nach Personen- oder Übernamen.

Falchstraße *(1953, Steinhaldenfeld)* Dr. Eberhard (von) Falch (*1851 Esslingen † 1919 Stuttgart), Regierungsdirektor, Vorstand der Zentralleitung für Wohltätigkeit, auch auf dem Gebiet der Volksgesundheit und Jugendfürsorge tätig.

Falkenrain, Im siehe →Im Falkenrain.

Falkenstraße *(1931, Sonnenberg)* Der Wanderfalke, falco peregrinus, wird trotz seines strengen Schutzes immer seltener. Die Ursachen sind Umweltverschmutzung, Störungen der Horste in den Felsen durch Kletterer und Entnahme von Jungvögeln durch Geschäftemacher. Falken sind wegen ihrer Schnelligkeit geschätzte Jagdvögel, früher hierzulande, heute in den arabischen Ländern.

Falkertstraße *(1873, Nord und West)* Die Flur Falkhart wurde um das Jahr 1300 erstmals urkundlich erwähnt. Das Grundwort »hart« deutet darauf hin, daß dort einmal Weidewald war. »Falk« bedeutet Falke, siehe →Falkenstraße.

Falterau, In der siehe →In der Falterau.

Falterstraße, Große siehe →Große Falterstraße.

Fangelsbachstraße *(1862, Süd)* Der Name ist auf den von der Wernhalde kommenden und in den Nesenbach fließenden Wasserlauf, der 1286 Famelspach genannt und 1472 Fangelspach geschrieben wurde, zurückzuführen. Famel ist wahrscheinlich ein Personenname.

Fanny-Leicht-Straße *(1957, Vaihingen)* Fanny Leicht (*1854 Möhringen a. d. F. † 1939 Stuttgart-Vaihingen), Ehefrau von Kommerzienrat Robert Leicht und Ehrenbürgerin der früheren Gemeinde Vaihingen. Siehe auch →Robert-Leicht-Straße.

Fanny Leicht

Farrenstraße *(um 1848/49, Ost)* Nach dem ehemaligen Farrenstall.

Fasanenhofstraße *(1960, Fasanenhof)* Nach dem ehemaligen herzoglichen Gut.

Fasanenweg *(1935, Wolfbusch)* Der Fasan, phasianus colchius, gehört zu den farbenprächtigsten Vögeln der Erde. Zwischen Wolfbusch und Hausen befindet sich der »Fasanengarten« mit Fasanerie.

Faßnachtstraße *(1929, Hofen)* Theophil Faßnacht (*1832 † 1909), 1878 bis 1889 Pfarrer in Hofen. Er verfaßte die dortige Ortsgeschichte und setzte sich für die Erhaltung der alten Denkmäler ein.

Faullederstraße *(1926, Ost)* Einer Sage nach sollen die Soldaten der Reichsstädte, die 1286 Stuttgart belagerten, in der gleichnamigen Flur auf dem »faulen Leder« gelegen haben, ein Ausdruck für Untätigkeit.

Fauser-Straße, Andreas- siehe →Andreas-Fauser-Straße.

Fauststraße *(1957, Vaihingen)* Dr. Faust, Titel und Hauptfigur des Schauspiels von Johann Wolfgang von Goethe.

Federseestraße *(1936, 1979, Wangen)* Federsee bei Bad Buchau.

Fehmarnstraße *(1957, Zuffenhausen)* Ostseeinsel.

Fehrbelliner Straße *(1937, Weilimdorf)* Stadt Fehrbellin, Mark Brandenburg.

Fehrleinweg *(1959, Weilimdorf)* Gall Fehrlein (genannt um 1624), Schultheiß in Weilimdorf.

Feigenweg *(1957, Riedenberg)* Feige, Frucht des Feigenbaums, ficus.

Feinstraße *(1957, Süd)* Wilhelm Emil Fein (*1842 Ludwigsburg † 1898 Stuttgart) zählte zu den führenden Männern der Elektrotechnik in Stuttgart. Zahlreiche Erfindungen und Verbesserungen auf dem Gebiet des Instrumentenbaus sind auf seine überragenden fachlichen Kenntnisse zurückzuführen, beispielsweise der elektrische »Feuerwehrapparat«, aus dem die Feuermeldeanlagen entstanden, ein Beleuchtungsapparat für Bühnenzwecke, das tragbare Feldtelefon und die elektrische Handbohrmaschine. 1892 gelang Fein die telegrafische Übertragung einer Oper aus dem Stuttgarter Hoftheater in das Palais der Herzogin Wera; dabei handelte es sich um eine Art erste Rundfunkübertragung.

Wilhelm Emil Fein

Feldbergstraße *(1936, Kaltental)* Höchster Berg des Schwarzwaldes.

Feldhauser Straße *(1957, Möhringen)* Ortsteil Feldhausen der Gemeinde Gammertingen, Landkreis Sigmaringen.

Feldle, Im siehe →Im Feldle.

Feldrand, Am siehe →Am Feldrand.

Felgergasse *(1846, Bad Cannstatt)* Nach dem Hauseigentümer Felger, der 1822 genannt wurde.

Felix-Dahn-Straße *(1938, Degerloch)* Felix Dahn (*1834 † 1912), Schriftsteller, lehrte an den Universitäten München, Würzburg, Königsberg und Breslau deutsches Recht. Daneben entfaltete er eine reiche literarische Tätigkeit auf dem Gebiet des deutschen Rechts, der Geschichte und der Belletristik.

Fellbacher Straße *(um 1906, Untertürkheim und Luginsland)* Stadt Fellbach, Rems-Murr-Kreis.

Felldorfer Straße *(1957, Vaihingen)* Ortsteil Felldorf der Gemeinde Starzach, Landkreis Tübingen.

Fellnerstraße *(1927, Wangen)* Ferdinand Fellner (*1799 Frankfurt a. M. † 1859 Stuttgart), Zeichner und Maler. Nach seiner Ausbildung in München ließ er sich in Stuttgart nieder, malte Madonnenbilder und Familienporträts, befaßte sich mit Kostümstudien aufgrund alter Bücher und entwickelte als Illustrator ein glänzendes Talent.

Fenchelstraße *(1959, Heumaden)* Der Fenchel, foeniculum vulgare, ist eine Gewürz- und Gemüsepflanze.

Ferdinand-Hanauer-Straße *(1968, Bad Cannstatt)* Ferdinand Hanauer (*1868 † 1955), Fabrikant in Bad Cannstatt.

Festwaldstraße *(1957, Rohr)* Nach dem Festplatz des Rohrer Musikvereins.

Fetzerstraße *(1957, Süd)* Karl August Fetzer (*5. August 1809 Stuttgart † 14. September 1885 Stuttgart), Rechtsanwalt in Stuttgart, Abgeordneter im Frankfurter Parlament, Dichter.

Feucht-Weg, Forstmeister- siehe →Forstmeister-Feucht-Weg.

Feuerbacher Heide *(1911, Nord)* Der zwischen Stuttgart und Feuerbach gelegene Bergrücken wurde 1476 mit »Frowemberger haid« bezeichnet, nach den Frauenbergern, deren Burg damals auf einem Ausläufer des Bergrückens auf der Gemarkung Feuerbach stand. Ab 1575 wurde die Heide teilweise landwirtschaftlich genutzt. Im 17. Jahrhundert liest man nur noch von der Feuerbacher Heide, nach dem im Tal liegenden Dorf Feuerbach, das erstmals 1229 in einer datierten Urkunde genannt wird.

Feuerbacher-Tal-Straße *(1945, Feuerbach)* Lagebezogener Name.

Feuerbacher Weg *(1935, Nord und Feuerbach)* Stuttgarter Stadtteil.

Feuerleinstraße *(1925, West)* August Willibald Feuerlein (*1781 Stuttgart † 1850 Stuttgart), Stadtschultheiß. Auf Vorschlag der bürgerlichen Kollegien von Stuttgart ernannte ihn König Wilhelm I. am 6. Oktober 1820 zum ersten Oberbürgermeister von Stuttgart. 1833 legte er sein Amt als Oberbürgermeister nieder und wurde 1836 zum Obertribunalrat ernannt. Sein Amt als Mitglied des obersten Richterkollegiums übte er fast bis zu seinem Tode aus.

OB August Feuerlein

Feuerreiterweg *(1957, Sonnenberg)* Nach dem Gedicht von Mörike, siehe →Mörikestraße.

Feuerseeplatz *(1861, West)* Nach dem 1701 dort angelegten See.

Fichtelbergstraße *(1936, Feuerbach)* Berg im Erzgebirge.

Fichtestraße *(1928, West)* Johann Gottlieb Fichte (*1762 Rammenau, Lausitz † 1814 Berlin), Philosoph, führender Denker des deutschen Idealismus. Wurde 1794 Professor an der Universität Jena, 1799 wegen eines Begleitaufsatzes zu einer Abhandlung Forbergs der Gottlosigkeit angeklagt und entlassen, 1805 Professor in Erlangen, 1810 erster gewählter Rektor der Universität Berlin. Sein Sohn Immanuel Hermann Fichte (*1796 Jena † 1879 Stuttgart), Philosoph, Begründer des christlich-theistischen Spätidealismus, Professor in Bonn und Tübingen, verbrachte seine letzten 16 Lebensjahre in Stuttgart.

Fideliostraße *(1936, Degerloch)* Oper von Ludwig van Beethoven.

Fiechtnerstraße *(1925, Untertürkheim)* Eduard Fiechtner (*1843 Hürbel bei Biberach † 1922 Stuttgart-Untertürkheim) 1879 bis 1905 letzter Schultheiß in Untertürkheim. Aus Anlaß seines fünfundzwanzigjährigen Dienstjubiläums wurde ihm 1904 das Ehrenbürgerrecht verliehen.

Figarostraße *(1936, Degerloch)* Oper »Figaros Hochzeit« von Mozart.

Filchnerweg *(1984, Stammheim)* Wilhelm Filchner (*13. September 1877 München † 7. Mai 1957 Zürich), Forschungsreisender, Geodät und Geograph. Unternahm 1903 bis 1906 mit Albert Tafel, einem aus Stuttgart gebürtigen Geographen, eine Forschungsreise nach Nordost-Tibet und China. Darüber entstand das elfbändige Werk »Wissenschaftliche Ergebnisse der Expedition Filchner nach China und Tibet 1903 bis 1906«.

Feuerseeplatz: Die Johanneskirche dominiert bis heute den Feuersee im Stuttgarter Westen. Hier eine Aufnahme des »Hof-Photographen« Hermann Brandseph aus der Zeit der Jahrhundertwende.

1911 bis 1912 leitete er die zweite deutsche Antarktis-Expedition. Bei drei weiteren Expeditionen nach China, Tibet und Nepal erforschte er den Erdmagnetismus. Neben seinen wissenschaftlichen Werken veröffentlichte er zahlreiche populär gewordene Erlebnisberichte, etwa »Tschung-Kue« (1925), »Quer durch Ost-Tibet« (1925), »Om mani padme hum« (1929), »Bismillah« (1938), »Ein Forscherleben« (1950) und »In der Fieberhölle Nepals« (1951).

Filderbahnplatz *(1957, Möhringen)* Lagebezogener Name.

Filderbahnstraße *(1957, Möhringen)* Führt zum Bahnhof Möhringen der Filderbahn.

Filderblickweg *(1937, Frauenkopf)* Aussicht auf die östlichen Filder.

Filderhauptstraße *(1957, Plieningen und Steckfeld)* Hauptstraßenverbindung zwischen den früheren Fildergemeinden Plieningen und Möhringen.

Filderhofstraße *(1957, Vaihingen)* Nach der früheren Gaststätte Filderhof.

Filderstraße *(1875, Süd)* Südlich von Stuttgart gelegene, fruchtbare Hochebene.

Filsstraße *(1934, Münster)* Nebenfluß des Neckars.

Finkenschlag, Im siehe →Im Finkenschlag.

Finkenstraße *(1895, Süd)* Der Buchfink, fringilla coelebs, ist einer der häufigsten einheimischen Singvögel.

Finstermünzgasse *(1846, Bad Cannstatt)* Unter »Finsterer Münz« verstand man früher vermutlich ein dunkles, trübes Gewässer. Vielleicht war der bis um 1900 durch die Spreuergasse fließende Sulzbach gemeint.

Firnhaberstraße *(1938, Mitte)* Johann Heinrich Firnhaber (*1680 † 1754), Visitationssekretär und Tutelarrat (Vormundschaftsrat). Die Straße nannte man schon im 18. Jahrhundert Firnhaberische Gasse, da Johann Heinrich Firnhaber an der südöstlichen Seite der Straße Grundstücke besaß.

Fischbachweg *(1936, Süd)* Heinrich (von) Fischbach (*1827 Hohenheim † 1900 Stuttgart), Professor an der Akademie Hohenheim und Forstdirektor, war an der Einführung des Forstpolizeigesetzes in Württemberg maßgeblich beteiligt. Viele Jahre war er Vorstand des Stuttgarter Verschönerungsvereins, der sich um den Bau von Anlagen sowie aussichtsreicher Plätze und Spazierwege bemühte.

Heinrich Fischbach

Fischreiherweg *(1972, Neugereut)* Der Fischreiher, ardea cinerea, frißt hauptsächlich Fische und wurde deshalb so stark verfolgt, daß er selten geworden ist und jetzt unter Naturschutz steht.

Flachter Straße *(1953, 1975, 1989, Weilimdorf)* Ortsteil Flacht der Gemeinde Weissach, Kreis Böblingen.

Flaischlen-Straße, Cäsar- siehe →Cäsar-Flaischlen-Straße.

Flamingoweg *(1957, 1978, 1981, Neugereut)* Der Flamingo, phoenicopterus ruber, ist in Südeuropa heimisch.

Flandernstraße *(1936, Bad Cannstatt)* Belgische Landschaft.

Fleckenäckerstraße *(1931, Sonnenberg)* 1701 erstmals urkundlich genannte Flur, deren Name entweder auf die Bodenverfärbung oder die Unterteilung der Äcker zurückgeht.

Fleckenwaldweg *(1928, Botnang)* Nach dem Weg, der zum »Fleckenwäldle«, einem nahe beim Dorf (Flecken) gelegenen Gehölz, führte.

Fleckenweinberg *(1958, Feuerbach)* Der Flurname bezeichnet einen nahe beim Dorf (Flecken) gelegenen Weinberg.

Fleiner Straße *(1950, Rot)* Gemeinde Flein, Landkreis Heilbronn.

Fleischhauerstraße *(1945, Möhringen)* Dr. Karl (von) Fleischhauer (*1852 Stuttgart † 1921 Stuttgart), württembergischer Staatsminister. 1906 bis 1912 leitete er das Ministerium für das Kirchen- und Schulwesen, 1912 bis 1918 das Ministerium des Inneren und von März bis November 1918 wieder das Kultusministerium.

Flex-Straße, Walter- siehe →Walter-Flex-Straße.

Flieder, Im siehe →Im Flieder.

Fliegenweg *(1955, Stammheim)* Die Große Stubenfliege, musca domestica, lebt fast überall, wo Menschen leben. Weil sie mit ihrem Tupfrüssel unter anderem an Kot saugt, ist sie ein gefährlicher Krankheitsüberträger. Die sehr ähnliche Kleine Stubenfliege, fannia canicularis, gehört dagegen zur Familie der Blumenfliegen und fällt durch ihren unermüdlichen, kreisenden Flug im Zimmer auf.

Flohbergstraße *(1967, Luginsland)* In diesem Flurnamen steht vermutlich der Floh für die schlechten Böden des Gebiets.

Florathweg *(1961, Vaihingen)* Albert Florath (*1888 Bielefeld † 1957), Schauspieler und Regisseur, 1945 bis 1949 am Neuen Theater in Stuttgart.

Florentiner Straße *(1957, Riedenberg)* In Anlehnung an den Aufenthalt der Dichterin Isolde Kurz 1877 bis 1914 in Florenz und die dort von ihr verfaßten »Florentiner Novellen«, siehe →Isolde-Kurz-Straße.

Florian-Geyer-Straße *(1934, Weilimdorf)* Florian Geyer (*um 1490 † 1525 bei Rimpar, Würzburg), fränkischer Ritter und Bauernführer. 1519 Landsknechtsführer gegen Herzog Ulrich, 1519 bis 1523 als Truppenführer und Diplomat im Dienste des Hochmeisters Albrecht von Preußen, für den er die europäischen Höfe besuchte. Wurde Anhänger Luthers und übernahm 1525 nach Ausbruch des Bauernkriegs die Führung eines Teils der aufständischen Bauern, des Tauberhaufens. Sein Ziel im Kampf gegen das Landesfürstentum war ein auf Bauern- und Bürgertum gegründetes neues Reich ohne Vorrechte für Adel und Geistlichkeit. Das Evangelium sollte Grundlage der neuen Gesetze sein. Geyer konnte sich bei den aufständischen Bauern nicht durchsetzen und wurde nach der verlorenen Entscheidungsschlacht erschlagen.

Florianstraße *(1897, Ost)* Vorberg der Schwäbischen Alb bei Metzingen.

Floridastraße *(1957, Vaihingen)* Bundesstaat der USA.

Flotowstraße *(1938, Botnang)* Friedrich von Flotow (*1812 Teutendorf, Mecklenburg † 1883 Darmstadt), Komponist.

Flundernweg *(1959, Mönchfeld)* Die Flunder, pleuronectes flesus, gehört zur Familie der Schollen und ist ein schmackhafter Speisefisch, der einst an deutschen Küsten häufig war.

Flurstraße *(1872, Bad Cannstatt)* Lagebezeichnung für früher landwirtschaftlich genutzte Flächen.

Fock-Straße, Gorch- siehe →Gorch-Fock-Straße.

Föhrenwald, Am siehe →Am Föhrenwald.

Föhrichhof *(1938, Feuerbach)* Nach der Flur Föhrich, die 1356 urkundlich als Vorach und 1446 als Ferach erwähnt wurde. Ihr Name bezieht sich auf ein ehemaliges Kieferngehölz, denn die Kiefer, pinus sylvestris, heißt auch Forche.

Föhrichstraße *(um 1919, Feuerbach)* siehe →Föhrichhof.

Föhrstraße *(1934, Neuwirtshaus)* Nordseeinsel.

Förstlerstraße *(1928, Botnang)* Professor Wilhelm Förstler (*1851 † 1915), Musikdirektor des Stuttgarter Liederkranzes.

Fohrenbühlstraße *(1936, Kaltental)* Berg im Schwarzwald.

Forbachstraße *(1934, Münster)* Gemeinde Forbach an der Murg, Landkreis Rastatt.

Forellenweg *(1959, Mönchfeld)* Die Bachforelle, samlo trutta forma fario, lebt in kalten, klaren und schnell fließenden Gewässern.

Forggenseeweg *(um 1975, Hofen)* Stausee nördlich von Füssen.

Forsthausstraße *(um 1938, Feuerbach)* Ortsbezogener Name.

Forstmeister-Feucht-Weg *(1975, West)* Dr. Friedrich Albert Otto Feucht, (*1879 † 1971), Oberforstrat, Mitbegründer und Ehrenmitglied des Schwäbischen Heimatbundes.

Forststraße *(1851, Mitte und West)* Früherer Forstweg, 1350 erstmals urkundlich genannt, der zum »Forst« führte.

Fraasstraße *(1901, Ost)* Oskar Fraas (*1824 Lorch † 1897 Stuttgart), Direktor des Naturalienkabinetts. Wurde 1854 Konservator. Seine Reisen führten ihn auch in den Orient. Durch verschiedene Entdekkungen auf dem Gebiet der Geologie und Anthropologie (1866 erster Nachweis des eiszeitlichen Menschen in Deutschland) und durch Höhlenausgrabungen wurde er bekannt. Er befaßte sich auch mit der Aufnahme geologischer Karten und der Trinkwasserversorgung der Stadt Stuttgart.

Oskar Fraas

Frachtstraße *(1978, Bad Cannstatt)* Funktionsbezogene Bezeichnung; die Straße verläuft längs des Cannstatter Güterbahnhofs.

Franckeweg *(1945, Rot)* August Hermann Francke (*1663 Lübeck † 1727 Halle/Saale), Gründer des Halle'schen Waisenhauses.

Frankenstraße *(1934, Zuffenhausen)* Westgermanischer Stamm.

Frankenthaler Straße *(1957, Weilimdorf)* Pfälzische Stadt.

Frankfurter Straße *(1928, Bad Cannstatt)* Stadt Frankfurt am Main.

Franklinstraße *(1938, 1984, Zuffenhausen)* Benjamin Franklin (*1706 † 1790), nordamerikanischer Staatsmann, Schriftsteller und Erfinder des Blitzableiters. Mitunterzeichner der amerikanischen Unabhängigkeitserklärung von 1776, dreimal Gouverneur des Staates Pennsylvanien.

Frank-Straße, Bruno- siehe →Bruno-Frank-Straße.

Frank-Weg, Anne- siehe →Anne-Frank-Weg.

Franziskaweg *(1935, Birkach)* Franziska von Leutrum, geb. von Bernederdin, ab 1774 Reichsgräfin von Hohenheim (*1748 Adelmannsfelden † 1811 Kirchheim unter Teck), Mätresse und 1785 zweite Frau des Herzogs Karl Eugen von Württemberg.

Franz-Schubert-Straße *(1938, Botnang)* Franz Schubert (*1797 † 1828), Komponist.

Franztaler Weg *(1978, Büsnau)* Buchenländer Ortsname.

Fraubronnstraße *(1957, Plieningen)* Der 1524 genannte Flurname bezieht sich auf eine Quelle.

Frauenbergweg *(1929, Nord)* Nach der einst in der Nähe gelegenen Burg.

Frauenholz, Im siehe →Im Frauenholz.

Frauenkopfstraße *(vor 1937, Frauenkopf)* Der Flurname geht auf eine ehemals im Wald gelegene Liebfrauenkapelle zurück.

Frauenstegstraße *(1927, Zuffenhausen)* Gleichnamige Flur.

Frauenstraße *(1895, Süd)* Herkunft unbekannt.

Fraunhoferstraße *(1937, Nord)* Joseph (von) Fraunhofer (*1787 Straubing † 1826 München), Physiker und Glastechniker. Arbeitete sich vom Glasschleifer zum Professor empor. Er entdeckte die dunklen Fraunhoferschen Linien im Sonnenspektrum, erfand und verbesserte optische Instrumente. Seine Arbeiten gelten als Grundlage für die optische Industrie.

Frechstraße *(1936, Kaltental)* Johann Georg Frech (*1790 Kaltental † 1864 Esslingen a. N.), Musikdirektor. Er widmete sich vor allem der geistlichen Musik.

Freibadstraße *(1957, Vaihingen)* Nach dem nahegelegenen Freibad Rosental.

Freibergstraße *(1932, Münster)* Der Flurname bezeichnet ein Gebiet, das vermutlich von gewissen Abgaben befreit war.

Freiburger Weg *(1928, Bad Cannstatt)* Stadt Freiburg im Breisgau.

Freihofplatz *(1979, Stammheim)* Altes Gehöft in Stammheim.

Freihofstraße *(1957, Stammheim)* siehe →Freihofplatz.

Freiligrathstraße *(1895, Bad Cannstatt)* Ferdinand Freiligrath (*1810 Detmold † 1876 Cannstatt), Dichter. Freiligrath wurde zunächst, wie sein Vater, Kaufmann. Seine erste Gedichtsammlung 1838 war jedoch so erfolgreich, daß er sich ganz der Dichtung widmete. 1842 bis 1844 bezog er von König Friedrich Wilhelm IV. eine Pension. Im »Vormärz« 1843/1844 wandelte sich Freiligrath zum politischen Dichter.

Ferd. Freiligrath (Büste)

Nach der Veröffentlichung von »Ein Glaubensbekenntnis« 1844 flüchtete er ins Ausland. Im Revolutionsjahr 1848 kehrte er zurück, wurde wegen eines Gedichts »Die Toten an die Lebenden« verhaftet, jedoch freigesprochen, und übernahm mit Karl Marx die Redaktion der Neuen Rheinischen Zeitung in Köln. 1851 floh Freiligrath abermals nach London, kehrte 1868 wieder zurück und wohnte zunächst in Stuttgart, ab 1874 in Bad Cannstatt.

Freischützstraße *(1936, Degerloch)* Oper von Carl Maria von Weber.

Fremdstraße *(1927, Vaihingen)* Alte Vaihinger Familie. Aus ihr stammt der Bildhauer Adolf Fremd (*1853 † 1924), siehe →auch Adolf-Fremd-Weg.

Fremd-Weg, Adolf- siehe →Adolf-Fremd-Weg.

Freudenstädter Straße *(1938, Kaltental)* Luftkurort im Schwarzwald.

Freudentaler Straße *(1957, Stammheim)* Gemeinde Freudental, Landkreis Ludwigsburg.

Frey-Straße, Karl- siehe →Karl-Frey-Straße.

Freytagweg *(1960, Fasanenhof)* Gustav Freytag (*1816 Kreuzburg, Schlesien † 1895 Wiesbaden), Kulturhistoriker und Schriftsteller.

Fridinger Straße *(1969, Sillenbuch)* Stadt Fridingen an der Donau, Landkreis Tuttlingen.

Friedemannweg *(1932, Vaihingen)* Der Weg führt auf den 1908 von Paul Friedemann (*1874 † 1931), Kaufmann, in seinem 128 Ar großen Grundstück angelegten »Park«, den der Volksmund »Friedemannscher Park« nannte.

Friedenaustraße *(1936, Ost)* Leitet ihren Namen von der Baugenossenschaft der Straßenbahner »Friedenau« ab.

Friedensplatz *(1893, Mitte)* Nach der dortigen Friedenskirche.

Friedenstraße *(1891, Mitte)* siehe →Friedensplatz.

Friedhof, Am alten siehe →Am alten Friedhof.

Friedhofstaffel *(1910, Untertürkheim)* Lagebezogener Name.

Friedhofstraße *(1878, Nord)* Lagebezogener Name.

Friedrich-Ebert-Straße *(1925, 1946, Nord)* Friedrich Ebert (*1871 Heidelberg † 1925 Berlin), erster Reichspräsident der Weimarer Republik, 1913 bis 1919 Parteivorsitzender der SPD. Am 11. Februar 1919 wählte ihn die Nationalversammlung zum Reichspräsidenten. Dieses Amt hatte er bis zu seinem Tod inne. 1936 wurde die Straße in Freiherr-vom-Stein-Straße umbenannt. Seit 1945 führt sie wieder ihren früheren Namen.

Friedrich-Keller-Staffel *(1988, Nord)* Friedrich von Keller (*18. Februar 1840 Neckarweihingen † 26. August 1914 Abtsgmünd), Maler. Studierte Malerei bei Häberlin in Stuttgart und Lindenschmit in München. Er malte vor allem im Freien, in Steinbrüchen und in großen Gießereien. Außerdem schuf er zahlreiche Bilder zu religiösen Themen. Er gilt für seine Zeit als bahnbrechender Künstler, zu dessen Schülern auch Oskar Schlemmer gehörte. Theodor Heuss schrieb über Keller: »Kellers eigentliche geschichtliche Leistung in der schwäbischen Kunst bleibt für uns neben der weitgehenden und erfolgreichen Tätigkeit in jenen großen Arbeitsbildern, die völlig selbständige Zeugnisse einer eigenwilligen Natur sind.« 1883 wurde er Professor an der Stuttgarter Kunstakademie.

Friedrich-List-Straße *(um 1934, Vaihingen)* Friedrich List (*1789 Reutlingen † 1846 Kufstein, Tirol), Volkswirtschaftler. List lenkte als junger, gegen Bürokratie und überaltertes Ständewesen leidenschaftlich ankämpfender Ministerialbeamter die Aufmerksamkeit des reformfreundlichen Ministers von Wangenheim auf sich, der ihm 1817 den neuerrichteten Lehrstuhl für Staatswissenschaften in Tübingen verschaffte. 1819 gründete List den Deutschen Handels- und Gewerbeverein, den Vorläufer des deutschen Zollvereins, der sich für die Abschaffung der Binnenzölle einsetzte. Aus diesem Grund wurde er aus dem württembergischen Staatsdienst entlassen. Als Abgeordneter der württembergischen Kammer setz-

Der Stuttgarter Maler Friedrich von Keller.

te er sich für eine demokratische Verfassungsreform ein, wurde 1822 wegen angeblicher »staatsfeindlicher Aufreizung« zu Festungshaft verurteilt und kam gegen das Versprechen, nach Amerika auszuwandern, wieder frei. Als amerikanischer Konsul kehrte er 1830 zurück und setzte sich in Leipzig für die Errichtung eines deutschen Eisenbahnnetzes ein. Dies führte zur Gründung der Dresdner Eisenbahn. List lebte schließlich als freier Schriftsteller in Paris, dann in Augsburg, wo er an Cottas Allgemeiner Zeitung mitarbeitete. Mehrmals wohnte List in Stuttgart: 1815 bis 1817 (noch ledig), 1819 bis 1822 und 1824 bis 1825. Er schied durch Selbstmord aus dem Leben.

Friedrichsberg *(1965, 1978, Möhringen)* Der Flurname wird von einem Personennamen hergeleitet.

Friedrichshafener Straße *(1939, Hedelfingen)* Stadt Friedrichshafen am Bodensee.

Friedrichshaller Straße *(1935, Zuffenhausen)* Stadt Bad Friedrichshall, Landkreis Heilbronn.

Friedrichsplatz *(1888, Mitte)* Friedrich von Württemberg (*1754 Treptow, Pommern † 1816 Stuttgart), 1797 bis 1803 Herzog, 1803 bis 1805 Kurfürst, 1806 bis 1816 König von Württemberg. Neffe Herzog Karl Eugens. Erhielt seine militärische und politische Ausbildung durch König Friedrich den Großen von Preußen und Zarin Katharina der Großen von Rußland, in deren Dienste er lange Zeit stand. Wurde 1805 zu einem Bündnis mit Napoleon gezwungen, das das Land politisch und militärisch Napoleon auslieferte, Württemberg eine beträchtliche Vermehrung seines Gebietes und Friedrich die Königskrone einbrachte. Napoleons Bruder Jérome heiratete 1807 Friedrichs Tochter Katharina. Im Herbst 1813 konnte Friedrich sich von Napoelon lösen. Der absolutistische Herrscher mit der mächtigen Leibesfülle war beim Volk, das er bespitzeln ließ, nicht beliebt. Er gilt als der Schöpfer des modernen württembergischen Staates.

König Friedrich von Württemberg

Friedrichstraße *(1821, Mitte)* siehe →Friedrichsplatz.

Friedrich-Strobel-Weg *(1971, Degerloch)* Friedrich Strobel (*1893 † 1957), Stadtrat, Landessportbeauftragter für Baden-Württemberg und Erster Vorsitzender des Württembergischen Fußballverbandes.

Friedrich-Wacker-Brücke *(1974, Sonnenberg)* Friedrich Wacker (*1895 † 1968), langjähriger Vorsitzender des Sonnenbergvereins.

Friedrich-Wolf-Staffel *(1983, Feuerbach)* Friedrich Wolf (*23. Dezember 1888 Neuwied † 5. Oktober 1953 Lehnitz, Brandenburg), Arzt und Schriftsteller. Wolf war eine der populärsten, meistübersetzten und umtriebigsten Figuren des Kulturlebens der Weimarer Republik. 1927 zog er von Hechingen nach Stuttgart und eröffnete in der Zeppelinstraße eine Praxis für Naturheilkunde und Homöopathie. 1928 veröffentlichte er das Buch »Die Natur als Arzt und Helfer«. Er hielt Rundfunkvorträge und Dichterlesungen, schrieb Schauspiele wie »Der arme Konrad« und »Koritke« und schließlich das aufrüttelnde Abtreibungsdrama »Cyankali – § 218«. Ein Strafverfahren gegen ihn wegen des Verdachts der »gewerbsmäßigen gemeinschaftlichen Abtreibung« machte 1931 den undogmatischen Kommunisten in ganz Deutschland berühmt. Nach gewaltigen Protesten wurde er aus der Haft entlassen und das Verfahren eingestellt.

Friedrich Wolf

1931 wählten die Stuttgarter Wolf in den Gemeinderat. Da seine Stücke an den etablierten Theatern nicht mehr gespielt wurden, gründete er die Agitprop-Kompanie »Spieltrupp Südwest«. Als Kommunist und Jude gefährdet, mußte er 1933 emigrieren. In der Schweiz entstand »Professor Mamlock«, ein Stück gegen den Antisemitismus. Seine Flucht ging weiter über Frankreich und die USA nach Moskau. Nach 1945 wurde er der erste DDR-Botschafter in Warschau, 1951 zog er nach Ost-Berlin. 1946 hielt er im Furtbachsaal eine große Rede mit dem Titel »Mut zum Leben!« In ihr bekannte Wolf, daß es ihn »mit magischer Kraft wieder nach Stuttgart« ziehe; und: »Hier in Schwaben kann der Staat vom Menschen her aufgebaut werden«, eine Liebeserklärung an Württemberg.

Friedrich-Zundel-Straße *(1932, Sillenbuch)* Friedrich Zundel (*1875 Wiernsheim bei Pforzheim † 1948 Stuttgart-Bad Cannstatt), Kunstmaler, Mann von Clara Zetkin, später von Robert Boschs Tochter Paula, wohnte lange in Stuttgart und Sillenbuch. Seine bekannten Bilder entstanden auf dem von ihm bewirtschafteten Gut Berghof bei Lustnau (Tübingen); siehe auch →Clara-Zetkin-Straße.

Friesenstraße *(1938, Zuffenhausen)* Germanischer Volksstamm.

Friolzheimer Straße *(1989, Weilimdorf)* Gemeinde Friolzheim im Enzkreis.

Fritz-Elsas-Straße *(1946, Mitte und West)* Dr. Fritz Elsas (*11. Juli 1890 Bad Cannstatt † 4. Januar 1945 KZ Sachsenhausen), entstammte einer seit Generationen in Cannstatt ansässigen, angesehenen jüdischen Familie. Sein Vater war Kommerzienrat. Nach dem Jurastudium in Tübingen trat Fritz Elsas in den Dienst der Stadt. Ihm oblag, im Ersten Weltkrieg die Lebensmittelversorgung der Stuttgarter zu organisieren.

Fritz Elsas

Seine Arbeit war so erfolgreich, daß er nach dem Krieg von der Stadt als Rechtsrat übernommen und mit dem Wirtschaftsreferat in der Hauptverwaltung betraut wurde. 1926 wurde er Geschäftsführer des Deutschen Städtetages, dessen Vizepräsident er bis 1929 wurde. 1931 wurde er zum Ersten Bürgermeister von Berlin gewählt, 1933 von den Nazis entlassen. Nun wurde er zum Helfer und Rechtsberater von Auswanderungswilligen und schloß sich der Widerstandsgruppe um Goerdeler an. Nach dem gescheiterten Hitler-Attentat am 20. Juli 1944 wurde verhaftet und gefoltert. Aus der Haft schrieb er an seine Familie: »Hölderlins Briefe an Diotima zeigen, wie im Leben und im Leid der Mensch trotz allem an Kraft und Stärke zu gewinnen vermag. Auch leidende Liebe ist solcher Kraftquell.« Fritz Elsas wurde am 4. Januar 1945 im Konzentrationslager Sachsenhausen ermordet.

Fritz-Reuter-Straße *(1957, West)* Fritz Reuter (*1810 † 1874 Eisenach), plattdeutscher Dichter.

Fritz-Ulrich-Weg *(1972, Möhringen)* Fritz Ulrich (*1888 Schwaikheim † 1969 Stuttgart), 1919 bis 1930 Landtagsabgeordeter, 1930 bis 1933 Reichstagsabgeordneter, 1945 bis 1956 Innenminister von Württemberg-Baden und Baden-Württemberg, 1946 bis 1968 Landtagsabgeordneter.

Fritz-Walter-Weg *(1984, Bad Cannstatt)* Fritz Walter (*1900 † 1981), langjähriger Erster Vorsitzender des VfB Stuttgart.

Frobeniusstraße *(1957, Stammheim)* Leo Frobenius (*1873 † 1938), Völkerkundler.

Frobergerstraße *(1938, Botnang)* Nach der Stuttgarter Musikerfamilie Froberger. Der Vater Basilius Froberger (*1575 Halle an der Saale † 1637 Stuttgart) trat als Hofkapellmeister hervor, sein Sohn Johann Jakob Froberger (*1616 Stuttgart † 1667 Héricourt bei Montbéliard) wurde als Orgel- und Klavierkomponist bekannt.

Fröbelweg *(1926, Nord)* Friedrich Fröbel (*1782 Oberweißbach, Thüringer Wald † 1852 Marienthal), Jugenderzieher. 1837 schuf er in Bad Blankenburg den ersten Kindergarten.

Frösnerstraße *(1937, Bad Cannstatt)* Dr. Johann Ludwig Frösner (*1769 Cannstatt † 1841 Cannstatt), Badbesitzer, der das schon im Mittelalter genannte Sulzbad erneuerte und zu einem für die damaligen Verhältnisse bedeutenden Badebetrieb erweiterte.

Fronhof *(1933, Mühlhausen)* Der Fronhof ist hier der Hof der Ortsherrschaft, dem die Bauern Abgaben und Dienste (Fronen) zu leisten hatten.

Froschweg *(1953, Bergheim)* Der am häufigsten anzutreffende Frosch ist der braune Grasfrosch, rana temporaria. Er kann nur leise knurren, während das laute Quaken des männlichen grünen Wasserfrosches, rana esculenta, an warmen Sommerabenden zu hören ist.

Fruchtkasten, Am siehe →Am Fruchtkasten.

Fruchtstraße *(1936, Hedelfingen)* Landwirtschaftlicher Begriff.

Frühlingshalde *(1922, Nord)* Lagebezeichnung.

Frundsbergstraße *(1933, Zazenhausen)* Ritter Georg von Frundsberg (*1473 Mindelheim, Schwaben † 1528 Mindelheim, Schwaben), kaiserlicher Feldhauptmann und »Vater« der deutschen Landsknechte, die er zu einer schlagkräftigen Truppe ausbildete.

Fruwirthstraße *(1954, Hohenheim)* Dr. Karl Fruwirth (*1862 Wien † 1930 Baden bei Wien), 1898 bis 1907 Professor der Landwirtschaftlichen Hochschule Hohenheim und Gründer der württembergischen Saatzuchtanstalt.

Fuchsbau, Im siehe →Im Fuchsbau.

Fuchseckstraße *(1913, Ost)* Berg der Schwäbischen Alb im Kreis Göppingen.

Fuchsienweg *(1979, Sommerrain)* Die Fuchsie, fuchsia, wurde nach dem Botaniker Leonhart Fuchs benannt. Ursprünglich in Süd- und Mittelamerika sowie Neuseeland zu Hause, gedeiht sie hierzulande als Zierpflanze.

Fuchsrain, Im siehe →Im Fuchsrain.

Fuchsstraße *(1931, Sonnenberg)* Der Fuchs, vulpes vulpes, ist das am meisten verbreitete hundeartige Raubtier Europas. Er gehört zur Familie der Hunde und wird als Überträger der Tollwut stark bejagt.

Fuchswaldstraße *(1936, Kaltental)* Nach den Füchsen, die früher im nahegelegenen Wald zahlreich waren.

Fürfelder Straße *(1953, Rot)* Ortsteil Fürfeld der Gemeinde Bad Rappenau, Landkreis Heilbronn.

Fürstenstraße *(1811, Mitte)* Nach dem ehemaligen Fürstenhaus Ecke Königstraße und Fürstenstraße. Es wurde 1505 Marschallenhaus, 1756 Fürstenhaus genannt und 1846 abgebrochen.

Fuggerstraße *(1957, Vaihingen)* Augsburger Kaufmannsgeschlecht, bekannt durch seine karitativen Stiftungen.

Fuldastraße *(1934, Münster)* Quellfluß der Weser.

Funktürmen, Bei den siehe →Bei den Funktürmen.

Furtäcker *(1957, 1983, Riedenberg)* Der Flurname bezeichnet Äcker in der Nähe eines Bachüberganges.

Furtbachstraße *(1800, Süd)* Flurname. Ein Teil des Nesenbaches wurde wegen eines dort befindlichen Überganges (Furt) Furtbach genannt.

Furtwänglerstraße *(1957, Botnang und Feuerbach)* Wilhelm Furtwängler (*1886 Berlin † 1954 Baden-Baden-Ebersteinburg), Dirigent und Komponist.

Gablenberger Hauptstraße *(1936, Ost)* Hauptstraße des im Mittelalter von Berg aus auf gerodetem Land gegründeten Weilers, der schon früh zu Stuttgart kam. Die daraus entstandene Vorstadt Gablenberg gehört heute zum Stadtteil Ost. Der Name Gablenberg leitet sich von zwei Höhenrücken ab, die den Ort wie eine Art zweizinkiger Gabel umschließen.

Gablenberger Weg *(1932, Ost)* siehe →Gablenberger Hauptstraße.

Gaedertzstraße *(1934, Feuerbach)* Georg Walter Gaedertz (*1858 † 1892), Besitzer des Gutes Siegelberg, unterhielt in Feuerbach große Baumschulen, siehe auch →Siegelbergstraße.

Gähkopf *(1911, Nord)* 1393 genannter Flurname, hergeleitet von »Gägenkopf«, nach dem Personennamen Gäg.

Gänsebergstraße *(1933, Rot)* Der Flurname bezeichnet wohl ein als Gänseweide benutztes Gelände.

Gänsheidestraße *(1897, Ost)* Der Flurname Gänsheide kommt schon 1530 vor. Auch hier geht der Name auf eine Gänseweide zurück.

Gänßleweg *(1964, Botnang)* Paul Gänßle (*1878 † 1962), Botnanger Ortschronist und Heimatdichter.

Gänswaldweg *(1925, Ost)* Im 15. Jahrhundert genannter Flurname Gänswald, der auf eine ehemalige Gänseweide hinweist.

Gaisburgstraße: Blick vom Gaskessel auf den Stadtteil Gaisburg, 1984.

Gärten, Hinter den siehe →Hinter den Gärten.

Gärtnerstraße *(1946, Hedelfingen)* Nach der schwäbischen Familie Gärtner, aus der verschiedene namhafte Gelehrte hervorgingen, unter anderem der königliche Leibarzt und Staatsrat Otto (von) Gärtner (*1822 Tübingen † 1891 Stuttgart).

Gärttner-Straße, Emil- siehe →Emil-Gärttner-Straße.

Gäßle, Im siehe →Im Gäßle.

Gäubahnstraße *(1915, Nord)* Nach der 1879 eröffneten Gäubahn, der Eisenbahnlinie Stuttgart – Böblingen – Herrenberg – Horb – Rottweil – Tuttlingen.

Gäublick *(1946, Weilimdorf)* Ausblick auf das Strohgäu.

Gäuweg *(1938, Zuffenhausen)* Nach der Landschaft.

Gaggenauer Straße *(1936, Untertürkheim)* Stadt Gaggenau, Landkreis Rastatt.

Gaildorfer Straße *(1962, Bad Cannstatt)* Stadt Gaildorf, Landkreis Schwäbisch Hall.

Gairenweg *(1959, Heumaden)* Der Flurname bezeichnet ein langgestrecktes, keilförmiges Flurstück. Der Name leitet sich von »Ger«, »in der Form einer Speerspitze«, ab.

Gaisburgstraße *(1862, Mitte)* Nach der bis 1901 selbständigen Gemeinde und Stuttgarter Vorstadt Gaisburg.

Das Gaisburger Gaswerk um 1900. Im Hintergrund sieht man den noch nicht kanalisierten Neckar.

Gaisgasse *(um 1938, Feuerbach)* Hieß schon 1904 Gaisgasse, ab 1911 Geißstraße. Eine Geiße ist eine ausgewachsene weibliche Ziege.

Gaishämmerstraße *(1902, Ost)* Nach der Flur Gaishämmer, in der das Kloster Kaisheim in Bayern Güter besaß, siehe auch →Im Kaisemer.

Galen-Straße, Graf-von- siehe →Graf-von-Galen-Straße.

Galileistraße *(1957, Dürrlewang und Vaihingen)* Galileo Galilei (*1564 † 1642), italienischer Mathematiker und Philosoph.

Gallenklingenstraße *(um 1910, Botnang)* 1356 erstmals urkundlich erwähnter Flurname, der entweder auf einen früheren Besitz des Klosters St. Gallen oder eine »Galluskapelle« zurückgeht, die man im oberen Feuerbachtal vermutet.

Gallusstraße *(1937, Kaltental)* Gallus (*um 560 † 650 Arbon, Bodensee), schottischer Missionar und Heiliger, gründete 612 eine Klause, aus der das Kloster St. Gallen erstand.

Galvanistraße *(1938, Zuffenhausen)* Luigi Galvani (*1737 † 1798), Entdecker der galvanischen Elektrizität.

Gammertinger Straße *(1957, Möhringen)* Stadt Gammertingen, Landkreis Sigmaringen.

Ganghoferstraße *(1922, Nord)* Ludwig Ganghofer (*1855 Kaufbeuren † 1920 Tegernsee), Schriftsteller.

Gans, Auf der siehe →Auf der Gans.

Ganzenstraße *(um 1936, Möhringen)* Flurname.

Garbenstraße *(um 1932, Hohenheim und Plieningen)* Immanuel von Garb (* ? † 1684 Klein-Erla, Oberösterreich), kaiserlicher Oberproviantkommissär aus Augsburg, erwarb 1676 das ganze Hofgut Hohenheim von dem Esslinger Spital, in dessen Besitz es seit 1432 war. Durch großzügige Neubauten, zu denen auch die nach ihm benannte »Garbe« gehörte, gab er dem Gut ein neues Gesicht. Nach dem Tod der letzten Enkelin Garbs ließ Herzog Karl Eugen 1769 das Gut (rechtswidrig) als »erledigtes Lehen« einziehen.

Gartenstraße *(1899, Vaihingen)* Naturverbundener Name.

Gasteiner Straße *(1937, Bad Cannstatt)* In Österreich gelegenes Tal mit den Kur- und Badeorten Badgastein und Bad Hofgastein.

Gaswerk *(1986, Ost)* Lagebezogener Name. Die Stuttgarter Gaskokerei wurde 1875 von der Seidenstraße, wo sie 1845 gegründet worden war, nach Gaisburg verlegt. 1899 ging sie von einer Genfer Privatfirma in den Besitz der Stadt Stuttgart über. Zwischen 1906 und 1910 wurden die beiden kleinen Gaskessel an der Hackstraße, 1930 der 107 Meter hohe große Gaskessel fertiggestellt. Während des Zweiten Weltkriegs versetzte er wegen der befürchteten Explosionsgefahr die Bewohner des Stuttgarter Ostens in stete Angst.

Gaucherstraße *(1894, Nord)* Nikolaus Gaucher (*1846 Sarcicourt, Frankreich † 1911 Cannstatt), Baumschulenbesitzer und Direktor der Obst- und Gartenbauschule in Stuttgart.

OB Heinrich Gauß

Gaußstraße *(1912, West)* Heinrich (von) Gauß (*1858 Stuttgart † 1921 Stuttgart), 1899 bis 1911 Stuttgarter Oberbürgermeister. In seine Amtsperiode fielen die Vereinigung mit Bad Cannstatt sowie die Eingemeindungen von Degerloch, Gaisburg, Wangen und Untertürkheim.

Gebelsbergstraße *(1908, Süd)* Der 1304 genannte Flurname geht wahrscheinlich auf den Personennamen Geblin zurück.

Gebhard-Müller-Platz *(1991, Mitte)* Professor Dr. Gebhard Müller (*1900 Füramoos, Landkreis Biberach † 1990 Stuttgart) CDU-Landesvorsitzender, 1948 bis zur Gründung des Bundeslandes Baden-Württemberg 1952 Staatspräsident von Württemberg-Hohenzollern, 1953 bis 1958 Ministerpräsident von Baden-Württemberg, 1958 bis 1971 Präsident des Bundesverfassungsgerichts. Als Ministerpräsident machte sich Müller besonders um das Zusammenwachsen der Landesteile verdient; er war für Badener wie Württemberger eine Integrationsfigur. Seine Regierungszeit nutzte er zum beständigen Aufbau der staatsrechtlichen, wirtschaftlichen und kulturellen Grundlagen des Landes.

Geckoweg *(1953, Bergheim)* Der Gecko, ein Nachttier, gehört zur Familie der Echsen. An den Zehen und Fingern besitzt er Haft-

Die Geißeiche unterhalb des Birkenkopfs. Links oben ist die um 1880 aufgenommene Fotoplatte gebrochen.

lamellen, die es ihm ermöglichen, an senkrechten Wänden zu laufen.

Geck-Weg, Tell- siehe →Tell-Geck-Weg.

Gehenbühlstraße *(um 1923, Weilimdorf)* Die Flur wurde 1573 »Gähbühl« genannt, was auf einen steilen Geländeabfall hindeutet.

Gehrenwaldstraße *(1936, 1981, Untertürkheim)* Die Flur »Gehrenwald« war ehemals ein spitz zulaufendes Waldstück. »Ger« bedeutete »in der Form einer Speerspitze«.

Gehring-Platz, Rudolf- siehe →Rudolf-Gehring-Platz.

Geibelstraße *(1909, West)* Emanuel Geibel (*1815 Lübeck † 1884 Lübeck), deutscher Lyriker.

Geiger, Im siehe →Im Geiger.

Geiger-Platz, Wilhelm- siehe →Wilhelm-Geiger-Platz.

Geislinger Straße *(1936, Wangen)* Stadt Geislingen/Steige, Landkreis Göppingen.

Geißeichstraße *(1919, West)* Nach der jahrhundertalten »Geißeiche« an der Verbindungsstraße zwischen Botnanger Straße und Charlottenbuche. Das Alter der Eiche wurde auf 400 Jahre geschätzt. Früher war dort eine Weide für Ziegen (Geißen).

Geißhirtlesweg *(1937, Rohracker)* Heimische Birnensorte.

Seite 85 und 86: Malerische Winkel mit verputzten Fachwerkhäusern aus dem 16./17. Jahrhundert prägten das Bild der Geißstraße, bevor der »Verein für das Wohl der arbeitenden Klassen« 1906 bis 09 das ganze Quartier abreißen und neu bauen ließ.

Restauration zur Gais Karl
Most

Geißlerstraße *(1938, Zuffenhausen)* Heinrich Geißler (*1815 † 1879 Bonn), Mechaniker, Erfinder der Geißlerschen Röhre, die zur Gasentladung diente.

Geißstraße *(1811, Mitte)* 1430 erstmals als Geißgasse genannt und 1811 in Geißstraße umbenannt. Fotos: Seite 85/86.

Geiwitzstraße *(1957, Vaihingen)* Ortsbezogener Name.

Gelben Weg, Am siehe →Am gelben Weg.

Gelbrandstraße *(1957, Stammheim)* Der Gelbrandkäfer, dytiscus marginalis, gehört zur Familie der Schwimmkäfer. Er lebt in pflanzenreichen Teichen und Tümpeln.

Gellertstraße *(1897, Ost)* Christian Fürchtegott Gellert (*1715 Hainichen, Erzgebirge † 1769 Leipzig), Dichter.

Gemmrigheimer Straße *(1945, Rot)* Gemeinde Gemmrigheim, Landkreis Ludwigsburg.

Gemsenweg *(1953, Wolfbusch)* Die Gemse, ruricapra ruricapra, ist in Europa von den Pyrenäen bis zum Kaukasus zu finden. Sie ist klettert selbst in steilem Gelände sehr flink.

Generatorstraße *(1969, Weilimdorf)* Maschine zur Umwandlung mechanischer in elektrische Energie.

Genfer Weg *(1960, Fasanenhof)* Stadt Genf in der Schweiz.

Georgiiweg *(1928, Degerloch)* Theodor Georgii (*1826 Esslingen † 1892 Wilhelmsdorf), Rechtsanwalt, Mitbegründer und langjähriger Vorsitzender der schwäbischen und deutschen Turnerschaft.

Gerabronner Straße *(1937, Zuffenhausen)* Stadt Gerabronn, Landkreis Schwäbisch Hall.

Geranienweg *(1979, Sommerrain)* Geranie ist die volkstümliche Bezeichnug für Pelargonie, eine ursprünglich aus Südafrika stammende Zierpflanze.

Gerberstraße *(1817, Mitte)* Geht auf die Gerbereien am Nesenbach zurück.

Gerhardt-Platz, Paul- siehe →Paul-Gerhardt-Platz.

Gerhart-Hauptmann-Weg *(1984, Freiberg)* Gerhart Hauptmann (*1862 † 1946), Bühnendichter und Erzähler.

Gerlinger Straße *(1953, Hausen)* Stadt Gerlingen, Landkreis Ludwigsburg.

Germanenstraße *(um 1929, Vaihingen)* Völkergruppe.

Germersheimer Straße *(1937, Weilimdorf)* Stadt Germersheim am Rhein.

Gernotstraße *(1938, Feuerbach)* Gestalt aus der Nibelungensage.

Gernsbacher Straße *(1965, Weilimdorf)* Stadt Gernsbach, Landkreis Rastatt.

Gerokstaffel *(1909, Mitte)* Karl Gerok (*1815 Vaihingen/Enz † 1890 Stuttgart), Prediger und Dichter, seit 1849 in Stuttgart, 1862 Dekan der Stadtdiözese Stuttgart, 1868 Oberhofprediger und Oberkonsistorialrat mit der Titel Prälat, 1866 Ehrenbürger der Stadt Stuttgart. Seine Gedichtsammlung »Palmblätter« erreichte eine Auflage von mehreren hunderttausend Exemplaren. Foto: Seite 88.

Gerokstraße *(1927, Mitte und Ost)* siehe →Gerokstaffel.

Gerstenhalde *(1954, Bergheim)* Der Flurname geht auf die dort angebauten Getreideart zurück.

Prälat und Dichter: Karl Gerok.

Gerstenstraße *(1959, Plieningen)* Getreideart.

Gertrudstraße *(1913, Luginsland)* Weiblicher Vorname.

Geschwister-Scholl-Straße *(1946, Mitte)* Zur Erinnerung an die Geschwister Hans (*1918 Ingersheim/Jagst) und Sofie Scholl (*1921 Forchtenberg) aus Ulm/Donau, die als Mitglieder einer Widerstandsgruppe Flugblätter unter dem Titel »Die weiße Rose« an der Münchner Universität verteilten. Die Geschwister wurden am 22. Februar 1943 zum Tode verurteilt und am gleichen Tag hingerichtet.

Gewerbestraße *(1959, Möhringen)* Lagebezogener Name.

Geyer-Straße, Florian- siehe →Florian-Geyer-Straße.

Giebelstraße *(1954, Giebel)* Der Flurname bezeichnet eine hervortretende Geländeform und ist seit 1962 auch Name des Stadtteils.

Giescheweg *(1960, Fasanenhof)* Georg von Giesche (*1653 † 1716), Gründer der schlesischen Bergwerksgesellschaft, wurde 1712 in den böhmischen Ritterstand aufgenommen.

Giesekingstraße *(1957, Vaihingen)* Walter Gieseking (*1895 Lyon † 1956 London), deutscher Klaviervirtuose.

Gietmannstraße *(1957, Rohr und Dürrlewang)* Flurname.

Gilbertweg *(1989, Botnang)* Jean Gilbert, Pseudonym von Max Winterfeld, (*1879 Hamburg † 1942 Buenos Aires), Operettenkomponist. Sein Sohn Robert (*1899 † 1978), Librettist und Schriftsteller, behielt den Künstlernamen des Vaters bei. Er verfaßte Gesangstexte zu über 60 Operetten, unter anderem »Im weißen Rößl« für R. Benatzky und »Feuerwerk« für P. Burkhard, und zu über 100 Tonfilmen, unter anderem »Die Drei von der Tankstelle«, und »Der Kongreß tanzt«. Er übersetzte auch Texte aus amerikanischen Musicals, darunter »My fair Lady«, für die deutsche Bühnenfassung. Während des Nationalsozialismus 1933 bis 1945 lebte er in den USA im Exil.

Gingener Straße *(1936, Wangen)* Gemeinde Gingen an der Fils, Landkreis Göppingen.

Ginsterweg *(1935, Ost)* Die Ginsterarten, zu denen der Färberginster, genista tinctoria, und der Deutsche Ginster, genista germanica, zählen, stehen unter Naturschutz. Aus den Blüten des Färberginster gewann man früher eine gelbe Farbe, mit der Wolle und Leinwand gefärbt wurden.

Gladiolenweg *(1933, Sommerrain)* Die Gladiole, gladiolus communis, stammt aus dem Mittelmeergebiet und ist eine Gartenpflanze.

Glaserweg *(1957, Weilimdorf)* Erasmus Glaser (Amtszeit 1703 bis 1722) und Johann Jakob Glaser (Amtszeit 1770 bis 1784), Schultheißen in Weilimdorf.

Glashütter Weg *(1957, Möhringen)* Ortsteil Glashütte der Gemeinde Stetten am kalten Markt, Landkreis Sigmaringen.

Glaunerweg *(1957, Heumaden)* Alter Heumadener Familienname.

Gleißbergstraße *(1925, Bad Cannstatt)* Johann Ernst Gleißberg (*1798 Langensalza † 1861 Cannstatt), Cannstatter Dekan.

Glemsgaustraße *(1957, Weilimdorf)* Landschaft an der Glems.

Glemsstraße *(1951, Feuerbach)* Nebenfluß der Enz.

Glockenblumenstraße *(1957, Vaihingen)* Die zierlichen, hellblauen Blütenglocken der Rundblättrigen Glockenblume, campanula rotundifolia, kann man auf vielen Wiesen und an Waldrändern finden.

Glockenstraße *(1885, Bad Cannstatt)* Nach der ehemaligen Glockengießerei Knittel.

Gluckstraße *(1928, Botnang)* Christoph Willibald Ritter von Gluck (*1714 Erasbach, Oberpfalz † 1787 Wien), Komponist.

Glühwürmchenweg *(1971, Stammheim)* Das Glühwürmchen, phausis splendidula, gehört zur Familie der Leuchtkäfer und leuchtet an warmen Abenden im Juni und Juli an Gebüschen und Waldrändern gelbgrün. Das Licht wird im Hinterleib des Käfers durch Bakterien erzeugt.

Gmünder Straße *(1930, Bad Cannstatt)* Stadt Schwäbisch Gmünd, Ostalbkreis.

Gnesener Straße *(1933,1964, Bad Cannstatt)* Stadt Gnesen (Gniezno) in Polen, gehörte von 1793 bis 1806 und von 1815 bis 1918 zu Preußen.

Gögelbachstraße *(1981, Untertürkheim)* Nach dem nahegelegenen Bach.

Göllerstraße *(1953, Sillenbuch)* Ernst Karl Göller (*1811 † 1882), Sillenbucher Lehrer.

Göppinger Straße *(1928, Obertürkheim)* Stadt Göppingen.

Goerdelerstraße *(1945, Mitte)* Dr. Carl-Friedrich Goerdeler (*1884 Schneidemühl † 1945 Berlin), seit 1930 Oberbürgermeister von Leipzig. Als Gegner des Nationalsozialismus trat er 1937 zurück. Nach 1939 war er führend in der Widerstandsbewegung und für den Fall von Hitlers Sturz als Reichskanzler vorgesehen; hatte enge Verbindungen zu Freunden um Robert Bosch. Nach dem mißlungenen Attentat auf Hitler am 20. Juli 1944 wurde er auf eine Denunziation hin verhaftet, vom Volksgerichtshof zum Tode verurteilt und am 2. Februar 1945 in Berlin-Plötzensee hingerichtet.

Goethestraße *(1874, Mitte)* Johann Wolfgang von Goethe (*1749 Frankfurt am Main † 1832 Weimar), Dichter. Während seiner zweiten Reise in die Schweiz hielt er sich vom 10. bis 18. Dezember 1779 in Stuttgart auf; dabei führte ihn Johann Georg Hartmann. Auch während seiner dritten Reise in die Schweiz stieg Goethe in Stuttgart ab – vom 29. August bis 7. September 1797 – und las bei Gottlob Heinrich Rapp aus seinem Werk »Hermann und Dorothea« vor (siehe auch →Rappweg). Er besuchte Cotta und war mit Dannecker in Hohenheim.

Götzen, Im siehe →Im Götzen.

Götzenbergstraße *(1957, 1975, Uhlbach)* Der Flurname geht auf den Personennamen Götz zurück.

Goezstraße *(1957, Plieningen)* Christian Gottlieb Goez (*1746 † 1803), Pfarrer 1784 bis 1803, verdient um die Landwirtschaft, Liederdichter.

Gohlstraße *(1950, Degerloch)* Weist auf die alte Degerlocher Familie Gohl hin. Einzelne Familienmitglieder hatten als Gemeinderäte, Ratsherrn und Schultheißen eine angesehene Stellung in der früheren Gemeinde Degerloch.

Goldbacher Weg *(1957, Zuffenhausen)* Stadtteil Goldbach der Stadt Crailsheim, Landkreis Schwäbisch Hall.

Goldbergstraße *(1913, Luginsland)* Der Flurname könnte entweder auf die Bodenfärbung zurückgehen oder mit dem im Mittelalter abgegangenen Ort Immenrode zu tun haben.

Goldkäferweg *(1957, Stammheim)* Der Goldkäfer, potosia cuprea, hat eine metallisch grün-braune Tarnfarbe. Er lebt vom ausfließenden Baumsaft.

Goldrautenweg *(1937, Sommerrain)* Die Goldrute, auch Goldraute genannt, gehört zu den Korbblütengewächsen. Die Echte oder Gemeine Goldrute, soldago virgaurea, ist in trockenen Wäldern und Dünen heimisch.

Goldregenweg *(1945, Rohr)* Der Goldregen, cytisus laburnum, gehört zu den Schmetterlingsblütengewächsen. Die hängenden, gelben Blüten des Strauchs sind giftig.

Goldtälerweg *(1981, Untertürkheim)* Lagebezeichnung.

Gomaringer Straße *(1957, Degerloch)* Gemeinde Gomaringen, Landkreis Tübingen.

Gontermann-Weg, Heinrich- siehe →Heinrich-Gontermann-Weg.

Goppeltstraße *(1957, Nord)* Adolf Goppelt (*1800 Heilbronn † 1875 Heilbronn), 1848 bis 1849 württembergischer Finanzminister.

Gorch-Fock-Straße *(1937, Sillenbuch)* Gorch Fock, bürgerlicher Name Hans Kinau (*1880 Finkenwerder bei Hamburg † 1916 Skagerrak-Seeschlacht), Schriftsteller.

Gosheimer Weg *(1968, Sillenbuch)* Gemeinde Gosheim, Landkreis Tuttlingen.

Goslarer Straße *(1937, Feuerbach und Weilimdorf)* Stadt Goslar.

Gotenstraße *(1938, Zuffenhausen)* Hauptvolk der Ostgermanen.

Gottfried-Keller-Straße *(1935, Zuffenhausen)* Gottfried Keller (*1819 Zürich † 1890 Zürich), Schweizer Dichter.

Gotthilf-Dreher-Straße *(1951, Weilimdorf)* Gotthilf Dreher (*1873 † 1946), letzter Bürgermeister von Weilimdorf.

Gottliebstraße *(1898, Ost)* Gottlieb Müller (*1837 † 1900), Bauunternehmer und Geschworener.

Graben, Am äußeren siehe →Am äußeren Graben.

Graben, Im siehe →Im Graben.

Grafeneckstraße *(1913, Ost)* Schloß Grafeneck bei Münsingen auf der Schwäbischen Alb.

Graf-von-Galen-Straße *(1960, Fasanenhof)* Clemens August Graf von Galen (*1878 Dinklage † 1946 Münster, Westfalen), Bischof von Münster, Kardinal, Gegner des »Dritten Reiches«.

Graphitweg *(1978, Heumaden)* Elementarer Kohlenstoff, dient zur Herstellung unter anderem von Bleistiften und Elektroden.

Grasgarten, Im siehe →Im Grasgarten.

Gravensteinerweg *(1937, Rohracker)* Apfelsorte.

Grazer Straße *(1938, Feuerbach)* Landeshauptstadt der Steiermark, Österreich.

Grefstraße *(1962, Weilimdorf)* Professor Franz Heinrich Gref (*1872 Stühlingen, Baden † 1957 Stuttgart-Weilimdorf), lange Jahre in Weilimdorf ansässiger Maler.

Grenzstraße *(1984, Zuffenhausen)* Nach der Markungsgrenze zwischen Feuerbach und Zuffenhausen.

Grethe-Weg, Carlos- siehe →Carlos-Grethe-Weg.

Greutäckerstraße *(um 1937, Rohr)* Der Flurname geht auf Gereutäcker zurück. Reuten bedeutet roden.

Greutterstraße *(um 1955, Weilimdorf)* Der Flurname bedeutet Gereut, das gerodete Gelände.

Greutterwaldstraße *(1954, Weilimdorf)* Der Flurname bezeichnet ein ehemaliges, gerodetes Waldgelände.

Griegstraße *(1938, Botnang)* Edvard Grieg (*1843 † 1907), norwegischer Komponist.

Griesingerweg *(1926, Ost)* Dr. Wilhelm Griesinger (*1817 Stuttgart † 1868 Berlin), Psychiater; ab 1864 Leiter der psychiatrischen Abteilung der Charité in Berlin.

Grillparzerweg *(1930, Nord)* Franz Grillparzer (*1791 Wien † 1872 Wien), österreichischer Dichter und Dramatiker.

Grimbartweg *(1939, Heumaden)* Name des Dachses in der Tierfabel.

Grimmstraße *(1920, West)* Wilhelm Grimm (*1786 Hanau † 1859 Berlin), Sprachforscher, gab zusammen mit seinem Bruder Jakob Grimm (*1785 Hanau † 1863 Berlin), dem Schöpfer der germanistischen Sprachwissenschaft, Sammlungen von deutschen Sagen, Kinder- und Hausmärchen heraus. Die Gebrüder Grimm begannen die Arbeit am »Deutschen Wörterbuch«, einer Sammlung und Erläuterung aller deutschen Wörter, dessen erster Band 1854 erschien und das 1960 abgeschlossen wurde.

Gröberstraße *(1945, Ost)* Adolf Gröber (*1854 Riedlingen † 1919 Berlin), Führer der Zentrumspartei, Reichs- und Landtagsabgeordneter, 1918 Staatssekretär in Berlin.

Gronauer Straße *(1951, Rot)* Gronau, Gemeinde Oberstenfeld, Kreis Ludwigsburg.

Großbeerenstraße *(1937, Weilimdorf)* Gemeinde Großbeeren, Mark Brandenburg.

Große Falterstraße *(um 1899, Degerloch)* Der Flurname leitet sich von einem Falltor ab, dem Zugang zu einem umzäunten Gelände. Vermutlich handelte es sich hier um das Gebiet des abgegangenen Ortes Ittinghausen (heute Hoffeld).

Großglocknerstraße *(1938, Untertürkheim)* Höchster Gipfel des österreichischen Alpengebiets.

Grubenäcker *(1954, Bergheim)* Der Flurname bezeichnet Äcker in der Nähe einer Grube.

Grünblickstraße *(1926, Ost)* Naturverbundener Name.

Gründgensstraße *(1968, Vaihingen)* Gustav Gründgens (*1899 Düsseldorf † 1963 Manila), Schauspieler und Regisseur.

Grüneisenstraße *(1922, Ost)* Dr. Karl (von) Grüneisen (*1802 Stuttgart † 1878 Stuttgart), Oberhofprediger und Prälat. Er wurde 1825 Hofkaplan, 1835 Hofprediger und Oberkonsistorialrat.

Grünen Weg, Am siehe →Am grünen Weg.

Grünewaldstraße *(1939, Feuerbach)* Matthias Grünewald, eigentlich Mathis Gothardt (*um 1470 † 1528 Halle an der Saale), Maler, Schöpfer des Isenheimer Altars in Colmar und der »Maria mit Kind« in Stuppach.

Grüninger Straße *(1957, Birkach)* Ortsteil Grüningen der Stadt Riedlingen, Landkreis Biberach.

Grünlingweg *(1957, Schönberg)* Der Grünling, tricholoma auratum, ist ein Speisepilz.

Grüntaler Weg *(1957, Vaihingen)* Ortsteil Grüntal der Stadt Freudenstadt, Schwarzwald.

Grunbacher Straße *(1936, Untertürkheim)* Ortsteil Grunbach der Gemeinde Remshalden, Rems-Murr-Kreis.

Grund, Unterer siehe →Unterer Grund.

Grundlerstraße *(1931, Sonnenberg)* Ludwig Grundler (*1821 † 1892), früherer Schultheiß von Möhringen.

Grundstraße *(um 1927/29, Weilimdorf)* Der Flurname bedeutet Talgrund.

Grundweg, Oberer siehe →Oberer Grundweg.

Gudrunweg *(1936, Nord)* Hauptfigur der Gudrunsage (Kudrun).

Güglinger Straße *(1938, Zuffenhausen)* Stadt Güglingen, Landkreis Heilbronn.

Güglingweg *(1938, Stammheim)* Die Bedeutung des Flurnamens ist nicht bekannt.

Gültsteiner Straße *(1957, Vaihingen)* Gültstein, Stadt Herrenberg, Landkreis Böblingen.

Güntherstraße *(1931, Sonnenberg)* Altes Möhringer Geschlecht, seit dem 16. Jahrhundert bekannt.

Günzelburgweg *(1965, Feuerbach)* Burgruine Günzelburg bei Blaubeuren.

Güterstraße *(1978, Bad Cannstatt)* Funktionsbezogene Bezeichnung der Straße beim Cannstatter Güterbahnhof.

Gütle, Im siehe →Im Gütle.

Guibalstraße *(1929, Hofen)* Nikolaus Guibal (*1725 Lunéville † 1784 Stuttgart), Maler, Galeriedirektor, Professor an der Hohen Carlsschule.

Gundelsheimer Straße *(1951, Rot)* Stadt Gundelsheim, Landkreis Heilbronn.

Gunterstraße *(1936, 1985, Nord)* Nach dem König der Burgunder Gundahar († 436) aus der Nibelungensage.

Gustav-Barth-Straße *(1945, Heumaden)* Gustav Barth (*1843 Stuttgart † 1928 Stuttgart), Kaufmann und Stuttgarter Stadtgeschichtsforscher, verfaßte die Bücher »Stuttgarts Wirtshäuser und Wirtshausleben in alter Zeit« (1891) und »Stuttgarter Handel und Handlungshäuser in vergangener Zeit« (1896).

Gustav-Klein-Straße *(1924, Feuerbach)* Gustav Klein (*1874 Sulzbach † 1917 Berlin-Staaken), Direktor und Oberingenieur der Firma Robert Bosch, Flugzeugkonstrukteur.

Gustav-Mahler-Straße *(1980, Botnang)* Gustav Mahler (*1860 † 1911), Komponist und Dirigent.

Gustav-Siegle-Straße *(1918, West)* Dr. Gustav (von) Siegle (*1840 Nürtingen † 1905 Stuttgart), Großindustrieller und Geheimer Kommerzienrat, 1887 bis 1898 Reichstagsabgeordneter. Arbeitete in seinem Unternehmen an der Verbesserung der Farbenherstellung, vereinigte 1873 sein Geschäft mit der Badischen Anilin- und Sodafabrik (BASF), Ludwigshafen am Rhein. Als langjähriger Generaldirektor nahm er an der Entwicklung der Teerfarbstoff-Industrie großen Anteil. War mehrere Jahre Mitglied des Bürgerausschusses in Stuttgart. Einen großen Teil seines Vermögens stellte er für wohltätige Zwecke zur Verfügung.

Gustav Siegle

Gutaweg *(1957, Stammheim)* Nach der Frau des Ortsadligen Konrad von Stammheim.

Gutbrodstraße *(1888, West)* Georg Gottlob Gutbrod (*1791 Stuttgart † 1861 Stuttgart), 1833 bis 1861 Stadtschultheiß in Stuttgart.

Gutenbergstraße *(1858, West)* Johannes Gutenberg (*um 1397 † 1468 Mainz), Erfinder des Buchdrucks mit beweglichen Lettern.

Guts-Muths-Weg *(1928, Degerloch)* Johann Christoph Friedrich Guts Muths (*1759 † 1839), Vorkämpfer der Leibeserziehung und Mitarbeiter des »Turnvaters« Jahn.

Gymnasiumstraße *(1811, Mitte)* Nach dem unter Herzog Eberhard Ludwig erbauten »Gymnasium Illustre«, dem späteren Eberhard-Ludwigs-Gymnasium.

Haarburger-Staffel, Alice- siehe →Alice-Haarburger-Staffel.

Habichtweg *(1933, Süd)* Der Habicht, accipiter gentilis, wurde fast ausgerottet, weil er Hausgeflügel raubte. Inzwischen ist dieser Greifvogel unter Schutz gestellt.

Hackländerstraße *(1898, Ost)* Wilhelm Hackländer (*1816 Burtscheid bei Aachen † 1877 Berg/Starnberger See), Schriftsteller, Novellist und Lustspieldichter.

Hackstraße *(1893, Ost)* Dr. Friedrich (von) Hack (*1843 Meimsheim † 1911 Urach), Professor für Nationalökonomie in Tübingen, 1872 bis 1892 Stuttgarter Oberbürgermeister, 1875 bis 1879 Mitglied der Evangelischen Landessynode, 1882 bis 1884 Landtagsabgeordneter, ab 1885 Mitglied des Staatsgerichtshofs. Während seiner Amtszeit als Oberbürgermeister begann der wirtschaftliche Aufstieg der Stadt, den er in jeder Hinsicht förderte. Auch die Armenfürsorge lag ihm besonders am Herzen.

OB Friedrich Hack

Hadäckerstraße *(1911, Degerloch)* Unter »Had« verstand man früher das fahrende Volk. Die Hadäcker waren demnach Lager- und Rastplatz.

Haeberlinstraße *(1957, Vaihingen)* Hermann Haeberlin (*1865 † 1954), Oberlehrer in Vaihingen.

Haeckerstraße *(1946, Rohr)* Theodor Haekker (*1879 Eberbach, Württemberg † 1945 Ustersbach bei Augsburg), Religionsphilosoph.

Häfnerstraße *(1938, Vaihingen)* Töpfer und Ofensetzer hießen hierzulande Häfner.

Häldle, Im siehe →Im Häldle.

Händelstraße *(1935, Botnang)* Georg Friedrich Händel (*1685 Halle/Saale † 1759 London), Komponist, neben Johann Sebastian Bach der bedeutendste Komponist des musikalischen Hochbarocks.

Hänflingweg *(1954, Bergheim)* Der Hänfling, carduelis cannabina, gehört zur Familie der Finken.

Härtel-Weg, Alfons- siehe →Alfons-Härtel-Weg.

Härtsfeldweg *(1950, Ost)* Hochfläche der Schwäbischen Alb zwischen Aalen und Nördlingen.

Häusleweg *(1950, Hoffeld)* Ist vom »Käshäusle« abgeleitet, das zu dem 1746 abgebrochenen Ittingshäuser Hof gehörte und den Bauern als Unterschlupf bei Unwetter diente, siehe auch →Ittinghäuser Straße.

Hafenbahnstraße *(1972, 1988, Hedelfingen)* Lagebezogener Name.

Haffnerstraße *(1938, Feuerbach)* Nach der alteingesessenen Familie Haffner, deren männliche Mitglieder häufig öffentliche Ämter in Feuerbach bekleideten.

Hag, Im siehe →Im Hag.

Hagbergstraße *(1954, Ost)* Berg im Welzheimer Wald.

Hagdornweg *(1936, Degerloch)* Der Weißdorn, crataegus oxyacantha, wird oft als Hagdorn, Hagedorn oder Rotdorn bezeichnet. Er gehört zur Familie der Rosengewächse.

Hagebuttenweg *(1983, Plieningen)* Die Hagebutte ist die rote Scheinfrucht der Hundsrose, rosa canina.

Hageloh-Straße, Erwin- siehe →Erwin-Hageloh-Straße.

Hagelsbrunnen *(1958, Dürrlewang)* Nach dem in der Nähe gelegenen Hagelsbrunnen.

Hagelschieß *(1885, Bad Cannstatt)* Führte entlang der einstigen Stadtmauer. Die Herkunft des Namens ist ungewiß.

Hagenwiesenstraße *(um 1922, Plieningen)* Nach der gleichnamigen Flur. Die Wiese lieferte das Heu für den Hagen, den Zuchtstier.

Hagstraße, Obere siehe →Obere Hagstraße.

Hagstraße, Untere siehe →Untere Hagstraße.

Hahnemannstraße *(1940, Bad Cannstatt)* Christian Friedrich Samuel Hahnemann (*1755 Meißen † 1843 Paris), Arzt und Begründer der Homöopathie.

Hahnenweg *(1928, Vaihingen)* Männliches Huhn, gallus domesticus.

Hahnstraße *(1889, Süd)* Die Bedeutung des schon 1503 urkundlich erwähnten Flurnamens ist unklar. Er könnte ebenso von dem Familiennamen Hahn abgeleitet sein wie auf das Vorkommen von Wildhühnern hindeuten.

Hahnweilerstraße *(1929, Hofen)* Flurname, der auch als Hanweileräcker gelesen wird und vielleicht einst im Besitz von Hanweiler Bürgern war.

Haidlenstraße *(1938, Degerloch)* Julius Haidlen (*1818 Stuttgart † 1883 Stuttgart), Medizinalrat. Als Gemeinderat erwarb er sich große Verdienste um die Stadt. Mit Hingabe arbeitete er im Verschönerungsverein, dessen Vorsitzender er 21 Jahre lang war.

Haigerlocher Weg *(1957, Möhringen)* Stadt Haigerloch, Zollernalbkreis.

Haigner, Im siehe →Im Haigner.

Haigst, Auf dem siehe →Auf dem Haigst.

Haigststaffel *(1911, Degerloch)* Flurname, Staffel zum Haigst, zur höchsten Stelle, siehe →Auf dem Haigst.

Hainbuchenweg *(1935, Degerloch)* Die Hainbuche, carpinus betulus, gehört zur Familie der Birkengewächse. Das Holz dieses Baumes ist das härteste, das in deutschen Wäldern wächst.

Haldenäckerstraße *(1945, Rohr)* Flurname. Halde bedeutet Abhang.

Haldenhau, Im siehe →Im Haldenhau.

Haldenrainstraße *(1951, 1974, Rot)* Flurname.

Haldenstraße *(1876, Bad Cannstatt)* Flurname.

Haldenwaldstraße *(um 1936, Sonnenberg)* Nach der 1701 erstmals urkundlich genannten Flur Haldenwald.

Halfgarten *(1957, Plieningen)* Frühere Flur.

Hallbergerstraße *(1885, Mitte)* Eduard (von) Hallberger (*1822 Stuttgart † 1880 Tutzing/Starnberger See), Stuttgarter Verleger.

Eduard Hallberger

1848 gründete Hallberger in Stuttgart eine Verlagsbuchhandlung, aus der sich die heutige Deutsche Verlagsanstalt (DVA) entwickelte. Hallberger gilt als Schöpfer der äußeren Form der illustrierten Zeitschriften. Besonders erfolgreich war seine Zeitschrift »Über Land und Meer«.

Halleiner Straße *(1938, Feuerbach)* Stadt Hallein in Österreich.

Halligenstraße *(1934, Neuwirtshaus)* Deutsche Nordseeinseln.

Hallimaschweg *(1957, Schönberg)* Der Hallimasch, armillariella mellea, ist ein Pilz, der lebende Bäume angreift und sie zum Absterben bringt.

Hallschlag *(1908, Bad Cannstatt)* Nach der gleichnamigen Flur, die 1473 Halschlatterweg hieß. Dies läßt sich vermutlich von Hal und Schlatt herleiten, was ausgetrockneter Sumpfboden bedeutet.

Hallstraße *(1829, Bad Cannstatt)* Nach dem 1828/1829 an der Pragstraße erbauten neuen Hallamt (Zollgebäude und Lagerhaus).

Halm-Straße, August- siehe →August-Halm-Straße.

Hamletstraße *(1967, Vaihingen)* Trauerspiel von Shakespeare.

Hanauer-Straße, Ferdinand- siehe →Ferdinand-Hanauer-Straße.

Handwerkstraße *(1970, Möhringen)* Nach dem Gewerbe.

Hanfländerstraße *(um 1924, Kaltental)* Ist auf den früheren Anbau von Hanf auf den dortigen Äckern zurückzuführen.

Hangleiterstraße *(1907, Nord)* Albert Hangleiter (*1848 Göppingen † 1916 Stuttgart), Hofwerkmeister. Der Wilhelmsbau, das Kleine Haus des früheren Hoftheaters, das Kunstgebäude, Geschäftshäuser und Fabrikbauten (Breuninger, Bosch und andere) wurden von seiner Firma unter seiner Lei-

Damals hochmodern: Der von Albert Hangleiter errichtete Wilhelmsbau im Jahr 1910.

tung errichtet. Auch im öffentlichen Leben betätigte er sich erfolgreich: 1890 bis 1895 als Bürgerausschußmitglied und 1896 bis 1902 als Gemeinderat.

Hangstraße *(1914, Untertürkheim)* Lagebezogener Name.

Hans-Neuffer-Weg *(1970, Degerloch)* Professor Dr. med. Hans Neuffer (*1892 Ludwigsburg † 1968 Stuttgart-Möhringen), Präsident der Bundesärztekammer.

Hans-Sachs-Straße *(1933, Zuffenhausen)* Hans Sachs (*1494 † 1576), Schuhmachermeister und Poet aus Nürnberg.

Hans-Vaut-Straße *(1938, 1985, Zuffenhausen)* Hans Vaut (*um 1420 † um 1490), um 1450 Schultheiß von Zuffenhausen, Ahnherr von Schiller, Uhland, Mörike, Hölderlin und anderen bedeutenden Württembergern.

Happoldstaffel *(1938, Feuerbach)* August Happold (*1846 Schwäbisch Hall † 1922 Stuttgart), Fabrikant und 1908 Ehrenbürger von Feuerbach, ließ der Gemeinde namhafte Zuwendungen für soziale und kulturelle Zwecke zukommen.

Happoldstraße *(1948, Feuerbach)* siehe →Happoldstaffel. Hieß bis 1948 Haldenstraße.

Hardtstraße *(um 1950, Weilimdorf)* Nach dem nahen Hartwald. »Hart« wurde früher ein als Viehweide benutztes Waldgebiet genannt.

Harmstraße *(1931, Sonnenberg)* Friedrich Harm (*1857 † 1933), Landwirt und Gemeinderat.

Hartensteinstraße *(1909, Bad Cannstatt)* Karl Hartenstein (*1825 Cannstatt † 1887 Stuttgart), Kaufmann, Kommerzienrat. Seiner Vaterstadt Cannstatt leistete er durch seine Mitwirkung im Gemeinderat, Bürgerausschuß, Brunnenverein und in der Feuerwehr große Dienste. 1882 bis 1887 gehörte er dem Landtag an.

Hartmannstraße *(1938, Feuerbach)* Johann Friedrich Hartmann (*1715 † 1785), Schultheiß in Feuerbach, bemühte sich um die Vermehrung des Ackerlandes.

Hartmannstraße, August-von- siehe →August-von-Hartmann-Straße.

Hartmutweg *(1937, Untertürkheim)* Männlicher Vorname.

Hartwaldstraße *(1929, Hofen)* Flurname, siehe →Hardtstraße.

Hartwiese *(1955, Giebel)* Nach der benachbarten Flur, siehe →Hardtstraße.

Harzstraße *(1936, Feuerbach)* Mittelgebirge.

Der Hasenberg wurde früher von einem Aussichtsturm gekrönt (siehe Foto Seite 34). Seit 1879 fahren die Züge der Gäubahn zum Westbahnhof (ursprünglich »Station Hasenberg«) und durch den Hasenbergtunnel.

Haselbusch, Im siehe →Im Haselbusch.

Haselnußweg *(1983, Plieningen)* Die Haselnuß, corylus avellana, wächst in Gebüschen und Wäldern Europas.

Hasenbergstaffel *(1907, West)* Nach dem schon im 14. Jahrhundert genannten Hasenberg, dessen Name entweder vom Tier oder von einem Personennamen abzuleiten ist.

Hasenbergsteige *(1855, Süd und West)* siehe →Hasenbergstaffel.

Hasenbergstraße *(1863, West)* siehe →Hasenbergstaffel.

Hasenohrweg *(1957, Schönberg)* Das Hasenohr, otidea leporina, ist ein ohrförmiger, eßbarer Pilz, der in Nadelwäldern vorkommt.

Hasenrain, Im siehe →Im Hasenrain.

Hasenstraße *(um 1837, Süd)* Schon 1451 urkundlich erwähnter Flurname, siehe auch →Hasenbergstaffel.

Hattenbachweg *(1955, Steckfeld)* Plieninger Waldteil, vielleicht vom Personennamen Hatto herzuleiten.

Hattenbühl *(1958, Feuerbach)* Flurname, siehe →Hattenbachweg.

Hattenlohweg *(1981, Untertürkheim)* Gewanname.

Hattinger Platz *(1988, Bad Cannstatt)* Hattingen, Nordrhein-Westfalen.

Hau, Im langen siehe →Im langen Hau.

Haubentaucherstraße *(1981, Neugereut)* Der Haubentaucher, podiceps cristatus, ein

---

Seite 98/99: Die Hauptstätter Straße mit dem Sigmund-Brunnen von Hofbaumeister Thouret um 1900.

Verband

R. Koch.
Friseur

Wasservogel, ernährt sich von kleinen Fischen und Kerbtieren.

Wilhelm Hauff

Hauffstraße *(1873, Mitte)* Wilhelm Hauff (*1802 Stuttgart † 1827 Stuttgart), Schriftsteller und Journalist. 1827 übernahm er die Redaktion des Cottaschen Morgenblattes, die er nur wenige Monate führen konnte. Hauff ist durch seine Märchen, seinen Roman »Lichtenstein« und seine Lyrik bekannt geworden.

Haugstraße *(1957, Vaihingen)* Karl Friedrich Haug (*1872 † 1945), Viehgroßhändler, verdient um die frühere Gemeinde Vaihingen.

Haug-Weg, Robert- siehe →Robert-Haug-Weg.

Hauptmannsreute *(1904, Nord und West)* Flurname, nachgewiesen seit 1291 als Hartuncsruti, seit 1558 in der heutigen Form. Er deutet auf die Rodung (reute) eines Mannes namens Hartung hin.

Hauptmann-Weg, Gerhart- siehe →Gerhart-Hauptmann-Weg.

Hauptstätter Straße *(1811, Mitte und Süd)* Nach der schon 1451 urkundlich genannten Hauptstatt, der Richtstätte beim heutigen Wilhelmsplatz. Auf dem »Käs« genannten Richtblock wurden jahrhundertelang die Todesurteile durch Enthauptung mit dem Schwert vollstreckt. Fotos: S. 98/99 und 101.

Hauptstraße *(1945, 1982, Vaihingen)* Lagebezogener Name.

Hausenring *(1955, Hausen)* Nach der um 1100 urkundlich erwähnten Siedlung Hausen, die wohl im Dreißigjährigen Krieg aufgegeben wurde, heute Stadtteil Hausen.

Haußmannstraße *(1946, Mitte und Ost)* Nach den Zwillingsbrüdern Friedrich Haußmann (*1857 Stuttgart † 1907 Stuttgart) und Conrad Haußmann (*1857 Stuttgart † 1922 Stuttgart). Sie setzten den erfolgreichen Kampf ihres Vaters Julius Haußmann für die Freiheit und die Rechte des Volkes fort. Beide ließen sich als Rechtsanwälte in Stuttgart nieder und hatten entscheidenden Anteil an der demokratischen Umgestaltung des öffentlichen Lebens. Conrad, der seit 1890 dem Deutschen Reichstag angehörte, wandte sich entschieden gegen den preußischen Militarismus und das persönliche Regiment des Kaisers Wilhelm II. 1919 wurde er zum Vizepräsidenten der Weimarer verfassunggebenden Nationalversammlung gewählt. Die Straße erhielt 1946 ihren jetzigen Namen. Vorher hieß sie »Kanonenweg«; sie sollte schon 1925 umbenannt werden.

Conrad Haußmann

Havelweg *(1951, Münster)* Bedeutendster rechter Nebenfluß der Elbe.

Haydnstraße *(1928, Botnang)* Joseph Haydn (*1732 Rohrau, Niederösterreich † 1809 Wien), österreichischer Komponist. Die Straße hieß vor 1928 Hauffstraße.

Hebbelstraße *(1912, West)* Friedrich Hebbel (*1813 Wesselburen † 1863 Wien), Dichter

Die Hauptstätter Straße. Ansichtskarte, um 1900. Der Blick geht von Nordosten nach Südwesten, also in Richtung Heslach. Von der linken Häuserzeile stehen noch einige Gebäude; die rechte Straßenseite mußte dem Verkehr weichen. Um 30 Meter zurückgesetzt steht heute das Schwabenzentrum.

und Dramatiker, Schöpfer der »realistischen Tragödie«.

Heberweg *(1957, Möhringen)* Nach dem Möhringer Pfarrer Paul Heber, der 1506 bis 1527 amtierte.

Hebsacker Straße *(1955, Burgholzhof)* Gemeinde Hebsack, Rems-Murr-Kreis.

Hechinger Straße *(1957, Möhringen)* Stadt Hechingen, Zollernalbkreis.

Hechtstraße *(1957, Mönchfeld)* Der Hecht, esox lucius, ist ein räuberischer Fisch.

Heckenrosenweg *(1937, 1957, Heumaden)* Die Hundsrose, rosa canina, wird auch Hecken- und Wildrose genannt.

Heckenstraße, Obere siehe →Obere Hekkenstraße.

Heckenstraße, Untere siehe →Untere Hekkenstraße.

Heck-Weg, Robert- siehe →Robert-Heck-Weg.

Hedelfinger Brücken *(1981, Hedelfingen)* Lagebezogener Name.

Hedelfinger Filderauffahrt *(1968, Heumaden)* Lagebezogener Name.

Hedelfinger Platz *(1927, Hedelfingen)* Lagebezogener Name.

Hedelfinger Straße *(1924, Wangen und Hedelfingen)* Führt Richtung Hedelfingen.

Hedin-Weg, Sven- siehe →Sven-Hedin-Weg.

Hedwigweg *(1925, Luginsland)* Weiblicher Vorname.

Heerstraße *(1957, Vaihingen)* Durch die Vaihinger Gemarkung führende, ehemalige römische Heerstraße.

Hegaustraße *(1958, Feuerbach)* Landschaft nordwestlich des Bodensees.

Hegelplatz *(1910, Mitte)* Georg Wilhelm Friedrich Hegel (*27. August 1770 Stuttgart † 14. November 1831 Berlin), Philosoph. Sein Geburtshaus, das Hegelhaus (Eberhardstraße 53), der Hegelplatz und die Hegelstraße erinnern an den bedeutenden Philosophen. Er besuchte das Stuttgarter Gymnasium und studierte in Tübingen Philosophie und Theologie. Mit Hölderlin und Schelling war Hegel eng befreundet. Nach verschiedenen Hauslehrerstellen wurde er 1801 Privatdozent in Jena, wo sein Freund Schelling lehrte. 1808 bis 1816 wurde er Rektor des Nürnberger Gymnasiums, 1816 Professor in Heidelberg und 1818 in Berlin. Dort wirkte er als Haupt einer einflußreichen Schule bis zu seinem Tod. Seine Philosophie ist gekennzeichnet durch den absoluten Idealismus, der die Vernunft als absolutes System dem Gegensatz von Subjekt und Objekt gegenüberstellt, und durch die dialektische Methode, nach der Gegensätze sich nicht nur ergänzen, sondern auch einander und ihre Vereinigung hervorbringen. Durch Feuerbach, Marx und Engels wurde der Hegelianismus zu einem Grundelement des historischen Materialismus. Zum 200. Geburtstag Hegels stiftete die Stadt Stuttgart 1970 den Hegelpreis, der alle drei Jahre an Persönlichkeiten verliehen wird, die sich um die Geisteswissenschaften verdient gemacht haben. Im Geburtshaus Hegels ist ein Museum untergebracht, das über Stuttgart zur Zeit Hegels und über Leben und Werk des Philosophen informiert.

Das Hegelhaus in der Eberhardstraße, um 1925 – bevor es durch den Abriß des Nebengebäudes zum Eckhaus wurde.

Hegelstraße *(1874, Mitte, Nord und West)* siehe →Hegelplatz.

Hegnachstraße *(1945, Uhlbach)* Ortsteil Hegnach der Stadt Waiblingen, Rems-Murr-Kreis.

Heide, Auf der siehe →Auf der Heide.

Heidehofstraße *(1827, Ost)* Die Benennung ist auf die frühere Wirtschaft »Heidehof« und auf das »Heidehaus« des Dichters Hackländer zurückzuführen.

Heidelbeerstraße *(1946, Obertürkheim)* Die Heidelbeere, vaccinium myrtillus, ist ein Beerenstrauch.

Heidelberger Straße *(1935, Bad Cannstatt)* Stadt Heidelberg.

Heidenburgstraße *(1958, Mühlhausen)* Nach der alten Mühlhäuser Burg, die auch Heidenburg hieß und an deren Stelle heute die Walpurgiskirche steht.

Heidenklingenstraße *(1918, Süd)* Der 1350 urkundlich genannte Flurname könnte sich auf Hinterlassenschaften einer vor- oder frühgeschichtlichen Bevölkerung beziehen oder aber auf den Personennamen Heid.

Heidenschloß, Im siehe →Im Heidenschloß.

Heidestraße *(1900, Feuerbach)* Nach dem Flurnamen Feuerbacher Heide, siehe →Feuerbacher Heide.

Heidewinkel *(1931, Nord)* Nach der oberhalb der Straße gelegenen Feuerbacher Heide, siehe →Feuerbacher Heide.

Heidlesäcker *(1926, Ost)* Der Flurname geht wahrscheinlich auf ein kleines, unbebautes Flurstück, »Heidle«, zurück.

Heidlochstraße *(1951, Burgholzhof und Münster)* Nach der nahegelegenen ehemaligen Wassermulde Heidloch auf der einstigen Cannstatter Heide (Burgholzhof).

Heigelinstraße *(1975, Fasanenhof)* Karl Ludwig Heigelin (*1776 † 1804), Kanzleiadvokat, 1799 bis 1805 erster bürgerlicher Eigentümer des Fasanenhofs.

Heilbronner Straße *(1936, Mitte, Nord, Feuerbach und Zuffenhausen)* Stadt Heilbronn am Neckar. Foto: Seite 104/105.

Heiligenbergstraße *(1918,1958, Feuerbach)* Der Flurname geht vermutlich auf ein Gelände zurück, das der Kirchenpflege, also dem Kirchenheiligen, gehörte.

Heiligenwiesen *(1960, Wangen)* Flurname, siehe →Heiligenbergstraße.

Heilmannsteg *(1977, Mitte)* Ernst Heilmann (*1881 Berlin † 1943 Konzentrationslager Buchenwald), sozialdemokratischer Landtagsabgeordneter (ab 1919) und Reichtagsabgeordneter (1928 bis 1933), der nach siebenjähriger Haft im Konzentrationslager ums Leben kam.

Heilmannstraße *(1946, Ost und Mitte)* siehe →Heilmannsteg.

Heimbergstraße *(1900, Feuerbach)* Flurname. Die Flur wurde 1354 Heideberg genannt.

Heimgartenstraße *(1936, Hedelfingen)* Flurname. Heimgarten nannte man die Stätten abendlicher Zusammenkünfte junger Leute und Nachbarn.

Heimsche Gasse *(1846, Bad Cannstatt)* Nach dem ehemaligen Heimschen Haus (Heimsche Gasse Nr. 7).

Heimsheimer Straße *(1955, 1975, 1988, Weilimdorf)* Stadt Heimsheim, Enzkreis.

Heimstättenstraße *(1920, Zuffenhausen)* Leitet ihren Namen von den dort erstellten Siedlungshäusern ab, die nach dem Reichsheimstättengesetz von 1920 errichtet wurden.

Heinestraße *(1946, Degerloch und Sonnenberg)* Heinrich Heine (*1797 Düsseldorf † 1856 Paris), Dichter. Als Lyriker zeichnete sich Heine besonders aus. Daneben zählte er zu den bedeutendsten deutschen Feuilletonisten.

Heinlesberg *(1936, Sillenbuch)* Der Flurname geht möglicherweise auf einen Familiennamen zurück.

Heinrich-Baumann-Steg *(1977, Ost und Mitte)* Heinrich Baumann (*1883 Marktlu-

Seite 104/105: Blick vom Gelände des Hauptbahnhofs auf die Heilbronner Straße, 1929.

stenau † 1945 KZ Dachau), Gemeinderat. Als Mitglied der KPD wurde er im Frühjahr 1932 in den Stuttgarter Gemeinderat gewählt. Er arbeitete als Transportarbeiter bei der Spedition Gustav von Maur. Bis zu dessen Auflösung durch die Nazis war er letzter Vorsitzender des Waldheim-Vereins im Sillenbucher Clara-Zetkin-Haus. Weil er Mitglied der KPD war, wurde er am 11. März 1933 verhaftet und bis zum 24. Juli 1933 im KZ auf dem Heuberg inhaftiert. Erst 1936 fand er wieder eine Anstellung. Am 22. August 1944 wurde er erneut verhaftet und nun in das KZ Dachau verschleppt. Dort kam er am 23. Februar 1945 ums Leben.

Heinrich-Baumann-Straße *(1946, Ost)* siehe →Heinrich-Baumann-Steg.

Heinrich-Ebner-Straße *(1937, Bad Cannstatt)* Dr. Heinrich Ebner (*1829 † 1878), Arzt, der an der Entwicklung Cannstatts zum Kur- und Heilbad großen Anteil hatte.

Heinrich-Gontermann-Weg *(1939, Sillenbuch)* Heinrich Gontermann (*1896 † 1917), Pilot, Träger des Ordens Pour le mérite.

Heinrich-Pabst-Straße *(1968, Hohenheim)* Heinrich Wilhelm (von) Pabst (*1798 Maar, Hessen † 1868 Hütteldorf bei Wien), 1846 bis 1850 Direktor der landwirtschaftlichen Akademie Hohenheim.

Heisenbergstraße *(1977, Büsnau)* Professor Dr. Werner Heisenberg (*1901 Würzburg † 1976 München), Physiker. Heisenberg lehrte als Professor in Leipzig und im Ausland, war von 1941 bis 1945 Direktor des Kaiser-Wilhelm-Instituts für Physik, Berlin, von 1946 bis 1958 leitete er das Max-Planck-Institut für Physik und Astrophysik in Göttingen, danach lehrte er bis 1970 an der Universität München. Ihm sind grundlegende Erkenntnisse in der Kernphysik zu verdanken. Für seine »Heisenbergsche Unschärferelation« (1927) erhielt er 1932 den Nobelpreis für Physik. Heisenberg leitete die deutsche Atomforschung und entwarf 1940 den ersten Kernreaktor. In späteren Jahren beschäftigte er sich mit einer einheitlichen Feldtheorie, der sogenannten Weltformel. 1957 wurde ihm der Orden Pour le mérite verliehen.

Helblingstraße *(1957, Rohr)* Herbord Helbling (*1877 † 1938), Pfarrer in Rohr.

Helfensteinstraße *(1936, Wangen)* Burg Helfenstein bei Geislingen an der Steige.

Helfergasse *(1885, Bad Cannstatt)* Nach dem früheren Helfer- oder Diakonushaus (Helfergasse Nr. 27).

Helfferichstraße *(1904, Nord)* Max Helfferich (*1828 Hülen bei Neresheim † 1901 Charkow), Maschinenfabrikant in Charkow, Kommerzienrat. Hinterließ der Stadt eine Stiftung, aus deren Erträgen Stipendien an Studenten sowie Gaben für wohltätige Zwecke gewährt werden konnten.

Helgolandstraße *(1934, Neuwirtshaus)* Nordseeinsel.

Heller-Straße, Walter- siehe →Walter-Heller-Straße.

Hellmuth-Hirth-Straße *(1938, Zuffenhausen)* Hellmuth Hirth (*1886 Heilbronn † 1938 Karlsbad), Flugmotorenkonstrukteur und Pionier der deutschen Luftfahrt, gründete 1931 die Hirth-Motoren-GmbH in Zuffenhausen.

Helmholtzweg *(1927, Nord)* Hermann Ludwig Ferdinand (von) Helmholtz (*1821 Potsdam † 1894 Berlin-Charlottenburg), Naturforscher und Erfinder des Augenspiegels.

Helmlingweg *(1957, Schönberg)* Die Pilzgattung Helmling, mycena, hat über einhundert Arten. Die Helmlinge sind kleine, zierliche Pilze, die entweder für den menschlichen Verzehr wertlos oder giftig sind.

Helmstettstraße *(1938, 1961, Feuerbach)* Zur Erinnerung an Peter und Wilhelm von Helmstatt, genannt 1392 bis 1408, Burgherren auf der ehemaligen Burg Frauenberg bei Feuerbach.

Helmulfstraße *(1933, Zazenhausen)* Nach dem in einer Zazenhäuser Urkunde vom Jahr 788 genannten Stifter Helmulf, der mit seiner Frau Bilihild dem 774 eingeweihten Kloster Lorsch an der Bergstraße mehrere Grundstücke schenkte, siehe auch →Bilihildstraße.

Hemminger Straße *(1988, Weilimdorf)* Gemeinde Hemmingen, Landkreis Ludwigsburg.

Heppacher Straße *(1936, Untertürkheim)* Ortsteil Großheppach der Stadt Weinstadt, Rems-Murr-Kreis.

Herbertstraße *(1952, Stammheim)* Männlicher Vorname.

Herbsthalde *(1927, West)* Lagebezogener Name.

Herderstaffel *(1927, West)* Johann Gottfried (von) Herder (*1744 Mohrungen, Ostpreußen † 1803 Weimar), Dichter und Philosoph.

Herderstraße *(1896, West)* siehe →Herderstaffel.

Herdweg *(1890, Mitte, Nord und West)* Der 1350 genannte Weg diente einst dem Auftrieb der Viehherden zur Feuerbacher Heide.

Hermann-Kopp-Weg *(1977, Plieningen)* Hermann Kopp (*1887 Odumase, Westafrika † 1976 Stuttgart), Dekan, Vorsitzender des Verwaltungsrats des evangelischen Kinder- und Schulheims Wilhelmspflege.

Hermann-Kurz-Straße *(1922, Nord)* Hermann Kurz (*1813 Reutlingen † 1873 Tübingen), Schriftsteller und Journalist. 1848 bis 1854 Redakteur des demokratischen »Beobachters« in Stuttgart, 1863 Universitätsbibliothekar in Tübingen. Sein bekanntester Roman ist »Der Sonnenwirt« (1854), eine realistisch-psychologische Schilderung der Lebensgeschichte des Räubers Johann Fr. Schwan. Er war mit Marie von Brunnow (*1826 † 1911) verheiratet, einer glühenden Demokratin, die ihren Adelstitel ablegte und sich aktiv an der Revolution 1848 beteiligte. Die ganze Familie war bekannt für ihr Engagement für demokratisch-revolutionäre Ideen. Tochter Isolde wurde privat unterrichtet und war später selbst erfolgreiche Schriftstellerin, siehe →Isolde-Kurz-Straße. Hermann Kurz verbüßte wegen seiner Veröffentlichungen acht Wochen Haft auf dem Hohenasperg und zog sich 1854 aus der Politik zurück. Er führte ein Gelehrtenleben. Auch seine Bücher waren damals nicht erfolgreich. Seine Tochter schrieb über ihn: »Wenn es ohnehin die Art der schöpferischen Naturen ist, sich unter dem Eindruck ihrer inneren Geschichte schwerer in der Welt zurechtzufinden als der gewöhnliche Menschenschlag, so hat Alt-Württemberg seinen genialen Männern noch geflissentlich Ketten an die Füße gelegt.«

Hermann Kurz (Büste)

Hermann-Löns-Weg *(1937, Sillenbuch)* Hermann Löns (*1866 Kulm, Westpreußen † 1914 gefallen bei Reims), Dichter, schrieb Heide-, Tier- und Jagdgeschichten.

Hermann-Metzger-Platz *(1991, Bad Cannstatt)* Hermann Metzger (*9. Juli 1896 Bad Cannstatt † 28. Juni 1971 Stuttgart-Bad Cannstatt), Maler. Studierte an der Stuttgarter Kunstakademie Malerei. Wichtigster Inhalt seines malerischen Schaffens war die Darstellung seiner Heimatstadt Cannstatt, ein Schatz historischer Bilddokumentation und lebendiger Erinnerung. In seinen Stillleben und Landschaften kommt eine fast expressionistische Vielfalt von Farben und Formen zum Ausdruck. Neben seiner Malerei war er ein vielseitiger Kulturorganisator: unter anderem Mitbegründer und Leiter des »Cannstatter Künsthöfles«, einer Freiluftgalerie, und Schatzmeister im Verband Bildender Künstler Baden-Württembergs. Der Hermann-Metzger-Platz hieß zuvor Kirchplatz nach der Bad Cannstatter Martinskirche.

Hermann Metzger

Hermann-Pleuer-Straße *(1925, Nord)* Professor Hermann Pleuer (*1863 Schwäbisch Gmünd † 1911 Stuttgart), Kunstmaler, der sich erst nach Jahren der Entbehrung und Verkennung als Landschaftsmaler und Porträtist durchsetzen konnte.

Hermannstraße *(1855, West)* Hermann Prinz von Sachsen-Weimar-Eisenach (*1825 Schloß Altenstein bei Meiningen † 1901 Berchtesgaden), General der Kavallerie, bekannt als »Prinz Weimar«, Gatte von Auguste Prinzessin von Sachsen-Weimar-Eisenach, Tochter König Wilhelms I. und der Königin Pauline, lebte ab 1851 in Stuttgart. Er war Ehrenpräsident der früheren Stuttgarter Pferde-Eisenbahngesellschaft seit ihrer Gründung 1868. Daneben widmete er sich in Stuttgart der Förderung gemeinnütziger und wohltätiger Unternehmungen. Das Ehepaar bewohnte das Palais Weimar an der Nekkarstraße, das 1944 zerstört wurde.

Hermann Prinz v. Sachsen-Weimar-Eisenach

Hermelinweg *(1953, Wolfbusch)* Der Hermelin, mustela erminea, gehört zur Familie der Marder und trägt im Sommer rotbraunes, im Winter weißes Fell.

Herrenberger Straße *(1957, Vaihingen)* Stadt Herrenberg, Landkreis Böblingen.

Herrengasse *(1895, Uhlbach)* Ortsbezogener Name.

Herrmann-Weg, Lilo- siehe →Lilo-Herrmann-Weg.

Herschelstraße *(1958, Dürrlewang)* Friedrich Wilhelm Herschel (*1738 Hannover † 1822 Slough, England), Astronom.

Georg Herwegh

Hertz-Straße, Wilhelm- siehe →Wilhelm-Hertz-Straße.

Herweghstraße *(1904, West)* Georg Herwegh (*1817 Stuttgart † 1875 Baden-Baden), Dichter und Freiheitssänger, bis 1839 in Stuttgart. Im März 1848 stellte er sich an die Spitze der deutschen demokratischen Legion und schloß sich dem Heckerschen Aufstand an. Seine Legion wurde von württembergischen Truppen zerschlagen.

Herzogenberg, Beim siehe →Beim Herzogenberg.

Herzogstraße *(1877, Mitte und West)* Nach dem ehemaligen Gasthaus der Vereinsbrauereigesellschaft »Zum Herzog Karl«.

Heslacher Wand *(1911, Süd)* Nach einer Felswand eines im Wald gelegenen, verlassenen Steinbruchs.

Heßbrühlstraße *(1850, Vaihingen)* Der Flurname leitet sich von einem wasserreichen Wiesengelände (Brühl) und dem Personennamen Heß her.

Hessenlaustaffel *(1975, Vaihingen)* Der Flurname setzt sich aus »Lau« , einem kleinen Wald, und einem Personennamen zusammen.

Hessenlauweg *(1930, Vaihingen)* Flurname, siehe →Hessenlaustaffel.

Hessenwiesenstraße *(um 1935, Rohr)* Der Flurname bezeichnet den Wiesenbesitzer, der Heß hieß.

Hesserweg *(1968, Bad Cannstatt)* Friedrich Hesser (*1831 Heidenheim/Brenz † 1906 Stuttgart-Bad Cannstatt), Gründer der Firma Hesser, Maschinenfabrik in Bad Cannstatt.

Hesse-Straße, Oswald- siehe →Oswald-Hesse-Straße.

Hessigheimer Straße *(1951, Rot)* Gemeinde Hessigheim, Landkreis Ludwigsburg.

Hettichstraße *(1939, Untertürkheim)* Alteingesessenes Untertürkheimer Weingärtnergeschlecht.

Heubergstraße *(1922, Ost)* Südwestlicher Teil der Schwäbischen Alb.

Heuglinweg *(1938, Degerloch)* Theodor Heuglin (*1824 Hirschlanden bei Leonberg † 1876 Stuttgart), Afrikaforscher und Vogelforscher.

Heumadener Straße *(1937, Hedelfingen und Lederberg)* Führt nach Heumaden.

Heuss-Passage, Theodor- siehe →Theodor-Heuss-Passage.

Heuss-Straße, Theodor- siehe →Theodor-Heuss-Straße.

Heusteigstraße *(1851, Mitte und Süd)* Der 1280 urkundlich erwähnte Flurname bedeutet vermutlich »Steige in die Häue«, also dorthin, wo Holz gehauen wurde. Die »Häusteige« diente dann dem Abtransport der Baumstämme.

Heustraße *(1811, Mitte)* Hieß vor 1811 Biegelgasse, hergeleitet von Biegel, einem engen Winkel. Benannt wurde die Straße wohl nach der Heuscheuer des ehemaligen Spitals bei der Hospitalkirche, die sich dort befand.

Heutingsheimer Straße *(1957, Stammheim)* Ortsteil Heutingsheim der Stadt Freiberg am Neckar, Landkreis Ludwigsburg.

Hieberstraße *(1945, Möhringen)* Dr. Johannes Hieber (*1862 Waldhausen/Rems † 1951 Uhingen), 1920 bis 1924 württembergischer Staatspräsident. 1918 war Hieber am Aufbau des demokratischen Volksstaates Württemberg führend beteiligt.

Hildebrandstraße *(1934, Nord)* Hildebrand, in der deutschen Heldensage der Waffenmeister des Dietrich von Bern.

Hillerstraße *(1913, Ost)* Philipp Friedrich Hiller (*1699 Mühlhausen an der Enz † 1769 Steinheim am Albuch), evangelischer Pfarrer und geistlicher Liederdichter.

Himbeerweg *(1969, Sillenbuch)* Die Himbeere, rubus idaeus, wächst in Wäldern und Gebüschen.

Himmel, Im siehe →Im Himmel.

Himmelsberg, Im siehe →Im Himmelsberg.

Himmelsleiter *(1933, Zazenhausen und Freiberg)* Ursprünglich scherzhafte Bezeichnung für den steilen Zugang zum ehemaligen Haltepunkt Zazenhausen.

Himmelstaffel *(1975, Vaihingen)* Lagebezeichnung, siehe →Im Himmel.

Himmerreichstraße *(um 1913, Botnang)* Der Flurname hieß ursprünglich Himmelreich und bezeichnet hochgelegene, gute Weinberge.

Hindelanger Straße *(1956, Untertürkheim)* Gemeinde Hindelang im Allgäu.

Hinter den Gärten *(1983, Birkach)* Gewannname.

Hinter der Kelter *(1937, Uhlbach)* Lagebezogener Name.

Hintere Schafstraße *(um 1922, Plieningen)* Nach dem dortigen alten Schafhaus.

Hippler-Straße, Wendelin- siehe →Wendelin-Hippler-Straße.

Hirn-Platz, Josef- siehe →Josef-Hirn-Platz.

Hirsauer Straße *(1936, Kaltental)* Ortsteil Hirsau der Stadt Calw, Landkreis Calw.

Hirsch-Brücken, Otto- siehe →Otto-Hirsch-Brücken.

Hirschgrund, Im siehe →Im Hirschgrund.

Blick von der Breiten Straße in die Hirschstraße, 1899.

Hirschguldenweg *(1955, Möhringen)* Nach der gleichnamigen Sage.

Hirschsprung *(1937, 1978, Rohr)* Der Flurname bezieht sich vermutlich auf das hier früher häufige Wild.

Hirschsprungallee *(um 1928, Zuffenhausen)* Führt zu einem früheren Jagdgebiet der württembergischen Herzöge.

Hirschstraße *(1832, Mitte)* Die erstmals 1740 nach dem Gasthaus »Zum güldenen Hirsch« benannte Hirschgasse wurde durch königliche Entschließung 1811 in Hirschstraße »umgetauft«. Später wurde die Straße in Wilhelmstraße umbenannt. Seit 1832 trägt sie wieder ihren jetzigen Namen.

Hirseweg *(1957, Plieningen)* Die Echte Hirse oder der Hirsenfennich, panicum miliaceum, wurde seit der Steinzeit in Mitteleuropa angebaut und ist heute fast verdrängt. Früher war sie ein geschätztes Nahrungsmittel.

Hirth-Straße, Hellmuth- siehe →Hellmuth-Hirth-Straße.

Hochbruckstraße *(1945, Plieningen)* Flurname für das oberhalb der Körschbrücke gelegene Gelände.

Hochdorfer Straße *(1957, Stammheim)* Gemeinde Hochdorf, Landkreis Ludwigsburg.

Hochfirststraße *(1938, Kaltental)* Berg bei Lenzkirch im Schwarzwald.

Hochflur *(1958, Bad Cannstatt)* Der Flurname bezeichnet ein hochgelegenes Ackergelände.

Hochholzweg *(1969, Heumaden)* Der Flurname bezieht sich auf ein hochgelegenes Waldstück.

Hochstattstraße *(um 1922, Plieningen)* Die Hochstatt war im Mittelalter die Stätte, wo die Verurteilten vom Scharfrichter enthauptet wurden.

Hochwiesen, In den siehe →In den Hochwiesen.

Höfinger Straße *(1989, Weilimdorf)* Gemeinde Höfingen, Landkreis Ludwigsburg.

Höhbergstraße *(vor 1905, 1936, Wangen)* Gleichnamige, auf einem Berg liegende Flur. Der südliche Teil der Straße hieß bis 1936 Seestraße.

Höhenfreibad, Beim siehe →Beim Höhenfreibad.

Höhenrandstraße *(1957, Vaihingen)* Lagebezogener Name.

Höhenringweg *(um 1933, Sillenbuch)* Lagebezogener Name.

Hölderlinplatz *(1884, West)* Friedrich Hölderlin (*1770 Lauffen am Neckar † 1843 Tübingen), Dichter und Lyriker. Studierte mit Hegel und Schelling am Tübinger Stift und verdiente danach seinen Lebensunterhalt als Hauslehrer. Er verfiel in geistige Umnachtung und lebte ab 1807 bei Tischler Zimmer in Tübingen. Hölderlin verfaßte den Briefroman »Hyperion« (1797/99) und schrieb vor allem Lyrik, eine einzigartige Sprachleistung, in der Dichtung, Theologie, Mythos und Philosophie verschmelzen.

Hölderlinstraße *(1884, Nord und West)* siehe →Hölderlinplatz.

Hölder-Straße, Julius- siehe →Julius-Hölder-Straße.

Hölzelweg *(1927, Nord)* Professor Adolf Hölzel (*1853 Olmütz † 1934 Stuttgart-Degerloch), Kunstmaler, trat zuerst als Impressionist (Neudachauer Schule) hervor, später Mitbegründer und Theoretiker der gegen-

Professor Adolf Hölzel in seinem Atelier.

standslosen Malerei, 1906 bis 1919 Professor der Akademie in Stuttgart.

Hölzleswiesen *(1971, Heumaden)* Der Flurname bezieht sich auf Wiesen bei einem Gehölz.

Höpfigheimer Straße *(1957, Stammheim)* Ortsteil Höpfigheim der Stadt Steinheim an der Murr, Landkreis Ludwigsburg.

Hördtstraße *(1897, Zuffenhausen)* Der Flurname geht auf die hiesige mundartliche Aussprache von hart zurück und weist auf den harten, steinigen Boden hin.

Hörnleweg *(1957, Weilimdorf)* Alter Weilimdorfer Familienname.

Höscheleweg *(1957, Ost)* Alter Stuttgarter Familienname.

Hofäckerstraße *(1905, 1983, Zuffenhausen)* Nach den Äckern, die zum einstigen Hof des Klosters Bebenhausen gehörten.

Hofener Brücke *(1929, Hofen)* Verbindet Hofen und Mühlhausen.

Hofener Straße *(1929, 1976, Bad Cannstatt)* Führt nach Hofen.

Hofer-Straße, Ludwig- siehe →Ludwig-Hofer-Straße.

Hoffeldstraße *(1932, 1972, Degerloch und Hoffeld)* Flurname, nach dem einstigen Ittingshäuser Hof, dem letzten Gebäude eines im 11. Jahrhundert erwähnten Ortes. Hoffeld ist seit 1930 der Name eines hier entstandenen Stadtteils.

Hoffmann-Steg, Wilhelm- siehe →Wilhelm-Hoffmann-Steg.

Hoffmannweg *(1933, Ost)* Carl Hoffmann (*1802 Bernburg † 1883 Stuttgart), Verleger. An der führenden Rolle, die Stuttgart damals im süddeutschen Verlagswesen einnahm, war Hoffmann maßgeblich beteiligt.

Hofgärten *(1955, Hoffeld)* Flurname, siehe →Hoffeldstraße.

Hofmeisterstraße *(1945, Vaihingen)* Professor Dr. Franz (von) Hofmeister (*1867 Rottenburg/Neckar † 1926 Friedrichshafen), Chirurg und Chefarzt am Karl-Olga-Krankenhaus in Stuttgart.

Hofsträßle *(1958, Mühlhausen)* Nach der volkstümlichen Beizeichnung dieser Straße, der Zufahrt zum Viesenhäuser Hof.

Hohenfriedberger Straße *(1937, Weilimdorf)* Dorf Hohenfried(e)berg bei Striegau (Strzegom), Schlesien, Polen. Benannt nach der Entscheidungsschlacht des Zweiten Schlesischen Krieges bei Hohenfriedeberg am 4. Juni 1745 zwischen den Heeren Friedrichs des Großen und des Prinzen Karl von Lothringen, die zur endgültigen Abtretung Schlesiens von Österreich an Preußen führ-

Aufräumungsarbeiten in der Hohenheimer Straße nach den Zerstörungen des Zweiten Weltkriegs.

te. Die Schlacht dauerte nur vier Stunden und kostete 14 000 Soldaten das Leben.

Hohengeren, Am siehe →Am Hohengeren.

Hohenhaslacher Straße *(1938, Zuffenhausen)* Hohenhaslach, Stadt Sachsenheim, Landkreis Ludwigsburg.

Hohenheim, Schloß siehe →Schloß Hohenheim.

Hohenheimer Straße *(1875, Mitte und Süd)* Der 1100 erstmals erwähnte und seit dem 13. Jahrhundert unter württembergischer Lehensherrschaft stehende Besitz Hohenheim, der Burg und Gut umfaßte, kam 1432 an das Esslinger Spital. Dieses verkaufte 1676 den Hof an den kaiserlichen Oberproviantkommissär von Garb. Nachdem der letzte Nachkomme Garbs 1768 gestorben war, zog Herzog Karl Eugen den Besitz als erledigtes Lehen ein und schenkte das Gut 1773 Franziska von Leutrum. Anstelle der Burg baute der Herzog das heutige Schloß Hohenheim. König Wilhelm I. verlegte die 1817 in Denkendorf gegründete landwirtschaftliche Unterrichts-, Verbrauchs- und Musteranstalt nach Hohenheim. Sie wurde 1847 zur Land- und Forstwirtschaftlichen Akademie, 1904 zur Landwirtschaftlichen Hochschule und 1967 zur Universität erhoben. Siehe →Franziskaweg, →Garbenstraße, →Karl-Eugen-Weg, →Schloß Hohenheim.

Hohenloher Straße *(1937, Zuffenhausen)* Landschaft Hohenlohe.

Hohenstaufenstraße *(1888, Süd)* Berg der Schwäbischen Alb bei Göppingen.

Hohensteinplatz *(um 1952, Zuffenhausen)* Der Flurname bezieht sich wahrscheinlich auf einen auffallenden Grenzstein.

Hohensteinstraße *(1910, Zuffenhausen)* siehe →Hohensteinplatz.

Hohentwielstraße *(1904, Süd)* Berg im Hegau bei Singen.

Hohenzollernstraße *(1893, Süd)* Burg bei Hechingen.

Hohe Straße *(1811, Mitte)* Höchstgelegene Straße der »Oberen Vorstadt« um die Hospitalkirche. Die Straße hieß um 1764 Mittlere Kirchhof-Gasse (nach dem 1604 auf dem Bollwerk errichteten, 1808 aufgehobenen und 1834 beseitigten Spitalfriedhof »Mittlerer Kirchhof«), später hieß sie »Auf dem Bollwerk« (nach einer ursprünglich hier zum Schutz der Vorstadt angelegten Verschanzung).

Hohewartstraße *(1937, Feuerbach)* Flurname nach dem Aussichtspunkt, über den eine Römerstraße führte.

Hohlohweg *(1957, Kaltental)* Im Schwarzwald bei Kaltenbronn gelegene Höhe.

Hohnerstraße *(1935, Feuerbach)* Matthias Hohner (*1833 † 1902), Begründer der Trossinger Mundharmonikaindustrie.

Holbeinweg *(1939, Feuerbach, Nord)* Hans Holbein der Ältere (*um 1465 Augsburg † 1524 Isenheim, Elsaß) und dessen Sohn Hans Holbein der Jüngere (*1497 Augsburg † 1543 London), bedeutende Maler des ausgehenden Mittelalters.

Holder, Im siehe →Im Holder.

Holderäckerstraße *(1979, Weilimdorf)* Nach dem Gewann. Die dort gelegenen Äcker waren vermutlich von Holunderhecken umsäumt.

Holderbuschweg *(1957, Vaihingen)* Der Schwarze Holunder, auch Holderbusch genannt, sambucus nigra, ist eine alte Heilpflanze.

Holdermannstraße *(1957, Möhringen)* Eberhard Holdermann, Spitalvogt, genannt 1414.

Holteiweg *(1960, Fasanenhof)* Karl von Holtei (*1798 Breslau † 1880 Breslau), Schriftsteller und Schauspieler.

Holunderweg *(1939, Vaihingen)* siehe →Holderbuschweg.

Holzgartenstraße *(1902, Mitte)* Nach dem beim ehemaligen herrschaftlichen Zimmerplatz gelegenen, 1900 aufgehobenen Holzgarten, wo das für die herrschaftlichen und staatlichen Gebäude notwendige Brennholz aufgearbeitet wurde.

Holzhauser Straße *(1957, Vaihingen)* Gemeinde Holzhausen, Landkreis Rottweil.

Holzinger-Gasse, Jakob- siehe →Jakob-Holzinger-Gasse.

Holzstraße *(1811, Mitte)* Die Straße führte vom »Holzgarten«, einem Holzlagerplatz auf dem Gelände des Waisenhauses im 16. und 17. Jahrhundert, zum Holzmarkt zwischen dem heutigen Breuninger-Hochhaus und der Leonhardskirche. Ging aus der »Römischkönigsgasse« hervor, die erstmals 1764 genannt wurde und ihren Namen von der Wirtschaft zum »Römischen König« ableitete. Siehe auch →Holzgartenstraße.

Honauer Straße *(1935, Degerloch)* Gemeinde Honau, Landkreis Reutlingen.

Honigwiesenstraße *(1928, Vaihingen)* Der Flurname geht auf die Honigblume, den Löwenzahn, zurück.

Honoldweg *(1926, West)* Gottlob Honold (*1876 Langenau † 1923 Stuttgart), Fabrikdirektor. Mit der Konstruktion der Bosch-Hochspannungs-Magnetzündung hat er den Grundstein für die Entwicklung der Firma Bosch gelegt und darüber hinaus bedeutende Pionierarbeit auf dem Gebiet des elektrischen Kraftfahrzeugzubehörs geleistet.

Im Hoppenlaufriedhof, 1957.

Hopfauer Straße *(1957, Vaihingen)* Ortsteil Hopfau der Stadt Sulz am Neckar, Landkreis Rottweil.

Hopfengarten, Im siehe →Im Hopfengarten.

Hopfenrain, Am siehe →Am Hopfenrain.

Hopfenseeweg *(1971, Hofen)* See bei Füssen.

Hoppenlaustraße *(1851, Mitte)* Seit 1286 bekannter Flurname, der ein Wäldchen (»Lau«) nach seinem Besitzer Huopo bezeichnet.

Hoppenlauweg, Oberer siehe →Oberer Hoppenlauweg.

Horkheimer-Platz, Max- siehe →Max-Horkheimer-Platz.

Horkheimer-Straße, Moritz- siehe →Moritz-Horkheimer-Straße.

Hornbergstraße *(1935, Ost)* Berg der Schwäbischen Alb bei Schwäbisch Gmünd.

Hornemannweg *(1984, Stammheim)* Friedrich Konrad Hornemann (*1772 Hildesheim † 1801 Nigeria), Forschungsreisender. Er durchquerte als erster Europäer der Neuzeit die Sahara von Kairo aus über die Oasen Siwa und Audschila sowie über Mursuk nach Tripolis (1798/99). Sein während dieser Reise verfaßtes Tagebuch erschien 1802. Auf seiner zweiten Reise, von Mursuk aus, gelangte Hornemann wahrscheinlich bis zum Niger.

Hornisgrindenweg *(1938, Kaltental)* Berg im Schwarzwald zwischen Freudenstadt und Baden-Baden.

Hornissenweg *(1957, Stammheim)* Die Hornisse, vespa crabro, ist die größte europäische Wespe.

Horrheimer Straße *(1951, Rot)* Ortsteil Horrheim der Stadt Vaihingen an der Enz, Landkreis Ludwigsburg.

Hortensienweg *(1971, Sommerrain)* Die Hortensie, hydrangea, ist eine Gartenstaude.

Hospitalplatz *(1958, Mitte)* Wurde nach der Hospitalkirche und dem 1944 völlig zerstörten Spitalgebäude, dem einstigen Bürgerhospital, benannt.

Hospitalstraße *(1811, Mitte)* siehe →Hospitalplatz.

Hub, Auf der siehe →Auf der Hub.

Huberstraße *(1954, Mitte)* Dr. Kurt Huber (*1893 Chur † 1943 München), in Stuttgart aufgewachsen, Universitätsprofessor und geistiger Führer der studentischen Widerstandsbewegung gegen den Nationalsozialismus in München, wurde am 13. Juli 1943 hingerichtet.

Hubertusplatz *(1935, Wolfbusch)* Schutzpatron der Jäger.

Hubertusweg *(1935, Wolfbusch)* siehe →Hubertusplatz.

Huckebeinweg *(1957, Vaihingen)* Gedicht von Wilhelm Busch.

Hugo-Eckener-Straße *(1929, Ost)* Dr. Hugo Eckener (*1868 Flensburg †1954 Friedrichshafen), Mitarbeiter des Grafen Zeppelin. Unter seiner Leitung hatte sich der Luftschiffbau zu einem bedeutenden Unternehmen entwickelt.

Hultschiner Straße *(1937, Bad Cannstatt)* Hultschiner Ländchen in der Tschechoslowakei.

Humboldtstraße *(1896, Süd)* Alexander von Humboldt (*1769 Berlin † 1859 Berlin), Naturforscher. Sein Hauptwerk »Der Kosmos« gibt einen tiefen Einblick in das naturwissenschaftliche Wissen seiner Zeit.

Hummelbergstraße *(um 1899, Botnang)* Der Flurname bezieht sich wohl auf den Zuchtstier, der mundartlich Hummel genannt wird.

Hummelgasse *(1933, Mühlhausen)* Nach dem früher an dieser Gasse gelegenen Farrenstall. Ein Farren ist ein zuchtreifer Stier.

Hummelwiesenweg *(1932, Kaltental)* Flurname. Die Wiesen standen dem Zuchtviehhalter zur Verfügung, siehe →Hummelbergstraße.

Hundersinger Straße *(1965, Birkach)* Gemeinde Hundersingen, Landkreis Sigmaringen.

Hunklinge *(1900, Bad Cannstatt)* Flurname.

Hunsrückstraße *(1936, Feuerbach)* Teil des Rheinischen Schiefergebirges.

Hurtweg, Unterer siehe →Unterer Hurtweg.

Husumer Straße *(1935, Neuwirtshaus)* Stadt Husum in Schleswig-Holstein.

Hutteneichenweg *(1977, Rohr)* In der Nähe dieses Wegs ermordete 1515 Herzog Ulrich von Württemberg seinen Stallmeister Hans von Hutten, siehe →Ulrichstraße.

Huttenstraße *(1934, Weilimdorf)* Ulrich von Hutten (*1488 bei Fulda † 1523 Insel Ufenau, Zürichsee), Reichsritter, Vorkämpfer des Humanismus und der Reformation.

Hutzlenstraße *(1957, Rohr)* Volksmundbezeichnung für die Rohrer Einwohner. Hutzlen sind ungeschnittene gedörrte Früchte.

Ibisweg *(1973, Neugereut)* Zur Familie der Ibisse gehört der einheimische Löffler, platalea leucorodia, der nur noch im niederländischen Küstenbereich und am Neusiedler See vorkommt.

Idarwaldstraße *(1936, Feuerbach)* Teil des Hunsrück.

Ifenstraße *(1936, Untertürkheim)* Berg in den Allgäuer Alpen.

Iffezheimer Straße *(1965, Weilimdorf)* Gemeinde Iffezheim, Landkreis Rastatt.

Ifflandstraße *(1957, Vaihingen)* August Wilhelm Iffland (*1759 Hannover † 1814 Berlin), Schauspieler, 1779 bis 1796 in Mannheim. Erster Darsteller Franz Moors in Schillers Drama »Die Räuber«.

Igelhecke *(1933, Steinhaldenfeld)* Flurname, bezieht sich wohl auf den Igel.

Ihmlingstraße *(1906, Bad Cannstatt)* Flurname.

Illerstraße *(1934, Münster)* Nebenfluß der Donau.

Illinger Straße *(1938, Zuffenhausen)* Gemeinde Illingen, Enzkreis.

Ilse-Beate-Jäkel-Weg *(1986, Sillenbuch)* Ilse Beate Jäkel (*2. Februar 1907 Zwickau † 13. Dezember 1982 Stuttgart), Malerin. Ihr Kunststudium begann sie an der Dresdner Akademie 1925 bis 1928, danach kam sie an die Stuttgarter Akademie. Anschließend wurde sie freischaffende Künstlerin, reiste viel ins Ausland und stellte dort und in Deutschland aus. Sie war Vorstands- und Ehrenmitglied des Bundes Bildender Künstlerinnen in Stuttgart. Ilse Beate Jäkel gehörte zu den Gründern der Stuttgarter Freien Kunstschule. Zur Meisterschaft brachte sie es vor allem im Aquarell, in knappen, pointierten Naturstudien. Ihre Motive holte sie sich jedoch aus allen Lebensbereichen.

Ilse Beate Jäkel

Ilsfelder Straße *(1937, Zuffenhausen)* Gemeinde Ilsfeld, Landkreis Heilbronn.

Iltisweg *(1938, Wolfbusch)* Der Iltis, mustela putorius, gehört zur Familie der Marder.

Im alten Park *(1945, Möhringen)* Nach der Parksiedlung.

Im Asemwald *(1970, Asemwald)* Der Flurname wurde 1568 auf der Gemarkung Birkach erstmals genannt und leitet sich von Asang, einem abgebrannten, abgesengten Wald, ab.

Imberger Weg *(1957, Kaltental)* Ortsteil Imberg der Gemeinde Bühlerzell, Landkreis Schwäbisch Hall.

Im Betzengaiern *(um 1936, Sonnenberg)* Der Flurname bedeutet das keilförmige Grundstück des Betz (Bernhard). Ger oder Gar, der gemanische Ausdruck für Wurfspieß, verweist auf die Form der Speerspitze.

Im Bruckenschlegel *(1932, Ost)* Der Flurname leitet sich wahrscheinlich von einem früheren Besitzer namens Bruckenschlegel her.

Im Brühl *(um 1929, Weilimdorf)* Der Flurname bezeichnet ein wasserreiches, dorfnahes Wiesengelände im Besitz der Ortsherrschaft.

Im Buchrain *(1932, Süd)* Der Flurname bezeichnet einen mit Buchen bewachsenen, steilen Abhang.

Im Buchwald *(1928, Ost)* Der Flurname geht auf ein mit Buchen bestandenes Gelände zurück.

Im Degen *(1932, 1974, Wangen)* Flurname. Die Namen der Waffen dienten im Mittelalter auch zur Bezeichnung der Fluren.

Im Dinkelacker *(1946, Obertürkheim)* Der Flurname ist auf den Dinkel, das Getreide, zurückzuführen, siehe →Dinkelstraße.

Im Efeu *(1922, Ost)* Der Efeu, hedera helix, ist eine Kletterpflanze, die möglicherweise tausend Jahre alt werden kann.

Im Elsental *(1983, Kaltental)* Gewanname.

Im Eulenrain *(1916, Süd)* Der Flurname hängt wohl mit dem im 15. Jahrhundert bekannten »Eulenberg« zusammen; nach dem Vogel Eule.

Im Falkenrain *(1939, Nord)* Der Flurname geht entweder auf den Wanderfalken, den Greifvogel, zurück oder auf den Feuerbacher Familiennamen Falk.

Im Feldle *(1932, Steinhaldenfeld)* Der Name »Feld« diente früher häufig als Flurname. Das »Feldle« war in der Regel eine kleinere Flur.

Im Finkenschlag *(1939, Vaihingen)* Nach einem Waldteil mit Finken.

Im Flieder *(1922, Ost)* Als Flieder wird sowohl der Zierstrauch Flieder bezeichnet als auch der einheimische Holunder.

Im Frauenholz *(1934, Wolfbusch)* Benachbarter Wald, gehörte vielleicht einem Frauenkloster.

Im Fuchsbau *(1935, Wolfbusch)* Nach den Bauten der Füchse.

Im Fuchsrain *(1927, Ost)* 1555 genannte Flur, nach dem Rotfuchs, dem Raubtier.

Im Gäßle *(um 1877, Möhringen)* Mundartliche Bezeichnung für kurze und schmale Wege.

Im Geiger *(1927, Bad Cannstatt)* Flur, deren Name mit einem Musikanten in Verbindung gebracht werden kann.

Im Götzen *(1909, Nord)* Der Flurname »Götz« war früher die Kurzform für den Vornamen Gottfried. Die Flur dürfte daher einem Mann dieses Namens gehört haben.

Im Graben *(1931, Rotenberg)* Die Straße führt den Namen nach dem einstigen Befestigungsgraben des Dorfes (Burgfleckens).

Im Grasgarten *(1932, Stammheim)* Flurname, nach dem Bewuchs.

Im Gütle *(1937, Stammheim)* Der Flurname »Gut« bezeichnete im Mittelalter zumeist den Kirchenbesitz.

Im Häldle *(1910, Untertürkheim)* Mit diesem Namen wurde eine kleinere Flur an einem Hang (Halde) bezeichnet.

Im Hag *(1932, Untertürkheim)* Flurname für ein zumeist mit Dornhecken umfriedetes Grundstück.

Im Haigner *(1932, Steinhaldenfeld)* Flurname.

Im Haldenhau *(1939, Rohr)* Der Flurname deutet auf ein früher bewaldetes Hanggelände hin.

Im Haselbusch *(1922, Ost)* Nach einem Wäldchen aus Haselsträuchern.

Im Gäßle: Um die Jahrhundertwende lag Möhringen noch in idyllischer Abgeschiedenheit.

Im Hasenrain *(1938, Stammheim)* Der Flurname ist darauf zurückzuführen, daß es dort viele Hasen gab.

Im Heidenschloß *(1929, Hofen)* Der Flurname bezieht sich auf römische Mauerreste.

Im Himmel *(1930, Vaihingen)* Die Straße verdankt ihre Bezeichnung dem landschaftlich schön gelegenen Gelände.

Im Himmelsberg *(1914, Nord)* Der Flurname geht auf einen früheren Besitzer Himmel oder Hummel zurück.

Im Hirschgrund *(1935, Wolfbusch)* Flurname.

Im Holder *(1922, Ost)* Flurname, nach dem Holunderbusch.

Im Hopfengarten *(1916, Untertürkheim)* Flurname.

Im Johannesgraben *(1938, Vaihingen)* 1827 erwähnter Flurname, nach einem früheren Bächlein (Graben). Nach Vaihinger Überlieferung soll ein Schultheiß mit dem Vornamen Johannes diesen Graben zur Entwässerung der feuchten Äcker angelegt haben.

Im Jungen *(1981, Untertürkheim)* Gewanname.

Im Kaisemer *(1912, Nord)* Flur, in der das Zisterzienser-Kloster Kaisheim bei Donauwörth Grundstücke besaß, die laut einer Urkunde 1372 verkauft wurden. Die Straße hieß ab 1888 Kaisemerstraße.

Im Kappelfeld *(um 1930, Feuerbach)* Flur bei einer früheren Kapelle, ursprünglich Kapellenfeld.

Imkerstraße *(1957, Stammheim)* Bienenzüchter.

Im Kornhasen *(1913, Wangen)* Flurname.

Im langen Hau *(1937, Rohr)* Flurname. Mit »Hau« wurde früher ein Waldstück bezeichnet.

Im Lauch *(um 1935, Sillenbuch)* Flurname, wahrscheinlich mit der Bedeutung »Wäldchen« (Lau, Loh).

Im Lauchhau *(1967, Vaihingen)* Flurname, siehe →Im Lauch.

Im Lerchenrain *(1906, Süd)* Der Flurname hieß ursprünglich Lorcher Rain, nach dem Kloster Lorch, in dessen Besitz die Flur war.

Im Mäder *(1936, Obertürkheim)* Der Flurname »Mäder« ist die Mehrzahlform zu Mahd. Damit wurde eine nur einmal im Jahr zu mähende Wiese bezeichnet.

Immenhofer Straße *(1870, Süd)* Die erstmals 1334 genannte Flur weist auf den damals schon abgegangenen Weiler Immenhofen hin, der wohl zwischen dem 6. und 9. Jahrhundert angelegt worden war. Die Höfe waren nach dem Führer der dort ansässigen Siedler »Immo« benannt.

Immergrünweg *(1935, Sommerrain)* Das Immergrün, vinca minor, ist eine auch im Winter grüne Pflanze.

Imnauer Straße *(1937, Bad Cannstatt)* Gemeinde Bad Imnau, Zollernalbkreis.

Im oberen Kienle *(1909, Süd)* Der Flurname führt seit 1924 die Schreibweise »Kienle«. Er dürfte auf den Namen eines früheren Grundstückbesitzers »Kuon« oder »Kienlin« zurückgehen.

Im Pfädlen *(1951, Stammheim)* Die Flur verdankt ihren Namen »Pfädlen« einem zu ihr führenden oder dort verlaufenden Pfad (Feldweg).

Im Rosenbusch *(1937, Lederberg)* Nach der Rose.

Im Salzweg *(1930, Zuffenhausen)* Flurname, siehe →Salzwiesenstraße.

Im Schellenkönig *(1926, Mitte und Ost)* Der Name läßt verschiedene Deutungen zu. Möglich wäre, daß der Flurname auf ein altes Volkskartenspiel zurückgeht, bei dem die Schelle einen geringeren Wert hat. Man sprach auch von dem unfruchtbaren Gebiet: »Im Schellenkönig, da wächst im Sommer und im Winter wenig.«

Im Schießgärtle *(1939, Möhringen)* Flur, in der eine 1567 genannte Schützengesellschaft ihre Schießübungen abhielt.

Im Schießhaus *(um 1907, Hedelfingen)* Nach dem früheren Schützenhaus.

Im Schneckenberg *(1932, Steinhaldenfeld)* Flur, in der besonders viele Schnecken lebten.

Im Schüle *(1909, Nord)* Flurname, dürfte seine Herkunft von einem früheren Eigentümer namens Schühlin ableiten.

Im Schwenkrain *(1916, Bad Cannstatt)* Gewanname.

Im Siebenzehnerle *(um 1936, Feuerbach)* Flurname. Die kleineren Feldstücke wurden den Bürgern von der Gemeinde um 17 Kreuzer verpachtet.

Im Sommerwind *(1939, Vaihingen)* Naturverbundener Name.

Im sonnigen Winkel *(1920, Nord)* Nach der sonnigen Lage der Straße.

Im Steinberg *(1939, Nord)* Flurname, der sich auf die steinige Beschaffenheit des Bodens bezieht.

Im Steinengarten *(um 1940, Vaihingen)* Flurname, siehe →Im Steinberg.

Im Stüble *(1936, Hofen)* Der Flurname »Stüble« läßt auf ein abgedecktes Bauwerk schließen, in dem eine Quelle gefaßt und gestaut wurde (Brunnenstube).

Im unteren Kienle *(1909, Süd)* siehe →Im oberen Kienle.

Imweg *(1928, Obertürkheim)* Flurname, entstanden aus »Im Weg«.

Im Weingarten *(1920, Luginsland)* Lagebezogener Name.

Im Wiesengrund *(1989, Birkach)* Lagebezogener Name.

Im Wiesert *(1937, Stammheim)* Flurname.

Im Wolfbusch *(1934, Wolfbusch)* Flurname, nach dem Wolf, dem Raubtier. Mit Busch wird ein kleinerer Wald bezeichnet. Der Name, der auch für den dortigen Stadtteil gilt, ist bereits im Mittelalter nachzuweisen.

Im Wolfer *(1967, Plieningen)* Flurname.

In den Hochwiesen *(1932, Stammheim)* Flurname, hochgelegenes Wiesengelände.

In den Riedwiesen *(1937, Uhlbach)* Flurname, sumpfiges Wiesengelände.

In den Ringelgärten *(1934, Bad Cannstatt und Sommerrain)* Flurname, vermutlich von der Ringelblume.

In den Schlehen *(1922, Ost)* Flurname, nach einem Schlehengebüsch.

In den Stegwiesen *(1984, Obertürkheim)* Alte Gewannbezeichnung.

In den Stubenweinbergen *(um 1909, Wangen)* Flurname, Weinberge bei einer Brunnenstube.

In den Weinbergen *(1938, Stammheim)* Flur, in der früher Weinberge waren.

In der Au *(1912, Untertürkheim)* Der Flurname bezeichnete ein ehemals feuchtes Wiesengelände am Neckar.

In der Falterau *(1938, Degerloch)* Flurname, von Falltor als Zugang zu einem umzäunten Wiesengelände.

In der Landstadt *(1937, Sillenbuch)* Nach der dortigen Siedlung »Landstadt« am Silberwald.

In der Lüsse *(1948, Vaihingen)* Der Flurname geht auf einstigen Herrenbesitz zurück, der später durch das Los aufgeteilt wurde. Die Teile hießen »Lüsse«.

In der Messe *(1981, Luginsland)* Flurname.

In der Rodung *(um 1948, Büsnau)* Flurname. Die im Wohngebiet Büsnau gelegene Straße erhielt ihren Namen nach der Flur, die durch Rodung gewonnen wurde.

In der Sandgrube *(1934, Zuffenhausen)* Nach einer früheren Sandgrube.

In der Schranne *(1932, 1986, Vaihingen)* Flurname, wohl nach einer ehemals dort aufgestellten Holzbank, die man früher als Schranne bezeichnete.

In der Werre *(1936, Sillenbuch)* Flurname, wohl nach einer Schranke (Werre) an der Einfahrt zu dem Feldstück.

In der Ziegelklinge *(1891, Süd)* Flurname, nach einer 1448 urkundlich genannten herrschaftlichen Ziegelhütte am Ausgang eines schluchtartigen Tälchens.

Industriestraße *(um 1957, 1982, Vaihingen und Möhringen)* Nach dem dortigen Industrie- und Gewerbegebiet.

Ingelfinger Straße *(1937, Zuffenhausen)* Stadt Ingelfingen, Hohenlohekreis.

Ingoweg *(1981, Luginsland)* Männlicher Vorname.

Ingwerweg *(1959, Heumaden)* Der Ingwer, zingiber officinale, ist eine Gewürzpflanze.

Innsbrucker Straße *(1937, Uhlbach)* Landeshauptstadt von Tirol in Österreich.

Inselbad *(1932, Untertürkheim)* Nach dem dortigen Freibad.

Hochbetrieb im Untertürkheimer Inselbad, um 1930.

Inselkraftwerk, Beim siehe →Beim Inselkraftwerk.

Inselstraße *(1932, Wangen und Untertürkheim)* Nach der Badeinsel.

Ipfweg *(1928, Bad Cannstatt)* Berg bei Bopfingen, Ostalbkreis.

Irenestraße *(1915, Luginsland)* Weiblicher Vorname.

Irisweg *(1917, Sommerrain)* Iris wird die Familie der Schwertliliengewächse genannt.

Isarweg *(1967, Münster)* Nebenfluß der Donau.

Isegrimweg *(1969, Heumaden)* Name des Wolfs in der Tierfabel.

Isnyer Straße *(1936, Wangen)* Stadt Isny, Landkreis Ravensburg.

Isolde-Kurz-Straße *(1946, Riedenberg)* Isolde Kurz (*1853 Stuttgart † 1944 Tübingen), Schriftstellerin, Tochter des Schriftstellers Hermann Kurz und seiner Märchen schreibenden Frau Marie, geb. von Brunnow, siehe →Hermann-Kurz-Straße. Isolde genoß, dank des demokratischen Engagements der Familie, eine überdurchschnittlich gute, private Ausbildung. Bereits im Alter von zwölf Jahren fertigte sie ihre ersten literarischen Übersetzungen (französisch, englisch, italienisch, russisch). Sie wuchs in Stuttgart, Oberesslingen und Tübingen auf. Einen Eindruck, wie es im Stuttgarter Haushalt der Familie Kurz zuging, vermittelt Isolde in ihren Jugenderinnerungen: »In mein drittes Lebensjahr fällt die erste Bekanntschaft mit dem Dichter Ludwig Pfau, der als politischer Flüchtling in Paris lebte und nun zu heimatlichem Besuch nach Stuttgart gekommen war. Pfau hielt sich acht Tage in unserem Hause verborgen und pflegte während der Arbeitsstunden meines Vaters bei meiner Mutter zu sitzen, mit deren Anschauungen er sich besonders gut verstand. Mich konnte er nicht ausstehen, und diese Gesinnung war gegenseitig, denn wir waren einander im Wege. Ich war durchaus nicht gewohnt, daß die Mama, die ich sonst nur mit den Brüdern zu teilen hatte, sich so viel und andauernd mit einer fremden Person beschäftigte. Wenn die beiden also politisierend in dem großen Besuchszimmer auf und ab gingen, drängte ich mich gewaltsam zwischen die mütterlichen Knie, daß ihr der Schritt gesperrt wurde, und der Gast ärgerte sich heftig, ohne daß er bei der abgöttischen Liebe, die meine Mutter für ihre Kleinen hatte, es wagen durfte, mich vor die Tür zu setzen.« Nach dem Tod des Vaters zog Isolde Kurz nach München in die Nähe ihres Bruders Erwin und arbeitete als Übersetzerin und Italienischlehrerin. In dieser Zeit schrieb sie ihre erste Novelle, die unerwarteten Erfolg hatte. Die Familie einschließlich der Mutter zog schließlich nach Florenz, wo der Bruder Edgar Arzt der ausländischen Künstlerkolonie wurde.

Isolde Kurz

Hier begann Isolde Kurz zu dichten und verfaßte die »Florentiner Novellen« (1890), die ihren literarischen Ruhm festigten. Als erste Frau bekam sie den Doktortitel »honoris causa« von der Universität Tübingen verliehen. Sie richtete ihr Leben zwischen München und Italien ein. Weitere Werke: »Gedichte« (1898), »Italienische Erzählungen« (1895), »Phantasien und Märchen« (1890).

Ittinghäuser Straße *(1932, Hoffeld)* Nach dem 1746 abgebrochenen »Ittingshäuser Hof«, dem Rest des im Dreißigjährigen Krieg untergegangenen Ortes Ittingshausen, siehe auch →Häusleweg und →Hoffeldstraße.

Jacoby-Weg, Bruno- siehe →Bruno-Jacoby-Weg.

Jägerhalde *(1934, 1974, Wangen)* Flurname, möglicherweise nach dem Jäger oder nach einem Personennamen.

Jägerstraße *(1861, Mitte)* Nach der Stuttgarter Arztfamilie Jäger. Christian Friedrich (von) Jäger (*1739 Stuttgart † 1808 Stuttgart), Leibmedikus. Es folgten die beiden Söhne Karl (*1773 Tübingen † 1828 Stuttgart) und Georg (*1785 Stuttgart † 1866 Stuttgart), Obermedizinalrat, Professor am Gymnasium und Paläontologe, später der Enkel Hermann (*1814 Stuttgart † 1861 Stuttgart), Medizinalrat.

Jäkel-Weg, Ilse-Beate- siehe →Ilse-Beate-Jäkel-Weg.

Jagdweg *(um 1943, Büsnau)* Nach der Jagd.

Jagstfelder Weg *(1937, Zuffenhausen)* Stadtteil Jagstfeld der Stadt Bad Friedrichshall, Landkreis Heilbronn.

Jagststraße *(1934, Münster)* Nebenfluß des Neckars.

Jahnstraße *(1928, Degerloch)* Friedrich Ludwig Jahn (*1778 Lanz/Westprignitz † 1852 Freyburg an der Unstrut), Gymnastiklehrer, Begründer des deutschen Volksturnens, der sogenannte »Turnvater«.

Jakob-Böhme-Weg *(1989, Steinhaldenfeld)* Jakob Böhme (*1575 † 1624), schlesischer Philosoph.

Jakob-Holzinger-Gasse *(1984, Ost)* Jakob Holzinger (*1878 † 1940), jüdischer Arzt. Gemeinsam mit seiner Frau Selma, geb. Oettinger, ging er am 9. November 1940 in den Freitod.

Jakob-Kraus-Straße *(1989, Feuerbach)* Jakob Kraus (*1904 † 1943), 1931 Stadtrat in Feuerbach, KPD. Seine Festnahme am 18. Oktober 1933 bildete den Auftakt zu einer Verhaftungswelle von Funktionären der KPD. Im gerichtlichen Verfahren gegen ihn stand die Verteilung von Schriften im Mittelpunkt, die sogenannte Tarnschriften waren. Unter dem Titel »Elektrolux, der beste Staubsauger« wurde über die Greueltaten der Nationalsozialisten seit dem Reichstagsbrand berichtet, unter »Das gute Opelrad« verbarg sich eine Abhandlung des früheren Reichstagsabgeordneten der KPD Heckert über die politischen Ereignisse im Land. Jakob Kraus wurde am 27. Januar 1943 im Polizeigefängnis in der Büchsenstraße ermordet.

Jakobsbrunnen, Am siehe →Am Jakobsbrunnen.

Jakobstraße *(1811, Mitte)* Nach dem Sankt-Jakobs-Friedhof (Lazarettfriedhof), der 1564 für die Opfer der Pest angelegt und 1823 geschlossen wurde. Die Straße hieß bis 1811 Cyriacusgasse (auch Zilockengäßle genannt).

Janningsstraße *(1950, Vaihingen)* Emil Jannings (*1884 Rorschach † 1950 Strobl am Wolfgangsee, Österreich), Schauspieler.

Janusz-Korczack-Weg *(1980, Fasanenhof)* Janusz Korczack (*1878 † 1942), polnischer Schriftsteller, umgekommen im Konzentrationslager Treblinka.

Jasminweg *(1939, Degerloch)* Der Jasmin, jasminum, ist eine Pflanzengattung der Ölbaumgewächse, die in wärmeren Gegenden zu Hause ist. Die weißen oder gelben Blüten geben Duftstoffe ab.

Jean-Améry-Weg *(1984, West)* Jean Améry, Pseudonym für Johannes Mayer (*1912 † 1978), österreichischer Schriftsteller und Publizist.

Jelinstraße *(1955, Möhringen)* Johann Jelin (*1585 † 1650), Pfarrer in Möhringen.

Jobstweg *(1909, Mitte)* Die früher unter dem Namen »Kasernengängle« bekannte Straßenverbindung zwischen der Fritz-Elsas-Straße und der Weimarstraße erhielt 1909 ihren jetzigen Namen zur Erinnerung an die Familie Jobst, die dort ihr Wohnhaus und ihre Chininfabrik besaß. Der letzte Eigentümer war der Geheime Hofrat Dr. Julius von Jobst (*1839 Stuttgart † 1920 Stuttgart).

Jörgstraße *(1937, Weilimdorf)* Männlicher Vorname.

Jörg-Straße, Aberlin- siehe →Aberlin-Jörg-Straße.

Johannesgraben, Im siehe →Im Johannesgraben.

Johannes-Krämer-Straße *(1957, Sonnenberg)* Johannes Krämer (*1834 Kemnat † 1910 Möhringen a. d. F.), über 40 Jahre lang Möhringer Oberlehrer, 1907 Ehrenbürger von Möhringen.

Johannesstraße *(1870, West)* Benannt nach der 1876 eingeweihten Johanneskirche.

Johannisbeerstraße *(1946, Obertürkheim)* Die Johannisbeere gehört zu den Steinbrechgewächsen. Es gibt die Rote Johannisbeere, ribes spicatum, und die Schwarze Johannisbeere , ribes nigrum.

Johann-Heinrich-Strauß-Platz *(1989, Sillenbuch)* Johann Heinrich Strauß (*1845 † 1914), Schultheiß in Sillenbuch.

Johann-Sebastian-Bach-Platz *(1984, West)* Johann Sebastian Bach (*1685 † 1750), Thomaskantor und Komponist.

John-Cranko-Weg *(1977, Mitte)* John Cranko (*15. August 1927 Rustenburg, Südafrika † 26. Juni 1973 auf dem Rückflug von einer Nordamerika-Tournee des Stuttgarter Balletts), Ballettdirektor der Württembergischen Staatstheater. Er kam 1961 aus London und schuf bis zu seinem Tod in Stuttgart ein Ballett, das Weltruf genoß. Mit seinen choreographischen Kompositionen und bis dahin namenlosen Tänzern wie Marcia Haydée, Birgit Keil, Richard Cragun oder Egon Madsen, deren Talente er entwickelte, machte er Stuttgart zum Ballettzentrum. Mit seinen Stücken begründete er jene Vielgestaltigkeit des Repertoires, das vom klassischen »Schwanensee« und »Nußknacker« über abendfüllende Neuheiten wie »Romeo und Julia«, »Onegin« oder »Carmen« bis hin zu mehrteiligen Programmen reichte und das weder Experimente noch Konvention scheute. Er praktizierte von Anfang an eine Kollegialität, die voll Stolz die künstlerischen Eigenarten der anderen anerkannte. Ohne seinen frühen Tod ahnen zu können, hatte er mit seinen Werken, mit der Einweisung Marcia Haydées in ihre zukünftige Führungsrolle, mit der Motivation für die Choreographen Jiri Kylián und John Neumeier, auf ihre Weise sein Erbe weiterzuentwickeln, und mit der Idee, eine Balletschule einzurichten, auf jede Weise Vorsorge getroffen.

Joringelweg *(1954, Möhringen)* Märchengestalt (»Jorinde und Joringel«).

Josef-Hirn-Platz *(1983, Mitte)* Josef Hirn (*1898 † 1971), 1926 bis 1933 Gemeinderat, SPD, 1946 bis 1964 Bürgermeister für Allgemeine Verwaltung und Finanzen.

Josefstraße *(vor 1908, Degerloch)* Männlicher Vorname.

Josenhansstraße *(1938, Weilimdorf)* Marie Josenhans (*1855 Stuttgart † 1926 Stuttgart), 1919 bis 1926 Gemeinderätin, Schriftstellerin und Stuttgarter Wohltäterin. Von ihren Schriften ist besonders zu erwähnen: »Meine alten Weiblein« (1906).

Joseph-von-Egle-Weg *(1984, Mitte)* Joseph von Egle (*23. November 1818 Dellmensingen, Oberschwaben † 5. März 1899 Stuttgart), Baumeister. Nach dem Studium in Wien und an der Berliner Akademie der Künste und Studien in London, Paris und in Italien wurde er 1848 Rektor der neuen Baugewerkeschule. 1850 erhielt er zusätzlich eine Professur am Stuttgarter Polytechnikum, der späteren Technischen Hochschule. Er erhielt den Rang des Hofbaudirektors. Von den kleinsten Häusern über Villen und Schulen bis zu großen Gebäuden entwarf und baute er. Von ihm stammen der Bau der Technischen Hochschule von 1860, die neugotische Marienkirche in der Tübinger Straße, die Rekonstruktion der Stadtkirche von Weil der Stadt als gotisches Bauwerk, die Renovierung der Esslinger Frauenkirche und der Ausbau des Ulmer Münsterturms zum höchsten Kirchturm der Welt. Sein größtes Verdienst und sein Lebenswerk ist aber der Auf- und Ausbau der Königlichen Höheren Bauschule, die zum Vorbild wurde. Wurde 1864 Ehrenbürger der Stadt.

Die von Joseph von Egle erbaute Marienkirche.

Juiststraße *(1934, Neuwirtshaus)* Nordseeinsel.

Julienstraße *(1911, Ost)* Weiblicher Vorname.

Julius-Hölder-Straße *(1967, 1982, Degerloch)* Julius (von) Hölder (*1819 Stuttgart † 1887 Stuttgart), württembergischer Minister des Innern und Vizepräsident des Reichstages.

Julius-Wengert-Straße *(1928, Zuffenhausen)* Julius Wengert (*1871 Wallhausen † 1925 Lugano), Volksschulrektor, Musik- und Chordirektor, Komponist, schuf eine Reihe bedeutender Kompositionen für Männerchöre.

Jungen, Im siehe →Im Jungen.

Junghansstraße *(1935, Feuerbach)* Benannt nach Erhard Junghans (*1823 Zell am Harmersbach † 1870 Schramberg), dem Begründer der Schramberger Uhrenindustrie, und seinen Söhnen Erhard (*1849 Schramberg † 1923 Schramberg) und Artur (*1852 Schramberg † 1920 Schramberg).

Jungnauer Straße *(1961, Möhringen)* Gemeinde Jungnau, Landkreis Sigmaringen.

Junkerweg *(1957, Stammheim)* Wilhelm Junker (*1840 Moskau † 1892 Petersburg, Rußland), Afrikaforscher.

Junoweg *(1957, Dürrlewang)* Planet.

Jupiterweg *(1957, Dürrlewang)* Planet.

Jurastraße *(1957, Vaihingen)* Geologische Formation, der auch die Schwäbische Alb angehört.

Kachel-Straße, Ernst- siehe →Ernst-Kachel-Straße.

Kade-Weg, Max- siehe →Max-Kade-Weg.

Kächeleweg *(1957, 1983, Riedenberg)* Alter Riedenberger Familienname.

Kälbleweg *(1957, Stammheim)* Friedrich Kälble, 1807 bis 1820 Schultheiß in Stammheim.

Kärntner Straße *(1938, Feuerbach)* Bundesland in Österreich.

Kafkaweg *(1964, Freiberg)* Franz Kafka (*1883 Prag † 1924 Kierling bei Wien), Schriftsteller.

Kahlhieb *(1951, Wolfbusch)* Bezeichnung für einen abgeholzten Wald.

Kaindlstraße *(1954, Büsnau)* Professor Dr. Raimund Friedrich Kaindl (*1866 Czernowitz † 1930 Graz), österreichischer Historiker.

Kainzweg *(1957, Vaihingen)* Josef Kainz (*1858 Wieselburg, Ungarn † 1910 Wien), Schauspieler, ab 1899 am Burgtheater.

Kaisemer, Im siehe →Im Kaisemer.

Kaisersbacher Straße *(1959, Bad Cannstatt)* Gemeinde Kaisersbach, Rems-Murr-Kreis.

Kaiserslauterer Straße *(1938, 1977, Weilimdorf)* Stadt Kaiserslautern.

Kaiserstraße *(1911, Birkach)* Paul Kaiser (*1882 Rohracker † 1962 Stuttgart-Birkach), Maurerpolier, Inhaber eines Baugeschäfts und späterer Bauaufseher, baute die ersten Häuser an dieser Straße.

Kaiserstuhlweg *(1958, Feuerbach)* Vulkanbergstock in der Oberrheinebene.

Kalckreuthweg *(1933, Nord)* Professor Leopold Graf von Kalckreuth (*1855 Düsseldorf † 1928 Eddelsen bei Hamburg), Maler und Graphiker, 1900 bis 1905 Direktor der Akademie der bildenden Künste in Stuttgart, Präsident des Deutschen Künstlerbundes.

Kalifenweg *(1957, Möhringen)* Märchen »Kalif Storch« von Wilhelm Hauff.

Kalkhofstraße *(um 1907, Möhringen)* Ortsbezogene Bezeichnung.

Kalleestraße *(1938, Feuerbach)* Richard Kallee (*1854 Ludwigsburg † 1933 Stuttgart-Feuerbach), Stadtpfarrer und Begründer des Heimatmuseums in Feuerbach. Zeigte besondere Vorliebe für Altertumskunde. Unter seiner Leitung fanden zahlreiche Ausgrabungen statt, die zur Klärung der Vor- und Frühgeschichte Feuerbachs beitrugen.

Kallenbergweg *(1935, Degerloch)* Carl Kallenberg (*1825 Ludwigsburg † 1900 Lindau-Äschach), Mitbegründer der Deutschen Turnerschaft.

Kaltentaler Abfahrt *(1957, Vaihingen)* Führt im Nesenbachtal von Vaihingen nach Kaltental.

Kaltentaler Straße *(um 1900, Vaihingen)* Führt nach Kaltental.

Kameralamtsstraße *(1957, Stammheim)* Nach dem früheren Sitz des Hofkameralamts (der Finanzbehörde) in Stammheim.

Kammhaldenweg *(1986, Lederberg, Heumaden)* Nach dem naheliegenden Gewann.

Kanalstraße *(1811, Mitte)* Die Straße verlief direkt entlang der östlichen Seite der Stadtmauer um die Leonhardsvorstadt. Bis ins 18. Jahrhundert war die Stadtmauer außen durch einen Nesenbachkanal, der hier besonders breit war, vor Angriffen geschützt.

Kantstraße *(1914, West)* Immanuel Kant (*1724 Königsberg † 1804 Königsberg), Philosoph. Begründete die Transzendentalphilosophie und den Kritizismus, mit dem er die philosophischen Richtungen des 18. Jahrhunderts, Rationalismus und Empirismus, überwand. Seine erkenntnistheoretische Kritik der überkommenen dogmatischen Metaphysik machte in Verbindung mit seinem Primat der praktischen Vernunft zugleich den Weg zu einer neuen Metaphysik frei und schuf die Voraussetzungen für den deutschen Idealismus. Seine Lehre war Ausgangspunkt aller philosophischen Richtungen des 19. Jahrhunderts. Seine »Kritik der reinen Vernunft« (1781) ist ein Grundwerk der Philosophie.

Kanzel, Auf der siehe →Auf der Kanzel.

Kapellenweg *(1936, 1938, 1972, Hofen)* Nach der Kapelle zum heiligen Wendelin.

Kapfenburgstraße *(1937, Feuerbach)* Schloß bei Lauchheim, Ostalbkreis.

Kappelbergstraße *(1916, Untertürkheim)* Verdankt ihren Namen dem Berg zwischen Fellbach und Untertürkheim, auf dem früher wohl eine Feldkapelle stand.

Kappelfeld, Im siehe →Im Kappelfeld.

Kappisweg *(1928, Nord)* Albert Kappis (*1836 Wildberg † 1914 Stuttgart), Maler, 1880 bis 1905 Professor an der Akademie in Stuttgart.

Kappstraße *(1937, Heumaden)* Alteingesessenes Heumadener Geschlecht.

Kapuzinerweg *(1971, Sommerrain)* Die Kapuzinerkresse, tropaeolum majus, ist eine Gartenpflanze, die ursprünglich aus Peru stammt.

Karl-Adler-Staffel *(1990, West)* Karl Adler (*25. Januar 1890 Buttenhausen † Juli 1973 New York), Musiker. Nach seiner Ausbildung zum Konzertsänger übernahm er 1921 bis 1933 die Leitung des Stuttgarter Konser-

Karl Adler (am Flügel) beim Gesangsunterricht.

vatoriums am Herdweg, das unter ihm eine Blütezeit erlebte. 1933 erhielt er Berufsverbot, konnte aber, trotz schwerer Mißhandlungen, innerhalb der jüdischen Gemeinde kulturell und auch als Menschenretter segensreich wirken. Nach seiner Emigration 1940 setzte er sich in den USA verhältnismäßig schnell durch, erwarb den Doktortitel, wurde Professor an der Jewischa Universität in New York und verwertete dort die Literatur der deutschen Singbewegung. Nach 1945 nahm er zur alten Heimat wieder Fühlung auf. »Viva la musica« steht auf seinem Grabstein: Sein Leben war Musik, unbeugsame Aufrichtigkeit der Grundton seines Lebens.

Karl-Benz-Platz *(1981, Untertürkheim)* Karl Friedrich Benz (*1844 † 1929), Ingenieur, schuf 1885, unabhängig von Gottlieb Daimler, den von einem Einzylinder-Viertakt-Benzinmotor angetriebenen Kraftwagen. Er gründete die Firma Benz & Cie., die sich 1926 mit der Daimler-Motoren-Gesellschaft zu Daimler-Benz AG vereinigte.

Karl-Donndorf-Weg *(1984, Ost)* Karl Donndorf (*17. Juli 1870 Dresden † 31. Oktober 1941 Stuttgart), Bildhauer. Sein Vater Adolf von Donndorf, Bildhauer und Professor, wurde als Rektor der königlichen Akademie der Bildenden Künste nach Stuttgart berufen. Der harten Schule bei seinem Vater folgten Studienjahre in Dresden, Paris und Italien. In Weimar schuf er Büsten des großherzoglichen Paares und die bekannte Nietzsche-Büste. Schließlich ließ er sich 1904 in Stuttgart nieder und schuf hier viele Werke, etwa den Schicksals-Brunnen, der im Schloßgarten beim Großen Haus steht. In den Stein gravierte Donndorf am Vorabend des Ersten Weltkrieges den Vers ein: »Aus des Schicksals dunkler Quelle rinnt das wechselvolle Los. Heute stehst du fest und groß, morgen wankst du auf der Welle.« Weitere Werke, die er in Stuttgart schuf, sind der Jünglingsbrunnen in Ostheim, der Athene-Brunnen auf der Karlshöhe und der »Traubenbüblesbrunnen« in Rotenberg. Auf den Friedhöfen stehen viele Grabmäler des Künstlers, etwa das der ermordeten Kammersängerin Anna Sutter auf dem Pragfriedhof. Von ihm stammt auch das Hegel-Relief über dem Eingang des Geburtshauses des Philosophen. Von heute aus gesehen bleibt unverständlich, warum die Nazis Donndorf 1933 aus der »Reichskammer der Bildenden Künste« durch die Nazis ausschlossen, stammt von ihm doch auch eine ganz im Geiste der offiziellen NS-Kunst geschaffene Hitler-Büste. Obwohl er kein kritischer oder gar politischer Künstler war, dürften ihm aber die Einschränkungen mißfallen haben, denen die Kunst im »Dritten Reich« unterworfen war.

Karl-Eugen-Weg *(1983, Birkach)* Herzog Karl Eugen von Württemberg, (*11. Februar 1728 Brüssel † 24. Oktober 1793 Hohenheim), 1737 bis 1793 Herzog von Württemberg. Geistreicher, am Hof Friedrichs des Großen erzogener, prachtliebender und

Herzog Karl Eugen von Württemberg

selbstherrlicher Fürst, der nach langem Kampf die Rechte der Landstände im Erbvergleich von 1770 anerkennen mußte. Er gründete die Hohe Karlsschule, die auch der junge Schiller besuchte, und baute das Neue Schloß in Stuttgart sowie die Schlösser Solitude und Hohenheim.

Karl-Frey-Straße *(1946, Weilimdorf)* Karl Frey (*1870 Birenbach bei Göppingen † 1945 Stuttgart), 1916 bis 1919 Mitglied des Bürgerausschusses, 1919 bis 1933 sozialdemokratischer Stuttgarter Gemeinderat und Mitbegründer des Deutschen Arbeiter-Turn- und -Sportverbandes. Frey gehörte als Buchbindergeselle schon früh der SPD an und betätigte sich auch in der Gewerkschaftsbewegung. Das heutige Neckarstadion ist nicht zuletzt aufgrund seiner Initiative geplant und gebaut worden.

Karl-Kloß-Straße *(1946, Süd)* Karl Kloß (*1847 Berlin † 1908 Hamburg), erster sozialdemokratischer Reichstagsabgeordneter (1898 bis 1903), seit 1895 württembergischer Landtagsabgeordneter und 1897 bis 1908 erster sozialdemokratischer Gemeinderat der Stadt Stuttgart, 1891 bis 1896 Mitglied des Bürgerausschusses. Er war eine der markantesten Persönlichkeiten in der sozialistischen Bewegung Württembergs. Auch während der Sozialistenverfolgung verstand er es immer wieder, sich mit seinen Freunden durchzusetzen. Als Vorkämpfer für die Gründung einer zentralen Tischlerorganisation – er war 1876 Vorsitzender des Fachvereins der Stuttgarter Schreiner geworden – baute er von Stuttgart aus eine Gewerkschaft auf. Er gründete 1887 den Arbeiterverein Heslach, der zu einer Keimzelle der sozialdemokratischen Partei wurde.

Karl Kloß

Karl Kloß' Trauerfeier brachte einen der größten Trauerzüge in der Geschichte der Stadt mit sich: Die letzten Reihen der Trauergäste standen noch in Heslach, als die Spitze des Zuges bereits am Pragfriedhof angekommen war.

Karl Pfaff

Karl-Pfaff-Straße *(1938, Degerloch)* Karl Pfaff (*1795 Stuttgart † 1866 Esslingen), Konrektor in Esslingen, Historiker, Verfasser der »Geschichte der Stadt Stuttgart« (zwei Bände, 1845/46), der »Geschichte Möhringens« (1854) und der »Geschichte von Esslingen«, Vorstandsmitglied des Schwäbischen und Deutschen Sängerbundes.

Karlsbader Straße *(1937, Bad Cannstatt)* Badeort Karlsbad, Egerland, Tschechoslowakei.

Karlsberger Weg *(1978, Büsnau)* Buchenländer Ortsname.

Karl-Schurz-Straße *(1937, Ost)* Karl Schurz (*1829 † 1906), beteiligte sich 1849 am badischen Aufstand, wanderte 1852 in die Vereinigten Staaten aus. 1877 bis 1881 US-Staatssekretär des Innern, Anhänger Lincolns.

Karlshof *(um 1922, Plieningen)* 1781 unter Herzog Karl Eugen neu erbauter Gutshof.

Karlshofstraße *(1952, Steckfeld)* siehe →Karlshof.

Karlspassage *(1987, Mitte)* siehe →Karl-Eugen-Weg.

Karlsplatz *(1945, Mitte)* siehe →Karl-Eugen-Weg. Foto: Seite 130.

Karlsruher Straße *(1925, Bad Cannstatt)* Stadt Karlsruhe.

Karlstraße *(1811, Mitte)* siehe →Karl-Eugen-Weg.

Der Karlsplatz um 1905; im Hintergrund der Turm des alten Rathauses und die alte Markthalle. Das Kaiser-Wilhelm-Denkmal von Wilhelm Ruemann (1898) symbolisierte die Zugehörigkeit Württembergs zum Reich.

Karl-Weller-Straße *(1945, Rohr)* Karl Weller (*1866 Langenschemmern bei Biberach † 1943 Stuttgart), Historiker, verdient um die Erforschung der württembergischen Landesgeschichte.

Karneolweg *(1978, Heumaden)* Der Karneol ist ein Mineral.

Karpatenstraße *(1936, Bad Cannstatt)* Mitteleuropäischer Gebirgszug.

Karpfenstraße *(1957, Mönchfeld)* Der Karpfen, cyprinus carpio, liebt langsam fließende, warme und pflanzenreiche Gewässer.

Kastanienweg *(1922, Degerloch)* Die Roßkastanie, aesculus hippocastanum, ist ein hoher Baum mit mächtigem Stamm und weit ausladender Krone.

Katharinenplatz *(1860, Mitte)* Königin Katharina von Württemberg, geb. Großfürstin von Rußland (*1788 Zarskoje Selo † 1819 Stuttgart), Frau des Königs Wilhelm I. von Württemberg, Tochter des Zaren Paul I. und der Zarin Maria Feodorowna von Rußland, einer geborenen Herzogin von Württemberg. Katharina starb überraschend bereits im Alter von dreißig Jahren.

Königin Katharina

Katharinenstraße *(1838, Mitte)* siehe →Katharinenplatz.

Kattowitzer Straße *(1936, Bad Cannstatt)* Stadt Kattowitz (Katowice), Polen.

Katzenbacher Hof *(vor 1827, Büsnau)* Nach dem nahegelegenen Katzenbach mit dem Katzenbachsee. Bis 1810 war der Katzenbacher Hof eine Meierei, also ein Pachtgut, mit eigener Gemarkung. Der Grund und Boden gehörte der Stadt Esslingen. Das heutige Ausflugslokal wurde 1896 als Forsthaus mit Werkstatt und Pferdestall erbaut.

Katzenbachstraße *(um 1889, 1982, Vaihingen)* siehe →Katzenbacher Hof.

Katzensteigstraße *(1902, Bad Cannstatt)* Der Flurname bezeichnet ein ansteigendes Gelände. Der Benennung liegt eine Gedankenverbindung zum Kletterbrett der Katze am Haus zugrunde. Die Straße ist die alte Straße von Bad Cannstatt nach Schmiden.

Kauffmannstraße *(1938, 1977, Botnang)* Ernst Friedrich Kauffmann (*1803 Ludwigsburg † 1856 Stuttgart), Gymnasiallehrer in Stuttgart und Komponist.

Kaufwaldweg *(1977, Rohr)* Nach dem nahegelegenen Waldgewann.

Kaulbachweg *(1958, Feuerbach)* Wilhelm von Kaulbach (*1805 München † 1874 Ohlstadt bei Murnau), Maler.

Kauslerweg *(1957, 1980, Möhringen)* Christian Kausler (*1761 † 1822), erster Oberamtmann und späterer Regierungsrat, der im Auftrag der ehemaligen Reichsstadt Esslingen 1802 die Gemeinde Möhringen verwaltete.

Kauzenhecke *(1908, Degerloch)* Der Flurname geht entweder auf den Vogel oder einen Personennamen zurück.

Kegelenstraße *(1927, Bad Cannstatt)* Friedrich (von) Kegelen (*1811 Dusslingen bei Tübingen † 1891 Cannstatt), Oberamtmann und Regierungsrat in Cannstatt (1850 bis 1877).

Keidelstraße *(1938, Degerloch)* Karl Friedrich Keidel (*1851 Geislingen a. d. Steige † 1938 Stuttgart), 1898 bis 1922 Stadtpfarrer in Degerloch, Heimatgeschichtsforscher. Er wurde als Herausgeber der »Blätter für Württembergische Kirchengeschichte« und durch sein Buch »Bilder aus Degerlochs Vergangenheit« bekannt.

Keil-Weg, Wilhelm- siehe →Wilhelm-Keil-Weg.

Kellerbrunnengasse *(um 1891, Bad Cannstatt)* Nach der Kellerschen Mineralquelle in der Brunnenstraße.

Keller-Staffel, Friedrich- siehe →Friedrich-Keller-Staffel.

Keller-Straße, Gottfried- siehe →Gottfried-Keller-Straße.

Keltenweg *(1989, Bad Cannstatt)* Nach den beiden in Steinhaldenfeld 1934 und 1937 ausgegrabenen Fürstengräbern aus der Hallstattzeit.

Kelter, An der siehe →An der Kelter.

Kelter, Hinter der siehe →Hinter der Kelter.

Kelterberg *(1957, Vaihingen)* An der ansteigenden Straße befand sich früher die Kelter. Siehe die Abbildung auf Seite 132.

Kelterplatz, Wangener siehe →Wangener Kelterplatz.

Kelterplatz, Zuffenhäuser siehe →Zuffenhäuser Kelterplatz.

Kelterstraße *(um 1876/77, Süd)* Nach der ehemaligen Heslacher Kelter.

Kelterberg in Vaihingen, 1954.

Kemmelbergstraße *(1936, Bad Cannstatt)* Erinnert an die schweren Kämpfe am Kemmelberg in Flandern während des Ersten Weltkrieges.

Kemnater Straße *(um 1930, Heumaden)* Ortsteil Kemnat der Stadt Ostfildern, Landkreis Esslingen.

Kemptener Straße *(1936, Wangen)* Stadt Kempten im Allgäu.

Keplerstraße *(1862, Mitte)* Johannes Kepler (*1571 Weil der Stadt † 1630 Regensburg), Astronom und Mathematiker, entdeckte 1609 und 1619 die drei nach ihm benannten Gesetze der Planetenbewegung.

Kerbelstraße *(1959, Heumaden)* Der Kerbel, anthriscus cerefolium, ist eine Gewürzpflanze, die aus Südeuropa und Westasien stammt und von den Römern über die Aplen gebracht wurde.

Kercheräckerstraße *(1972, Neugereut)* Der Flurname geht vermutlich auf den Besitzer Kercher zurück.

Kernenblickstraße *(1936, Sillenbuch)* Aussicht auf den zwischen Uhlbach und Stetten im Remstal gelegenen Berg Kernen.

Kernerplatz *(1898, Mitte)* Justinus Kerner (*1786 Ludwigsburg † 1862 Weinsberg), Arzt und Dichter. War als Student mit Ludwig Uhland, Gustav Schwab und anderen befreundet und wurde Mittelpunkt der Schwäbischen Dichterschule. Sein Haus in Weinsberg und die Burgruine, um deren Erhaltung er sich sehr bemüht hat, waren Anziehungspunkt für zahlreiche prominente Besucher. Viele seiner Gedichte sind volkstümlich geworden: »Wohlauf noch getrunken den funkelnden Wein«, »Dort unten an der Mühle«, »Preisend mit viel schönen Reden«.

Kernerstraße *(1906, Mitte)* siehe →Kernerplatz.

Kerner-Straße, Theobald- siehe →Theobald-Kerner-Straße.

Kesselstraße *(1960, Wangen)* Flurname.

Keßlerweg *(1928, Degerloch)* Professor Friedrich Keßler (*1854 Untertürkheim † 1912 Stuttgart), war einer der bedeutendsten Sportpädagogen seiner Zeit. 1890 wurde ihm die Leitung der Württembergischen Turnlehrerbildungsanstalt übertragen. Er erwarb sich Verdienste um die Neugestaltung des deutschen Turnwesens und um die Entwicklung des Schulturnens.

Kiebitzweg *(1952, Wolfbusch)* Der Kiebitz, vanellus vanellus, ist ein vom Aussterben bedrohter Vogel, der zur Familie der Regenpfeifer gehört und nach seinem charakteristischen Ruf genannt wird.

Kiefernweg *(1935, Degerloch)* Die Kiefer, pinus sylvestris, ist ein hoher, immergrüner Waldbaum mit schlangenartig gekrümmten Stämmen und Ästen.

Carl Friedrich Kielmeyer

Kielmeyerstraße *(1937, Nord)* Dr. med. Carl Friedrich Kielmeyer (*1765 Bebenhausen † 1844 Stuttgart), Naturforscher, der in Stuttgart und Tübingen als Professor seine Lehrtätigkeit ausübte. 1816 wurde er Staatsrat und Direktor der Staatlichen Sammlungen für Kunst und Wissenschaft in Stuttgart.

Kiemlen-Weg, Emil- siehe →Emil-Kiemlen-Weg.

Kienbachstraße *(1906, Bad Cannstatt)* Der Flurname hieß ursprünglich Kanbach (1277) und später Kempach (1437) und bezeichnete einen in einer Rinne fließenden Bach.

Kienestraße *(1946, Mitte)* Dr. Hans (von) Kiene (*22. Januar 1852 Langenargen † 24. September 1919 Wangen im Allgäu), Politiker. Sohn eines Orgelbauers. Der als Katholik tief religiöse Kiene wurde Jurist. 1894 bis 1918 war er Mitglied des Landtags, ab 1895 dessen Vizepräsident. In seinem Beruf brachte er es 1915 zum Generalstaatsanwalt. 1918 wurde er Justizminister der württembergischen Revolutionsregierung.

Kienle, Im oberen siehe →Im oberen Kienle.

Kienle, Im unteren siehe →Im unteren Kienle.

Kießstraße *(1931, Sonnenberg)* August Kieß (*1874 Möhringen a. d. F. † 1935 Möhringen a. d. F.), 1896 bis 1899 Kammersänger am Stuttgarter Hoftheater und 1921 Liederkranzchormeister. Er stammte aus einer Möhringer Bauernfamilie.

Kilianstraße *(1957, Untertürkheim)* Männlicher Vorname.

Kimmichstraße *(1957, Weilimdorf)* Nach dem früheren Schultheißen Kimmich (genannt 1611).

Kinzigstraße *(1934, Münster)* Im Schwarzwald bei Freudenstadt entspringender Nebenfluß des Rheins.

Kipperweg *(1954, Büsnau)* Dr. med. Michael Kipper, verdienter buchenländischer Arzt in Radautz.

Kirchäckerstraße *(1933, Zazenhausen)* Der Flurname geht auf die Lage bei der Kirche zurück.

Kirchenwegle *(um 1955, Rohr)* Der Weg führt zur Kirche.

Kirchhaldenweg, Oberer siehe →Oberer Kirchhaldenweg.

Kirchheimer Straße *(1928, Sillenbuch)* Stadt Kirchheim unter Teck, Landkreis Esslingen.

Kirchnerstraße *(1954, Hohenheim)* Professor Dr. Oskar (von) Kirchner (*1851 Breslau † 1925 Venedig), Begründer des Pflanzenschutzes an der Landwirtschaftlichen Hochschule Hohenheim.

Kirchsteige *(1946, Obertürkheim)* Nach dem früheren Zugang zur Petruskirche.

Kirchstraße *(1811, Mitte)* Die Kirchstraße ist aus der umbenannten Kirchgasse hervorgegangen. Sie führt zur Stiftskirche.

Kirchtalstraße *(um 1892, Zuffenhausen)* Flurname.

Kirchweinberg *(1936, Wangen)* Flurname, nach der Lage bei der Kirche.

Kirschblütenweg *(1938, Vaihingen)* Nach der Kirschblüte.

Kirschenweg *(1936, Wangen)* Die Kirsche, prunus, kommt in vielen Arten vor.

Kissinger Straße *(1937, Bad Cannstatt)* Stadt Bad Kissingen, Unterfranken.

Klabundeweg *(1959, Untertürkheim)* Erich Klabunde (*1907 † 1950), Wohnungsbaupolitiker und Verbandsdirektor des Gesamtverbandes gemeinnütziger Wohnungsunternehmen.

Klagenfurter Straße *(1938, Feuerbach)* Landeshauptstadt von Kärnten, Österreich.

Klaraweg *(1926, Luginsland)* Weiblicher Vorname.

Kleemannstraße *(1927, Bad Cannstatt)* Karl Kleemann (*1816 Ulm/Donau † 1871 Bad Ems), Lehrer, Professor und Leiter der von ihm in Cannstatt 1852 gegründeten Kleemannschen Töchteranstalt.

Kleeweg *(1959, Plieningen)* Der Klee, trifolium, gehört zu den wichtigsten Futterpflanzen.

Kleine Falterstraße *(um 1905, Degerloch)* Flurname, siehe →Große Falterstraße.

Kleine Gasse *(um 1895, Uhlbach)* Ortsbezogener Name.

Kleine Königstraße *(1907, Mitte)* Verbindungsstraße, die 1906 durch den Abbruch der ehemaligen Legionskaserne zwischen Marien- und Tübinger Straße entstand. Die Königstraße endet bei der Tübinger Straße, wo die Kleine Königstraße beginnt; siehe →Königstraße.

Kleiner Ostring *(1971, 1979, Sommerrain)* Lagebezogener Name.

Kleiner Schloßplatz *(1968, Mitte)* In Anlehnung an den nahegelegenen Schloßplatz.

Kleiner Weg *(1947, Rohr)* Ortsbezogener Name.

Kleinhohenheim *(um 1934, Schönberg)* Nach der ehemaligen Hofdomäne Kleinhohenheim bei Birkach, die unter Herzog Karl Eugen 1780 von Reinhard Ferdinand Heinrich Fischer erbaut und unter König Wilhelm I. ab 1817 Gestüt wurde.

Kleinhohenheimer Straße *(um 1934, Sillenbuch)* siehe →Kleinhohenheim.

Kleinknechtstraße *(1957, Möhringen)* Gustav Kleinknecht (*1837 Willsbach bei Weinsberg † 1909 Möhringen a. d. F.), 1891 bis 1902 Schultheiß und 1907 Ehrenbürger von Möhringen.

Kleinstraße *(1897, Nord)* Ludwig (von) Klein (*1813 † 1881), wurde 1844 als Mitglied in die damals neu errichtete württembergische Eisenbahnbaukommission berufen. Vorher war er unter anderem beim Eisenbahnbau in Rußland und Amerika tätig.

Klein-Straße, Gustav- siehe →Gustav-Klein-Straße.

Kleiststraße *(1920, West)* Heinrich von Kleist (*1777 Frankfurt an der Oder † 1811 Wannsee bei Berlin), Dichter und Dramatiker.

Klettpassage *(1976, Mitte)* siehe →Arnulf-Klett-Platz.

Klett-Platz, Arnulf- siehe →Arnulf-Klett-Platz.

Klingenbach, Am siehe →Am Klingenbach.

Klingenbachstraße *(1924, Obertürkheim)* Gewässername. Eine Klinge ist ein tiefer Taleinschnitt.

Klingenstraße *(1899, Ost)* Flurname, nach dem Taleinschnitt des heute eingedolten Klingenbachs.

Klinglerstraße *(um 1900, Botnang)* Flurname, wohl Lage bei einer Klinge.

Klippeneckstraße *(1937, Ost)* Albhochfläche bei Spaichingen, Landkreis Tuttlingen.

Klöpferweg *(1957, Vaihingen)* Eugen Klöpfer (*1886 Talheim bei Heilbronn † 1950 Wiesbaden), Schauspieler, ab 1918 in Berlin.

Klopstockstraße *(1892, West)* Friedrich Gottlieb Klopstock (*1724 Quedlinburg † 1803 Hamburg), Dichter. Das bekannteste seiner Werke ist »Der Messias« (1748 bis 1773).

Kloß-Straße, Karl- siehe →Karl-Kloß-Straße.

Klosterhof, Am siehe →Am Klosterhof.

Klotzstraße *(1937, Ost)* Ehrenfried Klotz (*1797 Stuttgart † 1858 Stuttgart), Fabrikant, der 1826 seine Tuchfabrik auf die Berger Insel verlegte. 1833 ließ Klotz dort eine Mineralquelle erbohren, die wenige Jahre später zu einem Bad ausgebaut wurde.

Klüpfelstraße *(1933, West)* Heinrich Emanuel Klüpfel (*1758 Stuttgart † 1823 Stuttgart), ab 1796 Stuttgarter Bürgermeister, als solcher auch Vertreter der Stadt bei der Landschaft, dem württembergischen Parlament.

Klugestraße *(1957, West)* Kurt Kluge (*1896 Leipzig † 1940 Fort Eben Emael bei Lüttich, Belgien), Schriftsteller, Erzgießer, Bildhauer, Professor für Erzgießerei an der Berliner Kunsthochschule.

Knappenweg *(um 1903, Vaihingen)* Der Name dürfte auf die Angehörigen des Tuchmachergewerbes zurückzuführen sein, die man früher Knappen nannte.

Knappstraße *(1896, Nord)* Christian (von) Knapp (*1800 Hohenheim † 1861 Stuttgart), Finanzminister, wurde 1845 Direktor der Eisenbahnkommission und 1850 Leiter des Finanzministeriums. Daneben leitete er noch die Zentralbehörde der Verkehrsanstalten.

Kniebisstraße *(1905, Ost)* Hochfläche im Schwarzwald bei Freudenstadt.

Knittlinger Straße *(1938, Zuffenhausen)* Stadt Knittlingen, Enzkreis.

Knödelstraße *(um 1907, Ost)* Friedrich Knödel (*1833 † 1904), Werkmeister, baute als Inhaber eines Baugeschäfts Wohngebäude an dieser Straße.

Knödlerstraße *(1955, Degerloch)* Arthur Knödler (*1880 † 1951), Degerlocher Arzt.

Knollstraße *(1897, Nord)* Michael (von) Knoll (*1805 Geislingen an der Steige † 1852 Stuttgart), Oberbaurat, Leiter des Baus der Eisenbahnlinie von Esslingen nach Ulm (mit der Geislinger Steige).

Knospstraße *(1902, West)* Rudolph (von) Knosp (*1820 Ludwigsburg † 1897 Stuttgart), Fabrikant und Geheimer Kommerzienrat, vereinigte seinen Betrieb mit dem des Geheimen Kommerzienrats Siegle, 1873 mit den Ludwigshafener Fabriken von Engelhorn und anderen unter dem Namen der 1865 gegründeten »Badischen Anilin- und Sodafabriken« (BASF). Knosp gehörte jahrelang dem Aufsichtsrat dieses weltbekannten Unternehmens als Vorsitzender an.

Rudolph Knosp

Er ist auch der Gründer der Württembergischen Hypothekenbank. 1886 bis 1872 war er

Mitglied des Gemeinderats. Knosp war nicht nur eine bedeutende Persönlichkeit des Wirtschaftslebens, sondern auch ein Förderer der Kunst und Wissenschaft und ein Wohltäter. Seine großzügigen Stiftungen ermöglichten unter anderem den Bau des Rudolph-Sophien-Stifts, dessen Namen an ihn und seine Frau erinnert.

Koblenzer Straße *(1926, Bad Cannstatt)* Stadt Koblenz am Rhein.

Koboldweg *(1954, Möhringen)* Zwergenhaft kleiner Erd- und Hausgeist. Sein Name bedeutet Walter des Hauses.

Kochelseeweg *(1970, Hofen)* See in Bayern.

Kochendorfer Straße *(1937, Zuffenhausen)* Ortsteil Kochendorf der Stadt Bad Friedrichshall, Landkreis Heilbronn.

Kochenhof, Am siehe →Am Kochenhof.

Kocherstraße *(1934, Münster)* Nebenfluß des Neckars.

Koch-Straße, Richard- siehe →Richard-Koch-Straße.

Koch-Straße, Robert- siehe →Robert-Koch-Straße.

Köchl-Weg, Viktor- siehe →Viktor-Köchl-Weg.

Köllestraße *(1928, West)* Baurat Dr.-Ing. h. c. Karl Friedrich Kölle (*1857 † 1927), Vorstand des Tiefbauamts. Unter seiner Leitung entstanden unter anderem der Schwabtunnel und die Straße auf dem Bopser. Daneben wurden von ihm die Versorgung Stuttgarts mit elektrischer Energie, die Entfernung der Fäkalienstoffe sowie die Straßenreinigung gefördert. 1900 wechselte Kölle zur Stadtverwaltung Frankfurt am Main.

Kölner Straße *(1986, Münster)* Stadt Köln.

König Karl von Württemberg

König-Karl-Straße *(1937, Bad Cannstatt)* König Karl von Württemberg (*1823 † 1891), ab 1864 König von Württemberg. Die Straße hieß 1864 bis 1937 »Königstraße«.

Königsberger Straße *(um 1936, Sonnenberg)* Stadt Königsberg, Ostpreußen, Republik Rußland, heißt heute Kaliningrad.

Königsplatz *(1911, Bad Cannstatt)* siehe →Wilhelmsplatz.

Königsseestraße *(1970, Hofen)* See in Bayern.

Königsträßle *(1927, Degerloch)* Schon vor seiner Benennung 1927 wurde der Weg von

Karl Friedrich Kölle baute 1896 den Schwabtunnel, den ersten Straßentunnel Deutschlands.

der Bevölkerung »Königsträßle« genannt. Es mag sein, daß der Weg von den damaligen Königen und den Angehörigen des Hofes als Fahr- und Reitweg benutzt wurde und daher vom Volksmund seinen Namen erhielt.

Königstraße *(1811, Mitte)* König Friedrich ließ 1806 den Großen Graben vor der Stadtmauer um die Altstadt auffüllen und darauf die (obere) Königstraße anlegen. Ihren Namen erhielt die Straße 1811 in Erinnerung an die Tatsache, daß Württemberg 1806 Königreich geworden war, siehe →Friedrichsplatz. Fotos: Seite 138/139.

Königstraße, Kleine siehe →Kleine Königstraße.

Köpfertstraße *(1969, Plieningen)* Flurname.

Körschstraße *(um 1922, Plieningen)* Nach dem Filderbach.

Körschwiesen *(1958, Möhringen)* Flurname für die Wiesen am Körschbach.

Köstlinstraße *(1945, Weilimdorf und Wolfbusch)* Karl Heinrich Köstlin (*1755 Brackenheim † 1783 Stuttgart), Professor der Naturgeschichte. Köstlin war zuletzt Professor an der Hohen Carlsschule und zugleich Hofmedikus. Er leitete auch den Botanischen Garten.

Kohlerstraße *(1945, Riedenberg)* Friedrich Wilhelm Kohler (*1754 † 1810), 1780 bis 1798 Pfarrer in Birkach. Kohler gründete

Die Königstraße ist die bekannteste Einkaufsstraße und beliebteste Flaniermeile Stuttgarts. König Friedrich I. von Württemberg ließ Anfang des 19. Jahrhunderts den unteren Abschnitt (zwischen Hauptbahnhof und Schloßplatz) von seinem Hofbaumeister Nikolaus Friedrich von Thouret anlegen. Der obere Teil (zwischen Schloßpatz und Wilhelmsbau) entstand durch Aufschüttung des Stadtgrabens.

Links: Der neue Hauptbahnhof im Bau, 1916. Bis 1922 wurde die Königstraße an ihrem nordöstlichen Ende vom Königstor abgeschlossen.

Unten: Blick vom Bahnhofsturm auf die Königstraße, um 1930.

Rechts oben: Der Königsbau um 1905.

Rechts unten: Die Ecke Schulstraße/Königstraße mit dem Kaufhaus Union (heute Hertie). Im Hintergrund erkennt man den Wilhelmsbau. Das Foto entstand in den dreißiger Jahren.

Stuttgart. Königsbau.

UNION
Total
AUSVERKAUF

dort 1794 die erste Industrieschule, in der Kindern das Spinnen am Spinnrad beigebracht wurde. Die Kinder arbeiteten dann am Spinnrad zu Hause und sorgten so für den Lebensunterhalt ihrer Familie. Die bittere Armut der Bevölkerung wurde dadurch ein wenig gelindert. Die Industrieschule war so erfolgreich, daß ihr eine Strick- und Nähschule folgten. Sie schloß 1809 ihre Pforten, da der Nachfolger Kohlers dafür nicht viel übrig hatte. Die Schule aber wurde zum Vorbild für ähnliche Projekte in ganz Württemberg. Daneben hat Kohler die Idee eines Familienregisters entwickelt, die aber erst 1876 in Württemberg verwirklicht wurde.

Kolbäckerstraße *(1935, Möhringen)* 1470 genannter Flurname, der auf den Besitzer Kolb hinweist.

Kolberger Straße *(1937, Weilimdorf)* Stadt Kolberg, Pommern, Polen, heißt heute Kolobrzeg.

Kolbstraße *(1873, Süd)* Nach der Kolbschen Brauerei, von Paul Kolb (*1812 † 1895) 1845 gegründet.

Kolpingstraße *(1932, 1945, Steinhaldenfeld)* Adolf Kolping (*1813 Kerpen, Kreis Bergheim † 1865 Köln), ab 1845 Priester, ab 1849 Domvikar in Köln, Gründer der katholischen Gesellenvereine, die in der Deutschen Kolpingsfamilie und im internationalen Kolpingwerk fortbestehen. Die Straße hieß 1936 bis 1945 Theodor-Fritsch-Straße nach Theodor Fritsch (*1852 † 1933), Schriftsteller, Verfasser einer großen Anzahl antisemitischer Schriften, die auch den Nationalsozialismus beeinflußten.

Kolumbusstraße *(1957, Stammheim)* Christoph Kolumbus (*1451 Genua † 1506 Valladolid), Seefahrer, Entdecker Amerikas.

Konrad-Adenauer-Straße *(1967, Mitte)* Dr. Konrad Adenauer (*1876 Köln † 1967 Bad Honnef am Rhein-Rhöndorf), 1949 bis 1963 erster Bundeskanzler der Bundesrepublik Deutschland.

Konradstraße *(1913, Luginsland)* Männlicher Vorname.

Konz-Brücken, Otto- siehe →Otto-Konz-Brücken.

Kopernikusstraße *(1946, Rohr)* Nikolaus Kopernikus (*1473 Thorn † 1543 Frauenburg, Ostpreußen), Astronom, vertrat als erster die Auffassung, daß die Sonne den Mittelpunkt des Planetensystems bildet.

Koppenhöferweg *(1961, Vaihingen)* Maria Koppenhöfer (*1901 Stuttgart † 1948 Heidelberg), Schauspielerin.

Koppentalstraße *(1905, Nord)* Die gleichnamige Flur wurde erstmals 1294 urkundlich genannt. Die Herkunft des Namens ist ungeklärt, möglicherweise von einem weiblichen Personennamen Kuobin abgeleitet.

Kopp-Weg, Hermann- siehe →Hermann-Kopp-Weg.

Korallenweg *(1978, Heumaden)* Die Korallentiere sind eine formenreiche Klasse meerbewohnender Hohltiere. Ihr Skelett wird zu Schmuck verarbeitet.

Korber Straße *(1954, Burgholzhof)* Gemeinde Korb, Rems-Murr-Kreis.

Korczak-Weg, Janusz- siehe →Janusz-Korczak-Weg.

Korianderstraße *(1957, Heumaden)* Der Koriander, coriandrum sativum, gehört zu den ältesten Gewürzpflanzen der Welt.

Korinnaweg *(1957, Sonnenberg)* Gedicht von Eduard Mörike.

Kormoranstraße *(1971, Neugereut)* Der Kormoran, phalacrocorax carbo, ist ein Vogel, der gut schwimmt und fliegt. Er ist hierzulande weitgehend ausgerottet.

Kornbergstraße *(1859, Nord und West)* Verdankt ihre Bezeichnung der 1286 genannten Flur Kuenenberg, nach dem Personennamen Kuno, der später nicht mehr verstanden und umgedeutet wurde.

Kornblumenweg *(1935, Sommerrain)* Die Kornblume, centaurea cyanus, ist eine vom Aussterben bedrohte Wiesenpflanze.

Kornhasen, Im siehe →Im Kornhasen.

Korntaler Landstraße *(1957, Weilimdorf)* Ortsteil Korntal der Stadt Korntal-Münchingen, Landkreis Ludwigsburg.

Korntaler Straße *(um 1903, Stammheim)* siehe →Korntaler Landstraße.

Kornwestheimer Straße *(um 1903, Stammheim)* Stadt Kornwestheim, Landkreis Ludwigsburg.

Krabbenbäumle *(1958, Stammheim)* Der Flurname geht auf die schwäbische Bezeichnung »Krabb« zurück. Damit ist eine Krähe gemeint.

Kräherstraße *(um 1877, Feuerbach)* siehe →Am Kräherwald.

Kräherwald, Am siehe →Am Kräherwald.

Krämerstraße *(1907, Ost)* Johann Jakob Krämer (*1832 † 1902), letzter Schultheiß von Gablenberg.

Krämer-Straße, Johannes- siehe →Johannes-Krämer-Straße.

Krailenshaldenstraße *(1945, Feuerbach)* Der Flurname geht auf den »Kräuel« zurück, eine Gabel mit hakenförmigen Spitzen, die dort zur Geländebearbeitung gebraucht wurde.

Kranichweg *(1936, Wolfbusch)* Der Kranich, grus grus, ist ein nach dem Rückgang großer, offener Feuchtgebiete und Sumpflandschaften vom Aussterben bedrohter Vogel.

Kranstraße *(1970, Weilimdorf)* Maschine zum Heben, Senken und Versetzen von Lasten.

Krapfstraße *(1934, Süd)* Dr. Ludwig Krapf (*1810 Derendingen bei Tübingen † 1881 Korntal), Missionar und Forschungsreisender. Er entdeckte 1849 den Kenyaberg in Ostafrika.

Krauchenweg *(1924, Ost)* Flurname. Krauch bedeutet Wegbiegung.

Kraus-Straße, Jakob- siehe →Jakob-Kraus-Straße.

Kraußweg *(1957, Sonnenberg)* Hans Krauß, 1640 bis 1670 Spitalhofmeister und Schultheiß in Möhringen.

Krautgartenstraße *(1930, Hedelfingen)* Flurname, der seine Bezeichnung der Anpflanzung von Kraut verdankt.

Krebsstraße *(1929, Hofen)* Friederike Krebs (*1768 † 1852 Hofen) stiftete unter anderem das frühere Armenhaus in Hofen.

Krefelder Straße *(1937, Bad Cannstatt)* Stadt Krefeld im Rheinland.

Krehlstraße *(1945, Vaihingen und Rohr)* Otto Krehl (*1838 Ludwigsburg † 1925 Stuttgart), 1872 bis 1894 Schultheiß in Vaihingen. Der Gemeinderat verlieh dem verdienten Ortsvorsteher 1906 das Ehrenbürgerrecht. Die Straße führt seit 1945 wieder ihren Namen. Sie wurde erstmals 1906 benannt.

Kreisauer Weg *(1960, Fasanenhof)* Der »Kreisauer Kreis« war eine Gruppe von Gegnern des Nationalsozialimus, der Vertreter beider Konfessionen, Sozialdemokraten und

Konservative angehörten. Die meisten führenden Mitglieder dieser Gruppe, die ihre Zusammenkünfte in dem bei Schweidnitz gelegenen Gut Kreisau abhielt, wurden als Widerstandskämpfer hingerichtet.

Kremmlerstraße *(1931, Sonnenberg)* Flurname.

Kremser Straße *(1938, Feuerbach)* Stadt Krems an der Donau in Österreich.

Kreßbronner Straße *(1939, Hedelfingen)* Gemeinde Kreßbronn, Bodenseekreis.

Kreuzhaldenstraße *(1936, Hedelfingen)* Führt zu der gleichnamigen Flur, deren Benennung wahrscheinlich auf ein in früheren Zeiten dort aufgestelltes Kreuz zurückzuführen ist.

Kreuznacher Straße *(1937, Bad Cannstatt)* Stadt Bad Kreuznach, Bezirk Koblenz.

Kreuzotterweg *(1955, Bergheim)* Die Kreuzotter, vipera berus, gehört zur Ordnung der Schuppenkriechtiere. Ihr Biß kann für kleine Kinder tödlich sein.

Kreuzstraße *(1906, Vaihingen)* Vielleicht nach einem ehemals dort aufgestellten Kreuz.

Kriegerstaffel *(1937, Nord)* Die Straße liegt unterhalb der Flur »Krieger«, die 1724 erstmals urkundlich erwähnt wurde. Der Name

Die Kronenstraße führte direkt auf das Hauptportal des Marstalls zu. Die Aufnahme entstand etwa 1942.

wird von einem Personennamen oder dem angrenzenden Kriegsberg hergeleitet.

Kriegerstraße *(1891, Nord)* siehe →Kriegerstaffel.

Kriegsbergstraße *(1851, Mitte)* Die Flur Kriegsberg (Criegersberch) wurde schon 1294 in einer Urkunde genannt. Das Bestimmungswort »Krieg« kann auf Gefechte, Feldlager oder auf Grundstücksstreitigkeiten zurückgehen.

Kriegsbergturm, Am siehe →Am Kriegsbergturm.

Kristallweg *(1978, Heumaden)* Ein Kristall ist ein fester Körper, dessen Bauelemente (Atome, Ionen, Moleküle) sich während seines Wachstums räumlich-periodisch anlagern. Frei gewachsene Kristalle sind von ebenen Flächen begrenzt.

Kröner-Straße, Adolf- siehe →Adolf-Kröner-Straße.

Krötenweg *(1954, Giebel)* Die Kröten gehören zur Familie der Froschlurche und sind hüpfende oder kriechende, feuchtigkeitsbedürftige Nachttiere.

Krokodilweg *(1953, Bergheim)* Krokodile, crocodylia, sind Süßwasser bewohnende Kriechtiere. Ihre Heimat ist unter anderem Afrika und Indien.

Krokusweg *(1937, Sommerrain)* Der Krokus, crocus, gehört zu den Schwertliliengewächsen und blüht im Frühjahr.

Kronenstraße *(1811, Mitte)* Die 1806 geplante und 1811 vollständig von Hofbaumeister Nikolaus Friedrich von Thouret gebaute Straße begann am Hauptportal des Marstalls. Dieses wurde von einer Kuppel überwölbt, die zeitweise eine große Krone trug.

Kronprinzstraße *(1811, Mitte)* Um 1795 wurde an der Ecke der heutigen Kronprinz- und Langen Straße die Gaststätte »Kronprinz« eröffnet. Für den Namen stand Prinz Friedrich Wilhelm Karl von Württemberg Pate. Als Napoleon 1806 Friedrich zum ersten König von Württemberg krönte, benannte auch der Wirt sein Lokal in »König von Württemberg« um. Die Porträtbüste, die als Wirtshausschild diente, ist noch heute im städtischen Lapidarium zu sehen. Als König Friedrich 1811 viele Stuttgarter Straßen neu benannte, wollte er die Untertanentreue des Wirts belohnen. Da der Name »Königstraße« aber dem damals neu angelegten Boulevard vorbehalten sein sollte, der durch die Auffüllung des Grabens entlang der Altstadtmauer entstanden war, benannte er die Parallelstraße zur Königstraße nach dem vormaligen Namen des Gasthofs. Der untere Teil der Kronprinzstraße hieß zuvor »Landschaftsgasse«, benannt nach der dort befindlichen »Landschaft«, das heißt Landtag.

Krummenackerstraße *(1936, Obertürkheim)* Esslinger Stadtteil.

Krumme Straße *(1958, Mitte)* Nach dem gebogenen Verlauf der Straße.

Kruppstraße *(1936, Feuerbach)* Nach Alfred Krupp (*1812 Essen † 1887 Essen) und dessen Sohn Friedrich Alfred Krupp (*1854 Essen † 1902 Essen), Großindustrielle.

Kuchener Straße *(1936, Wangen)* Gemeinde Kuchen, Landkreis Göppingen.

Kuckucksruf *(1926, Kaltental)* Nach dem Vogelruf.

Küblergasse *(1937, Bad Cannstatt)* Gewerbebezeichnung.

Kühlbrunnengasse *(1822, Bad Cannstatt)* Nach dem in der Marktstraße an der Einmündung der Gasse stehenden Brunnen.

Blick in die Kuhnsche Maschinenfabrik in Berg um die Jahrhundertwende.

Kühornweg *(1988, Süd)* Jakob Kühorn gründete im Jahr 1500 die Stuttgarter Schützengilde.

Kümmelweg *(1957, Heumaden)* Der Kümmel, carum carvi, ist eine Gewürzpflanze, die in Europa wild wächst.

Künzelsauer Straße *(1937, Zuffenhausen)* Stadt Künzelsau, Hohenlohekreis.

Kufsteiner Straße *(1937, Uhlbach)* Stadt Kufstein in Österreich.

Kuhnstraße *(1895, 1978, Ost)* Nach Gotthilf Kuhn (*1819 Grafenberg bei Nürtingen † 1890 Stuttgart-Berg) und Ernst Kuhn (*1853 Stuttgart-Berg † 1903 Winnenden), Besitzer der einstigen Kuhn'schen Maschinenfabrik in Berg.

Kullenbergstraße *(1947, Botnang)* Der Flurname geht auf die Kuhle (Grube, Vertiefung) zurück.

Kunoweg *(1957, Mühlhausen)* Nach dem Adeligen Kuno von Mühlhausen (13. Jahrhundert).

Kupferstraße *(1957, Vaihingen)* Metall, chemisches Element.

Kupferzeller Weg *(1937, Zuffenhausen)* Gemeinde Kupferzell, Hohenlohekreis.

Kuppinger Straße *(1957, Vaihingen)* Ortsteil Kuppingen der Stadt Herrenberg, Landkreis Böblingen.

Kurlandweg *(1964, Mühlhausen)* Historische Landschaft in Lettland.

Kurmärker Straße *(1954, 1982, Vaihingen)* Kurmark, Hauptteil der ehemaligen Mark Brandenburg.

Kurt-Schumacher-Straße *(1960, Möhringen und Fasanenhof)* Dr. Kurt Schumacher (*13. Oktober 1895 Culm/Westpreußen † 20. August 1952 Bonn), Politiker. Als Soldat verlor Schumacher im Ersten Weltkrieg einen Arm. Er studierte Jura und Nationalökonomie und wurde 1918 Mitglied des Berliner Arbeiter- und Soldatenrats. Ab 1920 war er Redaktionsmitglied bei der sozialdemokratischen »Schwäbischen Tagwacht« in Stuttgart. 1924 bis 1931 gehörte Schumacher dem Landtag an. Seine Artikel und Reden waren eine scharfe Abrechnung und Auseinandersetzung mit dem aufkommenden Nazismus. 1930 wurde er in den Berliner Reichstag gewählt. Auch dort fiel er durch seine kämpferischen Reden schnell auf. Er sagte, der Nationalsozialismus sei der »Appell an den inneren Schweinehund im Menschen«. Nach Hitlers Machtergreifung konnte er nur wenige Monate in der Illegalität politisch wirken. Im Juli 1933 wurde er verhaftet. Über zehn Jahre lang dauerte sein Leidensweg durch verschiedene Konzentrationslager. Im September 1944 wurde er, körperlich ruiniert, endgültig entlassen. Nach 1945 wurde er der unumstrittene Führer der SPD in der Bundesrepublik, im Mai 1946 zum Vorsitzenden gewählt. Er widersetzte sich entschieden einer Vereinigung von SPD und KPD.

Kurt Schumacher

Die Adenauersche Politik der Westintegration der Bundesrepublik lehnte Schumacher aus einer nationalstaatlichen Orientierung heraus ab. Sein Leitbild war die Wiederherstellung der nationalen Einheit in einer freiheitlich-demokratischen Verfassung. Die Leitsterne seiner politischen Arbeit waren »sein Gerechtigkeitsgefühl, seine demokratische Überzeugung und sein Wille, dem deutschen Volk einen Platz unter den freien Völkern in voller Gleichberechtigung zu erkämpfen«, so Erwin Schoettle in einem Nachruf.

Kurze Straße *(1918, Feuerbach)* Ortsbezogener Name.

Kurzen Weg, Am siehe →Am kurzen Weg.

Kurz-Straße, Hermann- siehe →Hermann-Kurz-Straße.

Kurz-Straße, Isolde- siehe →Isolde-Kurz-Straße.

Kyffhäuserstraße *(1936, Feuerbach)* Bergrücken zwischen Thüringer Wald und Harz.

Lämmleshalde *(1924, Bad Cannstatt)* Der Flurname geht wohl auf die einstige Benutzung des Hanggeländes als Schafweide zurück.

Lämmle-Weg, August- siehe →August-Lämmle-Weg.

Lagerplatzstraße *(1978, Bad Cannstatt)* Funktionsbezogene Bezeichnung der Straße beim Cannstatter Güterbahnhof.

Lahnweg *(1934, Münster)* Nebenfluß des Rheins.

Laichinger Straße *(1954, Wangen)* Stadt Laichingen, Alb-Donau-Kreis.

Lambertweg *(1958, Dürrlewang)* Johann Heinrich Lambert (*1728 Mühlhausen † 1777 Berlin), Physiker und Philosoph.

Lammackerweg *(1980, Möhringen)* Flurname.

Lammgasse *(1885, Bad Cannstatt)* Nach dem 1944 zerstörten Gasthaus zum Lamm.

Landauer Straße *(1938, 1977, Weilimdorf)* Stadt Landau in der Pfalz.

Landecker Straße *(1937, Uhlbach)* Stadt Landeck in Österreich.

Christian Landenberger: Selbstbildnis, 1920.

Landenbergerstraße *(1927, Nord)* Christian Landenberger (*1862 Ebingen † 1927 Stuttgart), Maler und 1905 bis 1927 Professor an der Akademie der bildenden Künste in Stuttgart.

Landhausstraße *(1869, Mitte und Ost)* Nach den dort Mitte des 19. Jahrhunderts erbauten »Landhäusern«.

Landschreiberstraße *(1936, Sillenbuch)* Nach dem Besitzer der Flur, dem Landschreiber Heinrich Lorcher. Der Name wurde 1508 urkundlich genannt.

Landsknechtstraße *(1933, Zazenhausen)* Ein Landsknecht war ein zu Fuß kämpfender Söldner des 15. und 16. Jahrhunderts.

Landstadt, In der siehe →In der Landstadt.

Landstuhler Straße *(1957, Weilimdorf)* Stadt Landstuhl in der Pfalz.

Lange Allee *(um 1928, Zuffenhausen)* Lagebezogene Bezeichnung.

Lange Morgen *(1958, Heumaden)* Der Flurnamen deutet auf lange, schmale Grundstücke hin. Morgen ist ein altes Flächenmaß.

Langenburger Straße *(1937, Zuffenhausen)* Stadt Langenburg, Landkreis Schwäbisch Hall.

Langen Hau, Im siehe →Im langen Hau.

Lange Straße *(1811, Mitte)* Sie entstand 1811 aus der Langen Gasse, die in der ehemaligen oberen Vorstadt die anderen Gassen an Länge übertraf und daher im Volksmund »Lange Gasse« genannt wurde. Hieß im 18. Jahrhundert Landhausgasse, siehe →Landhausstraße.

Langhansstraße *(1937, Feuerbach)* Langhans nennt man im Volksmund Burg Hohenbeilstein, die über der Stadt Beilstein, Landkreis Heilbronn, liegt.

Langobardenstraße *(1938, Zuffenhausen)* Germanischer Volksstamm.

Langwiesenweg *(1924, Ost und Wangen)* Die Form der auf der früheren Gemarkung Gaisburg gelegenen Wiesen gab der Flur ihre Bezeichnung.

Laquaiweg *(1957, Degerloch)* Carl Laquai (*1855 † 1940), Mitbegründer des württembergischen Arbeitersängerbundes.

Laubeweg *(1960, Fasanenhof)* Heinrich Laube (*1806 Sprottau † 1884 Wien), Schriftsteller, Kritiker und Theaterleiter.

Lauch, Im siehe →Im Lauch.

Lauch, Vor dem siehe →Vor dem Lauch.

Lauchhau, Im siehe →Im Lauchhau.

Lauchwald, Zum siehe →Zum Lauchwald.

Lauffener Straße *(1938, Zuffenhausen)* Stadt Lauffen am Neckar, Landkreis Heilbronn.

Laupheimer Straße *(1936, Wangen)* Stadt Laupheim, Landkreis Biberach.

Laustraße *(1931, Sonnenberg und Degerloch)* Leitet ihren Namen von der »Schönen Lau« ab, der Nixe aus der Sage, die Eduard Mörike in seine Erzählung »Das Stuttgarter Hutzelmännlein« eingeflochten hat, siehe →Mörikestraße.

Lautenschlagerstraße *(1925, Mitte)* Dr. Karl Lautenschlager (*1868 Stuttgart † 1952 Stuttgart), Stuttgarter Oberbürgermeister. Wurde 1911 zum Stadtvorstand gewählt. Nach Ablauf der Amtszeit 1921 und 1931 wiedergewählt, zuletzt auf 15 Jahre. In seine Amtszeit fielen der Ausbau der Wasserversorgung, die Einrichtung einer Kläranlage und der Bau des Hauptbahnhofs. Während der Ära Lautenschlager entwickelte sich Stuttgart von der ehemaligen Residenzstadt zum südwestdeutschen Wirtschaftszentrum. Nach der Machtergreifung der Nationalsozialisten 1933 wurde er seines Amtes enthoben und in den Ruhestand geschickt. Nach 1945 bekleidete Lautenschlager trotz seines vorgerückten Alters noch verschiedene Ehrenämter und war Berater von Oberbürgermeister Arnulf Klett.

OB Karl Lautenschlager

Der Gemeinderat hat seine großen Verdienste um die Belange der Stadt 1945 durch die Ernennung zum Ehrenbürger gewürdigt.

Lauterburgstraße *(1937, Feuerbach)* Burgruine Lauterburg, Kreis Aalen.

Lautlinger Weg *(1962, 1977, Möhringen)* Ortsteil Lautlingen der Stadt Albstadt, Zollernalbkreis.

Lauxweg *(1961, Heumaden)* Johann Jakob Laux, 1753 bis 1788 (Vater) und 1788 bis 1827 (Sohn) Schulmeister in Heumaden.

Lazarettstraße *(1811, Mitte)* Ging 1811 aus der Lazarettgasse und diese wieder aus der Köllingsgasse (1594) hervor. Sie führte zum 1560 erbauten Lazarett (Krankenhaus) und Lazarettfriedhof außerhalb der Mauern der Esslinger Vorstadt.

Lebretstraße *(1937, Untertürkheim)* Johann Friedrich Lebret (*1732 Untertürkheim † 1807 Tübingen), Professor der Theologie an der Universität Tübingen, Historiker.

Lechweg *(1964, Münster)* Donau-Nebenfluß.

Lederbergweg *(1937, Lederberg)* Flurname für ein Waldgebiet, in dem Eichenrinde für Gerbereizwecke gewonnen wurde, heute auch Name eines Stadtteils.

Lederstraße *(1811, Mitte)* 1594 als »Lederthorgäßle« genannt, das seinen Namen dem 1464 geschaffenen »Ledergerber- oder Wäscherthörle« am Nesenbach verdankt. Das Tor wurde 1811 abgebrochen. Etwas südwestlich der Lederstraße übten früher Gerber ihr Handwerk aus.

Leharstraße *(1969, Botnang)* Franz Lehár (*1870 Komorn † 1948 Bad Ischl), Operettenkomponist.

Lehenstraße *(1878, Süd)* 1304 erstmals urkundlich genannter Flurname. Ein Lehen war im Mittelalter ein Leihgut, das den Lehensträger dem Lehensherrn zu Abgaben und Diensten verpflichtet. Da das Lehnswesen aber damals allgemein üblich war und das freie Eigentum die Ausnahme bildete, nimmt man an, daß der Flurname von Anfang an bebautes Land mit einem Einzelhof und Grundbesitz bezeichnet hat.

Lehenweg, Am siehe →Am Lehenweg.

Lehmfeldstraße *(1958, Bad Cannstatt)* Nach der benachbarten Oberen Ziegelei, die dort ihr Material gewonnen hat.

Lehmgrubenstraße *(1902, Ost)* Der Name ist auf eine in der Nähe gelegene Grube zurückzuführen, aus der Lehm vor allem für den Hausbau geholt wurde.

Leiblweg *(1952, Feuerbach)* Wilhelm Leibl (*1844 Köln † 1900 Würzburg), Maler. Sein strenger Zeichenstil gab seinen Bildern eine besondere Note.

Leibnizstraße *(1937, West)* Gottfried Wilhelm Freiherr von Leibniz (*1646 Leipzig † 1716 Hannover), Philosoph und Universalgelehrter. Mit 30 Jahren wurde er Politiker und Rat des Herzogs von Braunschweig-Lüneburg in Hannover, anno 1700 Präsident der von ihm ins Leben gerufenen späteren Akademie der Wissenschaften in Berlin.

Leicht-Straße, Fanny- siehe →Fanny-Leicht-Straße.

Leicht-Straße, Robert- siehe →Robert-Leicht-Straße.

Leierwiesen *(1933, Süd)* Der Flurname hängt möglicherweise mit »Lehen« zusammen, siehe auch →Lehenstraße.

Leimenweg *(1932, Steinhaldenfeld)* Flurname. Leimen ist eine alte Bezeichnung für Lehm.

Leinenweberstraße *(1957, Möhringen)* Nach den Leinenwebern, die in Möhringen stark vertreten waren.

Leinfeldener Straße *(1935, Degerloch)* Ortsteil Leinfelden der Stadt Leinfelden-Echterdingen, Landkreis Esslingen.

Leinsweg *(1926, Ost)* Christian (von) Leins (*1814 Stuttgart † 1892 Stuttgart), Baudirektor, wurde 1858 Professor an der Technischen Hochschule in Stuttgart. Er baute unter anderem in Stuttgart die Villa Berg, den Königsbau, die 1944 zerstörte Liederhalle und die Vaihinger Stadtkirche.

Leipziger Platz *(1913, West)* Stadt Leipzig.

Leitzstraße *(1936, Feuerbach)* Louis Leitz (*1846 † 1918), Erfinder der modernen Briefordner. Sein Unternehmen entwickelte sich aus einem Handwerksbetrieb zu einer weltbekannten Firma.

Lembergstraße *(1904, Ost)* Höchster Berg der Schwäbischen Alb bei Spaichingen.

Lemmé-Staffel, Maria- siehe →Maria-Lemmé-Staffel.

Lemppenaustraße *(1928, Bad Cannstatt)* Ludwig Lemppenau (*1801 Bad Cannstatt † 1870 Bad Cannstatt), Stadtschultheiß von Cannstatt, der auch einige Jahre dem Landtag angehörte.

Lenaustraße *(1912, West)* Nikolaus Lenau (*1802 Csatad, Ungarn † 1850 Oberdöbling bei Wien), Pseudonym des österreichischen Dichters Niembsch Edler von Strehlenau. War 1831 bis 1844 häufig in Stuttgart und mit Gustav Schwab, Ludwig Uhland und der Familie Reinbeck befreundet. In seinen stimmungsvollen Gedichten und Balladen gab er dem Schmerz und dem Leid der Welt ergreifenden Ausdruck. Er verfiel 1844 in Wahnsinn.

Lenbachstraße *(1935, Feuerbach und Nord)* Franz von Lenbach (*1836 Schrobenhausen † 1904 München), Maler, porträtierte unter anderen Bismarck und Kaiser Wilhelm I.

Lendvaiweg *(1953, Botnang)* Erwin Lendvai (*1882 Budapest † 1949 London), ungarischer Komponist.

Lengefeldweg *(1938, Weilimdorf)* Charlotte von Lengefeld (*1766 Rudolstadt † 1826 Bonn), Schillers Frau, die selbst schriftstellerisch tätig war.

Lenninger Straße *(1937, Ost)* Nach dem Lenninger Tal.

Lenzhalde *(1906, Nord)* Südliche Lage des Hanggeländes. Hier kündigte sich der Frühling, der Lenz, am frühesten an.

Lenzkircher Straße *(1936, Kaltental)* Gemeinde Lenzkirch, Landkreis Breisgau-Hochschwarzwald.

Leobener Straße *(1938, Feuerbach)* Stadt Leoben in Österreich.

Leonberger Straße *(1897, Süd)* Stadt Leonberg, Landkreis Böblingen.

Leonhardsplatz *(1811, Mitte)* Nach der benachbarten Leonhardskirche. Ging 1811 aus dem früheren Holz- und Krautmarkt hervor und wurde 1715 erstmals genannt.

Leonhardstraße *(1811, Mitte)* siehe →Leonhardsplatz. Die Straße wurde 1764 mit »Todtenstraße« nach dem angrenzenden Leonhardskirchhof bezeichnet.

Leonorenstraße *(1927, Degerloch)* Weiblicher Vorname.

Leo-Vetter-Straße *(1933, Ost)* Leo (von) Vetter (*1842 Wassertrüdingen † 1923 Stuttgart-Obertürkheim), Geheimrat. Vetter setzte sich als Vorsitzender des Aufsichtsrates der Stuttgarter Badegesellschaft für den Bau der Stadtbäder Büchsenstraße und Ostheim ein.

Leo Vetter

Lerchenheide *(1957, Bad Cannstatt)* Flurname, nach dem Vogel.

Lerchenrain, Im siehe →Im Lerchenrain.

Lerchenstieg *(1954, Sillenbuch)* Nach einem dichterischen Ausdruck in den Werken des Dichters Hermann Löns.

Lerchenstraße *(1860, Mitte und West)* Der Flurname Lerchenfeld wurde 1304 genannt und geht auf den Vogel zurück.

Lerchenwiesenweg *(1989, Birkach)* Gewanname.

Lessingstraße *(1886, Nord)* Gotthold Ephraim Lessing (*1729 Kamenz † 1781 Braunschweig), Dramatiker, Kritiker, Bibliothekar in Wolfenbüttel. Er gilt als Wegbereiter der deutschen Nationalliteratur. Lessing glaubte an die Fähigkeit tätiger Humanität, alle Gegensätze, auch die der Religionen und Konfessionen, überwinden zu können. Werke unter anderem: »Minna von Barnhelm« (1763), »Nathan der Weise« (1779).

Leuschnerstraße *(1946, Mitte und West)* Wilhelm Leuschner (*1890 Bayreuth † 1944 Berlin), Bildhauer, Gewerkschaftssekretär, 1928 bis 1930 hessischer Innenminister, 1932 Vorstandsmitglied des Allgemeinen Deutschen Gewerkschaftsbundes. Er wurde 1933 von den Nationalsozialisten verhaftet und bis 1934 im Konzentrationslager festgehalten. Nach seiner Freilassung führte er gewerkschaftliche Widerstandsgruppen. Nach dem 20. Juli 1944 wurde er verhaftet, vom Volksgerichtshof zum Tode verurteilt und hingerichtet. Bis 1946 führte die Straße den Namen »Kasernenstraße«, vor 1811 »Oben an der Büchsenthorkaserne«.

Leutkircher Straße *(1936, Wangen)* Stadt Leutkirch, Landkreis Ravensburg.

Leutweinstraße *(1937, Obertürkheim)* Theodor Leutwein (*1849 Strümpfelbronn bei

Mosbach † 1921 Freiburg im Breisgau), Gouverneur von Deutsch-Südwestafrika.

Leuzebad, Am siehe →Am Leuzebad.

Leypoldtstraße *(1957, Plieningen)* Altes Plieninger Geschlecht.

Liasweg *(1957, Vaihingen)* Geologische Formation, auch Schwarzer Jura genannt.

Libanonstraße *(1913, 1945, Ost)* Nach der 1875 erbauten »Villa Libanon«, Gerokstraße 9. Der Eigentümer, Dr. Oskar Fraas, gab der Villa den Namen zur Erinnerung an das von ihm durchforschte Gebirge Syriens, siehe →Fraasstraße. Die 1913 benannte Straße wurde wiederholt umbenannt. 1938 bis 1945 hieß sie Ritter-von-Schönerer-Straße, nach dem österreichischen Politiker Georg Ritter von Schönerer (*1842 † 1921), einem der Führer der deutschnationalen Bewegung, der den jungen Hitler stark beeinflußte.

Libauer Weg *(1967, Mühlhausen)* Hafenstadt Libau in Lettland, heute Liepaja.

Libellenweg *(1939, Vaihingen)* Libellen, ordonata, auch Wasserjungfern genannt, sind große, farbenprächtige Insekten mit großen Augen, schlankem Körper und vier schmalen Flügeln.

Lichtensteinstraße *(1895, Ost)* Schloß Lichtenstein auf der Schwäbischen Alb.

Liebenzeller Straße *(1937, Bad Cannstatt)* Stadt Bad Liebenzell, Landkreis Calw.

Liebigstraße *(1912, Süd)* Justus Liebig, seit 1843 Freiherr (*1803 Darmstadt † 1873 München), Schöpfer der modernen Düngerlehre, entdeckte unter anderem Chloroform und Chloral.

Liebknechtstraße *(1946, 1982, Vaihingen)* Benannt nach Wilhelm und Karl Liebknecht. Wilhelm Liebknecht (*1826 Gießen † 1900 Berlin-Charlottenburg), Politiker, lebte jahrelang mit Karl Marx in London, war neben August Bebel der erste Führer der deutschen Sozialdemokratie und leitete die SPD-Zeitung »Vorwärts«. Sein Sohn Karl (*1871 Leipzig † 1919 Berlin) war seit 1912 Reichstagsabgeordneter der SPD, er gründete den kommunistischen Spartakusbund und versuchte, gemeinsam mit Rosa Luxemburg, die Novemberrevolution 1918 zur Räterepublik zu führen. Beim mißglückten Aufstand im Januar 1919 wurde er gefangengenommen und ohne Verfahren erschossen.

Liegnitzer Straße *(1978, Weilimdorf)* In Anlehnung an denselben Straßennamen in Korntal, Stadt Liegnitz (Legnica), Niederschlesien, Polen.

Lieschingstraße *(1945, Möhringen)* Theodor Liesching (*1865 Stuttgart † 1922 Böblingen), 1918 bis 1922 württembergischer Finanzminister, entfaltete eine rege politische Tätigkeit für die damalige Freisinnige Volkspartei. 1901 Abgeordneter im württ. Landtag, 1912 im Reichstag.

Ligusterweg *(1935, Degerloch)* Der Liguster, ligustrum vulgare, ist ein einheimischer Strauch. Seine Beeren sind giftig.

Liliencronstraße *(1946, Sillenbuch)* Detlev Freiherr von Liliencron (*1844 Kiel † 1909 Alt-Rahlstedt bei Hamburg), preußischer Offizier, Verwaltungsbeamter, Dichter. Er hielt seine Kriegseindrücke in Gedichten fest und verfaßte realistische Naturlyrik.

Lilienthalstraße *(1931, West)* Otto Lilienthal (*1848 Anklam † 1896 Berlin), Ingenieur und Flugtechniker, zählte zu den Pionieren des Flugzeugwesens. 1891 unternahm er seine ersten Gleitflüge, 1896 stürzte er mit seinem Flugzeug tödlich ab. Lilienthal gilt auch als Erfinder des Steinbaukastens.

Lilienweg *(1926, Ost)* Die Lilie, lilium, gehört zu den ältesten Zierpflanzen. Im Juden- und Christentum gilt sie als Symbol der Reinheit.

Lilo-Herrmann-Weg *(1971, Fasanenhof)* Lilo (Liselotte) Herrmann (*1909 Berlin † 1938 Plötzensee), Stenotypistin, studierte 1929 bis 1931 Chemie an der Technischen Hochschule Stuttgart, gehörte dem Kommunistischen Jugendverband an und lebte in Stuttgart, nachdem sie 1933 von der Berliner Universität relegiert worden war. Sie war im Widerstand der KPD im Untergrund aktiv. Sie arbeitete zuletzt als Stenotypistin im Ingenieurbüro ihres Vaters. Josef Steidle, KPD-Mitglied und maßgeblicher Leiter der Untergrundaktivitäten, übergab ihr die Kopie des Lageplans einer Munitionsanlage in der Nähe von Celle. Sie versteckte diese in ihrem Zimmer hinter dem Spiegel. 1935 wurde Lilo Herrmann von einem Spitzel denunziert; die Polizei fand den Plan und verhaftete am 11. Februar 1936 Lilo Herrmann. In einem geheimgehaltenen Prozeß vom 8. bis 11. Juni 1937 wurde sie vom zweiten Senat des Stuttgarter Volksgerichtshofs wegen Hochverrats zum Tode verurteilt. Es war das erste politische Todesurteil gegen eine Mutter im nationalsozialistischen Deutschland – Lilo Herrmann hatte einen vierjährigen Sohn. Ein Stuttgarter Häftling floh nach seiner Entlassung in die Schweiz und verbreitete die Nachricht. Daraufhin erhob sich in Westeuropa und Skandinavien ein Sturm des Protestes. Auch in Deutschland wurden Flugblätter verteilt, die eine Begnadigung forderten. Hitler lehnte ihr Gnadengesuch ab. Am 20. Juli 1938 wurde sie, unter anderem mit Josef Steidle, in Berlin-Plötzensee hingerichtet.

Lincke-Straße, Paul- siehe →Paul-Lincke-Straße.

Linde, Bei der siehe →Bei der Linde.

Lindauer-Weg, Sigmund- siehe →Sigmund-Lindauer-Weg.

Lindenbachstraße *(1946, Weilimdorf)* Nach dem dortigen Bach.

Lindenfelsstraße *(1925, Untertürkheim)* Johann Friedrich Lindenfels († 1691), 1676 zum ersten Schultheißen (Amtmann) von Untertürkheim ernannt.

Lindenschulstraße *(1935, Untertürkheim)* Nach der dortigen Schule.

Lindenspürstraße *(1868, West)* Wolff Friedrich Lindenspür (*1581 Sommerhausen, Franken † 1651 Stuttgart), Stuttgarter Bürgermeister. Seiner siebenundzwanzigjährigen Tätigkeit am württembergischen Hof, zuletzt in der Stellung eines Hofkapellmeisters, verdankte er nicht nur die Berufung in den Rat der Stadt 1632, sondern auch zum Bürgermeister. Er verstand es, seine Stellung als Bürgermeister von Jahr zu Jahr zu festigen. Sein Wohltätigkeits- und Bürgersinn veranlaßten ihn und seine Frau, der Bürgerschaft zur Linderung der durch den Dreißigjährigen Krieg entstandenen Not namhafte Beträge zu stiften.

Wolff Fr. Lindenspür

Lindenstraße *(1900, Vaihingen)* Nach dem früheren Baumbestand an der Straße.

Lindental *(1938, Weilimdorf)* Flurname, nach der Linde.

Lindichstraße *(1937, Feuerbach)* Schlößchen Lindich bei Hechingen, Zollernalbkreis.

Das Löwentor wurde 1850 als Eingang zum Park um Schloß Rosenstein erbaut.

Lindpaintnerstraße *(1929, Botnang)* Peter Josef von Lindpaintner (*1791 Koblenz † 1856 Nonnenhorn/Bodensee), Komponist und Stuttgarter Hofkapellmeister, kam 1819 nach Stuttgart.

Linkenstraße *(1905, Plieningen)* Flurname, wohl nach dem Personennamen Link.

Linzer Straße *(1938, Feuerbach)* Stadt Linz an der Donau, Landeshauptstadt von Oberösterreich.

Liststaffel *(1904, Süd)* siehe →Friedrich-List-Straße.

Liststraße *(1896, Süd)* siehe →Friedrich-List-Straße.

List-Straße, Friedrich- siehe →Friedrich-List-Straße.

Lochenstraße *(1937, Ost)* Nach den bei der Stadt Balingen, Zollernalbkreis, gelegenen Lochenbergen.

Lodzer Straße *(1937, Bad Cannstatt)* Stadt Lodz, Polen, seit 1988 Partnerstadt von Stuttgart.

Löchgauer Straße *(1951, Rot)* Gemeinde Löchgau, Landkreis Ludwigsburg.

Löffelstraße *(1946, Degerloch)* Wilhelm Löffel (*1871 Stuttgart † 1935 Weikersheim), Mundartdichter in Stuttgart-Degerloch, wurde mit seinen im Stuttgarter Neuen Tagblatt regelmäßig unter dem Namen »Weingärtner Knöpfle« veröffentlichten, humorvollen Wochenplaudereien bekannt. Im Stuttgarter Vereinsleben war er wegen seiner Originalität eine bekannte Persönlichkeit. Er stand auch mit den Schwabenvereinen in Amerika in dauernder Verbindung.

Löns-Weg, Hermann- siehe →Hermann-Löns-Weg.

Lörcher-Weg, Alfred- siehe →Alfred-Lörcher-Weg.

Löwengasse *(1984, Weilimdorf)* Nach dem nahegelegenen Weilimdorfer »Löwenplatz«, wie die Kreuzung Solitudestraße/Pforzheimer Straße (nach dem Gasthaus zum Löwen) im Volksmund heißt.

Löwen-Markt *(1984, Weilimdorf)* siehe →Löwengasse.

Löwenplatz *(1936, Degerloch)* Nach dem früheren Gasthaus zum Löwen.

Löwensteiner Straße *(1945, Rot)* Stadt Löwenstein, Landkreis Heilbronn.

Löwenstraße *(vor 1908, Degerloch)* siehe →Löwenplatz.

Löwentorstraße *(1895, Bad Cannstatt und Nord)* Nach dem 1850 erbauten Löwentor, dem Zugang zum Rosensteinpark, mit den staufischen Wappentieren, die 1806 und 1817 ins württembergische Staatswappen übernommen wurden.

Logauweg *(1960, Fasanenhof)* Friedrich Freiherr von Logau (*1604 Brockut, Schlesien † 1655 Liegnitz), schlesischer Dichter.

Lohäckerstraße *(1972, Möhringen)* Der Flurname bezeichnet Äcker bei einem Wäldchen (Loh).

Lohbauerstraße *(1945, Sonnenberg)* Karl (von) Lohbauer (*1777 Stuttgart, gefallen 1809 bei Isny), württembergischer Hauptmann und Dichter.

Lohengrinstraße *(1936, Degerloch)* Oper von Richard Wagner.

Lombacher Straße *(1957, Vaihingen)* Gemeinde Lombach, Landkreis Freudenstadt.

Lonseer Straße *(1957, Hedelfingen)* Gemeinde Lonsee, Alb-Donau-Kreis.

Loosweg *(1957, Vaihingen)* Theodor Loos (*1883 Zwingenberg/Bergstraße † 1954 Stuttgart), Schauspieler, bedeutender Charakterdarsteller, nach 1945 in Stuttgart.

Lorbeerstraße *(1958, Heumaden)* Der Lorbeer, laurus nobilis, ist eine Gewürz- und Heilpflanze, die im Mittelalter als Medikament bei Magenbeschwerden verwendet wurde.

Lorcher Straße *(1928, Bad Cannstatt)* Stadt Lorch, Ostalbkreis.

Loreleiweg *(1957, Stammheim)* Schieferfelsen im Rhein bei St. Goarshausen. Die Sagenfigur der Zauberin gleichen Namens, die durch Heinrich Heines Gedicht und Friedrich Silchers Vertonung bekannt wurde, ist vermutlich eine Erfindung des Dichters Clemens Brentano (»Die Lore Lay«, 1802).

Lorenzstaffel *(1979, Mitte)* Leitet ihren Namen von einem Gebäude des Zimmermalers Wilhelm Friedrich Lorenz (*1795 †1864) ab. Die Straße hieß 1864 bis 1979 Lorenzstraße.

Lorenzstraße *(1984, Zuffenhausen)* Carl Lorenz (*1844 † 1889), Pionier der Elektrotechnik.

Lortzingstraße *(1936, Botnang)* Albert Lortzing (*1801 Berlin †1851 Berlin), Komponist, Meister der deutschen romantisch-komischen Oper.

Loßburger Straße *(1957, Vaihingen)* Gemeinde Loßburg, Landkreis Freudenstadt.

Lotharstraße *(1937, Luginsland)* Männlicher Vorname.

Lothringer Straße *(1938, 1982, Zuffenhausen)* Landschaft in Frankreich, früheres Herzogtum.

Lotterbergstraße *(1957, 1988, Weilimdorf)* Der Flurname bezeichnet lockeren Boden.

Ludmannstraße *(1937, Weilimdorf)* Altes Weilimdorfer Geschlecht, 1666 genannt.

Ludwig-Blum-Straße *(1925, Wangen)* Ludwig Blum (*1817 [Stuttgart-]Wangen † 1879 Stuttgart), ab 1851 Vorstand des Stuttgarter Liederkranzes, Oberlehrer und Professor in Stuttgart.

Ludwig-Hofer-Straße *(1905, Nord)* Ludwig (von) Hofer (*1801 Ludwigsburg † 1887 Stuttgart), Bildhauer. Sohn eines Glockengießers. Seine Studien führten ihn nach München und Italien. Dort entwickelte er sich unter der Leitung des Bildhauers Thorwaldsen zu einem Könner im klassizistischen Stil. 1838 ließ er sich in Stuttgart nieder und wurde Hofbildhauer König Wilhelms I. Werke in Stuttgart: die Rossebändiger (1848), die im Unteren Schloßgarten aufgestellt sind, das Reiterstandbild des Grafen Eberhard im Bart (1859) im Hof des Alten Schlosses, die Figur der Konkordia für die Jubiläumssäule auf dem Schloßplatz (1863), die Merkurfigur auf dem Wasserturm bei der Alten Kanzlei und das Reiterstandbild König Wilhelms I. vor der Alten Staatsgalerie. Hofer wurde 1884 Ehrenbürger der Stadt Stuttgart.

Einer der »Rossebändiger« von Ludwig Hofer.

Ludwig-Pfau-Straße *(1909, West)* Ludwig Pfau (*1821 Heilbronn † 1894 Stuttgart), Dichter und Publizist, gründete 1848 in Stuttgart das politische Karikaturenblatt »Eulenspiegel«. Als Mitglied des demokratischen württembergischen Landesausschusses flüchtete er 1848 in die Schweiz, ging 1852 nach Paris und kehrte 1863 wieder nach Stuttgart zurück, wo er eine Zeitlang den demokratischen »Beobachter« redigierte. Siehe auch →Widmannweg.

Ludwigsburger Straße *(1936, Zuffenhausen)* Stadt Ludwigsburg.

Ludwigshafener Straße *(1934, Weilimdorf)* Stadt Ludwigshafen am Rhein.

Ludwigstraße *(1858, West)* Wilhelm Friedrich Ludwig (*1790 Uhlbach † 1865 Stuttgart). Staatsrat und 1816 königlicher Leibarzt in Stuttgart, 1844 bis 1855 Direktor des Medizinalkollegiums, stiftete das Ludwigspital, das 1869 bis 1874 erbaut und 1944 zerstört wurde.

Lübecker Straße *(1962, Bad Cannstatt)* Stadt Lübeck, Schleswig-Holstein.

Lüglensheidestraße *(1981, Neugereut)* Gewanname.

Lüsse, In der siehe →In der Lüsse.

Lütkeweg *(1957, Stammheim)* Feodor Graf von Lütke (*1797 Estland † 1882 Petersburg), Admiral und Forschungsreisender.

Lütticher Straße *(1936, Bad Cannstatt)* Stadt Lüttich in Belgien.

Luganer Straße *(1981, Riedenberg)* Stadt Lugano, Tessin, Schweiz.

Luikenweg *(1937, Rohracker)* Apfelsorte.

Luise-Benger-Straße *(vor 1937, 1972, Uhlbach)* Luise Benger (*1857 Uhlbach † 1931), Frau des Textilindustriellen Gottlieb Benger.

Luisenplatz *(1912, Ost)* Weiblicher Vorname.

Luisenstraße *(1912, Ost)* Weiblicher Vorname.

Luise-Pichler-Straße *(1838, Weilimdorf)* Luise Pichler, verheiratete Zeller (*16. Januar 1823 Wangen/Kreis Göppingen † 20. November 1889 Stuttgart) Schriftstellerin. Sie wuchs im elterlichen Pfarrhaus in Odenwälden auf. Ihre schriftstellerische Laufbahn begann sie mit dem Buch »Der Kampf um den Hohentwiel«. Sie schrieb im Laufe ihres Lebens viele Erzählungen, Romane und Dramen. 1860 heiratete sie den Gymnasiallehrer Zeller, mit dem sie 1865 nach Stuttgart zog, wo er am Eberhard-Ludwig-Gymnasium Professor wurde. Gustav Ströhmfeld schrieb über sie: »Was die Schriften der Verfasserin stets ausgezeichnet hat, treue geschichtliche Darstellung, verbunden mit reicher Phantasie, eine Begeisterung für alles Edle und Schöne, aufrichtige Frömmigkeit und warme Vaterlandsliebe, das sind die Merkmale schon ihrer ersten Erzählungen für die Jugend.«

Lukasplatz *(1987, Ost)* Liegt südlich der Lukaskirche.

Lunaweg *(1957, Dürrlewang)* Lateinischer und poetischer Name für Mond.

Lupinenstraße *(1957, Plieningen)* Die Lupine, lupinus, gehört zur Gattung der Schmetterlingsblütler und dient als Gründüngungs-, Futter- und Zierpflanze.

Lurchweg *(1954, Giebel)* Als Lurche oder Amphibien bezeichnet man eine Klasse wechselwarmer Wirbeltiere. Dazu gehören Blindwühlen, Froschlurche (Frösche) und Schwanzlurche (unter anderem Salamander und Molche).

Lustnauer Straße *(1938, Degerloch)* Tübinger Stadtteil.

Luther-Straße, Martin- siehe →Martin-Luther-Straße.

Lutherweg *(1927, Vaihingen)* siehe →Martin-Luther-Straße.

Lutzweg *(1957, Vaihingen)* Vaihinger Familienname.

Luzernestraße *(1957, Plieningen)* Die Luzerne, medicago sativa, ist eine Futterstaude der Gattung der Schmetterlingsblütler.

Machtolfweg *(1958, Möhringen)* Alter Möhringer Familienname.

Madenstraße *(um 1911, Sillenbuch)* Der Flurname deutet auf Wiesen hin, die nur einmal im Jahr gemäht wurden.

Mäder, Im siehe →Im Mäder.

Mähdachstraße *(um 1931, 1982, Weilimdorf)* Flurname, siehe →Madenstraße.

Märzenbaumstraße *(1957, Möhringen)* Der Flurname wurde 1434 erwähnt und geht vielleicht auf einen Personennamen zurück.

Mäulenstraße *(1930, Untertürkheim)* Carl Mäulen (*1811 † 1881), 1846 bis 1879 Schultheiß in Untertürkheim, Mitglied des württembergischen Landtags 1851 bis 1855 und 1862 bis 1868.

Magirusstraße *(1937, Feuerbach)* Conrad Dietrich Magirus (*1824 Ulm † 1895 Ulm), Fabrikant, Begründer der Magirus-Motoren- und Automobilwerke in Ulm.

Magstadter Straße *(1963, Büsnau, Vaihingen, West)* Gemeinde Magstadt, Landkreis Böblingen.

Mahdentalstraße *(1963, West)* Flurname, siehe →Madenstraße.

Mahler-Straße-, Gustav- siehe →Gustav-Mahler-Straße.

Mahlestraße *(1986, Bad Cannstatt)* Hermann (*1894 † 1971) und Dr. Ernst Mahle (*1896 † 1983), Firmengründer.

Maiblumenweg *(1932, Steinhaldenfeld)* Das Maiglöcken, convallaria majalis, wird auch Maiblume genannt. Die weißen Blüten blühen im Mai und Juni und duften stark. Das Maiglöckchen steht unter Naturschutz und darf nicht gepflückt werden.

Maieräckerstraße *(um 1929, Weilimdorf)* Nach den Äckern, die zum Maierhof gehörten, siehe →Maierhof.

Maier-Brücke, Reinhold- siehe →Reinhold-Maier-Brücke.

Maierhof *(um 1904, Weilimdorf)* Nach dem ehemaligen Maierhof (Zehnthof), einem ritterlichen oder adeligen Wirtschaftshof, der von einem Maier (Meier) als Verwalter bewirtschaftet und 1424 erstmals urkundlich genannt wurde.

Maierhofstraße *(1937, Weilimdorf)* siehe →Maierhof.

Maierstraße *(1935, Möhringen)* Nach der gleichnamigen Flur, die nach einem früheren Besitzer benannt wurde.

Maierwaldstraße *(1957, Weilimdorf)* Waldteil, siehe →Maieräckerstraße und →Maierhof.

Maikammerstraße *(1938, Weilimdorf)* Gemeinde Maikammer an der Weinstraße.

Mainstraße *(1934, Münster)* Bedeutendster Nebenfluß des Rheins.

Mainzer Straße *(1978, Weilimdorf)* Stadt Mainz.

Majoranweg *(1958, Heumaden)* Der Majoran, majorana hortensis, ist eine Gewürz- und Heilpflanze. Er wirkt krampflösend und magenwärmend.

Makrelenweg *(1959, Mönchfeld)* Die Gemeine Makrele, scomber scomber, ist ein geschätzter Speisefisch, der im Sommer zum Laichen beiderseits des Atlantischen Ozeans in Küstennähe erscheint.

Malachitweg *(1978, Heumaden)* Malachit oder Kupferspat ist ein Mineral, das unter anderem zu Schmucksteinen verarbeitet wird.

Maliweg *(1928, Nord)* Christian Mali (*1832 Broekhuizen, Holland † 1906 München), Maler. Stammte aus einer schwäbischen Familie und verbrachte seine Jugend in Stuttgart in der Familie seiner Schwester, Heinrika Peters, geborene Mali. Deren Mann war württembergischer Hofmaler und schuf die Grundlagen für die künstlerische Tätigkeit Malis, siehe →Anna-Peters-Straße. Mali war zusammen mit seinem Bruder Cornelius einer der bedeutendsten Tiermaler seiner Zeit und mit dem Maler A. Braith eng befreundet. Die meisten seiner Werke befinden sich im Städtischen Museum in Biberach/Riß.

Malmedystraße *(1925, Bad Cannstatt)* Stadt Malmedy in Belgien, gehörte bis 1920 zu Preußen.

Malvenweg *(1939, Vaihingen)* Die Wilde Malve, malva sylvestris, wird auch Käsepappel genannt und ist eine Heilpflanze.

Mandarinenweg *(1970, Riedenberg)* Die Mandarine, citrus nobilis, ist eine mit der Apfelsine verwandte Südfrucht.

Manfredstraße *(1940, Luginsland)* Männlicher Vorname.

Mannheimer Staffel *(1939, Bad Cannstatt)* Stadt Mannheim.

Mannheimer Straße *(1939, Bad Cannstatt)* siehe →Mannheimer Staffel.

Mannspergerstraße *(1957, Heumaden, Lederberg)* Balthes und Jakob (I bis IV) Mannsperger (Großvater, Vater, Sohn und Enkel), 1593 bis 1711 Schultheißen in Heumaden.

Mann-Straße, Thomas- siehe →Thomas-Mann-Straße.

Manzeller Weg *(1939, Hedelfingen)* Ortsteil Manzell der Stadt Friedrichshafen, Bodenseekreis.

Marabustraße *(1971, 1978, 1981, Neugereut)* Der Marabu oder Kropfstorch ist eine Gattung großer Störche, die in Indien und Afrika beheimatet sind.

Marbacher Straße *(1937, Zuffenhausen)* Stadt Marbach, Landkreis Ludwigsburg.

Marconistraße *(1938, Zuffenhausen)* Guglielmo Marconi (*1874 Bologna † 1937 Rom), italienischer Erfinder und Nobelpreisträger, schuf 1895 mit Hilfe der Hertzschen Wellen die erste drahtlose Telegrafieverbindung.

Marco-Polo-Weg *(1984, Stammheim)* Marco Polo (*1254 Venedig † 1324 Venedig), berühmtester Reisender des Mittelalters.

Marderweg *(1933, Steinhaldenfeld)* Die Marder bilden die Raubtierfamilie der mustelidae, zu der neben den echten Mardern (unter anderem Baum- und Steinmarder, Großes und Kleines Wiesel) die Dachse, die Skunks und die Ottern gehören.

Margaretenstraße *(1916, Untertürkheim)* Margarete Prinzessin von Österreich (*1870 Artstetten, Niederösterreich † 1902 Gmunden), Frau des Herzogs Albrecht von Württemberg.

Margueritenweg *(1939, Vaihingen)* Die Weiße Wucherblume oder Margerite, chrysanthemum leucanthemum, ist eine häufige Wiesenblume.

Maria-Lemmé-Staffel *(1987, Hoffeld)* Maria Lemmé, geb. Schwarzkopf (*3. Oktober 1880 Odessa † März 1943 Theresienstadt), Malerin. Schon als Kind erhielt sie Malunterricht. 1900 heiratete sie Karl Lemmé; mit diesem war sie 1914 bis 1918 in russischer Gefangenschaft in Sibirien. Dort führte sie der russische Maler Schlicht in die moderne Malerei ein. 1918 zog Maria Lemmé nach Stuttgart-Degerloch und fand die Freundschaft mit Adolf Hölzel. 1942 wurde sie wegen ihrer jüdischen Abstammung verhaftet und nach Theresienstadt deportiert. Nahezu ihr ganzes Werk wurde von den Nationalsozialisten zerstört. Im März 1943 soll sie an einer Lungenentzündung gestorben sein.

Marienau *(1957, Vaihingen)* Aus Marienstraße umbenannt.

Marienbader Straße *(1937, Bad Cannstatt)* Badestadt Marienbad, Egerland, Tschechoslowakei, heute Mariánské Lázne.

Marienburger Straße *(1934, Bad Cannstatt)* Stadt Marienburg, Westpreußen, Polen, heute Malbork.

Marienplatz *(1876, Süd)* Erhielt seinen Namen anläßlich der Verlobung des Prinzen Wilhelm von Württemberg, des späteren Königs Wilhelm II., mit der Prinzessin Marie zu Waldeck und Pyrmont (*1857 Arolsen † 1882 Ludwigsburg).

Sophie Dorothee von Württemberg »in französischer Kleidung, gesehen in Paris im Mai 1782«. Als Gattin des russischen Zaren führte sie den Namen Maria Feodorowna.

Marienstraße *(1811, Mitte, Süd und West)* Maria Feodorowna, geborene Sophie Dorothee von Württemberg (*1759 Stettin † 1828 Pawlowsk), Tochter des Herzogs Friedrich Eugen und Schwester König Friedrichs I., zweite Frau des 1801 ermordeten Zaren Paul I. von Rußland und Mutter der Königin Katharina von Württemberg.

Markelsheimer Straße *(1972, Zuffenhausen)* Ortsteil Markelsheim der Stadt Bad Mergentheim, Tauberkreis.

Markelstraße *(1928, West)* Dr. Carl Markel (*1860 Horchheim, Hessen † 1932 London), Pfarrersohn, ab 1863 in Stuttgart aufgewachsen, Leiter chemischer Fabriken in London, erwarb sich außerordentliche Verdienste um die Fürsorge der im Ersten Weltkrieg in England festgehaltenen deutschen Kriegsgefangenen sowie später um die Förderung und Unterstützung bedürftiger begabter junger Menschen in Württemberg (Markel-Stiftung 1920).

Markgräflerstraße *(1937, Uhlbach)* Badische Weinsorte nach dem Markgräflerland zwischen Müllheim und Lörrach.

Markgröninger Straße *(1938, Zuffenhausen)* Stadt Markgröningen, Landkreis Ludwigsburg.

Markomannenstraße *(1938, Zuffenhausen)* Germanischer Volksstamm.

Marktplatz *(vor 1304, Mitte)* Der 1304 erstmals urkundlich genannte Marktplatz war lange Zeit der einzige öffentliche Platz in der Altstadt, der nicht nur als Markt, sondern auch für öffentliche Veranstaltungen diente. Damals war er sehr viel kleiner als heute, denn im Bereich der Schulstraße existierte ein weiterer Marktplatz, der nach Südosten spitz zulief. Graf Ulrich der Vielgeliebte ließ im 15. Jahrhundert acht Häuser abreißen, um den heutigen Marktplatz zu vergrößern. Im Jahr 1820 wurde der Marktplatz – von 1811 bis um 1830 hieß er Friedrichsplatz – außerdem durch den Abbruch des Herrenhauses wesentlich erweitert, das den südöstlichen Teil des Marktplatzes einnahm. Fotos: S. 159–162.

Marktplatz *(1822, Bad Cannstatt)* Der Cannstatter Marktplatz hat seine jetzige Bezeichnung erst im 19. Jahrhundert erhalten. Bis

Die Südecke des Stuttgarter Marktplatzes mit der Einmündung der Sonnenstraße (zwischen dem ersten und dem zweiten Haus von links) und der Eichstraße. Hinter dem Marktbrunnen sieht man einen Anbau an das damalige Renaissance-Rathaus; in dem nach links anschließenden Haus Eichstraße 2 befand sich der Gasthof zur Sonne, nach dem die Sonnenstraße benannt war. Das Bild wurde 1890 aufgenommen.

dahin gab es dort nur den »Holzmarkt«, an dem das Rathaus und die Stadtkirche standen. Der Platz wurde 1898 mit dem Abbruch der ehemaligen Latein- und Deutschen Schule und dem Zufüllen der Sulz wesentlich vergrößert.

Marktplatz, Wangener siehe →Wangener Marktplatz.

Marktstraße *(1811, Mitte)* Die Straße führt zum Marktplatz. Bis 1811 trug sie die Bezeichnung »Bechergasse« nach dem Gasthof »Zum goldenen Becher«, der vom 15. Jahrhundert bis 1790 dort stand. Siehe das Foto auf Seite 162.

Seite 160/161: Die Nordecke des Marktplatzes mit der Einmündung der Kirchstraße, um 1920.

MODE-HAUS

HERMANN KURTZ
Automat
C.F. BE

Die Marktstraße in Stuttgart-Mitte (links) und die Südostfront des Marktplatzes im Jahr 1933.

Marktstraße *(1846, Bad Cannstatt)* Führt zum Marktplatz.

Markusplatz *(1912, Süd)* Nach der dort von Oberbaurat Heinrich Dolmetsch erbauten, 1908 eingeweihten Markuskirche.

Markus-Schleicher-Straße *(1960, Fasanenhof)* Markus Schleicher (*1884 Mögglingen † 1951 Stuttgart), Gewerkschaftsführer und Vorsitzender des DGB-Landesbezirks Württemberg.

Marquardtstraße *(1914, Ost)* Nach der Hotelbesitzerfamilie Marquardt. Gründer des Hotels im damaligen Hause Königstraße 35 war 1838 Wilhelm Marquardt (*1808 Stuttgart † 1886 Baden-Baden). Das Hotel wurde 1855 an die Ecke König- und Schloßstraße verlegt. 1872 bis 1874 wurde nach dem Kauf der anstoßenden Häuser an der Schloßstraße (heute Bolzstraße) ein Neubau erstellt, der bis an den alten Bahnhof reichte. 1895 bis 1896 wurde ein weiterer Hotelneubau Ecke Schloß- und Königstraße errichtet.

Marstallstraße *(1851, Mitte)* Nach dem 1805 von der Solitude nach Stuttgart verlegten »Langen Stall«, dem späteren königlichen Leibstall.

Marsweg *(1957, Rohr)* Planet.

Martin-Luther-Straße *(1928, Bad Cannstatt)* Martin Luther (*1483 Eisleben † 1546 Eisleben), deutscher Reformator.

Martin-Mayer-Steg *(1989, Bad Cannstatt)* Martin Mayer (*1877 † 1925), Erbauer des Bad Cannstatter Bahnhofs und der Eisenbahnbrücke beim Rosenstein.

Martin-Schrenk-Weg *(1937, Bad Cannstatt)* Dr.-Ing. Martin Schrenk (*1896 Bubenorbis † 1934), verdienter Flugwissenschaftler, der am 13. Mai 1934 bei einer wissenschaftlichen Ballonhöhenfahrt bei Welikije Luki in Rußland tödlich verunglückte.

Martinstraße *(1888, Nord)* Nach der Martinskapelle.

Masurenstraße *(1936, Bad Cannstatt)* Landschaft in Ostpreußen, Polen.

Mathildenstraße *(1946, Weilimdorf)* Weiblicher Vorname.

Matthäusstraße *(1951, Weilimdorf)* Nach der Matthäuswiese, die mehrere Jahrhunderte der Familie Weiß gehörte. In einer Urkunde (1722) wird als Besitzer der Schäfer Matthäus Weiß genannt.

Mauchweg *(1957, Stammheim)* Carl Mauch (*7. Mai 1837 Stetten/Remstal † 4. April 1875 Stuttgart), Afrikaforscher. Der Lehrer Carl Mauch lernte schon früh Sprachen, darunter Englisch, Arabisch, später auch Afrikaans. 1865 erfüllte er sich seinen Lebenstraum und reiste nach Afrika. Doch bevor er die großen weißen Flächen auf der Landkarte Südafrikas mit möglichst genauen Angaben füllen konnte, schlug er sich als Farmarbeiter durch. Zu Fuß und allein durchstreifte er die damalige Transvaal-Republik und schuf die erste Landkarte Südafrikas. Auf seinen sieben größeren Reisen entdeckte er Goldfelder, Erz- und Diamantenvorkommen. Am 5. September 1871 entdeckte er im Gebiet der Makabele die sagenumwobene Ruinenstadt »Zimbabwe«. Nun trat er, krank und mittellos, die Heimreise an. Sein Wunsch, eine Anstellung bei einem Museum oder Institut zu finden, erfüllte sich nicht. Er wurde Betriebsleiter einer Zementfabrik in Blaubeuren. Zwei Jahre nach seiner Heimkehr starb Mauch durch einen Unfall. Er wurde auf dem Stuttgarter Pragfriedhof beigesetzt.

Mauer, Unter der siehe →Unter der Mauer.

Maulbronner Straße *(1938, Zuffenhausen)* Stadt Maulbronn, Enzkreis.

Maurachweg *(1955, Steckfeld)* Flurname, nach dem gleichnamigen Waldteil. Der Name deutet auf römische Mauerreste hin.

Maurenstraße *(um 1922, Plieningen)* Nach der ehemaligen Mauer einer Burg in Plieningen.

Mauserstraße *(1937, Feuerbach)* Wilhelm Mauser (*1834 Oberndorf †1882 Oberndorf) und Paul Mauser (*1838 Oberndorf † 1914 Oberndorf), Begründer der Waffenfabrik »Mauserwerke« in Oberndorf.

Mauthestraße *(1936, Feuerbach)* Christian Mauthe (*1845 Schwenningen † 1909 Sestri/Italien), Kommerzienrat und Mitbegründer der Schwenninger Uhrenindustrie.

Max-Brod-Weg *(1970, 1984, Freiberg)* Max Brod (*1884 Prag † 1968 Tel Aviv, Israel), Dichter und Nachlaßverwalter Franz Kafkas.

Max-Eyth-Steg *(1989, Hofen und Münster)* Max von Eyth (*6. Mai 1836 Kirchheim/Teck † 25. August 1906 Ulm), Ingenieur und Schriftsteller. Studierte am Stuttgarter Polytechnikum und arbeitete anschließend in der Maschinenfabrik Kuhn in Stuttgart-Berg. Dort stieg er zum Ingenieur für Kessel- und Dampfmaschinen auf. Im Alter von 25 Jahren zog es ihn ins Ausland. In England fand er eine Stelle bei dem Dampfpflüge-Fabrikanten John Fowler. Dort erfand er einen Wickelapparat für horizontale Seiltrommeln, seine bedeutendste Erfindung. Mit ihr wurde es möglich, einen Pflug mit Hilfe von »Lokomobilen«, die zu beiden Seiten eines Ackers aufgestellt wurden, mittels Drahtseilen hin und her zu ziehen. In Ägypten betreute er in der dort aufblühenden Baumwollindustrie die Fowlerschen Pflüge. Nach Aufenthalten in Nordamerika, Europa und Rußland kehrte er 1882 als wohlhabender Mann nach Deutschland zurück. 1884 gründete er die »Deutsche Landwirtschaftsgesellschaft« (DLG). Sein Ziel: die Intensivierung und Technisierung der Landwirtschaft. 1896 zog es ihn, inzwischen geehrt mit Orden und Titel – Geheimrat Max von Eyth hieß er nun – ins Schwäbische zurück. In Ulm nahm er seine alte Liebhaberei, das Schreiben, wieder auf. Seine bekanntesten Bücher waren »Hinter Pflug und Schraubstock«, »Im Strom der Zeit« und »Der Kampf um die Cheopspyramide«. Insgesamt veröffentlichte er 67 Werke.

Max Eyth

Max-Horkheimer-Anlage *(1974, Zuffenhausen)* Professor Dr. Max Horkheimer (*14. Februar 1895 Stuttgart † 7. Juli 1973 Nürnberg), Philosoph, Begründer und Hauptvertreter der kritischen Theorie der Frankfurter Schule, die eine dialektische Vermittlung einzelwissenschaftlicher Forschung und Philosophie in einer umfassenden Theorie der Gesellschaft zum Ziel hatte. Sohn von Moritz Horkheimer, siehe →Moritz-Horkheimer-Straße. Er wurde 1930 Professor für Sozialphilosophie in Frankfurt/Main und Leiter des Instituts für Sozialforschung, das er zum Zentrum für Sozialphilosophie in Deutschland ausbaute. Nach der Machtergreifung der Nationalsozialisten 1933 emigrierte er nach Genf und Paris, 1934 nach New York und Los Angeles. War 1943 bis 1944 Direktor der wissenschaftlichen Abteilung des »American Jewish Committee« in New York. Zusammen mit Theodor W. Adorno gründete er das Institut 1950 wieder und leitete es bis 1959. 1951 bis 1953 war er Rektor der Universität Frankfurt/Main.

D. Goldschmidt: Max Horkheimer, 1970.

Horkheimer beeinflußte mit seiner gesellschaftskritischen Philosophie die Studentenbewegung 1968. Ausgehend von Hegel, Marx und der Aufklärung strebte Horkheimer die ideologiekritische Reflexion und die kritische Einsicht in die historische Dialektik des Zusammenhangs von Kulturgehalten und gesellschaftlichem Produktionsprozeß an. Er erhielt als erster 1970 die Bürgermedaille der Stadt Stuttgart.

Maximilianstraße *(1967, Luginsland)* Männlicher Vorname.

Max-Kade-Weg *(1961, Mitte)* Professor Dr.-Ing. h. c. Max Kade (*1882 Schwäbisch Hall † 1969 Schuls-Tarasp, Schweiz), Industrieller, Sammler und Mäzen. Wanderte nach seiner Lehrzeit als Kaufmann in der Maschinenfabrik und Eisengießerei seines Vaters in Schwäbisch Hall 1904 nach New York aus, wo er bei der Medikamentenfirma Lehn & Finck zum Chefdisponenten aufstieg. 1909 gründete er zusammen mit Seeck, der bisher Betriebsleiter der chemisch-pharmazeutischen Fabrik Taescher in Berlin war, ein pharmazeutisches Unternehmen. Seeck hatte von Taescher die Herstellungs- und Vertriebsrechte am Hustensirup Pertussin für die USA und Kanada gekauft. Die neugegründete Firma wurde außerordentlich erfolgreich. Kade war schließlich Alleinbesitzer und verkaufte sie an einen amerikanischen Konzern. Dies ermöglichte ihm 1944 die Max-Kade-Foundation, die anfangs die Not nach dem Zweiten Weltkrieg lindern half und dem Wiederaufbau des zerstörten Deutschlands diente. Aus diesen Mitteln wurden unter anderem die Heilbronner Kilianskirche wiederaufgebaut und schließlich Studentenwohnheime in Stuttgart und anderen Städten finanziert. In Stuttgart förderte Max Kade außerdem den Neubau der Mensa, der Universitätsbibliothek und der Graphischen Sammlung der Staatsgalerie. Er war passionierter Sammler altdeutscher und niederländischer Graphik, stiftete 1955 der Staatsgalerie namhafte Frühdrucke und schenkte seine 1964 in Stuttgart und München ausgestellte Sammlung den beiden Städten. Er wurde 1953 Ehrenbürger der Stadt und 1957 Ehrendoktor der Universität.

Wilhelm Maybach

Maybachstraße *(1935, Feuerbach und Nord)* Wilhelm Maybach (*1846 Heilbronn † 1929 Stuttgart-Bad Cannstatt), Motorenbauer, Mitarbeiter Daimlers und des Grafen Zeppelin, mit dem er die Maybachwerke in Friedrichshafen gründete.

Mayer-Platz, Rupert- siehe →Rupert-Mayer-Platz.

Mayer-Steg, Martin- siehe →Martin-Mayer-Steg.

Mayer-Straße, Robert- siehe →Robert-Mayer-Straße.

Meierberg *(1933, Mühlhausen)* Nach der früheren Meierei, dem Sitz des herrschaftlichen Gutsverwalters (Meier).

Meierei, Bei der siehe →Bei der Meierei.

Meisenweg *(um 1936, Vaihingen)* Zu der Familie der Meisen gehört unter anderem die Kohlmeise, parus major, die größte einheimische Meise.

Meistersingerstraße *(1936, Degerloch)* Oper von Richard Wagner.

Melanchthonstraße *(1928, Bad Cannstatt)* Philipp Melanchthon (*1497 Bretten † 1560 Wittenberg), Reformator, Luthers theologischer Mitarbeiter und nach dessen Tod das geistige Haupt des Protestantismus. Er war Großneffe Reuchlins, der ihn nach Wittenberg empfahl.

Melchiorstraße *(1957, Stammheim)* Nach Melchior von Stammheim, einem Angehörigen des Ortsadels, der 1459 bis 1474 Abt des Klosters St. Ulrich und Afra in Augsburg war.

Melittastraße *(1929, Degerloch)* Elise Melitta von Schweizerbarth-Roth (*5. Oktober 1852 Stuttgart † 26. Juli 1929 Stuttgart), Schriftstellerin. Tochter des Verlegers Ludwig Roth, des Besitzers der Göschen-Buchhandlung und späteren Teilhabers des Cotta-Verlags. 1925 erschienen ihre »Erinnerungen einer alten Stuttgarterin«, in denen sie das behagliche Leben im Stuttgart der siebziger und achtziger Jahre des vorigen Jahrhunderts beschrieb. Zeitlebens war sie von einem leidenschaftlichen Wissensdrang, insbesondere für die Naturwissenschaften, erfüllt. Schon 1903 kam bei Kohlhammer ihr Buch »Vogellieder« heraus, Gedichte einer starken Naturempfindung.

Melonenstraße *(1957, 1970, 1972, Riedenberg)* Kürbisgewächs.

Memeler Straße *(1964, Mühlhausen)* Hafenstadt Memel in Litauen, heute Klaipeda.

Memmingerstraße *(1911, Bad Cannstatt)* Johann Daniel Georg Memminger (*1773 Tübingen † 1840 Stuttgart), Oberfinanzrat, Mitbegründer und langjähriger Leiter des Statistisch-Topographischen Landesamts von Württemberg. Begründete die württembergische wissenschaftliche Landeskunde (Oberamts- und Landesbeschreibung).

Mendelssohnstraße *(1946, Sillenbuch)* Felix Mendelssohn-Bartholdy (*1809 Hamburg † 1847 Leipzig), Komponist. Neben seiner berühmten Musik zum »Sommernachtstraum« schuf Mendelssohn Oratorien, Kirchenstücke und viele Kompositionen für Gesang und Klavier. Verdient um die Wiederentdeckung Johann Sebastian Bachs.

Menzelstraße *(1935, Nord)* Adolf (von) Menzel (*1815 Breslau † 1905 Berlin), Maler, gehörte zu den bedeutendsten Künstlern des 19. Jahrhunderts. Bekannt sind seine Historienbilder zur Geschichte Friedrichs des Großen.

Mercatorweg *(1984, Stammheim)* Gerhard Kremer, genannt Mercator (*1512 † 1594), Geograph und Karthograph.

Mercedesstraße *(1916, 1932, Bad Cannstatt, Untertürkheim)* Nach der seit 1900 von der damaligen Daimler-Motoren-Gesellschaft verwendeten Fabrik- und Handelsmarke, benannt nach Mercedes Jellinek, der Tochter eines Geschäftspartners. Um 1916 erhielt die Untertürkheimer »Fabrikstraße« den Namen »Mercedesstraße«, der nach der Zusammenfassung mit der Wernerstraße in Cannstatt (1932) auch auf diese ausgedehnt wurde.

Mergentheimer Straße *(1937, Bad Cannstatt)* Stadt Bad Mergentheim, Tauberkreis.

Merkleweg *(1957, Birkach)* Altes Birkacher Geschlecht, urkundlich genannt 1250.

Merkurstraße *(1957, Rohr)* Planet.

Merzenstraße *(um 1905, Feuerbach)* Nach der gleichnamigen Flur. Die Merzenäcker, -gärten und -wiesen liegen beim Merzenbrunnen, der vermutlich nur im Frühjahr (März) stärker floß. Auch die Herleitung von einem Personennamen ist nicht ausgeschlossen.

Merz-Weg, Albrecht-Leo- siehe →Albrecht-Leo-Merz-Weg.

Messe, In der siehe →In der Messe.

Meßstetter Straße *(1957, Möhringen)* Gemeinde Meßstetten, Zollernalbkreis.

Mettinger Straße *(1936, Untertürkheim)* Ortsteil Mettingen der Stadt Esslingen am Neckar.

Metzger-Platz, Hermann- siehe →Hermann-Metzger-Platz.

Metzinger Straße *(1939, Degerloch)* Stadt Metzingen, Landkreis Reutlingen.

Metzlerweg *(1933, Ost)* Benannt nach August Metzler (*1654 † 1713 Stuttgart) und

Die 1808 angelegte Platanenallee in den Mittleren Anlagen, dem heutigen Mittleren Schloßgarten.

Johann Benedict Metzler (*1696 Stuttgart † 1754 Stuttgart), aus Sachsen stammende Begründer der Stuttgarter Verlagsbuchhandlung J. B. Metzler. Vom Vater August Metzler 1682 gegründet und von Sohn Johann Benedict Metzler weiter ausgebaut, ging das Geschäft in der Folgezeit in den Besitz der nächsten Verwandten über, von denen Heinrich Erhard und Leopold Werlitz sowie deren Nachkommen das Ansehen des Hauses zu erhalten wußten.

Metzstraße *(1873, Ost)* Stadt Metz, Frankreich.

Mezgerstraße *(1900, Vaihingen)* Alter Vaihinger Familienname.

Michaelstraße *(vor 1909, Degerloch)* Männlicher Vorname.

Millöckerstraße *(1969, Botnang)* Karl Millöcker (*1842 Wien † 1899 Baden bei Wien), Operettenkomponist.

Mimosenweg *(1959, Sommerrain)* Die Schamhafte Mimose, mimosa pudica, auch Rührmichnichtan genannt, stammt aus Brasilien. Sie hat die Eigenschaft, bei geringster Berührung ihre Blättchen nach oben und das ganze Blatt abwärts zusammenzuklappen.

Mirabellenstraße *(1946, Obertürkheim)* Steinobstart.

Miraweg *(1957, Rohr)* Der veränderliche Stern Omikron im Sternbild Walfisch.

Mistelweg *(1983, Plieningen)* Die Mistel, miscum album, auch Drudenfuß und Heilaller-Schäden genannt, ist eine Schmarotzerpflanze, die auf Bäumen kugelige Büsche bildet. Sie ist eine alte Heilpflanze und galt den keltischen Druiden als heilig.

Mittelkai, Am siehe →Am Mittelkai.

Mittelstraße *(1895, Süd)* Nach der Lage der Straße zwischen Heusteig-, Weißenburg-, Olga-, Falbenhennen- und Immenhofer Straße.

Mittenfeldstraße *(1954, Giebel)* Der Flurname bezeichnet die Lage des Feldes.

Mitterhoferstraße *(1933, Zuffenhausen)* Peter Mitterhofer (*1822 Partschins bei Meran † 1893 ebenda), Erfinder der Schreibmaschine. 1866 führte er seine Erfindung, eine aus Holz hergestellte Schreibmaschine, in Wien vor.

Mitterwurzerstraße *(1957, Vaihingen)* Friedrich Mitterwurzer (*1844 Dresden † 1897 Wien), Schauspieler.

Mittlere Filderstraße *(1957, Birkach, Plieningen, Riedenberg, Sillenbuch)* Lagebezogener Name.

Mittlerer Bauernwaldweg *(um 1930, Botnang)* Nach einem Waldgebiet, das 1770 gerodet und unter den Botnanger Bauern aufgeteilt wurde.

Mittlerer Kirchhaldenweg *(1961, Botnang)* Der Flurname bezeichnet einen Abhang in Kirchennähe.

Mittlerer Pfad *(1989, Weilimdorf)* Gewannname.

Mittlerer Schloßgarten *(1968, Mitte)* Unter König Friedrich 1807 bis 1808 angelegt und hieß früher Mittlere Anlagen. Diese wurden mit dem Durchbruch der Schillerstraße zwischen Königstraße und Neckarstraße 1913/1914 von den Oberen Anlagen getrennt. Foto auf Seite 167.

Mittlere Straße *(vor 1909, Degerloch)* Lagebezogener Name, siehe →auch Mittelstraße.

Mittnachtstraße *(1897, Nord)* Dr. Hermann Freiherr von Mittnacht (*1825 Stuttgart † 1909 Friedrichshafen), Jurist und Politiker. Seine Laufbahn begann im Justizdienst. Jahrzehntelang gehörte Mittnacht dem Landtag als Abgeordneter an. 1867 wurde er Justizminister, 1870 bis 1900 war er Ministerpräsident. Daneben leitete er das Ministerium für Auswärtige Angelegenheiten und das Verkehrswesen. 1900 Ehrenbürger der Stadt Stuttgart.

Mochelstraße *(1963, Heumaden)* Altes Heumadener Geschlecht.

Möckmühler Straße *(1937, Zuffenhausen)* Stadt Möckmühl, Landkreis Heilbronn.

Möglinger Straße *(um 1903, Stammheim)* Gemeinde Möglingen, Landkreis Ludwigsburg.

Möhringer Landstraße *(1957, Vaihingen)* Führt nach Möhringen.

Möhringer Straße *(1875, Süd)* siehe →Möhringer Landstraße.

Mönchfeldstraße *(1957, Mühlhausen, Mönchfeld)* Der Flurname weist auf ehemaligen Grundbesitz des Klosters Lorch hin.

Mönchhaldenstraße *(1904, Nord)* Der Flurname wurde 1334 erstmals urkundlich genannt. Der Grundbesitz gehörte damals dem Kloster Lorch.

Mönchhof *(um 1922, Plieningen)* Nach dem ehemaligen Plieninger Pfleghof des Klosters Bebenhausen, siehe auch →Bebenhäuser Hof.

Mönchsbergstaffel *(1912, Zuffenhausen)* Nach der Flur, in der das Kloster Bebenhausen Grundbesitz hatte.

Mönchsbergstraße *(um 1912, Zuffenhausen)* siehe →Mönchsbergstaffel.

Mönchstraße *(1874, Nord)* Die beim heutigen Pragfriedhof gelegene Flur »Mönchberg« wird schon in einer Urkunde aus dem Jahr 1280 genannt. Der Name bezieht sich wohl auf die Mönche des Klosters Lorch.

Mörgelenstraße *(1946, Obertürkheim)* Der Flurname ist die Verkleinerungsform von Morgen, einem Flächenmaß.

Mörikestraße *(1884, Süd)* Eduard Mörike (*1804 Ludwigsburg † 1875 Stuttgart), Pfarrer und Dichter. Besuchte die Klosterschule in Urach und das Tübinger Stift, war 1826 bis 1827 Vikar in Möhringen (siehe →Vikarweg), 1834 bis 1843 Pfarrer in Cleversulzbach, 1851 bis 1866 als Literaturlehrer am Katharinenstift in Stuttgart tätig. Hier wohnte er mit Unterbrechungen bis zu seinem Tod in neun verschiedenen Wohnungen. Das Haus Moserstraße 22, in dem er starb, wurde 1944 zerstört. Am Neubau befindet sich eine Gedenktafel.

Eduard Mörike

In Mörikes Gedichten vereint sich Volksliedhaftes mit Goethescher Formenklarheit und antikem Maßgefühl. Schumann, Robert Franz, Brahms, Hugo Wolf und andere haben Mörike-Gedichte vertont.

Eduard Mörike schrieb unter anderem die »Idylle vom Bodensee« (1846), das Märchen »Das Stuttgarter Hutzelmännlein« (1853) und den Roman »Maler Nolten« (1832). Sein wohl bekanntestes und bedeutendstes Werk ist die Novelle »Mozart auf der Reise nach Prag« (1856). In Sonnenberg ist eine Gruppe von Straßen nach Werken Mörikes benannt, siehe →Feuerreiterweg, →Korinnaweg, →Laustraße, →Noltenweg, →Orplidstraße, →Peregrinastraße, →Schatzweg und →Turmhahnweg.

Mößnerstraße *(1957, Vaihingen)* Wilhelm Mößner (*1888 † 1955), langjähriger Vaihinger Kirchengemeinderat.

Möwenweg *(1936, Hofen)* Küstenvogel.

Mohlstraße *(1902, Mitte)* Benannt nach vier Brüdern: Robert (von) Mohl (*1799 Stuttgart † 1875 Berlin), Professor der Staatswissenschaften in Tübingen und Heidelberg, Abgeordneter im Frankfurter Parlament und badischer Gesandter; Julius Mohl (*1800 Stuttgart † 1876 Paris), bedeutender Orientalist; Moritz Mohl (*1802 Stuttgart † 1888 Stuttgart), Obersteuerrat, Abgeordneter des Landtags, des Frankfurter Parlaments sowie des Zollparlaments, beschäftigte sich als Schriftsteller mit volkswirtschaftlichen Fragen; und Hugo (von) Mohl (*1805 Stuttgart † 1872 Tübingen), Professor der Botanik, zählte zu den Begründern der neuen Pflanzenphysiologie.

Hugo von Mohl

Mohrenhof *(um 1932, Feuerbach)* Johann Jakob Mohr (*1706 † 1773), Gerichtsverwandter und Chirurg, Mitbesitzer des um 1800 nach ihm benannten Hofes.

Molchweg *(1953, Bergheim)* Der Teichmolch, triturus vulgaris, gehört zur Familie der Echten Molche, während der Bergmolch, triturus alpestris, und der Kammmolch, triturus cristatus, zur Familie der Molche und Salamander gehören. Beide Familien bilden die Ordnung der Schwanzlurche. Die Molche unterscheiden sich von den Salamandern durch ihren seitlich zusammengedrückten Schwanz. Salamander haben einen runden Schwanz.

Moltkeplatz *(1982, West)* Helmuth James Graf von Moltke (*1907 † 1945), Jurist, Gründer einer Widerstandsbewegung gegen Hitler, des Kreisauer Kreises, siehe →Kreisauer Weg. Er wurde 1944 verhaftet, zum Tode verurteilt und in Berlin-Plötzensee am 23. Januar 1945 hingerichtet. Er war der Großneffe von Helmuth Graf von Moltke (*1800 † 1891), dem preußischen Generalstabchef von 1858 bis 1888, nach dem die Moltkekaserne auf dem Areal zwischen Schwab-, Forst-, Gutbrod- und Moltkestraße (heute Bebelstraße) benannt war.

Montanastraße *(1982, Vaihingen)* Bundesstaat der USA.

Moosheimer Straße *(1965, Birkach)* Ortsteil Moosheim der Gemeinde Saulgau, Landkreis Sigmaringen.

Morgen, Lange siehe →Lange Morgen.

Moritz-Horkheimer-Straße *(1953, Zuffenhausen)* Moritz Horkheimer (*1858 Untergimpern, Baden † 1945 Bern, Schweiz), Kommerzienrat, Fabrikant, 1918 Ehrenbürger von Zuffenhausen, Begründer der früheren Kunstbaumwollwerke M. Horkheimer in Zuffenhausen. Emigrierte 1939 in die Schweiz. Vater des Philosophen Max Horkheimer, siehe →Max-Horkheimer-Anlage.

Morlockstraße *(1926, Bad Cannstatt)* Georg (von) Morlock (*1815 Dätzingen bei Böblingen † 1896 Stuttgart), Baudirektor, erwarb sich durch den Ausbau des württembergischen Eisenbahnnetzes Verdienste. Baute die erste Zahnradbahn in Deutschland (Materialbahn Wasseralfingen). Auch war er am Umbau des ersten Stuttgarter Hauptbahnhofs 1863 bis 1867 wesentlich beteiligt.

Moroweg *(1957, Möhringen)* Nach dem vermutlichen Gründer der alemannischen Siedlung Moringen (Möhringen).

Morsestraße *(1938, Zuffenhausen)* Samuel Morse (*1791 † 1872 New York), amerikanischer Maler und Erfinder der telegraphischen Nachrichtenübermittlung.

Morstattweg *(1936, Bad Cannstatt)* Albert Morstatt (*1847 † 1917), Apotheker, erwarb sich als langjähriger Vorstand der Allgemeinen Bau- und Spargenossenschaft Cannstatt Verdienste um den Wohnungsbau. Er gehörte auch dem Cannstatter Brunnenverein an.

Moselstraße *(1934, Münster)* Nebenfluß des Rheins.

Moserstraße *(1867, Mitte)* Johann Jakob Moser (*1701 Stuttgart † 1785 Stuttgart), Staatsrechtslehrer und Publizist. 1751 kehrte er als Landschaftskonsulent (Berater des Landesparlaments) in seine Geburtsstadt Stuttgart zurück.

J. J. Moser (Büste)

Hier mußte Moser einen beständigen Kampf gegen den verschwenderischen und die Rechte der Landschaft verletzenden Herzog Karl Eugen führen, der ihn 1759 verhaften ließ und fünf Jahre auf dem Hohentwiel in Gefangenschaft hielt.

Mostgrubenweg *(1953, 1986, Zuffenhausen)* Der Flurname heißt eigentlich Moosgrube.

Motorstraße *(1969, 1979, Weilimdorf)* Maschine, die eine Energieart in mechanische Antriebsenergie umwandelt.

Mozartstraße *(1879, Mitte und Süd)* Wolfgang Amadeus Mozart (*1756 Salzburg † 1791 Wien), Komponist.

Mühlgartenweg *(1947, Mühlhausen)* Der Flurname bezeichnet einen zu einer Mühle gehörenden Garten.

Mühlgrün *(1846, Bad Cannstatt)* Bei der Cannstatter Stadtmühle angeschwemmte Kiesbank (mittelhochdeutsch grien, später als grün mißverstanden).

Mühlhäuser Straße *(1936, Hofen)* Führt nach Mühlhausen.

Mühlhaldenstraße *(1967, Möhringen)* Nach der dortigen Flur oberhalb der Körschmühlen.

Mühlkanal, Am siehe →Am Mühlkanal.

Mühlrain *(1911, 1972, Süd)* Der 1724 erstmals genannte Hang lag bei der einstigen Tannen- und Spitalmühle.

Mühlsteg *(1966, Bad Cannstatt)* Nach der Cannstatter Stadtmühle, die sich hier befindet. Vor dem Neubau der Brücke befand sich hier der Gittersteg.

Mühlstraße *(um 1897, Feuerbach)* Nach der einstigen Mühle.

Mühlwasen *(um 1905, Feuerbach)* Das Grasgelände bei der Mühle, das immer wieder vom Feuerbach überschwemmt wurde, eignete sich nicht für den landwirtschaftlichen Anbau. Solche Flächen nannte man Wasen und benützte sie als Weide oder auch als Fest- und Spielplatz.

Müller, Gottlieb siehe →Gottliebstraße.

Müller-Platz, Gebhard- siehe →Gebhard-Müller-Platz.

Müllerstraße *(1848, Süd)* Der Name erinnert an die ehemalige Karlsmühle in Heslach. Mit ihr wurde 1848 auch die Straße gebaut und so benannt.

Müller-Thurgau-Weg *(1975, Uhlbach)* Von dem Schweizer H. Müller-Thurgau um 1880 gezüchtete weiße Keltertraubensorte.

Mümmelmannweg *(1957, Möhringen)* Die Straße war bis zu ihrer Umbenennung 1957 nach Hermann Löns benannt, jetzt heißt sie nach einer Erzählung des Dichters.

Münchinger Straße *(um 1903, 1982, Stammheim)* Ortsteil Münchingen der Stadt Korntal-Münchingen, Landkreis Ludwigsburg.

Münstersteg *(Bad Cannstatt und Münster)* Verbindet den Stadtteil Münster mit der rechten Neckarseite (Zuckerberg).

Münzer-Weg, Thomas- siehe →Thomas-Münzer-Weg.

Münzstraße *(1811, Mitte)* Die Straße leitet ihren Namen von der neuen Münze ab, die 1736 bis 1844 im Bergratsgebäude untergebracht war.

Muggensturmer Straße *(1965, Weilimdorf)* Gemeinde Muggensturm, Landkreis Rastatt.

Muldenäckerstraße *(1971, Neugereut)* Nach der dortigen Flur.

Munderkinger Straße *(1936, Wangen)* Stadt Munderkingen, Alb-Donau-Kreis.

Munkweg *(1936, Untertürkheim)* Nach dem alteingesessenen Untertürkheimer Weingärtnergeschlecht.

Murgtalstraße *(1934, Münster)* Tal im Schwarzwald.

Murrhardter Straße *(1951, Rot)* Stadt Murrhardt, Rems-Murr-Kreis.

Musberger Straße *(1957, Rohr)* Ortsteil Musberg der Stadt Leinfelden-Echterdingen, Landkreis Esslingen.

Muskatstraße *(1959, Heumaden)* Der Samen, die Muskatnuß, und die Blüten des Muskatbaums, myristica fragans, dienen als Gewürz.

Muttergartenweg *(1957, Birkach)* Die Flur, nach der diese Straße benannt ist, erhielt ihren Namen von dem »Muttergarten« der Staatlichen Gartenbauschule Hohenheim. »Muttergarten« ist ein Fachausdruck für ein Grundstück mit auserlesenen Obstbäumen, die Pfropfreiser für die Veredelung liefern. Bis zur Umbenennung hieß die Straße Jahnstraße.

Nachsommerweg *(1964, Freiberg)* Roman von Adalbert Stifter.

Nachtigallenweg *(1928, Süd)* Die Nachtigall, luscinia megarhynchos, gehört zur Familie der Drosseln. Ihr weithin tönender Gesang hat sie weltberühmt gemacht.

Nadlerstraße *(1811, Mitte)* 1811 wurden fünf parallele Straßen hinter dem Rathaus nach Handwerkerberufen benannt. Die Nadlerstraße erhielt ihren Namen wohl, weil dort Nadlermeister Stude wohnte. Der vorherige Name lautete »Huber's Gäßle«.

Nägelesäcker *(1913, Luginsland)* Der Flurname geht auf einen früheren Besitzer der Äcker zurück.

Eugen Nägele. Bronzerelief von K. Merz am Nägelehaus des Schwäb. Albvereins bei Onstmettingen

Nägelestraße *(1938, Degerloch)* Professor Dr. Eugen Nägele (*1856 Murrhardt † 1937 Tübingen), Gymnasialprofessor, Mitbegründer und langjähriger Vorsitzender des Schwäbischen Albvereins und des Schwäbischen Jugendherbergwerks in Tübingen, erster Schriftleiter der »Blätter des Schwäbischen Albvereins«.

Nähterstraße *(um 1905, Ost und Wangen)* Flurname.

Nagelstraße *(1957, Mitte)* Christian Nagel (*1803 Stuttgart † 1882 Ulm), Rektor in Ulm und Schulmathematiker.

Nagoldstraße *(1934, Münster)* Rechter Nebenfluß der Enz.

Naheweg *(1934, Münster)* Linker Nebenfluß des Rheins.

Namurstraße *(1936, Bad Cannstatt)* Stadt Namur in Belgien.

Nansenweg *(1957, Stammheim)* Fridtjof Nansen (*1861 Store-Fröen bei Oslo † 1930 Lysaker), norwegischer Polarforscher, setzte sich nach dem Ersten Weltkrieg für die Heimführung der Gefangenen zwischen Deutschland und Rußland ein, leitete 1921 bis 1923 Hilfsmaßnahmen für die russischen Hungergebiete und erhielt 1922 den Friedensnobelpreis.

Narewstraße *(1937, Bad Cannstatt)* Nebenfluß des Bug in Polen.

Narzissenweg *(1934, Sommerrain)* Die Narzisse, narcissus, gehört zu den Amaryllisgewächsen und ist als gelbe und weiße Narzisse eine Gartenblume.

Nastplatz *(1921, Bad Cannstatt)* Oskar (von) Nast (*1849 Ludwigsburg † 1907 Stuttgart-Bad Cannstatt), 1882 bis 1905 Cannstatter Oberbürgermeister, erwarb sich um die Entwicklung Cannstatts und die Vereinigung mit Stuttgart große Verdienste und wurde zum Ehrenbürger von Cannstatt ernannt. 1888 bis 1894 war Nast auch Landtagsabgeordneter.

Naststraße *(1909, Bad Cannstatt)* siehe →Nastplatz.

Nathanstraße *(1957, Vaihingen)* Dramengestalt »Nathan der Weise« von Lessing, dessen Name die Straße vor ihrer Umbenennung trug.

Natternweg *(1955, Bergheim)* Die Nattern, colubridae, sind die artenreichste Sippe der Schlagen. Zu den ungefährlichen gehören zum Beispiel die Ringelnatter.

Nauener Straße *(1933, Hoffeld)* Stadt Nauen, Mark Brandenburg. Bis 1945 befand sich in Nauen eine Rundfunk-Großsendeanlage.

Nauheimer Straße *(1937, Bad Cannstatt)* Stadt Bad Nauheim in Hessen.

Naumannstraße *(1945, Steinhaldenfeld)* Friedrich Naumann (*1860 Störmthal bei Leipzig † 1919 Travemünde), Politiker und Theologe. Kam über die Innere Mission zur Sozialpolitik. In der christlich-sozialen Bewegung lösten sich 1895 die »Jungen« unter seiner Führung von den Konservativen unter Adolf Stoecker. 1896 gründete er den Nationalsozialen Verein mit dem Ziel, Staat und Wirtschaft demokratisch und sozial umzugestalten und die Arbeiterschaft für Staat, Nation und »soziales Kaisertum« zu gewinnen. Schloß sich 1903 der Freisinnigen Vereinigung an und förderte den Zusammenschluß zur Fortschrittlichen Volkspartei 1910. 1907 bis 1918 Abgeordneter im Reichstag. War 1918 an der Gründung der Deutschen Demokratischen Partei beteiligt und 1919 ihr Vorsitzender. 1919 Mitglied der Weimarer Nationalversammlung. Durch seine ungewöhnliche Rednergabe und seine bezwingende Persönlichkeit hat er auf die Generation um die Jahrhundertwende nachhaltig gewirkt.

Nazariusweg *(1983, Zazenhausen)* Nach der nahegelegenen evangelischen Kirche.

Nebelhöhlenweg *(1935, Degerloch)* Nebelhöhle bei Genkingen auf der Schwäbischen Alb.

Nebelhornstraße *(1936, Untertürkheim)* Berg der Allgäuer Alpen bei Oberstdorf.

Neckarstraße *(1811, 1978, Mitte und Ost)* Führt Richtung Neckar.

Neckarsulmer Straße *(1937, Zuffenhausen)* Stadt Neckarsulm, Landkreis Heilbronn.

Neckartalstraße *(1932, Bad Cannstatt und Münster)* Führt Richtung Neckar.

Neckartor, Am siehe →Am Neckartor.

Neckarwiesenstraße *(1924, Ost)* Der Flurname bezieht sich auf Wiesen am Neckar.

Neefstraße *(1897, Mitte)* Carl Neef (*1829 † 1899), Bauunternehmer und Akkordant, der nicht nur von seinem Grundeigentum die für die Errichtung der Straße erforderliche Fläche abgab, sondern sich auch am Bau der Straße beteiligte.

Neippergstraße *(1937, Feuerbach)* Burg Neipperg bei Brackenheim, Landkreis Heilbronn.

Nelkenweg *(1926, Ost)* Die Nelke, dianthus, kommt in zahlreichen Arten wildwachsend und als Gartenpflanze vor.

Nellinger Straße *(1937, Heumaden)* Ortsteil Nellingen der Stadt Ostfildern, Landkreis Esslingen.

Neptunweg *(1957, Dürrlewang)* Planet.

Nesenbachstraße *(1957, Mitte)* In einer Urkunde von 1451 wurde der Nesenbach unter der Bezeichnung »Wäschbach« erstmals erwähnt, ab 1503 unter »Nesenbechlin«. Beide Bezeichnungen galten nicht wie die heutige dem ganzen Bachlauf, sondern nur dem innerhalb der Stadt gelegenen Teil. Sonst wurde vom »Bach«, »alten Bach«, »Furtbach«, »Heslacher« oder »Kaltentaler Bach« gesprochen. Vor 1957 hieß die Straße »Obere Bachstraße«.

Nesselweg *(1932, Steinhaldenfeld)* Die Große Brennessel, urtica dioca, und die Kleine Brennessel, urtica urens, gehören zur Familie der Nesselgewächse.

Nestroyweg *(1969, Vaihingen)* Johann Nestroy (*1801 Wien † 1862 Graz), Bühnendichter, Schauspieler und Sänger.

Neubauerweg *(1954, Büsnau)* Ernst Rudolf Neubauer (*1822 † 1890), Dichter des Buchenlandes aus Radautz.

Neue Brücke *(1832, 1945, Mitte)* Zunächst hieß die 1745 erneuerte Brücke über den Lindengraben (Königstraße) so. Diese wurde nach dem großen Brand 1761 verbreitert und zur »Langen Straße« gerechnet, 1800 bis 1811 wieder »Neue Brücke« und 1811 bis 1832 nochmals »Lange Straße« genannt. 1933 bis 1945 hieß sie Gregor-Schmid-Straße, nach dem 1932 nach einer Schlägerei in der oberen Königstraße gestorbenen SA-Mann Gregor Schmid.

Neuensteiner Straße *(1937, Zuffenhausen)* Stadt Neuenstein, Hohenlohekreis.

Neuer Berg *(1931, Rotenberg)* Bezeichnung für junge Weinstockanlagen, im Gegensatz zu schon längere Zeit bestehenden Weinbergen.

Neue Straße *(um 1863, um 1906, 1931, Ost)* Der älteste, nördliche Teil der Neuen Straße wurde um 1863 benannt. Um 1906 plante man die Verlängerung bis zur Kreuzung mit der Gänsheidestraße, die 1930 teilweise ausgebaut wurde. 1931 wurde der bisherige »Sauhaldenweg« (der nach einer an den Wald angrenzenden Flur benannt war, die gegen das Eindringen von Wildschweinen durch einen »Sauhag« geschützt wurde) ab Kreuzung Neue Straße bis zur Straße Im Buchwald in Neue Straße umbenannt. Gleichzeitig erhielt der obere Teil der bisherigen Neuen Straße bis zur Gänsheidestraße den Namen →Albert-Schäffle-Straße.

Neue Weinsteige *(1846, Süd)* Zur Entlastung der Alten Weinsteige wurde die Straße 1826 bis 1831 von Oberbaurat Eberhard Etzel gebaut, dem man hier 1842 ein Denkmal errichtete. Die Neue Weinsteige hieß ursprünglich zu Ehren König Wilhelms I.

In sechzehnmonatiger Bauzeit wurde 1932/33 die Fahrbahn der Neuen Weinsteige auf zwölf Meter verbreitert.

»Wilhelmstraße« und wurde als technisches Meisterwerk bewundert. Siehe auch →Alte Weinsteige und →Etzelstraße.

Neuffenstraße *(1893, Ost)* Burgruine Hohenneuffen am Nordrand der Schwäbischen Alb bei Neuffen, Landkreis Esslingen.

Neufferstraße *(1922, Feuerbach)* Heinrich (von) Neuffer (*1850 Reutlingen † 1928 Stuttgart), Präsident der Generaldirektion der Württembergischen Staatseisenbahnen.

Neuffer-Weg, Hans- siehe →Hans-Neuffer-Weg.

Neugereutstraße *(1895, Süd)* Flurname für ein erst im 18. Jahrhundert gerodetes (gereutetes) Gelände.

Neugütlestraße *(1953, Sillenbuch)* Flurname, der wohl nach der Aufteilung in kleinere Ackerstücke entstand.

Neuhauser Straße *(um 1922, Plieningen)* Gemeinde Neuhausen, Landkreis Esslingen.

Neumann-Straße, Balthasar- siehe →Balthasar-Neumann-Straße.

Neustädter Straße *(1937, Weilimdorf)* Stadt Neustadt an der Weinstraße.

Neuwirtshausstraße *(1935, Neuwirtshaus)* Nach dem benachbarten »Neuwirtshaus«, wohl um 1600 entstanden. Der Hof wurde 1737 vom Staat erworben und als Domäne betrieben. Jetzt auch Name des Stadtteils.

Nevadastraße *(1957, Vaihingen)* Bundesstaat der USA.

Nibelungenstraße *(1936, Nord)* Die Nibelungen waren die dämonischen Besitzer eines großen Schatzes, der vom Zwerg Alberich behütet wurde. Im Nibelungenlied, einem

Heldenepos, das aus verschiedenen Sagen zusammenwuchs, wird erzählt, daß nach Siegfrieds Ermordung durch Hagen der Schatz, den Siegfried den Nibelungen abgewann, an die Burgunderkönige überging, die dann selbst Nibelungen genannt wurden.

Niebuhrweg *(1984, Stammheim)* Carsten Niebuhr (*1733 Lüdingworth, Land Hadeln † 1815 Meldorf), Forschungsreisender. Bereiste 1761 bis 1767 Arabien und erforschte das nördliche Rote Meer.

Niedernauer Straße *(1937, Bad Cannstatt)* Ortsteil Bad Niedernau der Stadt Rottenburg am Neckar, Landkreis Tübingen.

Niederwaldstraße *(1936, Feuerbach)* Am Rhein gelegener Teil des Taunus.

Niersteiner Straße *(1978, Weilimdorf)* Gemeinde Nierstein in Rheinland-Pfalz.

Nikolausstraße *(1903, Mitte und Ost)* Nach der dortigen Nikolauskirche.

Nißlestraße *(1953, Ost)* Nach Philipp Jacob Nißle (auch Nissle oder Nüßle; *1719 † 1784 Berg bei Stuttgart), herrschaftlicher Müller in Berg, und seinem Sohn Johann Ludwig (*3. Juni 1775 Berg † 24. Dezember 1805 Berg) benannt. Die Nißles betrieben die Vordere Mühle in Berg. Bis zur Umbenennung hieß die Straße Mühlenstraße.

Nittelwaldstraße *(1957, Botnang)* Der Flur- und Waldteilname dürfte auf die Stuttgarter Familie Nüttel zurückgehen, die von 1314 an in Urkunden erwähnt wird und deren Mitglieder mehrfach hohe Ämter im Stadt-, Hof- und Kirchendienst bekleidet haben. Die Straße hieß bis 1957 Nittelstraße.

Nixenweg *(1936, Hofen)* Nixen sind Wassergeister aus der Sage, sowohl männlichen (Nix) als auch weiblichen Geschlechts (Nixe, Wasserjungfer, ein Mischwesen, das oben als Frau und unten als Fisch erscheint).

Nobelstraße *(1969, 1976, 1982, Vaihingen)* Alfred Nobel (*1833 Stockholm † 1896 San Remo), Chemiker und Industrieller, Erfinder des Dynamits. Hinterließ den größten Teil seines Vermögens für die Nobelstiftung, deren Zweck es ist, besondere wissenschaftliche und dem Frieden dienende Verdienste zu würdigen (Nobelpreis).

Nobileweg *(1984, Stammheim)* Umberto Nobile (*1885 Lauro † 1978 Rom), italienischer General und Nordpol-Erforscher, überflog 1926 mit dem Luftschiff Norge den Nordpol und leitete 1928 die Polarexpedition mit dem Luftschiff Italia, das bei Spitzbergen strandete. Er wurde für das Unglück verantwortlich erklärt und aus dem Heer entlassen.

Nöllenstraße *(1972, 1977, Botnang)* Nach der dortigen Flur, einer kleinen Erhöhung.

Nollendorfstraße *(1937, Weilimdorf)* Ort in Nordböhmen, bekannt durch den Freiheitskrieg 1813.

Noltenweg *(1957, Sonnenberg)* Wie andere Straßennamen in diesem Wohngebiet erinnert dieser Name an den Dichter Eduard Mörike, dessen Roman »Maler Nolten« bei der Benennung Pate gestanden hat, siehe auch →Mörikestraße.

Nonnenwaldstraße *(1936, Ost)* Der 1571 genannte Flurname geht auf einen Weidewald für kastrierte weibliche Schweine zurück, die man Nonnen nannte.

Nordbahnhofstraße *(1936, Nord)* Lagebezogener Name.

Norddeichweg *(1933, Hoffeld)* Mehrere Straßen in der Nähe des früheren Rundfunksenders auf dem Hoffeld wurden nach anderen deutschen Sendern benannt, so auch der Norddeichweg nach der Küstenfunkstelle für den Seefunkdienst in Norddeich gegenüber Juist in Ostfriesland.

Norderneystraße *(1934, Neuwirtshaus)* Nordseeinsel.

Nordheimer Straße *(1938, Zuffenhausen)* Gemeinde Nordheim, Landkreis Heilbronn.

Nordseestraße *(1957, Neuwirtshaus)* Nach der Nordsee.

Normannstraße *(1916, Bad Cannstatt)* Karl Graf von Normann-Ehrenfels (*1866 Stuttgart † 1914, gefallen bei Sanniki, Rußland), Oberstleutnant, Kommandeur des Feld-Artillerie-Regiments 13.

Notkerweg *(1943, Untertürkheim)* Notker hießen vom 9. bis zum 11. Jahrhundert mehrere Mönche und Lehrer des Klosters St. Gallen, die sich auch literarisch betätigten.

Novalisstaffel *(1957, West)* Friedrich Leopold Freiherr von Hardenberg, genannt Novalis (*1772 Wiederstedt bei Mansfeld † 1801 Weißenfels), Dichter und Philosoph.

Nüblingweg *(1924, Ost)* Dr. Richard Nübling (*1880 Ulm/Donau † 1936 Stuttgart), Generaldirektor der Technischen Werke, erwarb sich um den Ausbau des Gaswerkes, wo er 1906 als Ingenieur-Assistent eintrat, sowie um die Neuorganisation der Technischen Werke und die Neugestaltung der Stuttgarter Energiewirtschaft besondere

Nüblingweg: Die Gaskokerei in Gaisburg um 1880.

Verdienste. Daneben förderte er den Bau von Wohnungen in unmittelbarer Nähe des Gaswerks für die dort beschäftigten Arbeiter.

Nürburgstraße *(1936, Untertürkheim)* Ruine Nürburg in der Eifel, nach der auch die dort gelegene Rennstrecke benannt ist.

Nürnberger Straße *(1936, Bad Cannstatt)* Stadt Nürnberg.

Nufringer Straße *(1957, Vaihingen)* Gemeinde Nufringen, Landkreis Böblingen.

Nußdorfer Straße *(1957, Zuffenhausen)* Ortsteil Nußdorf der Gemeinde Eberdingen, Landkreis Ludwigsburg.

Nußklinge *(1906, Nord)* Bezeichnet einen kurzen, engen Taleinschnitt (Klinge), der früher mit Nußbäumen bewachsen war.

Ob dem Steinbach *(um 1943, Büsnau)* Nach dem unterhalb der Straße fließenden Steinbach.

Oberdorfplatz *(1957, Möhringen)* Nach dem höher (oben) gelegenen Ortsteil.

Oberdorfstraße *(um 1906, Möhringen)* siehe →Oberdorfplatz.

Obere Arthurstraße *(um 1931, Rohr)* siehe →Arthurstraße.

Obere Brandstraße *(um 1905, Möhringen)* Geht wohl auf einen Brand von Häusern zurück.

Obere Hagstraße *(um 1932, Rohr)* Der Flurname weist auf ein früher mit einem Zaun (Hag) eingefriedetes Gelände hin.

Obere Heckenstraße *(um 1931, Hedelfingen)* Der Flurname geht auf die Lage der Flur an Hecken am Hang oder auf einen Besitzer zurück und wurde 1456 als Heckacker erwähnt.

Oberen Berg, Am siehe →Am oberen Berg.

Oberen Kienle, Im siehe →Im oberen Kienle.

Oberen Weg, Am siehe →Am oberen Weg.

Eduard Paulus

Obere Paulusstraße *(1925, West)* Eduard Paulus (*1837 Stuttgart † 1907 Stuttgart), Dichter und Kunsthistoriker, zuletzt Vorstand der Staatssammlung vaterländischer Altertümer, verfaßte »Die Kunst- und Altertumsdenkmale im Königreich Württemberg«, Mitarbeiter an der »Beschreibung des Königreiches Württemberg«.

Oberer Bauernwaldweg *(um 1922, Botnang)* Flurname, siehe →Mittlerer Bauernwaldweg.

Oberer Grundweg *(um 1936, Vaihingen)* Der Flurname bezeichnet einen Talgrundweg.

Oberer Hoppenlauweg *(1868, Nord)* siehe →Hoppenlaustraße.

Oberer Kirchhaldenweg *(um 1948, 1976, Botnang)* Flurname, siehe →Mittlerer Kirchhaldenweg.

Oberer Reichelenbergweg *(um 1934, Mitte und Süd)* Nach dem oberhalb der Straße gelegenen Hang, der 1304 genannt wurde und wahrscheinlich aus dem Personennamen Richlin (Reichlin) hervorging.

Oberer Schloßgarten *(1963, Mitte)* Unter König Friedrich 1807 bis 1808 angelegt, hieß früher Obere Anlagen.

Oberes Tor *(um 1943, Büsnau)* Geht möglicherweise auf ein Tor der ehemaligen Burg Büsnau oder auf ein Flurgatter zurück.

Obere Straße *(um 1848, Ost)* Lagebezogener Name.

Obere Waiblinger Straße *(1976, Bad Cannstatt)* Ein Teilstück der Waiblinger Straße wurde in Obere Waiblinger Straße umbenannt, siehe →Waiblinger Straße.

Obere Waldplätze *(1985, Vaihingen)* Lagebezogener Name.

Obere Weinsteige *(1912, Degerloch)* siehe →Alte Weinsteige.

Obernitzstraße *(1937, Ost)* Hugo Freiherr von Obernitz (*1819 Bischofswerder, Westpreußen † 1901 Honnef am Rhein), General, Kommandeur der württembergischen Truppen im deutsch-französischen Krieg 1870/71, 1871 Ehrenbürger der Stadt Stuttgart.

Oberschlesische Straße *(1937, Bad Cannstatt)* Teil von Schlesien, bildete 1919 bis 1934 und 1941 bis 1945 eine preußische Provinz, siehe →Annabergstraße.

Oberstdorfer Straße *(1936, Untertürkheim)* Stadt Oberstdorf im Allgäu.

Oberwiesenstraße *(1901, Sillenbuch)* Der Flurname bezeichnet die im oberen Teil der Markung gelegenen Wiesen.

Obstgartenweg *(1929, Nord)* Nach dem ehemaligen Gaucherschen Obstgarten, siehe →Gaucherstraße.

Großes Haus und Theatersee in den Oberen Anlagen (heute Oberer Schloßgarten), um 1918.

Ochsenwald, Am siehe →Am Ochsenwald.

Odenwaldstraße *(1936, Feuerbach)* Waldgebirge zwischen Kraichgau und Main.

Oderstraße *(1934, Münster)* Einer der Hauptströme Deutschlands.

Ödheimer Straße *(1951, Rot)* Gemeinde Ödheim, Landkreis Heilbronn.

Öhringer Straße *(1937, Zuffenhausen)* Stadt Öhringen, Hohenlohekreis.

Öläckerstraße *(1935, Möhringen)* Der Flurname (1398 belegt) dürfte auf den Anbau von Ölfrüchten zurückgehen.

Ölhafen, Zum siehe →Zum Ölhafen.

Oelschlägerstraße *(1945, Sillenbuch)* Sillenbucher Familienname.

Ölwiesenweg *(1957, Möhringen)* Der Flurname geht vielleicht auf Wiesen zurück, für die Naturalabgaben in Form von Öl geleistet werden mußten.

Österfeldstraße *(1931, Vaihingen)* Führt nach der ehemals östlich des Dorfes gelegenen Feldflur.

Österreichischer Platz *(1957, Süd)* Bundesrepublik Österreich.

Ötztaler Straße *(1936, Untertürkheim)* Ötztaler Alpen.

Offenauer Straße *(1953, Rot)* Gemeinde Offenau, Landkreis Heilbronn.

Offenbachstraße *(1970, Botnang)* Jacques Offenbach (*1819 Köln † 1880 Paris), französischer Operettenkomponist.

Offenburger Straße *(1926, Bad Cannstatt)* Stadt Offenburg, Ortenaukreis.

Ohmstraße *(1938, Zuffenhausen)* Georg Simon Ohm (*1787 Erlangen † 1854 München), Physiker. Entdeckte das Ohmsche Gesetz der Elektrizitätslehre. Nach ihm wurde die Einheit des elektrischen Widerstands benannt.

Ohnholdstraße *(1989, Birkach, Degerloch, Möhringen, Plieningen)* Gewanname.

Olgastraße *(1851, Mitte und Süd)* Königin Olga von Württemberg, geb. Großfürstin von Rußland (*1822 St. Petersburg † 1892 Friedrichshafen), Tochter des Zaren Nikolaus I., heiratete 1846 den Thronfolger und späteren König Karl von Württemberg. Besonders am Herzen lag ihr die Ausbildung von Krankenschwestern. Als die in Heilbronn gegründete erste Krankenpflegerinnenschule 1878 nach Stuttgart kam, wurde ihr zur Ehre das Schulgebäude »Olgahaus« genannt. Sie föderte den Bau eines großen Krankenhauses, das zwei Jahre nach ihrem Tod als »Karl-Olga-Krankenhaus« eingeweiht wurde.

Königin Olga

Olivenstraße *(1957, Riedenberg)* Frucht des Ölbaums.

Olnhauser Straße *(1953, Rot)* Ortsteil Olnhausen der Gemeinde Jagsthausen, Landkreis Heilbronn.

Onstmettinger Weg *(1972, Möhringen)* Ortsteil Onstmettingen der Stadt Albstadt, Zollernalbkreis.

Ontariostraße *(1971, Rohracker)* Apfelsorte; Provinz und See in Kanada.

Opalweg *(1978, Heumaden)* Mineral, das vielfach zu Schmucksteinen verarbeitet wird.

Oppelner Straße *(1937, Bad Cannstatt)* Stadt Oppeln, Oberschlesien, Polen, heißt heute Opole.

Oppenheimer Straße *(1978, Weilimdorf)* Gemeinde Oppenheim, Rheinland-Pfalz.

Orangenweg *(1970, Riedenberg)* Südfrucht.

Orionweg *(1957, Dürrlewang)* Sternbild.

Orplidstraße *(1957, Sonnenberg)* Gedicht von Mörike (Gesang Weylas), siehe auch →Mörikestraße.

Ortelsburger Straße *(1935, Bad Cannstatt)* Stadt Ortelsburg, Ostpreußen, Polen, heißt heute Szczytno.

Osianderstraße *(1912, West)* Prälat Johann Osiander (*1657 Tübingen † 1724 Tübingen), erwarb sich um die Rettung des Landes Württemberg bei den kriegerischen Auseinandersetzungen um 1688 Verdienste.

Oskar-Schlemmer-Straße *(1968, Nord)* Oskar Schlemmer (*4. September 1888 Stuttgart † 13. April 1943 Baden-Baden), Maler und Bildhauer. 1905 lernte er Malerei an der Stuttgarter Kunstgewerbeschule, studierte 1906 bis 1914 an der Kunstakademie, wurde 1920 als Lehrer an das Bauhaus Weimar berufen, wo er maßgeblich an der Neugestaltung der Kunsterziehung mitwirkte. 1922 wurde in Stuttgart erstmals sein »Triadisches Ballett« aufgeführt. Als das Bauhaus nach Dessau verlegt wurde, übernahm er die Leitung der »Bauhaus-Bühne«. 1929 bis 1932 war Schlemmer Professor an der Breslauer Akademie, danach Lehrer an den Vereinigten Staatsschulen für Kunst in Berlin. Den Machthabern des Dritten Reiches galt er als »entarteter Künstler« und wurde entlassen. Da er auch nicht mehr ausstellen durfte, fand er seinen Unterhalt in einer Lackfabrik. 1941 kehrte er nach Stuttgart zurück. Erst Jahre nach seinem Tod fand sein Werk weltweite Anerkennung. Eines der berühmtesten Bilder unter seinen rund 700 Werken ist die »Bauhaustreppe«, die heute im New Yorker »Museum of Modern Art« ausgestellt ist. Er war Maler, Wandgestalter, Plastiker, Zeichner, Grafiker, Bühnenbildner und Lehrer. Er war einer der ersten deutschen Abstrakten und Schöpfer eines neuen, »reinen« Menschenbildes, der berühmten »Kunstfigur«.

Oskar Schlemmer

Ossietzkystraße *(1946, Mitte)* Carl von Ossietzky (*1889 Hamburg † 1938 Berlin), Schriftsteller, Sekretär der Deutschen Friedensgesellschaft und Hauptschriftleiter der »Weltbühne«, kritisierte als Pazifist die deutsche Aufrüstung, wurde 1931 wegen Landesverrats zu Gefängnis verurteilt, 1932 amnestiert. Von den Nationalsozialisten wurde er seit 1933 in verschiedenen Konzentrationslagern festgehalten. 1936 erhielt Ossietzky den Friedensnobelpreis, den er nicht annehmen durfte, da die NS-Regierung allen »Reichsdeutschen« die Annahme eines Nobelpreises verboten hatte. Er starb an den Folgen der im KZ erlittenen Mißhandlungen.

Ost, Waldebene siehe →Waldebene Ost.

Ostendplatz *(1957, Ost)* Nach dem früher mit »Ostend« bezeichneten Wohngebiet.

Ostendstraße *(1893, Ost)* siehe →Ostendplatz.

Osterbronnstraße *(1957, Rohr und Dürrlewang)* Geht auf Osterbrone von Rore zurück, der um 1350 lebte und Ortsherr von Rohr war.

Ostkai, Am siehe →Am Ostkai.

Ostracher Straße *(1957, Möhringen)* Gemeinde Ostrach, Landkreis Sigmaringen.

Ostring, Kleiner siehe →Kleiner Ostring.

Ostseestraße *(1957, Zuffenhausen)* Binnenmeer.

Osumstraße *(1952, Steckfeld)* Der Flurname hieß ursprünglich Asang, Asem (Asemwald) oder Osang. Als Asang bezeichnete man früher einen Wald oder Waldteil, der abgesengt wurde, siehe auch →Im Asemwald.

Oswald-Hesse-Straße *(1938, Feuerbach)* Dr. phil. Oswald Hesse (*1835 Obereula, Sachsen † 1917 Feuerbach), Hofrat, Chemiker und Direktor der Firma Friedrich Jobst, ab 1886 Vereinigte Chininfabriken Zimmer & Co. GmbH in Feuerbach. Für seine Verdienste um die Förderung der gewerblichen Fortbildungsschule und für seine Bemühungen um das Buch »Geschichte von Feuerbach« wurde ihm 1909 das Ehrenbürgerrecht der Stadt Feuerbach verliehen.

Otfriedweg *(1937, Untertürkheim)* Männlicher Vorname.

Othellostraße *(1967, Vaihingen)* Trauerspiel von William Shakespeare.

Ottendorfer Straße *(1962, Bad Cannstatt)* Ortsteil Ottendorf der Stadt Gaildorf, Landkreis Schwäbisch Hall.

Ottmarsheimer Straße *(1958, Stammheim)* Ortsteil Ottmarsheim der Stadt Besigheim, Landkreis Ludwigsburg.

Otto-Hirsch-Brücken *(1958, Hedelfingen und Obertürkheim)* Dr. Otto Hirsch (*9. Januar 1885 Stuttgart † 19. Juni 1941 Konzentrationslager Mauthausen), Jurist. Trat 1912 in städtische Dienste und wurde geschätzter Mitarbeiter von Oberbürgermeister Karl Lautenschlager. 1919 trat er ins württembergische Innenministerium ein und wurde als Sachbearbeiter zur Nationalversammlung nach Weimar entsandt, wo er bei der Gestaltung der Verfassungsartikel über das Wasserstraßenwesen mitwirkte.

Otto Hirsch

Im Alter von 36 Jahren wurde Hirsch zum Ministerialrat befördert. Gemeinsam mit Otto Konz ernannte man ihn zum Direktor der Neckar-Akteingesellschaft, die für die Kanalisierung des unteren Neckar zuständig war (siehe auch →Otto-Konz-Brücken).

Nach der Machtergreifung der Nationalsozialisten 1933 wurde Otto Hirsch aus seinem Direktorenamt entlassen. Er wurde nun geschäftsführender Vorsitzender der »Reichsvertretung der deutschen Juden«, eines Zusammenschlusses der jüdischen Religionsgemeinschaft der Länder und der großen jüdischen Organisationen, die sich unter schwierigsten Bedingungen für die Rettung der verfolgten Juden in Deutschland einsetzte. Ende 1935 zog die Familie nach Berlin. Hirsch tastete in mehreren Auslandsreisen die Möglichkeiten ab, deutsche Juden zu retten. Er besuchte unter anderem Palästina. 1937 wurde er zum erstenmal verhaftet und im berüchtigten Keller des Columbia-Hauses in Berlin von der Gestapo gefoltert. In der »Reichskristallnacht« 1938 erneut verhaftet, mußte er im Konzentrationslager Sachsenhausen zwei Wochen Frondienst leisten. Wieder entlassen, kümmerte er sich weiter um Rettungswege für seine Glaubensgenossen. Er und seine Frau Martha, geb. Loeb, wollten so lange bleiben, bis der letzte Jude gerettet sein würde. Im Februar 1941 wurde er verhaftet, ins Gefängnis am Alexanderplatz und schließlich ins Konzentrationslager Mauthausen verbracht, wo er zu Tode kam. Von den 540 000 Juden, die 1933 im Deutschen Reich lebten, gelang es rund 317 000, auszuwandern. Wie viele von ihnen ohne die Arbeit der »Reichsvertretung« der Vernichtung zum Opfer gefallen wären, läßt sich nicht ermessen. Viele der Geretteten fanden sich zu Trauerkundgebungen ein, als die Nachricht vom Tod Otto Hirschs im Ausland bekannt geworden war. Die Stadt Stuttgart und die Gesellschaft für christlich-jüdische Zusammenarbeit Stuttgart e. V. stifteten 1983 die Otto-Hirsch-Medaille, die Persönlichkeiten verliehen wird, die sich um die christlich-jüdische Zusammenarbeit verdient gemacht haben.

Otto-Konz-Brücken *(1967, Wangen)* Prof. Dr.-Ing. e. h. Otto Konz (*1875 Tübingen † 1965 Stuttgart), Wasserbauingenieur. Studierte Bauingenieurwesen an der Technischen Hochschule Stuttgart und war danach unter anderem in der Ministerialabteilung für den Straßen- und Wasserbau tätig. 1905 erfolgte seine Versetzung zum hydrographischen Büro der Ministerialabteilung, das mit den Vorarbeiten für die Herstellung eines Großschiffahrtsweges auf dem Neckar von Mannheim bis Heilbronn beauftragt war. Damit eröffnete sich für ihn die Chance, ein großes Bauvorhaben mit allen technischen Einzelheiten und wirtschaftlichen Auswirkungen zu planen und später, nach Erweiterung der Planung bis Plochingen, auch auszuführen. 1920 wurde die Neckar AG gegründet, die vor allem für die Bereitstellung der Mittel für die laufenden Baukosten und für Ausbau und Betrieb der Wasserkraftanlagen verantwortlich war. Konz wurde 1921 Mitglied des Vorstands. Von den Nationalsozialisten wurde Konz 1938 in den vorzeitigen Ruhestand versetzt. 1946 nahm er seine Tätigkeit als Leiter der Wasser- und Schiffahrtsdirektion Stuttgart wieder auf und schied 1949 aus dem Dienst aus. 1920 bis 1958 dauerten die Bauarbeiten am Neckar, die sieben Staustufen einschlossen. 1952 wurde mit der Fertigstellung der Staustufe Heilbronn der Streckenabschnitt bis Heilbronn abgeschlossen, 1958 war der Hafen Stuttgart erreicht.

Otto Konz

Otto-Reiniger-Straße *(1925, Nord)* Otto Reiniger (*1863 Stuttgart † 1909 Stuttgart), Landschaftsmaler.

Otto-Sander-Straße *(1968, Plieningen und Hohenheim)* Otto Sander (*1885 Hartau bei Sprottau, Schlesien † 1949 Stuttgart-Hohenheim), Landesökonomierat und Leiter der Staatlichen Gartenbauschule Hohenheim.

Ottostraße *(1898, Ost)* Nikolaus Otto (*1832 Holzhausen, Untertaunuskreis † 1891 Köln), Erfinder des Viertaktmotors.

Blick von der Panoramastraße auf den Talkessel, um 1928. Rechts im Vordergrund das alte Katharinenhospital, dahinter die Gewerbehalle und die 1952 gesprengte Garnisonskirche.

Pabst-Straße, Heinrich- siehe →Heinrich-Pabst-Straße.

Palmstraße *(1933, Mühlhausen)* Nach den früheren Ortsherren von Mühlhausen. Die Edlen von Palm, Jonathan und Franz, erwarben 1728 das dortige Schloß und Rittergut.

Pankokweg *(1927, Nord)* Bernhard Pankok (*1872 Münster, Westfalen † 1943 Baierbronn bei Münster), Maler, Architekt, Gründer und Direktor der Kunstgewerbeschule, erwarb sich große Verdienste um das künstlerische und kulturelle Ansehen der Stadt Stuttgart.

Panoramastraße *(1887, Nord und Mitte)* Lagebezogener Name.

Paprikastraße *(1958, Heumaden)* Paprika, capiscum annuum, ist eine Gewürzpflanze, die aus Süd- und Mittelamerika stammt und von den Entdeckern der Neuen Welt im 16. Jahrhundert nach Europa gebracht wurde.

Paracelsusstraße *(1945, Plieningen)* Theophrastus Bombastus von Hohenheim, genannt Paracelsus (*1493 Einsiedeln, Schweiz † 1541 Salzburg), Arzt und Naturforscher, hat sich um die Verbesserung der Pharmazie verdient gemacht. Er ist ein Nachfahre der einstigen Besitzer von Hohenheim.

Paradiesplatz *(1957, Vaihingen)* Nach der landschaftlich schönen Lage.

Paradiesstraße *(1957, Vaihingen)* siehe →Paradiesplatz.

Parasolstraße *(1957, Schönberg)* Der Parasol, macrolepiota procera, wird auch Großer Schirmling genannt, denn kaum ein anderer Blätterpilz erreicht seine Hutbreite von bis zu dreißig Zentimetern.

Park, Im alten siehe →Im alten Park.

Parkstraße *(1926, Ost)* Nach dem in der Nähe gelegenen Park der Villa Berg.

Parlerstraße *(1938, Nord)* Nach dem berühmten schwäbischen Baumeistergeschlecht der Parler, dessen Mitglieder bedeutende Bauwerke, vor allem gotische Hallenkirchen, schufen. Peter Parler (*1330 Schwäbisch Gmünd † 1399 Prag) wurde von Kaiser Karl IV. zum Dombaumeister von Prag ernannt.

Parsifalstraße *(1952, Degerloch)* Oper von Richard Wagner.

Pascalstraße *(1968, Vaihingen)* Blaise Pascal (*1632 Clermont-Ferrand † 1662 Paris), französischer Philosoph und Mathematiker.

Passeier Straße *(1938, Uhlbach)* Passeier Tal in Südtirol.

Pasteurweg *(1972, Rohr)* Louis Pasteur (*1822 † 1895), französischer Chemiker und Biologe. Schuf die Grundlage der Bakteriologie, der Asepsis und Antisepsis sowie Impfstoffe gegen Tollwut, Milzbrand, Rotlauf und Hühnercholera.

Pastoraleweg *(1957, Stammheim)* Nach der »Pastorale«, der 6. Sinfonie von Beethoven.

Paul-Bäumer-Weg *(1939, Sillenbuch)* Paul Bäumer (*1895 † 1927, abgestürzt vor Oeresund, Dänemark), Flieger und Flugzeugkonstrukteur.

Paul-Gerhardt-Platz *(1952, West)* Nach der benachbarten Paul-Gerhardt-Kirche. Paul Gerhardt (*1607 Gräfenhainichen † 1676 Lübben/Spreewald) war Prediger und bedeutender Dichter evangelischer Kirchenlieder.

Paulinenstraße *(1836, Süd, West und Mitte)* Königin Pauline von Württemberg, geb. Prinzessin von Württemberg (*1800 Riga † 1873 Stuttgart), dritte Frau des Königs Wilhelm I. von Württemberg und seine Cousine, wurde am 6. März 1823 Mutter des Thronerben, des späteren König Karl. Ihre Ehe war nicht dauerhaft glücklich. Ganz Stuttgart wußte von des Königs Verbindung zu der Schauspielerin Amalie Stubenrauch.

Paul-Lincke-Straße *(1970, Botnang)* Paul Lincke (*1866 Berlin † 1946 Clausthal-Zellerfeld), Operettenkomponist.

Paulusstraße *(1893, West)* siehe →Obere Paulusstraße.

Paulusstraße, Obere siehe →Obere Paulusstraße.

Payerstraße *(1922, Ost)* Friedrich Payer (*1847 Tübingen † 1931 Stuttgart), Mitglied des Württembergischen Landtags, Präsident der Abgeordnetenkammer, Mitglied des Reichstags, 1917 bis 1918 war er Stellvertreter des Reichskanzlers.

Pelargusstraße *(1938, Süd)* Seit dem 18. Jahrhundert bekannte Stuttgarter Glocken- und Zinngießerfamilie.

Pelikanstraße *(1971, Neugereut)* Der Pelikan, pelecanus, gehört zur Gattung der Ruderfüßler und ist in allen Erdteilen heimisch.

Peregrinastraße *(1957, Sonnenberg)* Gedicht von Mörike, siehe auch →Mörikestraße.

Perlgrasweg *(1957, Plieningen)* Das Perlgras, melica uniflora, ist ein Gras mit zierlichen Rispen, das im Wald wächst.

Pestalozzistraße *(1927, Vaihingen)* Johann Heinrich Pestalozzi (*1746 Zürich † 1827 Brugg, Aargau), Schweizer Pädagoge, gilt als Schöpfer der modernen Volksschule.

Peters-Straße, Anna- siehe →Anna-Peters-Straße.

Peterstraße *(um 1913, Rohr)* Männlicher Vorname.

Pezoldstraße *(1957, Möhringen)* Nach dem ersten Inhaber (ab 1794) der Möhringer Apotheke, Karl Friedrich Pezold.

Pfadäckerstraße *(1929, Hofen)* Der Flurname bezieht sich auf einen nahen Fußweg.

Pfädlen, Im siehe →Im Pfädlen.

Pfäfflinstraße *(1933, Mühlhausen)* Friedrich Pfäfflin (*1835 Wolfschlugen † 1910 Lorch), Pfarrer und Vorsteher des Waisenhauses in Stuttgart.

Pfaffenäckerstraße *(um 1954, Feuerbach)* Der Flurname deutet auf geistlichen Grundbesitz (Pfarrgut) hin.

Pfaffenwaldring *(1969, Vaihingen)* Nach dem dortigen Pfaffenwald, siehe auch →Pfaffenäckerstraße.

Pfaffenweg *(1905, 1972, Süd)* Der Flurname ist möglicherweise auf den Heslacher Familiennamen Pfaff zurückzuführen.

Pfaff-Straße, Karl- siehe →Karl-Pfaff-Straße.

Pfahlbronner Straße *(1954, Ost)* Ortsteil Pfahlbronn der Gemeinde Alfdorf, Rems-Murr-Kreis.

Pfalzstraße *(1926, Bad Cannstatt)* Landschaft zwischen Rhein und Nahe.

Pfarrer-Pfeiffer-Weg *(1985, Ost)* Pfarrer Pfeiffer (*1882 † 1961), 1926 bis 1939 Gemeindepfarrer in Gablenberg.

Pfarrgartenweg *(1933, Mühlhausen)* Ortsbezogener Name.

Pfarrhausstraße *(1957, 1979, Vaihingen)* Nach dem dortigen Pfarrhaus.

Pfarrstraße *(1811, Mitte)* Ging aus der 1740 erstmals urkundlich genannten Pfarrgasse hervor. An ihr stand das Pfarrhaus der Leonhardskirche.

Pfarrwegle *(1928, 1978, Süd)* Wurde nach dem Botnanger Pfarrer benannt, der diesen Weg häufig benutzte, weil er vermutlich vom Ende des 16. Jahrhunderts bis 1751 auch Heslach zu betreuen hatte.

Pfauenstraße *(1928, Vaihingen)* Der Pfau, pavo cristatus, wird seit Jahrhunderten wegen seines prächtigen Gefieders als Ziervogel in Parks und Tiergärten gehalten.

Pfau-Straße, Ludwig- siehe →Ludwig-Pfau-Straße.

Pfefferstraße *(1958, Heumaden)* Der Pfeffer, piper, gehört zur Familie der Pfeffergewächse, die etwa 700 Arten aufweist. Die Früchte des Schwarzen und Weißen Pfeffers dienen als Gewürz.

Pfeiffer-Straße, Eduard- siehe →Eduard-Pfeiffer-Straße.

Pfeiffer-Weg, Pfarrer- siehe →Pfarrer-Pfeiffer-Weg.

Pfeilstraße *(1957, Vaihingen)* In Anlehnung an die nahegelegene Bogenstraße.

Pfennigäcker *(1958, Heumaden)* Der Flurname bezeichnet wahrscheinlich wenig wertvolles Gelände.

Pferchäcker *(1926, Ost)* Der Flurname geht auf das Pferchen von Schafherden zurück. Darunter versteht man die Unterbringung einer Herde während der Nacht auf einem abgeernteten Acker.

Pfirsichblütenweg *(1928, Vaihingen)* Nach der Pfirsichblüte.

Pfizerstraße *(1898, Mitte)* Paul Pfizer (*1801 Stuttgart † 1867 Tübingen), Politiker und Publizist. Stammte aus einer Stuttgarter Juristenfamilie und wurde selbst, wenn auch ungern, Jurist. 1823 kam er in die Kanzlei des Justizministers, drei Jahre später wurde er Assessor in Tübingen. Hier nahm sein Leben die entscheidende Wendung. Angezogen von der Politik und der deutschen Frage, schrieb er ein Buch, »Briefwechsel zweier Deutschen«, das im Jahr 1831 herauskam. Aufgrund dieses Buches, das nicht mit Kritik an Preußen und den deutschen Einzelstaaten sparte, wurde er aus dem Staatsdienst entlassen. Über Nacht wurde Pfizer berühmt. Vor allem in Württemberg begeisterte man sich am Freimut, mit dem er über die Verhältnisse in Deutschland schrieb. Die Welt wolle Freiheit, schrieb er, 42 Jahre nach der Französischen Revolution. Die Unterwerfung unter einen absolutistischen Staat sei einem Volk nicht zuzumuten. Seine Lösung: ein Zusammenschluß der Mittel- und Kleinstaaten. Er wurde sogleich von den Tübinger Bürgern in den Landtag gewählt, der im Januar 1833 zusammentrat, und wurde einer der Führer der Opposition. Im Jahr 1848 wurde er zum Kultusminister ernannt und in die Deutsche Nationalversammlung gewählt. Aus gesundheitlichen Gründen mußte er beide Ämter kurz darauf wieder niederlegen. 1847 wurde er Ehrenbürger seiner Heimatstadt. 1851 bis 1858 war Pfizer Oberjustizrat in Tübingen.

Pflasteräckerstraße *(1899, Ost)* Der 1572 erstmals urkundlich genannte Flurname ist auf die gepflasterte alte Straße nach Esslingen zurückzuführen. Ihre Pflasterung wurde zu der damaligen Zeit als etwas Besonderes angesehen.

Pflaumweg *(1968, Bad Cannstatt)* Alexander (von) Pflaum (*1839 Pflaumloch † 1911 Berlin), Bankier und Geheimer Kommerzienrat.

Pfleghof *(1937, Bad Cannstatt)* Leitet seinen Namen vom Beginenhaus der Barmherzigen Schwestern ab, die kranke und alte Menschen pflegten.

Pflugfelder Straße *(1955, Stammheim)* Pflugfelden, Stadtteil von Ludwigsburg.

Pflugweg *(1936, Nord)* Johann Baptist Pflug (*1785 Biberach/Riß † 1866 Biberach/Riß), Maler.

Pforzheimer Straße *(1957, Weilimdorf)* Stadt Pforzheim.

Pfostenwäldle *(1961, Feuerbach)* Der Flurname bezeichnet einen Wald, in dem das Holz für Pfosten gezogen wurde.

Pfullinger Straße *(1935, Degerloch)* Stadt Pfullingen, Landkreis Reutlingen.

Phloxweg *(1945, Rohr)* Gartenblume.

Pichler-Straße, Luise- siehe →Luise-Pichler-Straße.

Pillauer Straße *(1937, Bad Cannstatt)* Hafenstadt Pillau, Ostpreußen, Rußland; heißt heute Baltijsk.

Pilsener Straße *(1958, Möhringen)* Stadt Pilsen (Plzen), Tschechoslowakei.

Pinguinweg *(1971, Neugereut)* Die Pinguine sind Meeresvögel der Antarktis, die nicht fliegen können.

Pintoweg *(1957, Stammheim)* F. Mendez Pinto (*1509/11 † 1583), portugiesischer Schriftsteller, entdeckte 1542 Japan.

Pirmasenser Straße *(1934, Weilimdorf)* Stadt Pirmasens, Rheinland-Pfalz.

Pirolweg *(1955, Bergheim)* Der Pirol, oriolus oriolus, ist ein gelb-schwarzer, einheimischer Singvogel.

Pischekstraße *(1913, Ost)* Dr. Johann (von) Pischek (*1843 Frankfurt am Main † 1916 Oberstdorf), 1893 bis 1912 württembergischer Staatsminister des Innern, der sich große Verdienste um die Landesgesetzgebung erwarb. Wirkte an einer Reihe grundlegender Landesgesetze (Wassergesetz, Gemeindeordnung, Bauordnung und anderen) sowie an der Ausarbeitung verschiedener Reichsgesetze mit.

Planckstraße *(1924, Ost)* Karl Christian Planck (*1819 Stuttgart † 1880 Winnental), Philosoph. Wurde 1848 Privatdozent für Philosophie in Tübingen, 1856 Professor am Gymnasium in Ulm, 1879 Ephorus des Seminars in Blaubeuren. Planck vertrat einen gegen Hegel gerichteten pantheistischen, phantasievollen Entwicklungsmonismus. Rechtsphilosophisch entwickelte er das Ideal eines sozialen Berufsstandes. Nach 1866 polemisierte er gegen Bismarck.

Karl Christian Planck

Planie *(1922, 1946, Mitte)* Leitet ihren Namen von der 1775 bis 1782 erfolgten Auffüllung des ehemaligen Stadtgrabens entlang des Alten Schlosses und der Planierung des Geländes ab. Die Planie hieß 1933 bis 1945 Adolf-Hitler-Straße.

Planstraße *(um 1907, Hedelfingen)* Hieß ab 1750 »Auf dem Plan« und war vermutlich der Platz der Unteren Kelter, die dem Kloster Weil gehörte. Der Name könnte auf einen ursprünglich ebenen Platz (Plan) zurückgehen, auf dem man zusammenkam und sich vergnügte.

Pleibelstraße *(1933, Zazenhausen)* Emil August Pleibel (*1848 † 1889), Pfarrer in Zazenhausen.

Plettenbergstraße *(1937, Ost)* Berg der Schwäbischen Alb bei Balingen.

Pleuer-Straße, Hermann- siehe →Hermann-Pleuer-Straße.

Plieninger Straße *(um 1899, Möhringen)* Führt nach Plieningen.

Pliensäckerstraße *(1952, Rot)* Flurname.

Plutoweg *(1957, Dürrlewang)* Planet.

Pöchlarner Straße *(1938, Feuerbach)* Stadt Pöchlarn an der Donau, Österreich.

Pöltener-Straße, Sankt- siehe →Sankt-Pöltener-Straße.

Polo-Weg, Marco- siehe →Marco-Polo-Weg.

Ponto-Weg, Erich- siehe →Erich-Ponto-Weg.

Poppenweilerstraße *(1957, Stammheim)* Ortsteil Poppenweiler der Stadt Ludwigsburg.

Porschestraße *(1953, Zuffenhausen)* Professor Dr. h. c. Ferdinand Porsche (*1875 Maffersdorf bei Reichenberg † 1951 Stuttgart), Automobil- und Rennwagenkonstrukteur. Kam 1920 als Technischer Leiter zur Daimler-Benz AG in Untertürkheim. 1930 gründete er die Porsche-Werke in Zuffenhausen. Er konstruierte nicht nur die legendären Sportwagen, sondern auch den ersten Volkswagen.

Oben: Die Planie mit dem Alten Schloß, etwa 1928. – *Unten:* Professor Dr. h. c. Ferdinand Porsche, Konstrukteur der weltbekannten Sport- und Rennwagen sowie des ersten VW-Käfers.

Posener Straße *(1928, Bad Cannstatt)* Stadt Posen (Poznan), Polen; gehörte von 1815 bis 1919 zu Preußen.

Postillonweg *(1957, Stammheim)* Der Postillon, colias croceus, ist ein Schmetterling der Familie der Weißlinge.

Poststraße *(1858, 1978, Ost)* Verdankt ihren Namen der an ihr gelegenen früheren Posthalterei.

Poststraße, Alte siehe →Alte Poststraße.

Postwiesenstraße *(1935, Untertürkheim)* Der Flurname bezeichnet Wiesen, die zur Posthalterei gehörten.

Prager Straße *(1952, Möhringen)* Prag (Praha), Hauptstadt der Tschechoslowakei.

Pragstraße *(1885, Bad Cannstatt und Nord)* Nach der gleichnamigen Flur, die sich zwischen dem Osthang der Feuerbacher Heide (zwischen Kunstakademie und Pragfriedhof) und dem Westhang des Burgholzhofes bis zum Rosensteinpark erstreckte. Der Flurname ist erstmals in einer Urkunde aus dem Jahr 1292 genannt. Herkunft und Bedeutung sind ungeklärt. Schon in früher Zeit liefen wichtige Verkehrswege über den Pragsattel, so verzweigte sich hier beispielsweise die Römerstraße vom Kastell Altenburg nach Mainz und nach Straßburg. Es ist deshalb nicht ausgeschlossen, daß es sich bei dem Namen Prag um ein Fremdwort unbekannten Urspungs handelt.

Presselstraße *(1924, Nord)* Wilhelm Pressel (*1821 Stuttgart † 1902 Konstantinopel), Ingenieur. War an Planung und Bau zahlreicher Eisenbahnstrecken des In- und Auslandes beteiligt und lebte ab 1869 in der Türkei.

Prevorster Straße *(1951, Rot)* Prevorst in den Löwensteiner Bergen (heute ein Stadtteil von Oberstenfeld, Landkreis Heilbronn), Geburtsort von Friederike Hauffe (*1801 † 1829), die in ihren letzten Lebensjahren Patientin von Justinus Kerner in Weinsberg war. Über die Erkenntnisse, die der Arzt über die übersinnlichen Wahrnehmungen seiner Patientin gewonnen hatte, schrieb er ein berühmt gewordenes Buch: »Die Seherin von Prevorst« (1829).

Prießnitzweg *(1936, Bad Cannstatt)* Vincenz Prießnitz (*1799 Gräfenberg bei Freiwaldau † 1851 ebenda), Landwirt, wurde durch erfolgreiche Versuche bekannt, kaltes Wasser bei den verschiedensten Krankheitszuständen anzuwenden. Dazu gehört der Prießnitzumschlag, eine feuchte Packung, die mit einem Wollstoff bedeckt wird. Prießnitz ist einer der Begründer der Naturheilkunde.

Primelesweg *(1935, Sommerrain)* Die häufigste einheimische Vertreterin der Familie der Primelgewächse ist die Schlüsselblume, primula officinalis. Außerdem werden viele Zierpflanzen Primeln genannt, darunter der Aurikel.

Probststraße *(1957, Möhringen)* Berthold Probst (*1869 † 1925), Ziegeleibesitzer und Gemeinderat in Möhringen. Die Straße führt zu dem nach ihm benannten Probstsee.

Puppenweg *(1957, Stammheim)* Entwicklungsstufe der Insekten.

Putlitzweg *(1922, Mitte)* Joachim Gans Edler Herr zu Putlitz (*1860 Retzin † 1922 Stuttgart), 1892 Leiter, 1908 bis 1918 Generalintendant der früheren Hoftheater. Unter ihm erlebten Schauspiel und Oper eine Blütezeit.

Quarzweg *(1978, Heumaden)* Der Quarz ist ein häufig vorkommendes Mineral. Er findet als Schmuckstück (Bergkristall, Amethyst, Rosenquarz) und zur Herstellung von feuerfestem Glas Verwendung; Quarz-Kristalle dienen auch zum Steuern von Uhren und zur Erzeugung von Ultraschall.

Quellenstraße *(1885, Bad Cannstatt)* Nach den Mineralquellen und Brunnenstuben in Bad Cannstatt.

Querstraße, Untere siehe →Untere Querstraße.

Quittengasse *(1957, Obertürkheim)* Die Quitte, cydonia oblonga, ist ein Kernobststrauch mit birnenförmigen Früchten.

Raabe-Straße, Wilhelm- siehe →Wilhelm-Raabe-Straße.

Radautzer Straße *(1955, Büsnau)* Stadt Radautz, Bukowina (Buchenland).

Räpplenstraße *(1888, 1974, Nord)* Flur unterhalb des heutigen Wohngebiets »Birkendörfle«, 1510 erstmals urkundlich erwähnt. Die Bedeutung ist nicht geklärt; möglicherweise von Reben oder Raben abgeleitet.

Raffaelweg *(1953, Feuerbach)* Raffael, eigentlich Raffaelo Santi (*1483 Urbino † 1520 Rom), italienischer Maler und Architekt der Hochrenaissance.

Raffstraße *(1950, Degerloch)* Alter Degerlocher Familienname.

Raichbergstraße *(1946, Obertürkheim)* Berg der Schwäbischen Alb bei Onstmettingen, Zollernalbkreis.

Raiffeisenstraße *(1937, Weilimdorf)* Friedrich Wilhelm Raiffeisen (*1818 Hamm † 1888 Neuwied), Gründer der ländlichen Darlehenskassenvereine.

Raimundstraße *(1957, Vaihingen)* Ferdinand Raimund (*1790 Wien † 1836 Pottenstein), Schauspieler und Bühnendichter.

Raingärtlesweg *(1936, Hofen)* Der Flurname bezeichnet einen kleinen Garten an einem Rain.

Rainstraße *(1931, Rotenberg)* Der Flurname bezeichnet einen streifenartigen Geländeabsatz.

Raitelsbergstraße *(1902, Ost)* Der Flurname ist nicht eindeutig zu erklären.

Raithstraße *(1937, Weilimdorf)* Alte Weilimdorfer Familie, aus der einige Gemeinde- und Kirchenpfleger stammten.

Rampenstraße *(um 1896, Bad Cannstatt)* Führte zur Verladerampe des Güterbahnhofs.

Ramsbachstraße *(1913, Degerloch)* Nach dem Ramsbach.

Randweg *(1932, Steinhaldenfeld)* Lagebezogener Name.

Rankestraße *(1937, Sillenbuch)* Leopold von Ranke (*1795 Wiehe, Thüringen † 1886 Berlin), Historiker, Mitbegründer der historisch-kritischen Methode und der objektiven künstlerischen Geschichtsdarstellung.

Rappachstraße *(1954, Giebel)* Flurname.

Rappenberg *(1933, 1972, Zuffenhausen)* Der Flurname wird wohl von Rabenberg hergeleitet.

Rappweg *(1929, West)* Gottlob Heinrich (von) Rapp (*1761 † 1832), Kaufmann, Hofbankdirektor, Kunstschriftsteller und Freund von Dichtern und Künstlern. Der Bildhauer Dannecker war sein Schwager. Sein Wohn- und Geschäftshaus Stiftstraße 7 trug bis zur Zerstörung 1944 eine Gedenktafel an Schiller und Goethe, die hier zu Gast waren.

Rapunzelweg *(1954, Möhringen)* Märchengestalt.

Rasmussenweg *(1984, Stammheim)* Knud Rasmussen (*1879 † 1933), dänischer Polarforscher.

Rastatter Straße *(1965, Weilimdorf)* Stadt Rastatt.

Ratgebstraße *(1937, Weilimdorf)* Jerg Ratgeb (*um 1480 Schwäbisch Gmünd † 1526 Pforzheim), Maler. Schuf 1518/19 den Herrenberger Altar, der sich jetzt in der Stuttgarter Staatsgalerie befindet, wohnte 1508 und 1520 bis 1525 in Stuttgart, wurde 1525 in den Rat der Stadt gewählt und im Auftrag des Rats als Kriegsrat zu den aufständischen Bauern geschickt und gefangengenommen; auf österreichischen Befehl in Pforzheim gevierteilt.

Rathausgasse *(1984, Weilimdorf)* Führt zum Weilimdorfer Rathaus (Bezirksamt).

Rathauspassage *(1964, Mitte)* Führt am Stuttgarter Rathaus entlang.

Rathausplatz *(1945, 1979, Vaihingen)* Nach dem Vaihinger Rathaus (Bezirksamt), das hier steht.

Rathausstraße *(um 1907, Rohr)* Nach dem früheren Rohrer Rathaus.

Rathenaustraße *(1946, Nord)* Dr. Walther Rathenau (*1867 Berlin † 1922 Berlin), Industrieller, Politiker und Schriftsteller. War im väterlichen Unternehmen (AEG) unter anderem als Vorstandsmitglied tätig. Wurde 1919 von der Reichsregierung zur Mitarbeit an der Vorbereitung der Friedenskonferenz berufen. 1922 wurde Rathenau zum Reichsaußenminister ernannt und schloß den Vertrag von Rapallo ab. Wegen seiner Verständigungspolitik wurde er von nationalistischen und antisemitischen Gruppen angegriffen und auf dem Weg ins Auswärtige Amt 1922 von Rechtsradikalen erschossen.

Ravensburger Straße *(1936, Wangen)* Stadt Ravensburg.

Rebenreute *(1932, Süd)* Die Straße liegt an einem mit Weinreben besetzten Gelände.

Rebhalde *(1928, Nord)* Nach der Hanglage der Straße, die von Weinbergen umgeben ist.

Rebhuhnweg *(1935, Wolfbusch)* Das Rebhuhn, perdix perdix, gehört zur Familie der Fasanen.

Rebmannstraße *(1934, Süd)* Johannes Rebmann (*1820 Gerlingen † 1876 Korntal), Missionar und Entdecker des Kilimandscharos.

Rechbergstraße *(1893, Ost)* Berg bei Schwäbisch Gmünd, Ostalbkreis.

Rechtensteinstraße *(1961, 1989, Feuerbach)* Ruine Rechtenstein bei Obermarchtal im Alb-Donau-Kreis.

Reeßweg *(1972, Rohr)* Karl Reeß (*1871 † 1912), königlicher Forstwart.

Regenpfeiferweg *(1974, Neugereut)* Die Regenpfeifer ist eine Sippe der Schnepfenvögel, die unter anderem an der Küste der Ostsee und auf norddeutschen Hochmooren brüten.

Regerstraße *(1935, 1977, Botnang)* Max Reger (*1873 Brand, Bayern † 1916 Leipzig), Komponist. Verfaßte bedeutende Instrumentalkompositionen und vertonte viele Lieder.

Reginenstaffel *(1935, Degerloch)* Weiblicher Vorname.

Reginenstraße *(1911, Degerloch)* siehe →Reginenstaffel.

Rehweg *(1935, Wolfbusch)* Das Reh, capreolus capreolus, ist ein Waldtier.

Reichelenberg, Am siehe →Am Reichelenberg.

Reichelenbergweg, Oberer siehe →Oberer Reichelenbergweg.

Reichenbachstraße *(1937, Bad Cannstatt)* Johann Friedrich Reichenbach (*1720 Cannstatt † 1790 Stuttgart), bekannter Stuttgarter Augenarzt. Studierte in Straßburg und Paris, wurde 1752 herzoglicher Leibchirurgus, heiratete 1754 in Cannstatt Eleonora Kunigunda Jenisch, wohnte ab 1760 in Stuttgart und ließ sich 1767 als praktischer Arzt in Tübingen nieder.

Reichenberger Straße *(1947, Möhringen)* Stadt Reichenberg an der Görlitzer Neiße, Tschechoslowakei. Die einst größte deutsche Stadt des Sudetenlandes heißt heute Liberec.

Reichenhaller Straße *(1937, Bad Cannstatt)* Stadt Bad Reichenhall.

Reichert-Staffel, Willi- siehe →Willi-Reichert-Staffel.

Reiherhorst *(1935, Wolfbusch)* Der Reiher baut sein Nest, auch Horst genannt, in hohen Bäumen.

Reiherstraße *(um 1908, Möhringen)* Der Graureiher, ardea cinerea, ist der häufigste einheimische Reiher. Er wurde so stark bejagt, daß er inzwischen geschützt werden mußte.

Reinbeckstraße *(1945, Rohr)* Georg Reinbeck (*1767 † 1849), Dichter und Ästhetiker, Professor am Stuttgarter Gymnasium. Die Errichtung des Stuttgarter Schillerdenkmals ist seiner Initiative zu verdanken.

Reinekeweg *(1937, Heumaden)* Name des Fuchses in der Tierfabel.

Reinhartstraße *(1933, Mühlhausen)* Reinhart von Mühlhausen († um 1400), Stifter der in den Jahren 1380 bis um 1385 erbauten Veitskirche in Mühlhausen.

Reinhold-Brändle-Weg *(1978, Rot)* Reinhold Brändle (*1. Februar 1936 † 5. September 1977), Polizeihauptmeister der Landespolizeidirektion II. Er lebte in Zuffenhausen und war zum Schutz des damaligen Arbeitgeberpräsidenten Schleyer abkommandiert. Bei der Entführung Schleyers durch Angehörige der Terrororganisation Rote Armee Fraktion in Köln am 5. September 1977 wurden Brändle, zwei seiner Kollegen, die Polizeimeister Roland Pieler und Helmut Ulmer, und der Fahrer Schleyers erschossen. Die Terroristen brachten Schleyer nach mehreren Wochen um.

Reinhold-Maier-Brücke *(1972, Bad Cannstatt und Münster)* Reinhold Maier (*16. Oktober 1889 Schorndorf † 19. August 1971 Stuttgart), Rechtsanwalt und Politiker. Maier war von 1924 bis 1933 Vorsitzender der württembergischen DDP, der Deutschen Demokratischen Partei, und Mitglied des Landtages, 1930 bis 1933 württembergischer Wirtschaftsminister im Kabinett Bolz/Bazille. In dieser Funktion versuchte er mit einigem Erfolg, die Wirtschaft durch öffentlich finanzierte Notstandsprogramme zum Ausbau der Infrastruktur (Bahnelektrifizierung, Neckardurchstich bei Heilbronn) anzukurbeln und dadurch die Arbeitslosigkeit zu senken.

Reinhold Maier

Nach der Wahl des nationalsozialistischen Staatspräsidenten Wilhelm Murr am 15. März 1933 schied er aus dem Amt. Während der Wahlkämpfe (Landtagswahl

24. Februar 1932, Reichstagwahlen 6. Januar 1932, 5. März 1933) zeigte er sich als scharfer Gegner der Nationalsozialisten und der Deutschnationalen. Maier war von 1932 bis Juli 1933 Mitglied des Reichstags, bis die Nationalsozialisten ihm das Mandat aberkannten.

Gegen die Bedenken von Theodor Heuss und Hermann Dietrich setzte er durch, daß die fünf Abgeordneten der Deutschen Staatspartei am 23. März 1933 dem Ermächtigungsgesetz zustimmten. Er glaubte, durch diese Zustimmung wenigstens die Existenz des Reichstags retten zu können. Damit lud er eine schwere Hypothek auf den deutschen Liberalismus, die ihn nach Kriegsende auch persönlich belastete. 1947 wurde sein Votum in einem Spruchkammerverfahren und in einem Untersuchungsausschuß des württemberg-badischen Landtags durchleuchtet. Aus beiden Verfahren ging er unversehrt hervor. Bis Ende 1944 war er als Anwalt tätig. Wegen der jüdischen Herkunft seiner Frau wurde seine Familie von den nationalsozialistischen Machthabern wiederholt drangsaliert.

Wenige Monate vor Beginn des Zweiten Weltkriegs erhielten seine Frau und seine Kinder die Ausreisegenehmigung nach England. Er selbst blieb in Stuttgart. Wegen seiner Kompetenz in Wirtschaftsfragen beauftragten ihn die Amerikaner im August 1945 mit der Bildung einer Regierung für Nordwürttemberg und Nordbaden. Er trat 1945 der neugegründeten Demokratischen Volkspartei bei, aus der die FDP hervorging, und verhalf ihr dank seiner hohen Popularität zu großen Wahlerfolgen. Seit 1948 gehörte er zu den Vorkämpfern einer Vereinigung der von den Besatzungsmächten 1945 geschaffenen drei südwestdeutschen Länder. In Gebhard Müller, dem Staatspräsidenten von Südwürttemberg-Hohenzollern, fand er hierfür einen kongenialen Partner, in Leo Wohleb, dem Staatspräsidenten Südbadens, einen erbitterten Gegner. Weitere politische Ämter: 1945 bis 1952 Ministerpräsident von Württemberg-Baden, 1952/1953 von Baden-Württemberg, 1953 bis 1956 und 1957 bis 1959 Mitglied des Bundestags, 1957 bis 1960 Bundesvorsitzender der FDP. Maier war ein Landespolitiker mit großer Ausstrahlung. Er hat dazu beigetragen, die modernen Industriestrukturen im deutschen Südwesten zu schaffen und ständig weiter zu verbessern.

Reiniger-Straße, Otto- siehe →Otto-Reiniger-Straße.

Reinsburgstraße *(1854, West)* Die gleichnamige Flur wurde 1286 erstmals urkundlich genannt. Der Name dürfte sich aus der Zusammensetzung von Rain (Abhang eines Hügels gegen ein Wiesental) und Berg (Burg) ableiten.

Reisachstraße *(1937, Weilimdorf)* Wohnsiedlung in der Flur Reisach, die ein mit Buschwerk bestandenes Gelände war.

Reisstraße *(1938, Zuffenhausen)* Johann Philipp Reis (*1834 Gelnhausen † 1874 Friedrichsdorf bei Homburg), Lehrer und Erfinder des Telefons (1861).

Reitzensteinstraße *(1905, Ost)* Carl Bernhard Freiherr von Reitzenstein (*1809 Oberkotzau bei Hof † 1885 Stuttgart), Generalleutnant, Führer der württembergischen Truppen in der Schlacht bei Champigny 1870, genannt »der grobe Reitzensteiner«. Beim Einzug der siegreichen schwäbischen Regimente 1871 wurde ihm das Ehrenbürgerrecht Stuttgarts verliehen. Er war der Schwiegervater der Baronin Friederike Marie Helene von Reitzenstein, geb. Hallberger, der Erbauerin der Villa Reitzenstein, des baden-württembergischen Regierungssitzes.

Die zur Stadt hin ausgerichtete Hauptfront der Villa Reitzenstein. Aufnahme aus dem Jahr 1931.

Relenbergstraße *(1896, Nord)* Der Flurname geht auf den weiblichen Vornamen Reinlint zurück und wurde 1304 erstmals urkundlich genannt.

Rembrandtstraße *(1946, Möhringen und Sonnenberg)* Rembrandt Harmensz van Rijn (*1606 Leiden † 1669 Amsterdam), niederländischer Maler.

Remppisstraße *(1957, Birkach)* Georg Remppis, in einer Urkunde aus dem Jahr 1553 genannt, war ehemaliger Schultheiß von Birkach.

Remscheider Straße *(1937, Bad Cannstatt)* Stadt Remscheid, Nordrhein-Westfalen.

Remstalstraße *(1927, Bad Cannstatt)* Nach dem wein- und obstreichen Tal der Rems.

Rendlenstraße *(1955, Feuerbach)* Karl Rendlen (*1846 † 1910), in Feuerbach sehr geschätzter Wundarzt.

Renettenweg *(1958, Rohracker)* Apfelsorte.

Rennstraße *(um 1938, Weilimdorf)* Unter Rennstraßen verstand man früher geradlinig verlaufende Straßenzüge. Der Begriff wird von rinnen (geradeaus auf ein Ziel zulaufen) hergeleitet.

Renzwiesen *(1911, Wangen)* Der Flurname leitet sich wahrscheinlich von dem Namen Renz als dem Besitzer der Wiesen ab.

Resedenweg *(1936, Sommerrain)* Die wohlriechende Reseda, reseda odorata, ist eine Gartenblume. Wildwachsende Reseden sind der Gelbe Wau, reseda lutea, der vor allem entlang der Eisenbahnlinien vorkommt, und der Färberwau, reseda luteola, der früher gelben Farbstoff lieferte.

Ressestraße *(1957, Plieningen)* Nach dem ersten, urkundlich nachweisbaren Plieninger Schultheißen namens Resse, genannt 1329.

Reuchlinstraße *(1867, West)* Johannes Reuchlin (*1455 Pforzheim † 1522 Stuttgart), Humanist. Gilt neben Ersamus von Rotterdam als das Haupt des deutschen Humanismus. Graf Eberhard im Bart holte ihn 1483 als Jurist nach Stuttgart an den württembergischen Hof. Reuchlin wirkte als Rat am Hof, war Mitglied des Hofgerichts und Vorsitzender des schwäbischen Bundesgerichts. Der politische Umschwung nach Graf Eberhards Tod veranlaßte ihn 1496, Stuttgart zu verlassen. In Heidelberg fand er beim Kanzler des Kurfürsten Philipp, dem Wormser Bischof Johann von Dalberg, und am Pfälzer Hof gastliches Asyl. Nach Stuttgart zurückgekehrt, war er als Rechtsanwalt und Bundesrichter tätig.

Johannes Reuchlin

Reuchlin förderte die Kenntnis des Griechischen und wirkte bahnbrechend für das Studium des Althebräischen, das vorher in Deutschland kaum geübt wurde. Als der christlich getaufte Kölner Jude Johannes Pfefferkorn Schriften gegen die Juden veröffentlichte und die Beschlagnahmung aller jüdischen Bücher forderte, wandte sich Reuchlin mit einem sachlichen Gutachten dagegen, dem »Augenspiegel« (1511). Die Kölner Dominikaner, bei denen Pfefferkorn Rückhalt gefunden hatte, klagten Reuchlin wegen Ketzerei an, wofür er 1520 verurteilt wurde. Die öffentliche Meinung in Deutschland aber hatte längst für Reuchlin entschieden. Fast alle Humanisten standen auf Reuchlins Seite. Reuchlin floh 1520 vor Krieg und Pest nach Ingoldstadt, wo er Griechisch und Hebräisch lehrte, und siedelte 1521 nach Tübingen über. Er lehnte Luthers Kirchenreform ab. Seit 1516 in Konfraternität mit dem Augustinerorden, wurde er schließlich Priester. Reuchlins Wohnhaus neben dem Chor der Stiftskirche wurde 1599 beim Bau des heutigen Schillerplatzes abgebrochen. Fundament- und Kellerreste des Hauses wurden 1972 gefunden. Reuchlins letzte Ruhestätte befindet sich in der Leonhardskirche.

Reuter-Platz, Ernst- siehe →Ernst-Reuter-Platz.

Reuter-Straße, Fritz- siehe →Fritz-Reuter-Straße.

Reutlinger Straße *(1939, Degerloch)* Stadt Reutlingen.

Revaler Straße *(1933, Mühlhausen)* Hansestadt Reval, heute Tallinn, Hauptstadt der Republik Estland.

Rexinger Weg *(1957, Vaihingen)* Ortsteil Rexingen der Stadt Horb, Landkreis Freudenstadt.

Rheinstahlstraße *(1924, Feuerbach)* Nach der früher dort ansässigen Firma Rheinstahl Handelsgesellschaft mbH.

Rhönstraße *(1934, Feuerbach)* Mittelgebirge zwischen Werra, oberer Fulda und Fränkischer Saale.

Richard-Koch-Straße *(1927, Ost)* Dr. Karl Richard (von) Koch (*1852 Stettin † 1924 Bad Liebenzell), seit 1891 Professor für Physik und Meteorologie an der Technischen Hochschule in Stuttgart, 1895 bis 1910 württembergischer Kommissar für die internationalen Erdmessungen. Er gründete 1911 das Physikalische Institut der heutigen Universität Stuttgart.

Richard-Wagner-Straße *(1933, Ost und Süd)* Richard Wagner (*1813 Leipzig † 1883 Venedig), Komponist, vor allem als Schöpfer des »Musikdramas« bekannt. Begründete die Bayreuther Festspiele.

Richbodstraße *(1933, Zazenhausen)* Name eines Abtes des hessischen Klosters Lorsch, 788 in verschiedenen Zazenhäuser Schenkungsurkunden erwähnt.

Richterstraße *(um 1903, Möhringen)* Die Herkunft aus dem Flurnamen »Im Richter« ist nicht zu belegen.

Richtstraße *(1811, Mitte)* Früher hieß diese Straße »Scharfrichtergäßle«, nach dem an den Nachrichter-Turm, auch »Weißer Turm« genannt, anstoßenden Wohnhaus des Scharfrichters. Erstmals 1764 in einer Urkunde erwähnt, siehe auch →Hauptstätter Straße.

Rieckestraße *(1957, Ost)* Viktor Heinrich Riecke (*1759 Stuttgart † 1830 Lustnau), Schul- und Waisenhausinspektor in Stuttgart, machte sich vor allem um das Volksschulwesen sehr verdient.

Riedenberger Straße *(1890, Birkach)* Führt nach Riedenberg.

Riederstraße *(1937, 1986, Lederberg)* Der Flurname dürfte sich von Ried, nassem, sumpfigem Land, herleiten.

Riedgrasweg *(1967, Plieningen)* Zu den Riedgrasgewächsen gehören unter anderem die Gewöhnliche Sumpfbinse, eleocharis palustris, und die Seebinse, scirpus lacustris.

Riedlinger Straße *(1936, 1979, Wangen)* Stadt Riedlingen, Landkreis Biberach.

Riedwiesen, In den siehe →In den Riedwiesen.

Rienzistraße *(1939, Degerloch)* Oper von Richard Wagner.

Rieslingsteg *(1977, Ost)* Traubensorte. Der Steg wurde zur Bundesgartenschau 1977 gebaut; er führte zu einer Weinbau-Sonderschau.

Rieslingweg *(1937, Uhlbach)* Traubensorte.

Rigaer Straße *(1933, Mühlhausen)* Hansestadt Riga, Hauptstadt Lettlands.

Rilkeweg *(1964, Freiberg)* Rainer Maria Rilke (*1875 Prag † 1926 Territet/Genfer See), Dichter.

Ringelgärten, In den siehe →In den Ringelgärten.

Ringelnatzweg *(1955, Sillenbuch)* Joachim Ringelnatz, Pseudonym von Hans Bötticher (*1883 Wurzen † 1934 Berlin), Schriftsteller und Kabarettist. Verfaßte spöttische, satirische und groteske Gedichte von hintergründigem Humor und nachdenklichem Ernst. Er trat unter anderem in Stuttgart auf.

Ringlinweg *(1957, Weilimdorf)* Jakob Ringlin, bis 1531 Pfarrer in Weilimdorf.

Ringmauer, An der siehe →An der Ringmauer.

Rinkenberg *(1936, Wangen)* Der Flurname bezeichnet einen in verschiedenen Stufen abfallenden Berg.

Rippoldsauer Straße *(1937, Bad Cannstatt)* Ortsteil Bad Rippoldsau der Gemeinde Bad Rippoldsau-Schapbach, Landkreis Freudenstadt.

Gründer einer Weltfirma: Robert Bosch um 1910.

Rispenweg *(1956, Plieningen)* Das Einjährige Rispengras, poa annua, ist das am weitesten verbreitete Gras der Welt. Es wächst sowohl in den Tropen als auch in Kaltgebieten. Das Gewöhnliche Rispengras, poa trivialis, ist eines der häufigsten einheimischen Wiesengräser.

Rittersspornweg *(1957, Vaihingen)* Zu den Ziersträuchern im Garten zählt der Garten-Rittersporn, delphinium ajacis. Der Feldrittersporn, delphinium consolida, ist eine im Rückgang begriffenen einheimische Wildpflanze.

Ritterstraße *(1895, Süd)* Jakob Friedrich Ritter (*1817 † 1893), letzter Heslacher Schultheiß.

Robert-Bosch-Straße *(1922, Nord)* Dr.-Ing. h. c. Robert Bosch (*1861 Albeck bei Ulm † 1942 Stuttgart), Großindustrieller. Ursprünglich Feinmechaniker von Beruf, legte er 1886 mit der Eröffnung einer Werkstätte für Feinmechanik und Elektrotechnik in Stuttgart den Grundstein zur heutigen Weltfirma Robert Bosch GmbH. Für seine Verdienste um die Hebung von Gewerbe, Handel und Verkehr und seine Unterstützung von wohltätigen und gemeinnützigen Einrichtungen wurde ihm 1917 das Ehrenbürgerrecht der Stadt verliehen.

Robert-Haug-Weg *(1924, Nord)* Robert (von) Haug (*1857 Stuttgart † 1922 Stuttgart), Maler, Lithograph und Professor an der Akademie der bildenden Künste. Robert Haug kam nach Abschluß seines Studiums in München 1879 wieder nach Stuttgart, erhielt 1894 eine Professur an der Stuttgarter Kunstschule, der späteren Kunstakademie, und war mit Unterbrechung 1902 bis 1916 ihr Direktor. Seine Hauptwerke waren impressionistische Bilder aus den napoleonischen Befreiungskriegen, Landschaften und Fresken.

Robert-Heck-Weg *(1935, Nord)* Robert Heck (*1831 Stuttgart † 1889 Stuttgart), Genre-, Landschafts- und Porträtmaler.

Robert-Koch-Straße *(1946, Vaihingen und Rohr)* Robert Koch (*1843 Clausthal/Harz † 1910 Baden-Baden), Arzt und Forscher, einer der Schöpfer der Bakteriologie, entdeckte 1882 den Tuberkelbazillus und 1884 den Cholera-Erreger. Für seine Verdienste um die Bekämpfung der Tuberkulose erhielt er 1905 den Nobelpreis für Medizin.

Robert-Leicht-Straße *(1927, Vaihingen)* Dr.-Ing. h. c. Robert Leicht (*1849 Schwäbisch Hall † 1921 Vaihingen auf den Fildern), Bierbrauereibesitzer, Gründer der Brauerei Ro-

Robert Leicht

bert Leicht AG in Vaihingen, Kommerzienrat. Der 1878 in Vaihingen gegründete Betrieb entwikkelte sich mit den Marken »Schwaben Bräu« und »Vaihinger Fruchtsäfte« zu einem der bedeutendsten seiner Branche in Württemberg. Die frühere Gemeinde Vaihingen a. d. F. verlieh ihm 1906 das Ehrenbürgerrecht.

Robert-Mayer-Straße *(1925, Nord)* Julius Robert (von) Mayer (*1814 Heilbronn † 1878 Heilbronn), Arzt und Physiker, entdeckte 1840 das Gesetz von der Erhaltung der Energie.

Robert-Stolz-Weg *(1980, Botnang)* Professor Robert Stolz (*1880 † 1975), Operettenkomponist.

Robertstraße *(1921, Luginsland)* Männlicher Vorname.

Rochenweg *(1957, Mönchfeld)* Der Nagelrochen, raja clavata, ist der häufigste Rochen der europäischen Küstengewässer.

Rodung, In der siehe →In der Rodung.

Röckenwiesenstraße *(1929, West)* Der seit 1304 bekannte Flurname Röckenwiesen geht auf den Personennamen Recke oder Reck als Besitzer einer Wiese hier zurück. Dieser Name wurde von 1280 an in Stuttgarter Urkunden häufig erwähnt.

Röhrlingweg *(1957, Schönberg)* Röhrling ist eine Gattung der Pilze.

Römerhaus, Beim siehe →Beim Römerhaus.

Römerhof, Beim siehe →Beim Römerhof.

Römerkastell, Am siehe →Am Römerkastell.

Römersteinweg *(1928, Ost)* Berg der Schwäbischen Alb bei Dornstetten.

Römerstraße *(1862, Süd)* Friedrich Römer (*1794 Erkenbrechtsweiler † 1864 Stuttgart), Chef des Departements der Justiz im März-Ministerium 1848, Abgeordneter und 1851 Präsident der württembergischen Kammer und Stuttgarter Ehrenbürger. Er ließ in Stuttgart am 18. Juni 1849 das Rumpf-Parlament der deutschen Nationalversammlung auflösen.

Röntgenstraße *(1926, Ost)* Wilhelm Conrad Röntgen (*1845 Lennep, Rheinland † 1923 München), Physiker, entdeckte 1895 die Röntgenstrahlen. Erster Nobelpreisträger für Physik 1901.

Rößlinweg *(1934, Ost)* Nach der alten Stuttgarter Buchdrucker- und Verlegerfamilie Rößlin (1611 bis 1745).

Rötestraße *(1866, West)* Der Flurname wurde schon 1304 in einer Urkunde genannt. Da die natürlichen geologischen Verhältnisse in dieser Gegend eine rote Bodenfarbe nicht erkennen lassen, darf angenommen werden, daß die Quelle für die Namensgebung in künstlichen Bauten zu suchen ist, bei denen roter Sandstein verwendet wurde. Möglicherweise war dies bei der »Roten Steige« der Fall (siehe →Rotenwaldstraße).

Roggenstraße *(1959, Plieningen)* Getreidepflanze.

Rohrackerstraße *(1927, Hedelfingen und Rohracker)* Führt nach Rohracker.

Rohrdommelweg *(1974, Neugereut)* Die Rohrdommel, botaurus stellaris, gehört zur

Familie der Reiher und ist vom Aussterben bedroht. Ihr Lebensraum, ausgedehnte Schilf- und Röhrichtbestände, wird immer mehr eingeschränkt.

Rohreckweg *(1957, Frauenkopf)* Nach der unterhalb des Stadtteils Frauenkopf gelegenen ehemaligen Burg Rohreck.

Rohrer Höhe *(1976, Rohr)* Lagebezogener Name.

Rohrer Straße *(um 1903, Möhringen)* Führt nach Rohr.

Roigheimer Straße *(1951, Rot)* Gemeinde Roigheim, Landkreis Heilbronn.

Rolandstraße *(1934, Feuerbach)* Roland, der berühmteste der zwölf Paladine aus dem Sagenkreis um Kaiser Karl den Großen, führte die Nachhut beim Rückzug aus Spanien in den Pyrenäen. Er wurde aus dem Hinterhalt überfallen und fiel nach heldenhaftem Kampf. Im ältesten französischen Heldenepos, dem zwischen 1100 und 1125 entstandenen Rolandslied, wurde die Vasallentreue Rolands dichterisch gestaltet.

Romingerweg *(1929, West)* Nathanael Rominger (*1847 Stuttgart † 1927 Stuttgart), Kaufmann und Kommerzienrat, widmete sich neben seiner beruflichen Tätigkeit in dem vom Vater gegründeten Glas- und Porzellangeschäft der Wohltätigkeit. Sein Haupt- und Lebenswerk war die Gründung der Volksbibliothek Stuttgart, der heutigen Stadtbücherei, im Jahr 1897.

Rommelshauser Straße *(1957, Bad Cannstatt)* Ortsteil Rommelshausen der Stadt Kernen im Remstal, Rems-Murr-Kreis.

Rommelstraße *(1968, Bad Cannstatt)* Erwin Rommel (*1891 Heidenheim/Brenz † 1944 Herrlingen bei Ulm), Generalfeldmarschall. Erhielt 1917 als Offizier den Orden pour le mérite, war 1921 bis 1929 Kompanieführer (Hauptmann) im Infanterie-Regiment 13 in Stuttgart. Rommel führte 1940 im »Westfeldzug« eine Panzerdivision, 1941 bis 1943 das Deutsche Afrikakorps, mit dem er bis Ägypten vordrang, 1943 bis 1944 die Heeresgruppe B in Norditalien und Nordfrankreich. Er genoß zunächst das Vertrauen Hitlers. Unter dem Eindruck von Hitlers Fehlentscheidungen schloß sich Rommel im Frühjahr 1944 der Widerstandsbewegung an. Nach schwerer Verwundung wurde er von Hitler zum Selbstmord gezwungen. Sein Sohn Manfred (*1928) ist seit Januar 1975 Oberbürgermeister von Stuttgart.

Roseggerweg *(1925, Nord)* Peter Rosegger (*1843 Alpl/Steiermark † 1918 Krieglach/Steiermark), österreichischer Schriftsteller.

Rosenaustraße *(1869, Bad Cannstatt)* Nach der Flur Au und den früher hier gelegenen Gärten des Geheimen Hofrats Ernst Pfeiffer.

Rosenbergplatz *(1901, West)* Der schon 1516 urkundlich genannte Flurname kommt wohl von der Blume (Rose) und der leicht ansteigenden Lage des Gebiets her.

Rosenbergstraße *(1871, Mitte und West)* siehe →Rosenbergplatz.

Rosenbusch, Im siehe →Im Rosenbusch.

Rosengartenstraße *(um 1913, Frauenkopf)* Der Flurname leitet sich wahrscheinlich von Roßgarten ab, einer Pferdeweide der nahegelegenen Burg Rohreck.

Rosenrotweg *(1967, Möhringen)* Märchengestalt.

Rosensteinbrücke *(1953, Bad Cannstatt)* Führt von der Cannstatter Innenstadt zum Rosensteinpark.

Rosensteinstraße *(1897, Nord)* Nach dem in der Nähe gelegenen Schloß Rosenstein, das Hofbaumeister Giovanni Salucci 1824 bis 1829 erbaute. Foto: Seite 204.

Rosenstraße *(1894, Mitte)* Hieß ursprünglich Rosengäßle und wurde erstmals 1431 in einer Urkunde genannt.

Rosentalstraße *(1928, Vaihingen)* Der Flurname geht vermutlich auf wilde Rosen zurück.

Rosenwiesstraße *(1935, Möhringen)* Flurname, 1470 erstmals urkundlich erwähnt, leitet sich vermutlich ebenfalls von Wildrosen ab.

Roserweg *(1926, Ost)* Wilhelm Roser (*1817 Stuttgart † 1888 Marburg/Lahn), Professor der Chirurgie, gehörte neben Griesinger zu den Begründern der neuen Medizin.

Rosmarinweg *(1935, Sommerrain)* Der Rosmarin, rosmarinus officinalis, ist eine Gewürz- und Heilpflanze, die vielen Völkern des Altertums heilig war.

Roßbachstraße *(1937, Weilimdorf)* Nach der durch den Sieg Friedrichs des Großen über die Franzosen und die Reichsarmee 1757 im Dritten Schlesischen Krieg bekannten Gemeinde Roßbach im Bezirk Halle.

Roßbergstraße *(1898, Ost)* Berg der Schwäbischen Alb bei Gönningen.

Roßfelder Straße *(1965, Zuffenhausen)* Ortsteil Roßfeld der Stadt Crailsheim, Landkreis Schwäbisch Hall.

Roßhaustraße *(1935, Degerloch)* Nach dem angrenzenden Waldteil Roßhau.

Rossiniweg *(1961, Botnang)* Gioacchino Rossini (*1792 Pesaro † 1868 Rueil bei Paris), italienischer Komponist.

Roßwager Straße *(1951, Rot)* Ortsteil Roßwag der Stadt Vaihingen an der Enz, Landkreis Ludwigsburg.

Rostocker Straße *(1943, Bad Cannstatt)* Stadt Rostock, Mecklenburg.

Rotdornweg *(1923, Degerloch)* siehe →Hagdornweg.

Rotebühlplatz *(1960, Mitte)* Nach dem rotbemalten Heiligenbild vor dem ehemaligen Reinsburger Tor. Einst war er belebter Umschlagplatz für Güter und Nachrichten, denn hier stand von der Mitte des 17. Jahrhunderts an das Thurn- und Taxissche Posthaus.

Rotebühlstraße *(1811, West)* Die Straße hieß bis 1811 »Rothebühlthorstraße«, vorher »Rothenbildthorstraße«, siehe →Rotebühlplatz.

Rotenberger Steige *(1927, Untertürkheim und Rotenberg)* Führt nach Rotenberg.

Rotenbergstraße *(1893, Ost)* Frühere Gemeinde und heutiger Stuttgarter Stadtteil.

Rotenwaldstraße *(1880, West und Süd)* Der 1498 genannte Flurname für den Waldteil Rotenwald (früher Rotenwäldle) dürfte sich von einer »Roten Steige« herleiten, einem sehr alten Weg, der vermutlich ungefähr vom Berliner Platz über den Bismarckplatz zum Westbahnhof und weiter zum Birkenkopf und nach Magstadt führte.

Roter Stich *(1954, Zuffenhausen, Burgholzhof)* Der Flurname geht auf die dortigen geologischen Verhältnisse (Roter Mergel) und auf die Lage zurück. Ein Stich ist ein steiler Anstieg.

Rotkäppchenweg *(1954, Möhringen)* Märchengestalt.

Rottannenweg *(1938, Süd)* Die Gemeine Fichte, picea abies, wird auch Rottanne oder Tanne genannt.

Rottweiler Straße *(1957, Vaihingen)* Stadt Rottweil.

Rotweg *(1933, Rot)* Der Name geht vielleicht auf die Bodenfarbe dieser Gegend zurück. Möglicherweise steht er auch im Zusammenhang mit der Römerstraße Cannstatt–Benningen. Auf den Rotweg geht der Name des Stadtteils Rot zurück.

Rotwiesenstraße *(1952, Schönberg)* Der Flurname geht auf die Bodenfarbe, auf den Roten Keuper, zurück.

Rubensstraße *(1946, Degerloch)* Peter Paul Rubens (*1577 Siegen † 1640 Antwerpen), flämischer Maler, einer der bedeutendsten Meister des Barocks.

Rudolf-Gehring-Platz *(1989, Feuerbach)* Rudolf Gehring (*1888 † 1980), Stadtrat und Bezirksbürgermeister von Feuerbach und Stuttgart.

Rudolf-Brenner-Straße *(1946, Sillenbuch)* Rudolf Brenner (*1854 Stuttgart † 1927 Stuttgart), komponierte als Chormeister, von 1897 an als Bundeschormeister des neu gegründeten Deutschen Arbeitersängerbundes, zahlreiche Werke für Chor und Orchester.

Rudolf-Steiner-Weg *(1962, Nord)* Dr. Rudolf Steiner (*1861 Kraljevic/Kroatien † 1925 Dornach/Schweiz), Begründer der Anthroposophie und 1919 Schöpfer der ersten Freien Waldorfschule der Welt in Stuttgart.

Rudolf Steiner

Rudolfstraße *(1895, Ost)* Erinnert an König Rudolf von Habsburg (*1218 † 1291), 1273 zum deutschen König gewählt. Seine Truppen belagerten 1286 Stuttgart und zerstörten 1287 sieben um Stuttgart gelegene Burgen, darunter auch die ehemalige Burg Berg.

Rudolf-Weisser-Weg *(1980, Möhringen)* Rudolf Weisser (*6. November 1878 Stuttgart † 26. Dezember 1970 Stuttgart), Heimatforscher. Weisser war bis 1929 Bankbeamter beim Stuttgarter Verein Versicherungs-AG, jetzt Allianz. Aus gesundheitlichen Gründen mußte er den Beruf aufgeben und wandte sich der Heimatforschung zu. 1929 veröffentlichte er das Buch »Denkmale der Filder aus vergangenen Tagen«. 1939 übernahm er das Möhringer Heimatmuseum als Pfleger. Trotz zweimaliger Kriegsbeschädigungen rettete er das Museum mit viel Fleiß und Umsicht über den Krieg. Weisser ergänzte die Stuttgarter Baugrundkarten durch zahlreiche Bodenuntersuchungen und geologische Gutachten. Als Geologe, Archäologe und Museumspfleger hat er eine reiche Lebensarbeit hinterlassen.

Rübezahlweg *(1954, 1978, Möhringen)* Sagengestalt, Berggeist des Riesengebirges.

Rückertstraße *(1899, West)* Friedrich Rückert (*1788 Schweinfurt † 1866 Neuses bei Coburg), Dichter, Professor der orientalischen Sprachen, hauptsächlich Lyriker und Übersetzer. War 1815 bis 1817 Schriftleiter des Cotta'schen »Morgenblattes« in Stuttgart.

Rüderner Straße *(1915, Obertürkheim)* Ortsteil Rüdern der Stadt Esslingen am Neckar.

Rüdigerstraße *(1938, Feuerbach)* Rüdiger von Bechelaren (Pöchlarn), eine Gestalt des Nibelungenliedes, fiel als Lehensmann König Etzels im Kampf gegen die Burgunder.

Rühlestraße *(1928, Bad Cannstatt)* Gottlob Friedrich Rühle (*1816 Bad Cannstatt † 1893

Bad Cannstatt), Mediziner, widmete sich als Arzt in Cannstatt neben seiner Praxis hauptsächlich der Pflege und Behandlung Gemütskranker. Er errichtete 1847 dort eine Heilanstalt für Gemüts- und Nervenkranke.

Rührbrunnenweg *(1977, Uhlbach)* Nach dem Brunnen, der sich früher dort befand.

Rümelinstraße *(1899, Nord)* Emil (von) Rümelin (*1846 Ulm † 1899 Baden-Baden), 1893 bis 1899 Oberbürgermeister der Stadt Stuttgart. Als Obersteuerrat im staatlichen Steuerkollegium wurde Emil Rümelin am 18. November 1892 zum Stadtschultheißen gewählt. Während seiner Amtszeit wurden das Bürgerhospital eingeweiht, der Schwabtunnel dem Verkehr übergeben und der elektrische Betrieb bei den Straßenbahnen (1895) eingeführt. Seit der Gründung des Württembergischen Städtetages war Emil von Rümelin dessen Vorsitzender.

OB Emil Rümelin

Rüsternweg *(1939, Degerloch)* Die Ulme, ulmus glabra, wird auch Rüster genannt.

Rütlistraße *(1935, Zuffenhausen)* Rütli heißt eine Waldwiese am Vierwaldstätter See im schweizerischen Kanton Uri. Dort sollen 1291 die Urkantone der schweizerischen Eidgenossenschaft ihren Freiheitsschwur gegen die habsburgischen Vögte geleistet haben. Die Ereignisse sind jedoch historisch fragwürdig.

Ruffweg *(1955, Sillenbuch)* Altes Sillenbucher Geschlecht, bereits 1733 urkundlich genannt.

Ruggerstraße *(1936, Kaltental)* Nach einem der urkundlich im 12. Jahrhundert genannten Herren von Kaltental.

Ruhesteinstraße *(1936, Kaltental)* Bergrükken zwischen Schliffkopf und Hornisgrinde.

Ruhrstraße *(1926, Bad Cannstatt)* Nebenfluß des Rheins.

Ruiter Straße *(1928, Hedelfingen)* Ortsteil Ruit der Stadt Ostfildern, Landkreis Esslingen.

Ruitlenstraße *(1929, Hofen)* Der Flurname geht auf Reut oder Ruit zurück, eine gerodete Stelle.

Rulamanweg *(1954, Möhringen)* Erzählung von David Friedrich Weinland.

Rulfinger Straße *(1961, Möhringen)* Ortsteil Rulfingen der Stadt Mengen, Landkreis Sigmaringen.

Rungestraße *(1938, Zuffenhausen)* Friedlieb Ferdinand Runge (*1795 Billwerder bei Hamburg † 1867 Oranienburg), Chemiker, entdeckte das Anilin, Koffein und Atropin.

Rupert-Mayer-Platz *(1987, Süd)* Rupert Mayer (*23. Januar 1876 Stuttgart † 1. November 1945 München), Pater, Jesuit. Ab 1912 in München als Seelsorger, ab 1921 als Präses der Marianischen Männerkongregation tätig. Wurde als Gegner des NS-Regimes 1939/40 im Konzentrationslager Oranienburg/Sachsenhausen, danach bis 1945 in Ettal inhaftiert. Mayer war eine der deutschen Symbolgestalten christlicher Nächstenliebe und des Widerstands gegen die nationalsozialistische Diktatur. Papst Johannes Paul II. sprach ihn 1987 selig.

Ruppmannstraße *(1957, Vaihingen)* Wilhelm Ruppmann (*1868 Mössingen † 1924

Hofbaumeister Giovanni Baptiste Salucci entwarf die Pläne für Schloß Rosenstein. Foto aus dem Jahr 1961.

Stuttgart), Fabrikant, gründete 1892 ein feuerungstechnisches Büro und erwarb 1898 eine Ziegelei an der heutigen Ruppmannstraße, die er auf die Erzeugung von feuerfesten Steinen (Schamotte) umstellte. Diese Firma, eine der ersten im heutigen Industriegebiet in Vaihingen, war schon nach wenigen Jahren einer der größten Betriebe dieser Branche in Württemberg.

Rusenschloßstraße *(1937, 1989, Feuerbach)* Burgruine Rusenschloß bei Blaubeuren.

Rutesheimer Straße *(1953, Weilimdorf)* Gemeinde Rutesheim, Landkreis Böblingen.

Saalestraße *(1935, Münster)* Nebenfluß der Elbe.

Saarlandstraße *(1935, Möhringen)* Bundesland.

Saarstraße *(1925, Bad Cannstatt)* Nebenfluß der Mosel.

Sachsenstraße *(1938, Zuffenhausen)* Germanischer Volksstamm.

Sachsen-Weimar-Eisenach, Auguste Prinzessin von siehe →Augustenstraße.

Sachsen-Weimar-Eisenach, Hermann Prinz von siehe →Hermannstraße und →Weimarstraße.

Sachs-Straße, Hans- siehe →Hans-Sachs-Straße.

Sängerstraße *(1867, Mitte)* Die schon 1862 bekannte Straßenbezeichnung soll »zu Ehren der edlen Sangeskunst« eingeführt worden sein.

Safranweg *(1957, Heumaden)* Die Blütennarbe des orientalischen Echten Safrans, crocus sativus, wird seit alten Zeiten gedörrt und als Speisewürze verwendet.

Salacher Straße *(1936, Wangen)* Gemeinde Salach, Landkreis Göppingen.

Salamanderweg *(1953, Bergheim)* Der Feuersalamander, salamandra salamandra, gehört zur Familie der Molche und Salamander und zur Ordnung der Schwanzlurche. Er kommt nur nachts oder bei Regenwetter aus seinen Stein- und Moosverstecken hervor und ist geschützt.

Salbeiweg *(1932, Plieningen)* In den Klostergärten des Mittelalters zählte der Salbei, salvia officinalis, zur den besonders hoch verehrten und vielfältig genutzten Heil- und Gewürzkräutern.

Salucciallee *(1978, Bad Cannstatt)* Giovanni Baptiste Salucci (*1769 Florenz † 1845 Florenz), ab 1818 Hofbaumeister König Wilhelms I., entwarf unter anderem das Schloß Rosenstein, die Grabkapelle auf dem Rotenberg und das Wilhelmspalais.

Salzäckerstraße *(1945, Möhringen)* Der Flurname wurde 1470 erstmals als Salzäcker urkundlich erwähnt und geht vielleicht auf eine Belastung durch Abgaben in Form von Salz zurück.

Salzburger Straße *(1938, Feuerbach)* Landeshauptstadt Salzburg, Österreich.

Salzmannweg *(1906, Nord)* Christian Gotthilf Salzmann (*1744 Sömmerda † 1811 Schnepfenthal), bedeutender Pädagoge, Begründer der Anstalt Schnepfenthal bei Gotha, siehe →Guts-Muths-Weg. Er strebte die allseitige Ausbildung seiner Schüler unter Betonung der praktischen Lebensertüchtigung an.

Salzweg, Im siehe →Im Salzweg.

Salzwiesenstraße *(1924, Zuffenhausen)* Der Flurname deutet auf salzhaltiges, sumpfiges Gelände hin.

Sandäckerstraße *(1953, Feuerbach)* Der Flurname ist auf die Bodenbeschaffenheit (sandiger Untergrund) zurückzuführen.

Sandbergerstraße *(1913, Ost)* D. Viktor Sandberger (*1835 Benzenzimmern † 1912 Stuttgart), Konsistorialpräsident, wurde 1905 zum Präsidenten des Evangelischen Konsistoriums berufen. Die Universität Tübingen ernannte ihn 1902 zum Ehrendoktor der Theologie.

Sandbuckel *(1955, Giebel)* Der Flurname dürfte sich von der Bodenbeschaffenheit und Lage herleiten.

Sanddornweg *(1983, Plieningen)* Der Sanddorn, hippophae rhamnoides, ist ein Strauch der Ölweidengewächse, der an Meeresküsten und im Schotter der Gebirgsflüsse gedeiht.

Sandgrube, In der siehe →In der Sandgrube.

Sander-Straße, Otto- siehe →Otto-Sander-Straße.

Sandrockweg *(1957, Vaihingen)* Adele Sandrock (*1864 Rotterdam † 1937 Berlin), Schauspielerin, Darstellerin tragischer Rollen in klassischen und Gesellschaftsstücken. Erfolgreich auch im Film.

Sandweg *(1928, Süd)* Der Name des Ende des 18. Jahrhunderts so bezeichneten Wegs geht auf die geologischen Verhältnisse (Stubensandstein) zurück.

Sankt Pöltener Straße *(1938, Feuerbach)* Stadt St. Pölten, Österreich.

Saphirweg *(1951, Nord)* Der Saphir ist einer der wertvollsten Edelsteine.

Sartoriusstraße *(1938, Feuerbach)* M. Johann Sartor war der dritte Feuerbacher Pfarrer nach der Reformation. In seiner langjährigen Amtszeit (1556 bis 1585) hat er die evangelische Gemeinde Feuerbachs organisiert und gefestigt.

Sarweystraße *(1938, Nord)* Nach der bekannten Juristenfamilie Sarwey, der neben anderen Persönlichkeiten auch der württembergische Staatsminister für das Kirchen- und Schulwesen Dr. Otto (von) Sarwey (*1825 Tübingen † 1900 Stuttgart) entstammte.

Satteläcker *(1957, Rohr)* Der Flurname geht auf die sattelförmige Einsenkung der dortigen Anhöhe zurück.

Satteldorfer Straße *(1965, Zuffenhausen)* Gemeinde Satteldorf, Landkreis Schwäbisch Hall.

Sattelstraße *(1925, Untertürkheim)* Nach der sattelartigen Geländeform.

Sattlerstraße *(1886, Mitte und Nord)* Christian Friedrich Sattler (*1705 Stuttgart † 1785 Stuttgart), Herzoglicher Geheimer Archivar, Regierungsrat, württembergischer Geschichtsschreiber, verfaßte eine umfassende und zuverlässige Geschichte Altwürttembergs, die »Historische Beschreibung des Herzogthums Württemberg« (1752).

Saturnstraße *(1957, Rohr)* Zweitgrößter Planet des Sonnensystems.

Sauerlandstraße *(1958, Feuerbach)* Mittelgebirgslandschaft in Westfalen.

Sauerweg *(1957, Vaihingen)* Oscar Sauer (*1856 Berlin † 1918 Berlin), Schauspieler, Darsteller bedeutender Rollen des Charakter- und Heldenfachs in klassischen und Gesellschaftsstücken.

Saulgauer Straße *(1936, Wangen)* Stadt Saulgau, Landkreis Sigmaringen.

Saumweg *(1922, Nord)* Moderne Bezeichnung. Saum bedeutet Rand.

Saunastraße *(1957, Vaihingen)* Nach dem am Ende der Straße gelegenen Luft- und Saunabad.

Sautterweg *(1960, Fasanenhof)* Dr.-Ing. h. c. Karl Sautter (*1872 Biberach/Riß † 1960 Stuttgart), 1920 bis 1933 Staatssekretär im Reichspostministerium. Nach 1945 maßgeblich für den Wiederaufbau des Post- und Fernmeldedienstes tätig.

Schaberweg *(1957, Vaihingen)* Nach dem Vaihinger Weber- und Händlergeschlecht Schaber.

Schachtelhalm *(1983, Plieningen)* Der Akkerschachtelhalm, equsetum arvense, ist eine alte Heilpflanze. Er wird auch Zinnkraut genannt, denn die Pflanze diente früher zum Scheuern von Zinn- und anderen Metallgefäßen.

Schädle-Staffel, Ernst- siehe →Ernst-Schädle-Staffel.

Schädleweg *(1957, Vaihingen)* siehe →Ernst-Schädle-Staffel.

Schäferstraße *(um 1892, Zuffenhausen)* Nach der früher dort gelegenen Schäferei.

Schäfer-Weg, Walter-Erich- siehe →Walter-Erich-Schäfer-Weg.

Schäffle-Straße, Albert- siehe →Albert-Schäffle-Straße.

Schafgärten *(1957, Riedenberg)* Der Flurname bezeichnet ein Gebiet, in dem Schafe gepfercht wurden.

Schafstraße, Hintere siehe →Hintere Schafstraße.

Schaiblestraße *(1957, Weilimdorf)* Nach einem alten Weilimdorfer Familiennamen.

Scharfenschloßstraße *(1937, Feuerbach)* Burgruine Scharfenschloß bei Gingen an der Fils.

Scharnhauser Straße *(1892, Plieningen)* Ortsteil Scharnhausen der Stadt Ostfildern, Landkreis Esslingen.

Scharrstraße *(1957, Vaihingen)* Hans Scharr, urkundlich genannt 1750 als Schultheiß in Vaihingen.

Schattenring *(1963, Süd)* Nach der nahen Waldflur Schatten, einem am Nordhang gelegenen Gelände.

Schattwald, Am siehe →Am Schattwald.

Schatzweg *(1957, Sonnenberg)* Eduard Mörike war 1826 bis 1827 als Vikar in Möhringen tätig. Der Weg ist nach seiner 1836 erstmals veröffentlichten Novelle »Der Schatz« benannt. Siehe auch →Mörikestraße.

Scheffelstraße *(1899, West)* Josef Victor (von) Scheffel (*1826 Karlsruhe † 1886 Karlsruhe), Schriftsteller, verfaßte historische Romane und witzige Kneip- und Studentenlieder.

Schellbergstraße *(1912, Ost)* Der Flurname ist seit 1555 bekannt und geht auf das Hochgericht zurück. Ursprünglich hieß er Scheuelberg, von Scheuel (Scheu, Abscheu). Ab 1540 hieß er auch Schellenberg und etwa seit 1849 Schellberg.

Schellenkönig, Im siehe →Im Schellenkönig.

Schellingstraße *(1858, Mitte)* Dr. med. Karl Eberhard Schelling (*1783 Bebenhausen † 1854 Stuttgart), Obermedizinalrat, Bruder des Philosophen Friedrich Wilhelm (von) Schelling. Als Arzt sehr geschätzt und beliebt, wurde während seines Wirkens in Stuttgart (1805 bis 1854) Hofarzt.

Schelmenwasenstraße *(1974, Möhringen)* Der Flurname bezeichnet ursprünglich ein Wiesengelände, in dem entweder Tierkadaver vergraben wurden oder das irgendwann einmal als menschliche Begräbnisstätte gedient hat.

Schemppstraße *(1957, Riedenberg)* Nach dem alten Riedenberger Geschlecht, dem Gemeindepfleger und Anwälte entstammten.

Schenkendorfstraße *(1934, West)* Gottlieb Ferdinand Maximilian von Schenkendorf (*1783 Tilsit † 1817 Koblenz), Regierungsrat, entfachte in Gedichten und Liedern (»Freiheit, die ich meine«) die Begeisterung für den Freiheitskampf gegen Napoleon, an dem er teilnahm.

Schenkensteinstraße *(1934, Feuerbach)* Burgruine Schenkenstein bei Aufhausen im Ostalbkreis.

Scherrenstraße *(1909, Untertürkheim)* Der Flurname geht vielleicht auf Scherre (Felsen) zurück.

Schertelstraße *(1933, Zazenhausen)* Hans Sebastian Schertlin von Burtenbach (*1496 Schorndorf † 1577 Burtenbach bei Augsburg), Landsknechtführer. Er war einer der reichsten Männer des Landes und schrieb eine Autobiographie. Von 1588 an war er als Erbe der Herren von Stammheim Lehensträger von Zazenhausen, siehe →Burtenbachstraße.

Scheurenwiese *(1963, Steckfeld)* Der Flurname bezeichnet wahrscheinlich die Wiese bei einer Scheuer.

Schexweg *(1957, Vaihingen)* Gottlob August Schex (*1849 † 1920), Ökonom und Pomologe, angesehener Vaihinger Bürger.

Schickhardtstraße *(1893, Süd)* Heinrich Schickhardt (*1558 Herrenberg † 1635 Stuttgart), Baumeister. Wirkte als Gehilfe Georg Beers beim Bau des Neuen Lusthauses mit, wurde 1596 herzoglicher Baumeister und 1608 Erster Baumeister. Er entwarf in Stuttgart den Keller des Prinzenbaus und den »Neuen Bau« (1600 bis 1609, nach Brand 1778 abgebrochen). In ganz Württemberg und den dem damals württembergischen Mömpelgart (Montbéliard) erstellte er zahlreiche repräsentative Gebäude und Kirchen. Er war der Erbauer der Stadt Freudenstadt.

Schickstaffel *(1908, Mitte)* Gottlieb Schick (*1776 Stuttgart † 1812 Stuttgart), Historien-, Porträt- und Landschaftsmaler, einer der bedeutendsten Künstler des deutschen Klassizismus. Er lebte 1798 bis 1802 in Paris,

Gottlieb Schick

bis 1811 in Rom und zuletzt wieder in Stuttgart.

Schickstraße *(1931, Mitte)* siehe →Schickstaffel.

Schieber-Weg, Anna- siehe →Anna-Schieber-Weg.

Schießäckerstraße, Untere siehe →Untere Schießäckerstraße.

Schießgärtle, Im siehe →Im Schießgärtle.

Schießhaus, Im siehe →Im Schießhaus.

Schießhausstraße *(1931, Plieningen)* Der Flurname Schießhausäcker geht vermutlich auf ein Schützenhaus zurück, das früher dort stand.

Schießmauerstraße *(1926, Vaihingen)* Nach einer Mauer, die sich früher dort befand und an der Schießübungen abgehalten wurden.

Schildfarnweg *(1986, Lederberg)* Gattung der Farne.

Schildkrötenweg *(1953, Bergheim)* Schildkröten, testudines, sind eine Ordnung der Kriechtiere.

Schilfweg *(1954, Plieningen)* Das Schilf, phragmites australis, ist das größte der einheimischen Gräser.

Schiller, Charlotte, geborene von Lengefeld siehe →Lengefeldweg.

Schillereiche, Zur siehe →Zur Schillereiche.

Schillerpassage *(1988, Vaihingen)* Johann Christoph Friedrich Schiller (*1759 Marbach/Neckar † 1805 Weimar), 1802 geadelt, Dichter. War 1773 bis 1780 Zögling der Militärakademie Herzog Karl Eugens in Stuttgart. Er studierte dort Rechtswissenschaft, später Medizin. In diese Zeit fällt der erste Entwurf der »Räuber«, den Schiller bei einem Spaziergang im Bopserwald seinen Freunden vortrug. Nach seinem Abgang von der Akademie war Schiller bis zu seiner durch Unstimmigkeiten mit Herzog Karl Eugen hervorgerufenen Flucht nach Mannheim (1782) als Regimentsmedikus in Stuttgart tätig. Von 1787 an lebte er in Weimar, bis er durch Goethes Bemühungen 1789 Professor der Geschichte an der Universität Jena wurde. Mit seiner Frau und dem in Ludwigsburg geborenen ältesten Sohn wohnte Schiller von März bis Mai 1794 im Gartenhaus des Hofküchengartens in Stuttgart. Er arbeitete hier am »Wallenstein«. 1799 übersiedelte er wieder nach Weimar. Dort starb er am 9. Mai 1805.

Schillerplatz *(1934, Mitte)* Das am 8. Mai 1839 eingeweihte, von dem dänischen Bildhauer Bertel Thorvaldsen geschaffene Schillerdenkmal gab dem früheren Alten Schloßplatz seinen Namen, siehe →Schillerpassage.

Schillerstraße *(1853, Mitte)* siehe →Schillerpassage.

Schiltacher Straße *(1952, Kaltental)* Stadt Schiltach, Landkreis Rottweil.

Schimmelhüttenweg *(1939, 1977, Süd und Degerloch)* Der 1567 genannte Flurname geht auf ein einsames Haus (Schimmelhütte) zurück, das früher dort stand. Mit der Bezeichnung »Schimmelhütte« sollte wohl auf den Gespensterschimmel angespielt werden.

Schimmelreiterweg *(1955, Möhringen)* Nach dem Namen des »Wilden Jägers«, einer Sagengestalt in Theodor Storms Novelle »Der Schimmelreiter«.

Schimmelweg *(1981, Luginsland)* Volksmundbezeichnung.

Schirmerstraße *(1933, Mühlhausen)* Benannt nach Nikolaus (*1842 Ertingen bei Riedlingen † 1906 Mühlhausen a. N.) und Eugen Schirmer (*1880 Mühlhausen a. N. † 1946 Stuttgart-Mühlhausen), den letzten Schultheißen der Gemeinde Mühlhausen.

Schlachthofstraße *(1914, Ost)* Nach dem 1909 eröffneten Vieh- und Schlachthof.

Schlangenweg *(1953, Bergheim)* Schuppenkriechtier.

Schlehen, In den siehe →In den Schlehen.

Schleicher-Straße, Markus- siehe →Markus-Schleicher-Straße.

Schlemmer-Straße, Oskar- siehe →Oskar-Schlemmer-Straße.

Schlichtener Straße *(1955, Burgholzhof und Zuffenhausen)* Ortsteil Schlichten der Stadt Schorndorf, Rems-Murr-Kreis.

Schliemannweg *(1957, 1984, Stammheim)* Heinrich Schliemann (*1822 Neubukow/Mecklenburg † 1890 Neapel), Kaufmann und Archäologe, erwarb sich durch Ausgrabungen in Troja, Mykene, Orchomenos und Tiryns einen hervorragenden Ruf als Altertumsforscher.

Schlierholzweg *(1957, Nord)* Josef (von) Schlierholz (*1817 Biberach/Riß † 1907 Stuttgart), Präsident und Vorstand der Bauabteilung der Generaldirektion der Württembergischen Staatseisenbahn in Stuttgart, hat sich um den Bau der Donau-, Allgäu- und Hohenzollernbahn Verdienste erworben.

Thorvaldsens Schillerdenkmal gab dem Schillerplatz seinen Namen.

Der Schloßplatz um 1900. Die Hanglagen im Hintergrund sind noch weitgehend unbebaut.

Schlierseestraße *(1938, Hofen)* See in Oberbayern.

Schliffkopfstraße *(1936, Kaltental)* Berg im Schwarzwald.

Schlößlestraße *(1910, Ost)* Nach der früheren Wirtschaft »Zum Schlößle«, die der Schlößlesbrauerei (vorher Brauerei Arnold) gehörte. Durch ihren großen Wirtschaftsgarten wurde die Straße geführt.

Schloßbergstraße *(1926, Kaltental)* Nach der alten Burg Kaltental, deren Mauern um 1800 abgetragen und zum Bau von Häusern auf dem Schloßberg verwendet wurden.

Schlosserstraße *(1851, Mitte und Süd)* Gewerbebezeichnung.

Schloßgarten, Mittlerer, Oberer und Unterer siehe →Mittlerer Schloßgarten, →Oberer Schloßgarten und →Unterer Schloßgarten.

Schloß Hohenheim *(1797, Hohenheim)* Erbaut von Reinhard Ferdinand Heinrich Fischer, Flügelbauten ab 1772, Hauptbau 1785 bis 1797, siehe auch →Hohenheimer Straße. Foto: Seite 211.

Schloßplatz *(1823, Mitte)* Seit 1817 nannte man den ehemalige Paradeplatz vor dem »Neuen Residenzschloß« »Neuer Schloßplatz« im Gegensatz zum »Alten Schloßplatz«, dem heutigen Schillerplatz. Er wurde wohl 1823, anläßlich der gärtnerischen Ausgestaltung des Platzes, offiziell benannt.

Schloßplatz, Kleiner siehe →Kleiner Schloßplatz.

Schloßstraße *(1811, Mitte und West)* Die Straße erhielt ihre Bezeichnung nach dem Neuen Schloß, zu dem sie ursprünglich führte. Siehe auch →Bolzstraße.

Schlotterbeckstraße *(1946, Untertürkheim)* Nach der Untertürkheimer Familie Schlotterbeck. Drei Familienmitglieder wurden wegen Widerstandes gegen das Hitlerregime von der Gestapo in Stuttgart verhaf-

Schloß Hohenheim um 1900. Das »landwirtschaftliche Institut«, heute Universität, wurde 1817 gegründet.

tet und am 30. November 1944 in Dachau erschossen: die Eltern Maria und Gotthilf Schlotterbeck und die Tochter Gertrud Lutz. Den Sohn Hermann, der bei einem Fluchtversuch in die Schweiz gefaßt worden war, erschoß die Gestapo wenige Tage vor Kriegsende bei Riedlingen, nachdem sie ihn zuvor im Lager Welzheim gefoltert hatte. Nur Friedrich Schlotterbeck gelang damals die Flucht in die Schweiz.

Schlotwiese *(1930, Zuffenhausen)* Der Flurname geht vermutlich auf die früher sumpfige Bodenbeschaffenheit der Wiesen zurück. Schlat bedeutet Sumpfgras.

Schlürfergasse *(1975, Uhlbach)* Trollingerwein ohne Restsüße nennt man Schlürfer.

Schlüsselwiesen *(1907, Ost)* Herkunft und Bedeutung des Flurnamens sind unklar. Er wird vermutlich von Schlüssel hergeleitet, einem Viereck oder rechtwinkeliger Ausschnitt aus einem Acker oder einer Wiese.

Schmale Straße *(1811, Mitte)* Nach ihrer im Gegensatz zur Breiten Straße geringen Breite. Wurde als »Neue Gaße« erstmals 1764 urkundlich genannt.

Schmalzmarkt *(1987, Ost)* Historischer Name.

Schmaukstraße *(1949, Untertürkheim)* Karl Schmauk (*1868 Untertürkheim † 1946 Stuttgart-Untertürkheim), Sohn eines Weingärtners, Landschaftsmaler und Illustrator.

Schmellbachstraße *(1957, Rohr)* Nach dem in der Nähe gelegenen Bach, dessen Name sich von den Schmellen, den Riedgräsern, die dort wuchsen, ableitetet.

Schmidener Straße *(1885, Bad Cannstatt und Sommerrain)* Ortsteil Schmiden der Stadt Fellbach, Rems-Murr-Kreis.

Schmiedgasse *(1822, Bad Cannstatt)* Gewerbebezeichnung.

Georg Schöttle betrieb die erste Stuttgarter Pferdebahn. Hier der »Imperialwagen« von 1868.

Schmollerstraße *(1955, 1989, Steinhaldenfeld)* Gustav (von) Schmoller (*1838 Heilbronn † 1917 Bad Harzburg), Professor, Nationalökonom, Haupt der jüngeren historischen Schule der deutschen Volkswirtschaftslehre.

Schnaiter Straße *(1936, Untertürkheim)* Ortsteil Schnait der Stadt Weinstadt, Rems-Murr-Kreis.

Schnarrenberg, Am siehe →Am Schnarrenberg.

Schnatzgraben, Beim siehe →Beim Schnatzgraben.

Schneckenberg, Im siehe →Im Schneckenberg.

Schneckenbergstraße *(um 1912, Feuerbach)* Der Flurname könnte vom Personennamen Schneck oder von der Schnecke herkommen.

Schneebergweg *(1936, Feuerbach)* Höchster Berg des Fichtelgebirges.

Schneeglöckleweg *(1958, Sommerrain)* Das Echte Schneeglöckchen, galanthus nivalis, blüht im Vorfrühling.

Schneewittchenweg *(1954, Möhringen)* Märchengestalt.

Schneideräckerstraße *(1971, 1976, Neugereut)* Nach der dortigen Flur, die wohl von einem früheren Besitzer den Namen hat.

Schnellweg *(1957, Süd)* Altes Heslacher Geschlecht.

Schnürleweg *(1957, Zuffenhausen)* Dr.-Ing. Adolf Schnürle (*1898 † 1951), Erfinder und Motorenkonstrukteur. Sein Interesse galt besonders dem Zweitaktmotor.

Schockenriedstraße *(1909, 1982, Vaihingen und Möhringen)* Der Flurname geht auf ein ehemals feuchtes Wiesengelände (Ried) zurück, das zur Gewinnung von Streu genutzt wurde. Unter Schocken sind Heuhaufen zu verstehen.

Schoderstraße *(1909, Nord)* Adolf Schoder (*2. Dezember 1817 Stuttgart † 12. November 1852 Stuttgart), Jurist und Politiker. Studierte in Tübingen Jura, wurde 1843 Oberjustizassessor beim Gerichtshof im Neckarkreis und 1845 Regierungsrat im Ministerium Schlayer. Hatte Kontakt zur liberalen Bewegung, wurde 1848 in die Nationalversammlung gewählt und näherte sich dort mehr der Linken. Er setzte sich vor allem für die Anerkennung der Grundrechte ein. Schoder war 1848 vom Bezirk Besigheim auch in die Ständeversammlung gewählt worden. Dort kämpfte er für die Anerkennung der Nationalversammlung als höchster Autorität. Als König Wilhelm I. von Württemberg die Annahme der Reichsverfassung verweigerte, sprach sich Schoder für die Einsetzung einer provisorischen Regierung aus, falls der König nicht nachgebe. Daraufhin wurde er Vizepräsident des Rumpfparlaments, das vom 6. bis 18. Juni 1849 in Stuttgart tagte und durch Militär gesprengt wurde. Daneben erwarb sich Schoder als Anwalt in politischen Prozessen einen Namen, in denen er mit viel Scharfsinn und Redegewandheit die Anklagen zu zerpflücken wußte. Auf der Höhe seines Ruhms traf ihn in seiner Heimatstadt ein früher Tod.

Schoellstraße *(1957, Plieningen)* Wilhelm Schoell (*1821 † 1881), Gründer einer Samengroßhandlung.

Schönaicher Straße *(1935, Degerloch)* Gemeinde Schönaich, Landkreis Böblingen.

Schönauer Straße *(1961, Kaltental)* Stadt Schönau, Landkreis Lörrach.

Schönbergstraße *(1923, Schönberg)* »Schön« in Flurnamen deutet darauf hin, daß der Boden für die Landwirtschaft brauchbar war und sich gut bearbeiten ließ.

Schönbuchstraße *(1899, Rohr)* Nach dem zwischen Herrenberg, Tübingen und Waldenbuch gelegenen Waldgebiet.

Schönbühlstraße *(1900, Ost)* Berg bei Remshalden-Grunbach, Rems-Murr-Kreis.

Schönestraße *(1891, Bad Cannstatt)* Carl Eduard Schöne (*1813 Fellin, Livland † 1878 Bad Cannstatt), Privatier und Armenfreund, ließ bei seiner Übersiedlung aus Riga 1872 das von Bürgermeister Idler auf dem Stadtgraben 1835 erbaute Haus Badstraße 36 umbauen und erweitern. Es ist heute noch als Villa Schöne bekannt und erhalten. Auf eigene Kosten errichtete er einen Neubau für die Olgakrippe, König-Karl-Straße 5, den er der Stadt übergab. Der Neubau wurde nach seinem Tode am 11. September 1878 bezogen. Seine Witwe Angelina, geb. Brückner (*1826 St. Petersburg † 1913 Stuttgart-Bad Cannstatt), hat die Olgakrippe regelmäßig mit größeren Beträgen unterstützt.

Hermann Schönlein

Schönleinstraße *(1914, Ost)* Hermann Schönlein (*1833 Leipzig † 1908 Stuttgart), Verlagsbuchhändler, gründete 1865 hier einen Verlag und eine Druckerei. Seine Serie »Buch für Alle« erreichte hohe Auflagen. Er vermachte in seinem Testament der Stadt Stuttgart zwei Millionen Mark zu wohltätigen Zwecken.

Schöntaler Straße *(1937, Zuffenhausen)* Gemeinde Schöntal, Hohenlohekreis.

Schönwalterstraße *(1957, Weilimdorf)* Sebald Schönwalter war 1605 bis 1658 Schulmeister in Weilimdorf.

Schoettle-Platz, Erwin- siehe →Erwin-Schoettle-Platz.

Schöttlestraße *(1930, Degerloch)* Georg Schöttle (*1823 Stuttgart † 1897 Stuttgart), Bauunternehmer, plante 1862 eine regelmäßige Pferdebahnverbindung zwischen

Stuttgart und Bad Cannstatt. Am 14. Mai 1862 erhielt er durch königliche Entschließung die Erlaubnis zum Bau und Betrieb dieser Pferdebahn zwischen Staatsarchiv und Berg. In einem 1868 mit der Stadt Stuttgart abgeschlossenen Vertrag erwarb er das Recht, auch eine Linie durch die Innenstadt zu führen.

Scholl-Straße, Geschwister- siehe →Geschwister-Scholl-Straße.

Schopenhauerstraße *(1946, Dürrlewang und Rohr)* Arthur Schopenhauer (*1788 Danzig † 1860 Frankfurt/Main), Philosoph, Sohn eines Großkaufmannes, schrieb bereits mit dreißig Jahren sein Hauptwerk »Die Welt als Wille und Vorstellung«.

Schopflocher Straße *(1957, Vaihingen)* Gemeinde Schopfloch, Landkreis Freudenstadt.

Schorndorfer Straße *(1931, Bad Cannstatt)* Stadt Schorndorf, Rems-Murr-Kreis.

Albert Schott

Schottstraße *(1905, Nord)* Benannt nach Albert Schott (*1782 Sindelfingen † 1861 Stuttgart) und seinem Sohn Sigmund Schott (*1818 Stuttgart † 1895 Stuttgart). Albert Schott, der »alte Schott«, war Obertribunalprokurator sowie Abgeordneter im württembergischen Landtag und in der deutschen Nationalversammlung.

1824 gründete er mit anderen den »Stuttgarter Liederkranz«. Auf seine Anregung kam am 9. Mai 1825 das erste deutsche Schillerfest zustande.

Sein Sohn Sigmund trat als Rechtsanwalt wie als Politiker das Erbe seines Vaters an. Neben seiner Tätigkeit als Abgeordneter des württembergischen Landtags (1850 bis 1870) und als Reichstagsabgeordneter für den Wahlkreis Stuttgart (1881 bis 1887) wurde er als Dichter und populär-philosophischer Schriftsteller bekannt.

Schozacher Straße *(1950, Rot)* Ortsteil Schozach der Gemeinde Ilsfeld, Landkreis Heilbronn.

Schraderweg *(1957, Feuerbach)* Julius Schrader (*1845 Neuenstein † 1906 Stuttgart), Apotheker und Fabrikant in Feuerbach, fand 1888 am Siegelberg in Feuerbach in einem keltischen Grabhügel und 1893 in der Staufeneckstraße in einigen alemannischen Reihengräbern Skelette und Beigaben.

Schranne, In der siehe →In der Schranne.

Schrannenplatz *(1932, Vaihingen)* Flurname, siehe →In der Schranne.

Christoph Schrempf

Schreiberstraße *(1887, Süd)* Wohl nach dem Personennamen Schreiber.

Schrempfstraße *(1945, Degerloch)* Christoph Schrempf (*1860 Besigheim † 1944 Stuttgart-Degerloch), Schriftsteller und Philosoph. Als evangelischer Pfarrer vom Amt enthoben, wirkte er ab 1892 als freier religiös-philosophischer Schriftsteller und Redner in Stuttgart.

Schrempf war 1906 bis 1921 Privatdozent der Philosophie an der Technischen Hochschule in Stuttgart, setzte sich in seinen

Schriften besonders mit dem Christentum, mit Sokrates, Lessing, Goethe, Nietzsche und Kierkegaard auseinander. Stark von Kierkegaard beeinflußt, forderte er als Maßstab ethischer Lebensauffassung einfache Menschlichkeit und Lebenswahrheit.

Schrenk-Weg, Martin- siehe →Martin-Schrenk-Weg.

Schrozberger Straße *(1939, 1983, Zuffenhausen)* Gemeinde Schrozberg, Landkreis Schwäbisch Hall.

Schubartstraße *(1871, Mitte und Ost)* Christian Friedrich Daniel Schubart (*1738 Obersontheim † 1791 Stuttgart), Dichter, Organist und Komponist. Schubart gründete 1774 in Augsburg die Zeitschrift »Deutsche Chronik«. Wegen seiner liberalen, vor allem gegen die Jesuiten gerichteten Artikel wurde Schubart auf Anordnung Herzog Karl Eugens verhaftet und von 1777 bis 1787 auf dem Hohenasperg gefangengehalten. Nach seiner Freilassung lebte Christian Friedrich Daniel Schubart als Theater- und Musikdirektor in Stuttgart. Von ihm stammen unter anderem die Lieder »Die Fürstengruft« und »Kaplied«.

Ch. F. D. Schubart

Schubert-Straße, Franz- siehe →Franz-Schubert-Straße.

Schüle, Im siehe →Im Schüle.

Schützenbühlstraße *(1920, Zuffenhausen)* Der Flurname geht vielleicht auf einen ehemaligen Schießplatz oder auf einen früheren Besitzer namens Schütz oder auch auf einen Besitzer, dessen Beruf Flurschütz war, zurück.

Schützenhausweg *(1937, Weilimdorf)* Nach dem am Anfang des Weges gelegenen Schützenhaus.

Schützenplatz *(1895, Mitte)* Nach dem 1864 von der Schützengilde auf dem Esslinger Berg (Kanonenweg, jetzt Haußmannstraße) erbauten, 1899 abgebrochenen Schützenhaus.

Schützenstraße *(1887, Mitte)* siehe →Schützenplatz.

Schuler-Platz, Emil- siehe →Emil-Schuler-Platz.

Schulstraße *(1811, Mitte)* In einer Urkunde aus dem Jahr 1425 wird außer der Schulgasse erstmals die Schule erwähnt, das Gebäude Schulstraße 14. Es muß eine lateinische Schule gewesen sein – so vermutet der Historiker Gustav Wais –; eine Schule mit deutschem Unterricht vor der Reformation konnte bislang nicht nachgewiesen werden. Die Schulstraße trägt den ältesten noch bestehenden Straßennamen in Stuttgart. Mit der Zeit wandelte sich die Bedeutung der Schulstraße hin zur Geschäfts- und Einkaufsstraße: Zu Beginn der fünfziger Jahre entstand hier eine der ersten Fußgängerzonen Deutschlands. Vergleiche auch →Marktplatz. Foto Seite 217.

Schulwinkel *(1936, Hedelfingen)* Nach der dort gelegenen Schule.

Schulze-Delitzsch-Straße *(1959, Möhringen)* Hermann Schulze-Delitzsch (*1808 Delitzsch † 1883 Potsdam), Jurist, Sozialreformer und Parlamentarier, war einer der Begründer des deutschen gewerblichen Genossenschaftswesens.

Schulzengasse *(1895, Süd)* Vermutlich nach einem dort ansässigen Heslacher Schulzen (Schultheiß, Gemeindevorstand).

Schumacher-Straße, Kurt- siehe →Kurt-Schumacher-Straße.

Schumannstraße *(1938, Botnang)* Robert Schumann (*1810 Zwickau † 1856 Endenich bei Bonn), Komponist und Musikschriftsteller, lehrte am Leipziger Konservatorium und gründete dort 1834 die »Neue Zeitschrift für Musik«. Schumann, dessen Werk als Höhepunkt der deutschen musikalischen Spätromantik bezeichnet wird, starb in geistiger Umnachtung.

Schurwaldstraße *(1902, Ost)* Höhenzug zwischen Neckar und Rems.

Schurz-Straße, Karl- siehe →Karl-Schurz-Straße.

Schussengasse *(1934, Münster)* Fluß in Oberschwaben.

Schwabbacher Straße *(1952, Rot)* Ortsteil Schwabbach der Gemeinde Bretzfeld, Hohenlohekreis.

Schwabstraße *(1866, West)* Dr. theol. Gustav Schwab (*1792 Stuttgart † 1850 Stuttgart), Dichter und Schriftsteller, 1817 bis 1837 Professor am Eberhard-Ludwigs-Gymnasium in Stuttgart, dann Pfarrer in Gomaringen (bis 1841) und an der Leonhardskirche in Stuttgart (bis 1844), war zuletzt Oberkonsistorial- und Oberstudienrat.

Gustav Schwab

Als Dichter beschrieb Schwab vor allem die schwäbische Landschaft, die Alb und den Bodensee. Seine »Sagen des klassischen Altertums« erschlossen vielen die Antike.

Schwärmerweg *(1958, Stammheim)* Zu den Schwärmern, Schmetterlinge aus der Familie der Nachtfalter, die meist in der Dämmerung fliegen und schwebend an den Blüten saugen, gehören unter anderem der Ligusterschwärmer, sphinx ligustri, das Abendpfauenauge, smerinthus ocellata, und als Besonderheit das Taubenschwänzchen, macroglossum stellatarum, das man am Tage bei Sonnenschein an Blüten von Phlox und Ziertabak beobachten kann.

Schwaigerner Straße *(1938, Zuffenhausen)* Stadt Schwaigern, Landkreis Heilbronn.

Schwalbenweg *(1926, Süd)* Zu den Schwalben zählen die Rauchschwalbe, hirundo rustica, und die Mehlschwalbe, delichon urbica.

Schwanenplatz, Am siehe →Am Schwanenplatz.

Schwanenstraße *(um 1914, Hedelfingen)* Nach einem früheren Gasthaus.

Schwarenbergstraße *(1892, Ost)* Die Herkunft des 1348 als Swariberg urkundlich genannten Flurnamens ist ungeklärt.

Schwarzäckerstraße *(1957, Vaihingen)* Der Flurname dürfte auf die Färbung des Bodens hinweisen.

Schwarzbachstraße *(1946, Rohr)* Nach dem in unmittelbarer Nähe gelegenen Bach.

Schwarzwaldstraße *(1936, Kaltental)* Schwarzwald.

Schwefelbaumstraße *(1932, Rohr)* Der Flurname geht vielleicht auf eine schwefelhaltige Bodenschicht zurück.

Schweglerweg *(1931, West)* Albert Schwegler (*1819 Michelbach, Württemberg † 1857 Tübingen), Historiker und Philosoph, 1843 Privatdozent der Philosophie und Philologie in Tübingen, redigierte 1843 bis 1848 die

Auch schon vor ihrem Wiederaufbau und Umbau zu einer der ersten Fußgängerzonen Deutschlands lud die Schulstraße zum Schaufensterbummel ein. Hier eine Aufnahme aus den dreißiger Jahren.

»Jahrbücher der Gegenwart«. 1848 wurde er zum Professor an der philosophischen Fakultät ernannt.

Schweinfurthstraße *(1957, Stammheim)* Georg Schweinfurth (*1836 Riga † 1925 Berlin), Afrikaforscher.

Schweitzerstraße *(1945, Sillenbuch)* Altes Sillenbucher Geschlecht.

Schweizerbarth-Roth, Elisa Melitta von siehe →Melittastraße.

Schwellenäckerweg *(1987, Heumaden)* Gewanname.

Schwendestraße *(1937, Heumaden)* Der Flurname kommt von schwenden (schwinden machen) her. Als Schwende bezeichnet man eine durch Ausroden urbar gemachte

Der Seeblickweg wurde 1936 nach dem damals neu angelegten Max-Eyth-See (Foto) benannt.

Stelle, bei der die Rinde der Bäume abgeschält wurde. Die Bäume starben daraufhin ab und wurden abgebrannt.

Schwenkrain, Im siehe →Im Schwenkrain.

Schwenninger Straße *(1957, Vaihingen)* Ortsteil Schwenningen der Stadt Villingen-Schwenningen, Schwarzwald-Baar-Kreis.

Schwerzstraße *(1954, Birkach und Hohenheim)* Johann Nepomuk von Schwerz (*1759 Koblenz † 1844 Koblenz), Professor, war 1818 bis 1828 der erste Direktor der von ihm eingerichteten Landwirtschaftlichen Unterrichts- und Musteranstalt in Hohenheim und wirkte bahnbrechend für die landwirtschaftlichen Wissenschaften.

Schwieberdinger Straße *(1900, 1984, Stammheim und Zuffenhausen)* Gemeinde Schwieberdingen, Landkreis Ludwigsburg.

Schwilkenhofstraße *(1957, Stammheim)* Nach einem 1595 urkundlich genannten Gehöft in Stammheim.

Scillawaldstraße *(1929, Hofen)* Nach dem Hofener Scillawäldchen. Die zahlreichen, dort im Frühjahr blühenden Blausterne, scilla, gaben dem Waldstück seinen Namen.

Scottweg *(1984, 1987, Stammheim)* Robert Falcon Scott (*1868 † 1912) britischer Polarforscher. Vier Wochen nach Amundsen erreichte er am 18. Januar 1912 den Südpol; auf dem Rückmarsch kam er mit seinen Begleitern ums Leben.

Die Seestraße erinnert an den Großen See auf dem heutigen Universitätsgelände (Stich von Merian, 1624).

Sechselberger Straße *(1962, Bad Cannstatt)* Ortsteil Sechselberg der Gemeinde Althütte, Rems-Murr-Kreis.

Sedanstraße *(1872, Ost)* Stadt Sedan an der Maas, Frankreich, Kampfort im deutsch-französischen Krieg 1870/71.

Seeadlerstraße *(1981, Neugereut)* Der Seeadler, haliaeetus albicilla, kommt in Mitteleuropa nur im Norden und Nordosten als Brutvogel vor.

Seeblickweg *(1936, Hofen)* Ausblick auf den Max-Eyth-See. Foto: Seite 218.

Seeburger Straße *(1937, Ost)* Gemeinde Seeburg, Landkreis Reutlingen.

Seegraben, Am siehe →Am Seegraben.

Seelachwald, Am siehe →Am Seelachwald.

Seelbergstraße *(1846, Bad Cannstatt)* Der Flurname geht auf ein »Seelhaus« zurück. In diesen, meist außerhalb der Stadt erbauten Seelhäusern, fanden arme, alte und kranke Fremde Unterkunft und Pflege. Ihr Name rührt daher, daß sie in ältester Zeit in dem Gedanken gestiftet wurden, die Insassen möchten für die Seelen der Stifter beten.

Seemoosweg *(1939, Hedelfingen)* Ortsteil Seemoos der Stadt Friedrichshafen.

Seemühlenweg *(1983, Plieningen)* Gewanname.

Seerosenstraße *(1957, Vaihingen)* Die Weiße Seerose, nymphaea alba, ist eine Wasserpflanze. Die Straße hieß früher Seestraße nach dem hier bis 1900 aufgestauten Nesenbach.

Seeschwalbenweg *(1972, Neugereut)* Die Seeschwalben sind eine Unterfamilie der Möwen.

Seestraße *(1852, Nord)* Südlich der heutigen Seestraße zwischen Kriegsberg-, Kepler-, Schloß- und Holzgartenstraße befand sich der 1440 angelegte Untere oder Große See, dem die Straße ihren Namen verdankt. Der See verwandelte sich im Lauf der Zeit in einen Sumpf und wurde 1737 trockengelegt, da von ihm Malaria und andere Krankheiten ausgingen. Das Gelände diente dann als Krautgarten für den königlichen Hof. Ein kleiner Teil des Sees blieb bis nach 1870 erhalten. Foto: Seite 219.

Seezungenweg *(1957, Mönchfeld)* Die gemeine Seezunge, solea solea, gehört zu Ordnung der Plattfische. Sie ist ein geschätzter Speisefisch.

Segelfalterstraße *(1957, Stammheim)* Der Segelfalter, iphiclides podalirius, ist ein seltener Schmetterling der Familie der Ritterfalter.

Seidenbergstraße *(vor 1864, Süd)* Der Flurname wurde 1393 erstmals genannt. Seine Bedeutung ist nicht geklärt.

Seidenstraße *(1851, Mitte, Nord und West)* Im 17. und 18. Jahrhundert wurden Maulbeerbäume zur Seidenraupenzucht auf dem Gelände des ehemaligen Oberen und des Mittleren Sees angepflanzt. Nach diesen Maulbeerpflanzungen wurde die Flur »In den Seidengärten« genannt.

Seilbahnstraße *(1957, Süd)* Nach der 1929 erbauten, zum Waldfriedhof führenden Standseilbahn.

Seilerstraße *(1908, Bad Cannstatt)* Nach dem am Ende der Straße gelegenen Seilerwasen, einem großen Platz am Neckar, auf dem die Seiler (Seilmacher) die Seile durch »Austreiben« auf der Bahn herstellten.

Seitenäckerstraße *(1971, Neugereut)* Nach der dortigen Flur; unter »Seite« verstand man ein geneigtes Gelände.

Selmaweg *(1981, Lugisland)* Weiblicher Vorname.

Senefelderstraße *(1861, West)* Alois Senefelder (*1771 Prag † 1834 München), Erfinder des Steindrucks, verfaßte auch ein Lehrbuch über die Lithographie.

Sentaweg *(1981, Luginsland)* Weiblicher Vorname.

Serachstraße *(1936, Obertürkheim)* Ortsteil Serach der Stadt Esslingen am Neckar.

Sersheimer Straße *(1951, Rot)* Gemeinde Sersheim, Landkreis Ludwigsburg.

Seubertstraße *(1928, Bad Cannstatt)* Adolf Seubert (*1819 Stuttgart † 1880 Bad Cannstatt), Oberst, Truppenführer 1870, Militär- und Kunstschriftsteller, betätigte sich auch als Übersetzer.

Seyfferstraße *(1890, West)* Professor Dr. Otto Seyffer (*1823 Stuttgart † 1890 Stuttgart), 1851 bis 1866 Redakteur des Staatsanzeigers für Württemberg. Er besaß eine umfangreiche Sammlung von Kunstgegenständen, insbesondere von griechischen und römischen Münzen und wurde wegen seiner Verdienste auf diesem Gebiet 1881 zum Vorstand, 1883 zum Ehrenvorstand der Staatssammlung vaterländischer Kunst- und Altertumsdenkmale ernannt. Sein beträchtliches Vermögen vermachte er als Stiftung der Stadt Stuttgart.

Sichelstraße *(1904, Bad Cannstatt)* Nach der ursprünglich geplanten Sichelform der Straße.

Sickingenstraße *(1937, Weilimdorf)* Franz von Sickingen (*1481 Ebernburg † 1523 Landstuhl), Reichsritter. Als Zeitgenosse Ulrich von Huttens war er Anhänger der Reformation und Anführer des Aufstandes zur Abschaffung der Fürstenmacht 1522/23.

Sickstraße *(1872, Ost)* Heinrich (von) Sick (*1822 Stuttgart † 1881 Stuttgart), Stadtrichter und Oberjustizrat, 1862 bis 1872 Stadtschultheiß und Oberbürgermeister der Stadt Stuttgart. Während seiner Amtszeit entwickelte sich Stuttgart allmählich zur Großstadt. Ab 1868 vertrat er auch als Abgeordneter die Stadt Stuttgart im Landtag, der ihn zum Vizepräsidenten berief. Ab 16. Mai 1872 war er Minister des Innern. Die Stadt ernannte ihn 1872 zum Ehrenbürger.

OB Heinrich Sick

Siebenzehnerle, Im siehe →Im Siebenzehnerle.

Siedlerstraße *(1919, Vaihingen)* Der Straßenname erinnert an die nach dem Ersten Weltkrieg erstellte Siedlung zwischen Robert-Koch-, Waldburg- und Vischerstraße.

Siegelbergstraße *(1909, Feuerbach)* Flur, in der die alteingesessene Familie Siegel Besitz hatte. Das Gut Siegelberg wurde um die Jahrhundertwende an die Siegelberggesellschaft verkauft. Vorstand dieser Gesellschaft waren Theodor Kuhn, Eigentümer der Trikotfabrik Schober in Feuerbach, Ludwig und Berta Fahrion sowie Adolf Fahrion. Die Vornamen dieser Gesellschafter wurden für die Straßen im Gewann Siegelberg ausgewählt: →Theodorstraße (nach Theodor Kuhn), →Bertastraße (nach Berta Fahrion), →Adolfstraße (nach Adolf Fahrion). Da es zum damaligen Zeitpunkt in der Stadt Feuerbach bereits eine Ludwigstraße gab, die heutige Sankt Pöltener Straße, konnte der Vorname Ludwig nicht berücksichtigt werden.

Sieglestraße *(1913, Feuerbach)* siehe →Gustav-Siegle-Straße.

Siegle-Straße, Gustav- siehe →Gustav-Siegle-Straße.

Sieglin-Platz, Ernst- siehe →Ernst-Sieglin-Platz.

Sielminger Straße *(1930, Degerloch)* Ortsteil Sielmingen der Stadt Filderstadt, Landkreis Esslingen.

Siemensstraße *(1935, Feuerbach)* Werner Siemens (*1816 Lenthe bei Hannover † 1892 Berlin), 1888 geadelt, Physiker, Ingenieur und Industrieller, Geheimer Rat, Erfinder des elektrischen Zeigertelegraphen und der Dynamomaschine. 1870 bauten sich Werner von Siemens und seine zweite Frau Antonie in der Degerlocher Jahnstraße 32 eine Sommerresidenz mit Weinberg (heute Neubau der Ärztekammer).

Sigel-Straße, Walter- siehe →Walter-Sigel-Straße.

Sigmaringer Straße *(1957, Möhringen und Degerloch)* Stadt Sigmaringen.

Sigmund-Lindauer-Weg *(1986, Bad Cannstatt)* Sigmund Lindauer (*1862 † 1935), Korsettfabrikant in Bad Cannstatt und Erfinder des Büstenhalters, den er 1912 als »hautnahen Brusthalter« zum Patent anmeldete.

Die Silberburg und ihr imposanter Eingangsbereich in einer Aufnahme aus der Zeit der Jahrhundertwende.

Sigmundtstraße *(1957, Vaihingen)* Dr. med. Richard Sigmundt (*1870 † 1912), erster praktischer Arzt in Vaihingen.

Sigurdweg *(1933, Luginsland)* Männlicher Vorname.

Silberburgstraße *(1851, Süd und West)* Nach der »Silberburg« am Hang des Reinsburghügels. 1806 erwarb der Gastwirt Lorenz Silber (siehe →Silberweg) hier ein zweistöckiges Lusthaus, das er zur Weinstube und Gartenwirtschaft umbaute und, dem Zeitgeschmack entsprechend, »Silberburg« nannte.

Als sich 1836 sein Sohn Christian Lorenz Silber vom Geschäft zurückzog, ging das Gebäude in den Besitz der »Museumsgesellschaft« über, einer Vereinigung der geistigen, künstlerischen, wirtschaftlichen und politischen Elite Stuttgarts. Die »Silberburg« diente fortan nicht nur als Treffpunkt; die »Museumsgesellschaft« veranstaltete hier Vorträge, Konzerte und künstlerische Darbietungen, Tagungen und Kongresse.

1842 wurde in der »Silberburg« die Königlich-württembergische Eisenbahngesellschaft gegründet. 1936 mußte die »Museumsgesellschaft« das Grundstück an die Reichsrundfunkgesellschaft verkaufen, die die Gebäude abbrechen ließ. Der Kriegsausbruch 1939 verhinderte den Bau eines monumentalen Sendehauses an dieser »schönsten Stelle der Stadt«, wie der Dichter Jean Paul die »Silberburg« nannte.

Silberpappelweg *(1935, Degerloch)* Die Silber- oder Weißpappel, populus alba, gehört zur Familie der Weidengewächse. Ihr Name kommt von der Farbe der Rinde und der Unterseite der Blätter her.

Silberwaldstraße *(1929, Sillenbuch)* Der schon 1555 beurkundete Flurname weist auf die 1460 von Graf Ulrich im nördlich der Straße gelegenen Wald veranlaßten Schürfungen auf Silber und Blei hin.

Silberweg *(1929, Ost)* Lorenz Silber (*1759 † 1813 Stuttgart), Küferobermeister, Kaffeehausbesitzer und Gründer der »Silberburg«; siehe →Silberburgstraße.

Silcherstraße *(1874, West)* Friedrich Silcher (*1789 Schnait † 1860 Tübingen), Komponist und Universitätsmusikdirektor am Tübinger Stift, dem zahlreiche Volkslieder zu verdanken sind. Silcher lebte 1815 bis 1817 als Hauslehrer in Stuttgart.

Sillenbucher Straße *(1937, Rohracker)* Führt nach Sillenbuch.

Silvrettastraße *(1936, Untertürkheim)* Gebirgsgruppe in den Rätischen Alpen.

Sindbadweg *(1965, Möhringen)* Gestalt aus einem orientalischen Märchen.

Sindelbachstraße *(1980, Möhringen)* Nach dem nahegelegenen Bach.

Sippelweg *(1957, Stammheim)* Johann Georg Sippel (*1779 † 1849), Vorstand des früheren Hofkameralamts Stammheim.

Siriusweg *(1957, Dürrlewang)* Fixstern im Sternbild des Großen Hundes.

Smaragdweg *(1951, Nord)* Edelstein.

Sodener Straße *(1958, Bad Cannstatt)* Stadt Bad Soden am Taunus.

Solferinoweg *(1960, Fasanenhof)* Nach der Schlacht bei Solferino (1859), einem italienischen Dorf in der Provinz Mantua, unter deren Eindruck Henri Dunant 1863 das Rote Kreuz gründete, siehe →Dunantsteg.

Solitude *(1769, West)* Nach dem von Herzog Karl Eugen 1764 bis 1769 errichteten Schloß Solitude (»Einsamkeit«). 1770 bis 1775 Sitz der militärischen Pflanzschule, die ab 1773 Militär-Akademie und später Hohe Carlsschule hieß.

Solitudeallee *(Jahr der Benennung unbekannt, Stammheim)* Teil der 1764 bis 1767 erbauten, 13 Kilometer langen Allee zwischen Schloß Solitude und der damaligen Residenz Ludwigsburg. Wegen ihrer schnurgeraden Führung diente sie ab 1819 der Landesvermessung als Basis. Siehe auch →Solitude. Foto: Seite 224.

Solitudestraße *(1937, Bergheim, Wolfbusch, Weilimdorf)* siehe →Solitude und →Solitudeallee.

Sollingstraße *(1936, Feuerbach)* Zwischen Leine und Weser gelegener Teil des Weserberglandes.

Sombartstraße *(1946, 1978, Rohr)* Werner Sombart (*1863 Ermsleben, Harz † 1941 Berlin), Nationalökonom und Soziologe, 1906 bis 1931 Professor in Berlin.

Sommerhaldenstraße *(um 1912, Botnang)* Nach der Lage der Flur an einem Südhang.

Die 13 Kilometer lange Solitudeallee (Luftaufnahme um 1950) verbindet Schloß Solitude mit Ludwigsburg.

Sommerrainplatz *(1934, Sommerrain)* Nach der Lage der Flur, die nach Süden leicht abfällt. Sommerrain wurde der Name des Stadtteils.

Sommerrainstraße *(1936, Sommerrain)* siehe →Sommerrainplatz.

Sommerwind, Im siehe →Im Sommerwind.

Sommestraße *(1936, Bad Cannstatt)* Fluß in Nordfrankreich. An der Somme fanden im Ersten Weltkrieg 1914 und 1916 schwere Kämpfe statt.

Sonatenweg *(1957, Stammheim)* Eine Sonate ist ein Instrumentalstück aus mehreren selbständigen, aber zusammengehörenden Sätzen.

Sonnenbergstraße *(1889, Mitte und Süd)* Der schon um 1300 bekannte Flurname weist auf die sonnige Lage des Gebiets hin.

Sonnenblumenweg *(1934, Sommerrain)* Die Sonnenblume, helianthus annuus, ist eine Futter- und Zierpflanze, aus der auch Öl gewonnen wird.

Sonnenbühl *(1957, Sonnenberg)* Nach der sonnigen Hanglage der Flur. Ein Bühl ist ein Hügel.

Sonnenuhrweg *(1955, Giebel)* Nach einem Waldbezirk im südlich gelegenen Solitudewald.

Sonnenweg, Am siehe →Am Sonnenweg.

Sonnigen Winkel, Im siehe →Im sonnigen Winkel

Sonntagweg *(1954, Büsnau)* Athanasius Sonntag (*1876 † 1953), langjähriger Pfarrer von Augustendorf (Buchenland). An der Straße befinden sich die von der Siedlungsgenossenschaft Buchenländer erbauten Wohngebäude für Umsiedler aus dem Buchenland.

Sontheimer Straße *(1951, Rot)* Ortsteil Sontheim der Stadt Heilbronn.

Prinzessin Sophie von Württemberg

Sophienstraße *(1820, Mitte)* Königin Sophie der Niederlande, geb. Prinzessin von Württemberg (*1818 Stuttgart † 1877 Den Haag), Tochter des Königs Wilhelm I. von Württemberg, heiratete 1839 König Wilhelm III. der Niederlande (*1817 † 1890).

Sormaweg *(1957, Vaihingen)* Agnes Sorma, verheiratete Gräfin Minotto (*1865 Breslau † 1927 Crownsend/Arizona, USA), Schauspielerin, Darstellerin dramatischer Rollen.

Spaichinger Straße *(1957, Sillenbuch)* Stadt Spaichingen, Landkreis Tuttlingen.

Sparrhärmlingweg *(1909, Bad Cannstatt)* Die Straße liegt im Zuge einer ehemaligen, am Römerkastell beginnenden und nach Pforzheim führenden Römerstraße. Der Flurname, der 1378 als Sparhelbeling urkundlich genannt wurde, geht auf sparen und Helbeling, eine Münze im halben Wert des Pfennigs zurück. Damit wurden im Mittelalter wohl die weniger wertvollen Weinberge im Besitz des Cannstatter Spitals bezeichnet.

Spechtweg *(1954, Bergheim, Wolfbusch)* Zur Familie der Spechte gehören unter anderem der Große Buntspecht, dendrocopus major, der Schwarzspecht, dryocopus martius, und der Grünspecht, picus viridis.

Speidelweg *(1937, Rohracker)* Der Flurname geht wohl auf einen Personennamen zurück.

Spemannstraße *(1929, Ost)* Wilhelm Spemann (*1844 Unna/Westfalen † 1910 Stuttgart), Verlagsbuchhändler, Geheimer Kommerzienrat. Neben seiner verlegerischen Tätigkeit war Spemann bekannt als Kunstkenner und -sammler.

Sperberweg *(1926, Süd)* Der Sperber, accipiter nisus, gehört zur Familie der Habichte und ist geschützt.

Sperlingstraße *(1916, Süd)* Der Haussperling, passer domesticus, gehört zur Familie der Webervögel und ist die häufigste einheimische Vogelart.

Spessartstraße *(1936, Feuerbach)* Mittelgebirge.

Spielberger Straße *(1957, Zuffenhausen)* Ortsteil Spielberg der Stadt Sachsenheim, Landkreis Ludwigsburg.

Spießgasse *(1957, Weilimdorf)* Alter Weilimdorfer Familienname.

Spitalackerweg *(1937, Vaihingen)* Der Flurname weist darauf hin, daß das Dorf Vaihingen 1297 bis 1802 zum Esslinger Spital gehörte. Dieses war auch Besitzer des Akkers.

Spitalhofstraße *(1933, Zazenhausen)* Nach einem an die Straße anstoßenden Bauernhof, der sich früher im Eigentum des Esslinger Spitals befand.

Spitalstraße *(um 1892, Zuffenhausen)* Der Flurname verweist auf früheren Besitz des Esslinger Spitals.

Spitalwaldstraße *(um 1923, Zuffenhausen)* siehe →Spitalstraße.

Spittastraße *(1889, West)* Karl Johann Philipp Spitta (*1801 Hannover † 1859 Burgdorf), zunächst Uhrmacher, dann evangelischer Pfarrer, zuletzt Superintendent in Burgdorf (Hannover), Dichter geistlicher Lieder.

Spittlerstraße *(1893, Ost)* Ludwig Timotheus Freiherr von Spittler (*1752 Stuttgart † 1810 Stuttgart), Historiker und Staatsrechtslehrer. 1779 Professor der Philosophie in Göttingen. Kehrte 1797 als Präsident der Oberstudiendirektion und Geheimer Rat nach Stuttgart zurück. Er wurde 1806 von König Friedrich I. zum Staatsminister ernannt und in den Freiherrnstand erhoben.

Spitzäckerstraße *(um 1950, Feuerbach)* Der Name weist auf die spitz zulaufende Form der Flur hin.

Spitzwegstraße *(1958, Feuerbach)* Carl Spitzweg (*1808 München † 1885 München), Maler, humorvoller Darsteller der Biedermeiertypen, Sonderlinge und Kleinstädter.

Spöcker Weg *(1957, Möhringen)* Ortsteil Spöck der Gemeinde Ostrach, Landkreis Sigmaringen.

Sporerstraße *(1811, Mitte)* 1783 hieß die Straße »Beim Welschbrückle«. Die heutige Bezeichnung dürfte wohl auf den Hofsporer (Sporenmacher) Deiss zurückgehen, der hier wohnte.

Sportpark, Am siehe →Am Sportpark

Spreeweg *(1951, Münster)* Nebenfluß der Havel.

Spreuergasse *(1846, Bad Cannstatt)* Der Name der schon 1561 so genannten Gasse kommt wohl von Spreu (Hülse, Umhüllung des Fruchtkerns). Er weist auf den früher noch stärkeren ländlichen Charakter der Straße hin.

Sprollstraße *(1951, Hoffeld)* Dr. Joannes Baptista Sproll (*1870 Schweinhausen bei Biberach † 1949 Rottenburg), wurde 1916 Weihbischof in Rottenburg als Titularbischof von Almira und 1927 Bischof der Diözese Rottenburg. Er wurde von den Nationalsozialisten am 24. August 1938 aus seiner Diözese verbannt, in die er am 12. Juni 1945 zurückkehrte.

Sprottenweg *(1957, Mönchfeld)* Die Sprotte, sprattus sprattus, gehört zur Familie der Heringe und bewohnt vom Nordkap bis ins Schwarze Meer küstennahe Meeresteile.

Stadtgraben, Am siehe →Am Stadtgraben.

Stadtpark, Am siehe →Am Stadtpark.

Stälinweg *(1927, Ost)* Christof Friedrich (von) Stälin (*1805 Calw † 1873 Stuttgart), Professor und Oberbibliothekar, langjähriger Vorstand der Öffentlichen Bibliothek sowie der Münz- und Altertümersammlung.

Staffelseeweg *(1977, Hofen)* Oberbayrischer Badesee bei Murnau.

Staffelstraße *(1871, Mitte)* Nach der am Ende der Straße liegenden Staffel (Treppe).

Stafflenbergstraße *(1900, Mitte, Ost, Süd)* Der 1304 erstmals urkundlich genannte Flurname geht auf eine Staffel (Treppenanlage) zurück, die früher durch diese Flur führte.

Staib, Karl Otto siehe →Zur Staibhöhe.

Staibenäcker *(1912, Ost)* Der Flurname wurde 1466 als Stöbenacker urkundlich erwähnt und geht auf den Personennamen Stöb oder Steb zurück.

Staibhöhe, Zur siehe →Zur Staibhöhe.

Staigerstraße *(1937, Weilimdorf)* Nach dem alten Weilimdorfer Geschlecht, dem unter anderen Hans Staiger, Gemeindepfleger 1679 bis 1681, und Andreas Staiger, Kirchenpfleger 1772 bis 1805, entstammten.

Stamitzweg *(1964, Freiberg, Zazenhausen)* Johann Wenzel Anton Stamitz (*1717 Deutsch Brod, Böhmen † 1757 Mannheim), Komponist, Musikdirektor des Mannheimer Orchesters und Mitbegründer der »Mannheimer Schule«.

Stammheimer Straße *(um 1892, Zuffenhausen)* Führt nach Stammheim.

Starenweg *(1927, Vaihingen)* Der Star, sturnus vulgaris, ist ein großer Tonkünstler unter den Vögeln. Er kann viele Töne und Geräusche nachahmen.

Starkfeld *(1957, Rohr)* Der Flurname bezeichnet einen guten Ackerboden.

Staufeneckstraße *(1937, Feuerbach)* Schloßruine Staufeneck bei Süßen, Landkreis Göppingen.

Stauffenbergstraße *(1945, Mitte)* Claus Schenk Graf von Stauffenberg (*1907 Jettingen † 1944 Berlin), Oberst im Generalstab und Chef des Stabes des Ersatzheeres, versuchte am 20. Juli 1944, Hitler durch ein Bombenattentat zu töten. Das Attentat mißlang. Graf Stauffenberg wurde am selben Abend im Hof des Oberkommandos der Wehrmacht in Berlin standrechtlich erschossen. Sein Bruder Berthold Schenk Graf von Stauffenberg (*1905 Stuttgart † 10. August 1944 Berlin), in den Umsturzversuch eingeweiht, wurde drei Wochen später hingerichtet. Die Brüder wohnten in der Jugendzeit im Alten Schloß in Stuttgart und besuchten das Eberhard-Ludwigs-Gymnasium.

Steckfeldstraße *(1936, Birkach und Steckfeld)* Der Flurname geht vermutlich auf die Art der Anpflanzung zurück: Filderkraut oder Kartoffeln werden nicht gesät, sondern gesteckt. Steckfeld ist auch der Name des Stadtteils.

Stedingerstraße *(1937, Weilimdorf)* Nach den Stedingern (»Gestadebewohnern«), von Erzbischof Gerhard II. von Bremen in den Jahren 1229 bis 1234 unterworfenen freien Bauern in Friesland.

Steebstraße *(1945, Feuerbach)* Johann Gottlieb Steeb (*1742 Nürtingen † 1799 Grabenstetten), Pfarrer und Schriftsteller. In einer Reihe von Schriften befaßte er sich mit der Kultivierung der Rauhen Alb.

Stefan-Zweig-Straße *(1971, Feuerbach)* Stefan Zweig (*1881 Wien † 1942 Petropolis, Brasilien), Schriftsteller.

Stegwiesen, In den siehe →In den Stegwiesen.

Steiermärker Straße *(1938, Feuerbach)* Österreichisches Bundesland.

Steig, Auf der siehe →Auf der Steig.

Steigerwaldstraße *(1936, Feuerbach)* Mittelgebirge.

Steigstraße *(1910, Rohr)* Nach der Lage der Straße. Eine Steige ist ein ansteigender Fahrweg.

Steinäcker *(1957, Riedenberg)* Der Flurname weist auf den steinigen Untergrund der dortigen Äcker hin.

Steinbach, Ob dem siehe →Ob dem Steinbach.

Steinbachstraße *(1946, Rohr)* Nach dem nahegelegenen Steinbach.

Steinbeisstraße *(1899, Nord)* Dr. Ferdinand (von) Steinbeis (*1807 Ölbronn bei Maulbronn † 1893 Leipzig), Geheimrat, ab 1856 Präsident der Zentralstelle für Gewerbe und Handel in Stuttgart, errichtete 1845/46 in Neunkirchen (Saarland) eines der ersten deutschen Schienenwalzwerke. 1848 bis 1880 im Dienst der württembergischen Regierung, war er unter anderem entscheidend am Aufbau eines gewerblichen Schulwesens (1854) und am Zustandekommen der Württembergischen Gewerbeordnung (1862) beteiligt. Steinbeis schuf die Grundlage für den Aufstieg der württembergischen Industrie zu ihrer heutigen Bedeutung.

Steinberg, Im siehe →Im Steinberg.

Steinbruch, Am siehe →Am Steinbruch.

Steinbruchstraße *(1911, Ost)* Nach einem früheren Steinbruch.

Steinbrunnenstraße *(1935, Möhringen)* Nach dem am Anfang der Straße gelegenen, 1825 urkundlich belegten Steinbrunnen.

Steinbuttstraße *(1957, Mönchfeld)* Der Steinbutt, scophthalmus, gehört zur Ordnung der Plattfische und gilt als der edelste europäische Seefisch.

Steinenberg, Am siehe →Am Steinenberg.

Steinenbronner Straße *(1935, Degerloch)* Gemeinde Steinenbronn, Landkreis Böblingen.

Steinengarten, Im siehe →Im Steinengarten.

Steinenhausenstraße *(1913, West)* Der Flurname geht vermutlich auf eine Burg zurück, die 1250 bereits nicht mehr bestand.

Steiner-Weg, Rudolf- siehe →Rudolf-Steiner-Weg.

Steingrübenweg *(1922, Ost und Süd)* Nach der gleichnamigen Flur, an der der Weg einst, teilweise als Hohlweg, entlang führte. Der Name geht auf einen der ersten Stuttgarter Werksteinbrüche zurück, der 1350 urkundlich erwähnt wurde.

Steinhaldenstraße *(1937, Bad Cannstatt und Steinhaldenfeld)* Der Flurname bezeichnet einen Geländeabfall mit steinernem Untergrund. Nach dem angrenzenden Steinhaldenfeld wurde der Stadtteil benannt.

Steinheimer Straße *(1937, Zuffenhausen)* Stadt Steinheim an der Murr, Landkreis Ludwigsburg.

Steinkopfstraße *(1957, Süd)* Friedrich Steinkopf (*1824 Stuttgart † 1903 Stuttgart), Kommerzienrat und Verlagsbuchhändler, erweiterte die 1792 von seinem Onkel Johann Friedrich Steinkopf gegründete Buchhandlung zu einem bedeutenden Verlagsunternehmen. J. F. Steinkopf ist das älteste noch bestehende Antiquariat und die älteste noch bestehende Buchhandlung in Stuttgart.

Steinle-Straße, Eduard- siehe →Eduard-Steinle-Straße.

Steinpilzweg *(1957, Schönberg)* Der Steinpilz, boletus edulis, ist ein hochgeschätzer Speisepilz.

Steinstraße *(1811, Mitte)* Der Name der Straße, die früher Autenriethgäßle hieß, dürfte auf ehemaliges Steinpflaster zurückzuführen sein.

Steinwaldstraße *(1963, Steckfeld)* Der Plieninger Waldteil Stein geht vermutlich auf einen markanten Grenzstein zurück.

Stellaweg *(1967, Vaihingen)* Trauerspiel von Johann Wolfgang von Goethe.

Stephanstraße *(1925, Mitte)* Dr. Heinrich Stephan (*1831 Stolp † 1897 Berlin), 1845 geadelt, Generalpostmeister und Staatssekretär des Reichspostamts. Die 1874 erfolgte Gründung des Weltpostvereins, dem heute nahezu sämtliche Staaten der Welt angehören, ist auf seine Initiative zurückzuführen.

Stephan-Waid-Weg *(1933, Wangen)* Stephan Waid (*um 1460 Walddorf bei Tübingen † 1504 Konstanz), Werkmeister und Schöpfer des Taufsteins in der Wangener Michaelskirche.

Sternecker Straße *(1957, Vaihingen)* Ortsteil Sterneck der Gemeinde Loßburg, Landkreis Freudenstadt.

Sterntalerweg *(1954, Möhringen)* Märchenfigur.

Stettener Straße *(1931, Rotenberg)* Ortsteil Stetten im Remstal der Gemeinde Kernen im Remstal, Rems-Murr-Kreis.

Steubenstraße *(1930, 1978, Ost)* Friedrich Wilhelm von Steuben (*1730 Magdeburg † 1794 bei Oneida/New York), preußischer Offizier und Adjutant Friedrichs des Großen im Siebenjährigen Krieg. Als General, später Generalstabschef George Washingtons, organisierte er das amerikanische Heer und hatte wesentlichen Anteil an der siegreichen Beendigung des amerikanischen Unabhängigkeitskrieges.

Stich, Roter siehe →Roter Stich.

Stichlingweg *(1957, Mönchfeld)* Der Dreistachelige Stichling, gasterosteus aculeatus, lebt im Meer-, Brack- und Süßwasser und ist ein räuberischer Fisch.

Stierlenstraße *(1931, Untertürkheim)* Nach der alteingesessenen Untertürkheimer Familie Stierlen, von der zahlreiche männliche Mitglieder im öffentlichen Dienst standen, zuletzt Wilhelm Stierlen (*1847 † 1922), Gemeinderat bis zur Eingemeindung Untertürkheims 1905.

Stifter-Straße, Adalbert- siehe →Adalbert-Stifter-Straße.

Stiftstraße *(1811, Mitte)* Nach der Stiftskirche, die ursprünglich »Kirche zum Heiligen Kreuz« genannt wurde. Graf Eberhard veranlaßte um 1320 die Verlegung des Chorherrenstifts samt Erbbegräbnis von Beutelsbach nach Stuttgart. Danach hieß die Kirche »Stiftskirche«. Fotos: Seite 230/231.

Stiftswaldstraße *(1968, Vaihingen)* Der Flurname bezieht sich auf einen Teil des Spitalwaldes, der wohl einst im Besitz des Stiftes Sindelfingen war.

Stiller Winkel *(1939, Vaihingen)* Lagebezogener Name.

Stimpfacher Straße *(1965, Zuffenhausen)* Gemeinde Stimpfach, Landkreis Schwäbisch Hall.

Stirnbrandstraße *(1945, West)* Franz Seraph Stirnbrand (*um 1788 in Österreich † 1882 Stuttgart), bedeutender Bildnismaler des 19. Jahrhunderts, lebte seit 1813 in Stuttgart. Viele seiner Werke sind in öffentlichem Besitz.

Stirnenweg *(1977, Hofen)* Nach dem dortigen Gewann.

Stitzenburgstraße *(1882, Mitte)* Anfang des 19. Jahrhunderts befand sich in der Gegend der heutigen Stitzenburgstraße ein öffentli-

cher Vergnügungsgarten, die »Stitzenburg«, so genannt nach dem Besitzer, Uhrmacher Christian Friedrich Stitz (*1766 † 1840).

Stockheimer Straße *(1938, Zuffenhausen)* Ortsteil Stockheim der Stadt Brackenheim, Landkreis Heilbronn.

Stocker-Weg, Daniel- siehe →Daniel-Stokker-Weg.

Stöckachplatz *(1963, Ost)* Der Flurname wird von Stock (Strunk, Stumpf) hergeleitet und weist darauf hin, daß dieses Gelände wohl durch Abbrennen gerodet wurde, wobei man die Stumpen oder Stöcke zunächst im Boden beließ.

Stöckachstraße *(1872, Ost)* siehe →Stökkachplatz.

Stöfflerweg *(1958, Möhringen)* Nach dem Familiennamen eines ehemaligen Besitzers (um 1293) der nahegelegenen Unteren Körschmühle.

Störweg *(1957, Mönchfeld)* Dem Stör, acipenser sturio, wird wegen des begehrten Kaviars, den zum Verzehr zubereiteten Eiern, stark nachgestellt.

Störzbachstraße *(1903, Nord)* Die einst vom Störzbach durchzogene Flur »Im Störzbach« weist auf eine frühere Holznutzung oder auf die Rodung durch Holzschlag hin. Ein Störz oder Storz ist ein Strunk oder dicker Pfahl.

Stollstraße *(1957, Rohr)* Alter Rohrer Familienname.

Stolz-Weg, Robert- siehe →Robert-Stolz-Weg.

Storchenweg *(1935, Wolfbusch)* Das Überleben des einheimischen Weißstorchs, ciconia ciconia, ist gefährdet, denn immer mehr

Blick von der Königstraße in die Stiftstraße – um 1900 *(links)*, im Jahr 1903 *(Mitte)* und nach den schweren Luftangriffen im Juli 1944 *(rechts)*. Das Haus der Textilhandlung von C. F. Autenrieth an der Ecke zur Königstraße – jeweils am linken Bildrand – war 1843 auf dem Gelände des Rappschen Gartens, der letzten Grünfläche der Königstraße, errichtet worden. Rechts schließt sich das Haus des Kaufmanns Gottlob Heinrich Rapp (siehe →Rappweg) an, wo 1797 Goethe zu Gast war. Ältere Stuttgarter kennen das 1892 umgebaute Giebelhaus noch als Stammhaus der Buchhandlung Lindemann. Rechts von der Stiftskirche die Alte Stiftspropstei, vor bzw. nach ihrem Umbau im Jahr 1903. Dieses Gebäude, Stiftstraße 1, stammte aus dem frühen 15. Jahrhundert und diente dem Stiftspropst als Wohnhaus. Es war vermutlich durch einen unterirdischen Gang mit der Stiftskirche verbunden und wurde im Zweiten Weltkrieg völlig zerstört.

Feuchtgebiete, in denen er seine Nahrung findet, werden trockengelegt. Außerdem bleiben die großen Vögel an Stromleitungen hängen und sterben.

Storm-Straße, Theodor- siehe →Theodor-Storm-Straße.

Storrstraße *(1957, Ost)* Gottlob Christian Storr (*1746 Stuttgart † 1805 Stuttgart), Professor der Theologie in Tübingen, galt als Haupt der älteren Tübinger Theologenschule. 1797 kam er als Oberhofprediger und Konsistorialrat nach Stuttgart.

Stoßäckerstraße *(1928, Vaihingen)* Der Flurname (innere, mittlere und äußere Stoßäkker) wurde 1524 als Stoßacker erwähnt. Die Herkunft ist nicht eindeutig zu klären.

Stotzingerstraße *(1900, Weilimdorf)* Der Flurname geht auf den Namen eines ehemaligen Besitzers zurück.

Stotzstraße *(1897, Mitte)* Kommerzienrat Albert Stotz (*1815 Stuttgart † 1893 Tübingen), Gründer der Firma Stotz AG, Eisengießerei und Maschinenfabrik Stuttgart, 1876 bis 1882 Mitglied des Gemeinderats.

Straifstraße *(1950, Degerloch)* Alter Degerlocher Familienname.

Stralsunder Straße *(1937, Weilimdorf)* Stadt Stralsund an der Ostsee.

Straßburger Straße *(1934, Zuffenhausen)* Stadt Straßburg in Frankreich, französisch Strasbourg. Seit 26. Mai 1962 besteht eine Städtepartnerschaft zwischen Straßburg und Stuttgart.

Strauß-Platz, Johann-Heinrich- siehe →Johann-Heinrich-Strauß-Platz.

Straußstaffel *(1925, Ost)* David Friedrich Strauß (*1808 Ludwigsburg † 1874 Ludwigsburg), Philosoph und Theologe. Sein großes Werk »Das Leben Jesu« (1835/36) stellte die Leben-Jesu-Forschung auf ein historisch-kritisches Fundament. Er verlor daraufhin seinen Tübinger Lehrstuhl und wurde als Gymnasialprofessor nach Ludwigsburg versetzt.

Straußweg *(1929, Ost)* siehe →Straußstaffel.

Strebelstraße *(1945, Steckfeld)* Professor Dr. h. c. Ernst Valentin (von) Strebel (*1846 Roßwag bei Vaihingen/Enz † 1927 Stuttgart), wirkte über 40 Jahre, zuletzt als Direktor (1897 bis 1912), an der Landwirtschaftlichen Hochschule in Hohenheim, die ihn 1922 anläßlich ihres hundertjährigen Bestehens mit der erstmals vergebenen Würde eines Ehrendoktors auszeichnete.

Streibgasse *(1957, Möhringen)* Alter Möhringer Familienname.

Stresemannstraße *(1946, Feuerbach und Nord)* Dr. Gustav Stresemann (*1878 Berlin † 1929 Berlin), Reichskanzler (1923), Reichsaußenminister und Vorsitzender der Deutschen Volkspartei, schuf die Grundlage für eine Verständigung mit Frankreich und legte mit dem französischen Außenminister Briand die ersten Fundamente für eine europäische Zusammenarbeit. Er erhielt 1926 zusammen mit Briand den Friedensnobelpreis.

Strobel-Weg, Friedrich- siehe →Friedrich-Strobel-Weg.

Strohberg *(1867, Süd)* Der Flurname, erstmals 1472 urkundlich genannt, geht auf Getreideäcker zurück, die sich früher dort befanden.

Strohgäustraße *(1920, Zuffenhausen)* Landschaft zwischen Münchingen und Weil der Stadt.

Strombergstraße *(1911, Ost)* Südlich des Zabertales verlaufenden Höhenzug.

Strümpfelbacher Straße *(1936, Untertürkheim)* Ortsteil Strümpfelbach der Stadt Weinstadt, Rems-Murr-Kreis.

Stubaier Straße *(1936, Untertürkheim)* Nach den in Tirol gelegenen Stubaier Alpen.

Stubenweinbergen, In den siehe →In den Stubenweinbergen.

Stüble, Im siehe →Im Stüble.

Stuifenstraße *(1895, Ost)* Berg der Schwäbischen Alb bei Waldstetten, Ostalbkreis.

Stumpstraße *(1933, Mühlhausen)* Balthasar Stump(f) († 1558), königlicher Rat und vorderösterreichischer Kanzler des Königs, ab 1558 des Kaisers Ferdinand I. Er stammte aus Mühlhausen, amtierte im Oberelsaß und war der Stifter des Mühlhäuser Pfarrwaldes.

Stuppacher Straße *(1937, Zuffenhausen)* Ortsteil Stuppach der Stadt Bad Mergentheim, Tauberkreis, bekannt durch die »Stuppacher Madonna« von Matthias Grünewald.

Sturmfederstraße *(1933, Zazenhausen)* Nach der (erfundenen) Hauptgestalt Georg von Sturmfeder in Wilhelm Hauffs Roman »Lichtenstein«.

Sturmvogelweg *(1974, Neugereut)* Der Eissturmvogel, fulmarus glacialis, brütet in Mitteleuropa nur auf Helgoland, wo er an steilen Felsklippen in Nischen nistet. Zur Ordnung der Sturmvögel gehören als größter Vogel der Albatros und als kleinster die Sturmschwalbe.

Stuttgarter Straße *(1945, Feuerbach)* Führt nach Stuttgart.

Stuttgarter Straße, Alte siehe →Alte Stuttgarter Straße.

Blick von der Ecke Sünderstaffel/Diemershaldenstraße auf die Stadt, um 1935.

Südendstraße *(1946, Rohr)* Lagebezogener Name am südlichen Ende von Rohr.

Südheimer Platz *(1902, Süd)* Vom Verein für das Wohl der arbeitenden Klassen (seit 1933: Gemeinnütziger Bau- und Wohlfahrtsverein) wurden um die Jahrhundertwende in verschiedenen Stadtteilen Familienwohnungen erstellt. So entstanden nacheinander: Ostheim (1892), Westheim (1901 in Botnang), Südheim (1902) und Ostenau (um den Luisenplatz an der Landhausstraße, 1912). Die Namen dieser Wohnkolonien wurden dann im Laufe der Zeit in einzelnen Stadtteilen auf ganze Wohngebiete (zum Beispiel Ostheim, Südheim) ausgedehnt.

Südweg *(1932, Hoffeld)* Lagebezogener Name am südlichen Ende des Stadtteils.

Sünderstaffel *(1893, Mitte)* Der Flurname, 1466 urkundlich genannt, geht wahrscheinlich auf eine Kreuzigungsgruppe an dieser Stelle oder einen frühen Besitzer namens Sünder zurück. Um das Gewann rankt sich eine Sage: Im Streit um ein Mädchen soll 1339 der 22 Jahre alte Hans Bernhard Rugger seinen Nebenbuhler ermordet haben. Darauf stand die Todesstrafe. Für die Enthauptung soll Rugger sich diese Stelle ausbedungen haben, weil hier sein Vater die ersten Reben gepflanzt hatte.

Süßener Straße *(1936, Wangen)* Gemeinde Süßen, Landkreis Göppingen.

Suevenstraße *(1933, Zuffenhausen)* Germanischer Volksstamm, aus dem die Schwaben hervorgingen.

Der Sauerbrunnen am Fuße des Cannstatter Sulzerrains, Stahlstich aus dem Jahr 1790.

Sulzauer Straße *(1957, Vaihingen)* Ortsteil Sulzau der Gemeinde Starzach, Landkreis Tübingen.

Sulzbachgasse *(1855, Bad Cannstatt)* Nach dem ehemaligen Sulzbach, dem durch die Sulzbachgasse laufenden Abfluß der einstigen Rathaussulz (Mineralquelle hinter dem Rathaus).

Sulzerrainstraße *(1872, Bad Cannstatt)* Flurname, 1473 erstmals urkundlich erwähnt. Am Fuß des Rains traten Mineralquellen (Sulzen) aus.

Sulzgasse *(1908, Bad Cannstatt)* Nach der nahegelegenen einstigen Rathaussulz oder Stadtsulz, siehe auch →Sulzbachgasse.

Sulzgrieser Straße *(1936, Obertürkheim)* Ortsteil Sulzgries der Stadt Esslingen a. N.

Supperstraße *(1900, Rohr)* Alter Rohrer Familienname.

Suttnerstraße *(1964, Freiberg und Zazenhausen)* Bertha von Suttner, geb. Gräfin Kinsky (*1843 Prag † 1914 Wien), österreichische Schriftstellerin, schrieb 1889 den pazifistischen Roman »Die Waffen nieder!«. Für ihre Bemühungen um den Frieden erhielt sie 1905 den Friedensnobelpreis.

Sven-Hedin-Weg *(1957, Stammheim)* Sven Hedin (*1865 Stockholm † 1952 Stockholm), schwedischer Asienforscher, unternahm zahlreiche Forschungsreisen nach Innerasien, besonders nach Tibet, und entdeckte den Transhimalaja.

Syltstraße *(1934, Neuwirtshaus)* Nordfriesische Insel.

Sylvanerweg *(1937, 1975, Uhlbach)* Traubensorte.

Syringenweg *(1957, Vaihingen)* Der ursprünglich aus Spanien stammende Flieder heißt syringa vulgaris.

Tachenbergstraße *(1922, Weilimdorf)* Flurname; Tachen ist ein altes Wort für Lehm.

Tafelweg *(1957, Stammheim)* Albert Tafel (*1876 Stuttgart † 1935 Heidelberg), Asienforscher. Seine Reisebeschreibung »Meine Tibetreise« fand in der wissenschaftlichen Welt große Beachtung.

Tagfalterweg *(1984, Stammheim)* Tagfalter sind eine Gruppe der Schmetterlinge, die bei Tag fliegen und durch große, flächige, meist bunte Flügel gekennzeichnet sind.

Tailfinger Straße *(1957, Möhringen)* Ortsteil Tailfingen der Stadt Albstadt, Zollernalbkreis.

Taläckerstraße *(1957, Zuffenhausen und Zazenhausen)* Nach der Lage der Flur.

Taldorfer Straße *(1957, Schönberg)* Ortsteil Taldorf der Stadt Ravensburg.

Talgrabenstraße *(1937, Weilimdorf)* Nach dem sogenannten Talgraben, dem vertieften Bett des Lindenbachs, auf den die Straße zuführt.

Talheimer Straße *(1945, Rot)* Gemeinde Talheim, Landkreis Heilbronn.

Talstraße *(1902, Ost und Bad Cannstatt)* Nach dem heute zugeschütteten Tal des Klingenbaches, an dessen nordwestlicher Seite die Straße entlangführt.

Tangegartstraße *(1967, Möhringen)* Nach der dortigen Flur.

Tannen, Zu den siehe →Zu den Tannen.

Tannenäckerstraße *(1922, Feuerbach)* Der Flurname wurde 1572 erstmals urkundlich erwähnt und geht auf einen nahegelegenen Tannenbestand zurück.

Tannenbergstraße *(1936, Bad Cannstatt)* Die ostpreußische Gemeinde Tannenberg wurde durch zwei Schlachten berühmt. 1410 wurde das Heer des Deutschen Ordens von den vereinigten Polen und Litauern vernichtend geschlagen. Im Ersten Weltkrieg 1914 schlugen die Deutschen unter Hindenburg die Russen. Bei Hohenstein wurde 1927 das Tannenberg-Nationaldenkmal eingeweiht, das 1945 vor dem Anrücken der sowjetischen Armee gesprengt wurde.

Tannenstraße *(1870, Süd)* Nach der 1393 bekannten Tannenmühle, die früher nahe der heutigen Straße stand.

Tapachstraße *(1951, Rot)* Der Flurname geht wohl auf Tape (Pfote) oder deren Abdruck zurück. Im übertragenen Sinn ist damit die Lage der Flur gemeint, eine tatzenförmig eingedrückte Vertiefung.

Tarnowitzer Straße *(1937, Bad Cannstatt)* Stadt Tarnowitz, Oberschlesien, Polen; heißt heute Tarnowskie Góry.

Tasmanweg *(1984, Stammheim)* Abel Janszonn Tasman (*1603 † 1659), niederländischer Seefahrer, entdeckte unter anderem 1642 den Süd- und Ostrand von Tasmanien.

Tassiloweg *(1943, Untertürkheim)* Tassilo III. († nach 794), 748 bis 788 letzter Herzog von Bayern aus dem Hause der Agilolfinger, wurde von Karl dem Großen abgesetzt und ins Kloster geschickt.

Taubenheimstraße *(1872, Bad Cannstatt)* Graf Wilhelm von Taubenheim (*1805 Stuttgart † 1894 Stuttgart), Oberst-Stallmeister der württembergischen Könige Wilhelm I. und Karl, später auch Oberhofratspräsident. Er war lange Jahre Vorsitzender, später Ehrenpräsident des Brunnenvereins Cannstatt, der ihm zu Ehren ein Denkmal hinter dem Kursaal an der Wilhelms- und Daimlerquelle errichten ließ. Er wurde 1854 Ehrenbürger von Cannstatt.

Wilhelm v. Taubenheim

Taubenstaffel *(1972, Süd)* Die Ringeltaube, columba palumbus, ist die größte einheimische Taube.

Taubenstraße *(1895, Süd)* siehe →Taubenstaffel.

Tauberweg *(1967, Münster)* Nebenfluß des Mains.

Taunusstraße *(1933, Feuerbach)* Teil des Rheinischen Schiefergebirges.

Tazzelwurm, Am siehe →Am Tazzelwurm.

Teckplatz *(1989, Ost)* Berg am Nordrand der Schwäbischen Alb bei Owen.

Teckstraße *(1892, Ost)* siehe →Teckplatz.

Tegernseestraße *(1938, Hofen)* See in Oberbayern.

Teichhuhnstraße *(1981, Neugereut)* Das Teichhuhn, gallinula chloropus, gehört zur Familie der Rallen und lebt in pflanzenreichen Teichen und Seen.

Teichstraße *(1891, Ost)* Nach dem 1508 urkundlich genannten »Teich« in der Flur Schwarenberg, einer wasserlosen Vertiefung.

Teinacher Straße *(1937, Bad Cannstatt)* Ortsteil Bad Teinach der Stadt Bad Teinach-Zavelstein, Landkreis Calw.

Tell-Geck-Weg *(1989, Hoffeld)* Tell Geck (*6. September 1894 Offenburg † 10. März 1986 Stuttgart), Maler. 1919 zog er als Student der Kunstakademie nach Stuttgart. Geck gehörte 1923 zu den Gründern der »Stuttgarter Sezession«, der auch sein Freund, der Maler Reinhold Nägele, angehörte. Durch seinen Vater, der politisch aktiver Sozialdemokrat war, galt Geck den Nazis als »politisch belastet«. Nach 1933 bekam er Berufs- und Ausstellungsverbot. Da er aber auch gelernter Musiker war, konnte er sich mit Cellounterricht finanziell über Wasser halten. 1943 verhaftete ihn die Gestapo, weil er einen Gesuchten versteckt hielt. Den zwangsweisen Fronteinsatz konnte er überleben.

Geck galt als bescheidener, unbestechlicher Künstler. Anfangs ein überzeugter Jünger der Malerei Vincent van Goghs, kam er nach dem Zweiten Weltkrieg zu einer offeneren, fast impressionistischen Auffassung. Neben Porträts und Stilleben, neben südländischen, Alb- und Schwarzwaldlandschaften malte er gerne Städtebilder, vor allem Stuttgarter Szenerien.

Tellstraße *(um 1922, Zuffenhausen)* Nach dem Freiheitshelden der Schweizer Sage Wilhelm Tell, der Hauptfigur eines Dramas von Schiller.

Terlanerstraße *(1937, Uhlbach)* Südtiroler Traubensorte.

Termitenweg *(1971, Stammheim)* Termiten sind die weißen Ameisen der tropischen und subtropischen Länder, die unter anderem als Holzfresser an Häusern, Möbeln und Bäumen erheblichen Schaden anrichten.

Terrotstraße *(1927, Bad Cannstatt)* Charles Terrot (*1831 Kelleburg, Preußen † 1903 Cannstatt), Fabrikant, gründete 1862 in Stuttgart zusammen mit dem Kaufmann Wilhelm Stücklen eine Fabrik für Wirkmaschinen und Rundstühle. Das heute noch bestehende Unternehmen, seit 1882 in Bad Cannstatt ansässig, erwarb sich in der Fachindustrie eine führende Stellung.

Teschenweg *(um 1930, Uhlbach)* Der Flurname geht auf eine taschenartige Bodenvertiefung zurück.

Tettnanger Straße *(1936, Wangen)* Stadt Tettnang, Bodenseekreis.

Teutoburger Straße *(1936, Feuerbach)* Teutoburger Wald.

Texasstraße *(1957, Vaihingen)* Bundesstaat der USA.

Thaddäus-Troll-Platz *(1984, Bad Cannstatt)* Thaddäus Troll, Pseudonym von Dr. Hans Bayer (*18. März 1914 Stuttgart-Bad Cannstatt † 5. Juli 1980 Stuttgart), Schriftsteller. Der gelernte Journalist studierte Germanistik, vergleichende Literaturwissenschaft, Kunstgeschichte, Theaterwissenschaft sowie Zeitungswissenschaft und promovierte zum Dr. phil. Nach dem Zweiten Weltkrieg war er Redakteur der satirischen Zeitschrift »Das Wespennest«, Texter für das Düsseldorfer Kabarett »Kom(m)ödchen« sowie Korrespondent des »Spiegel«; er arbeitete als Hörspielautor und Bühnenbearbeiter sowie zunehmend als Buchautor. Seine Themen gab ihm das Leben vor: vom Kochen über die Kindererziehung bis zur Wahlpropaganda in schwäbischer Mundart für die SPD. Auch über Reisen, Burgen und schwäbische Städte – unter anderem über Stuttgart und Bad Cannstatt – sowie zu vielen anderen Themen entstanden Bücher. Große Auflage machte schließlich sein humoristischer Schwabenspiegel »Deutschland deine Schwaben«. Sehr erfolgreich war auch das Volksstück »Der Entaklemmer«, eine Übertragung von Molières »Der Geizige« ins Schwäbische (uraufgeführt 1976 am Stuttgarter Staatstheater; auch als Buch erschienen). Neben dem Schreiben widmete sich Troll engagiert der sozialen Lage der schreibenden Zunft; er gehörte dem Gründungsvorstand des Verbandes deutscher Schriftsteller (VS) an und war Vizepräsident des PEN-Zentrums der Bundesrepublik Deutschland.

Thaerstraße *(1937, Weilimdorf)* Albrecht Thaer (*1752 Celle † 1828 Gut Möglin bei Wriezen), Professor und Staatsrat, gilt als Begründer der wissenschaftlichen Landwirtschaftslehre.

Theobald-Kerner-Straße *(1908, Bad Cannstatt)* Dr. med. Theobald Kerner (*1817 Gaildorf † 1907 Weinsberg), Arzt und Dichter, Sohn Justinus Kerners, siehe →Kernerstraße. Er gründete 1852 in Stuttgart eine galvano-magnetische Heilanstalt, die er 1856 bis 1863 in Cannstatt betrieb. Wie sein Vater wurde er lyrischer Dichter und talentvoller Erzähler.

Theodor-Heuss-Passage *(1978, Mitte)* Prof. Dr. Dr. h.c. Theodor Heuss (*1884 Brackenheim † 1963 Stuttgart), 1949 bis 1959 erster Bundespräsident der Bundesrepublik Deutschland und 1954 Ehrenbürger der Stadt Stuttgart. Er zählte nach dem Studium der Kunstgeschichte und der Volkswirtschaft zum Kreis der Demokraten um Friedrich Naumann. Einige Zeit arbeitete Heuss als Chefredakteur der in Heilbronn erscheinenden »Neckar-Zeitung«. Im Dritten Reich schrieb er unter dem Pseudonym Thomas Brackheim für die Frankfurter Zeitung.

Nach dem Ende des Zweiten Weltkriegs war Heuss Mitbegründer der Freien Demokratischen Partei (FDP). Er gehörte von September 1945 bis Dezember 1946 als Kultminister dem ersten Kabinett Reinhold Maier in Württemberg-Baden an. Am 13. August 1948 wurde Theodor Heuss in den Parlamentarischen Rat gewählt. Als Fraktionsvorsitzender der FDP war er maßgeblich an der Formulierung des Grundgesetzes beteiligt. Die Bundesversammlung wählte ihn am 12. September 1949 zum ersten Bundespräsidenten. 1954 erfolgte seine Wiederwahl für weitere fünf Jahre. Nach Ablauf seiner zweiten Amtsperiode 1959 kehrte Heuss nach Stuttgart zurück, um im Ruhestand seine literarische Arbeit fortzusetzen. Er wohnte im eigenen Haus im Feuerbacher Weg 46. Von seinen zahlreichen Büchern wurde vor allem eine Biographie Robert Boschs bekannt.

Theodor Heuss

Theodor-Heuss-Straße *(1963, Mitte)* siehe →Theodor-Heuss-Passage.

Theodor-Storm-Straße *(1924, West)* Theodor Storm (*1817 Husum † 1888 Hademarschen, Schleswig-Holstein), Erzähler und Lyriker, schilderte in seinen Novellen das Leben in der Nordsee-Küstenlandschaft.

Theodorstraße *(1938, Feuerbach)* Männlicher Vorname, nach Theodor Kuhn, siehe →Siegelbergstraße.

Theodor-Veiel-Straße *(1927, Bad Cannstatt)* Dr. med. Theodor Veiel (*1848 Bad Cannstatt † 1923 Stuttgart-Bad Cannstatt), Geheimer Hofrat, wurde 1874 Chefarzt des späteren städtischen Krankenhauses in Bad Cannstatt und Leiter der von seinem Vater Albert (von) Veiel gegründeten Heilanstalt für Hautkranke.

Landesbischof Theophil Wurm

Theophil-Wurm-Straße *(1960, Fasanenhof)* Dr. Theophil Wurm (*1868 Basel † 1953 Stuttgart), 1933 bis 1949 Landesbischof der Evangelischen Kirche in Württemberg und 1945 Ratsvorsitzender der Evangelischen Kirche in Deutschland. Wurm wandte sich als einer der Wortführer der »Bekennenden Kirche« gegen die Totalitätsansprüche des Dritten Reiches und setzte sich mutig für die innere und äußere Freiheit des christlichen Bekenntnisses ein.

Theurerstraße *(1955, Ost)* Gustav Theurer (*1865 Hofen, jetzt Stuttgart-Hofen † 1937 Stuttgart), Bäcker, Gastwirt und langjähriger Gemeinderat in Gaisburg und Stuttgart, war maßgeblich an der 1901 vollzogenen Eingemeindung Gaisburgs nach Stuttgart beteiligt.

Thingstraße *(1935, Rohr)* Nach dem in den dreißiger Jahren angelegten »Versammlungsplatz«, der in Erinnerung an die frühgermanischen Volks- und Gerichtsversammlungen benannt wurde.

Thomas-Mann-Straße *(1971, Feuerbach)* Thomas Mann (*1875 Lübeck † 1955 Kilchberg bei Zürich), Dichter und Schriftsteller, emigrierte 1933 in die Schweiz, später in die USA, kehrte als amerikanischer Staatsbürger 1952 in die Schweiz zurück. Als feinfühlig-nuancierender Romancier wurde er zum Meister des großen psychologischen Romans und erhielt 1929 den Nobelpreis für Literatur. Thomas Mann war ein entschiedener Gegner des Nationalsozialismus. Werke unter anderem: »Buddenbrooks« (1901), »Der Tod in Venedig« (1912), »Joseph und seine Brüder« (1933 bis 1943), »Doktor Faustus« (1947), »Bekenntnisse des Hochstaplers Felix Krull« (1954).

Thomas-Münzer-Weg *(1983, Zazenhausen)* Thomas Münzer (*1489 † 1525), Theologe und Revolutionär. Organisierte als Führer den Aufstand der Bauern 1525 in Thüringen und wurde nach der Entscheidungsschlacht von Frankenhausen gefangen und enthauptet.

Thomastraße *(1935, Nord)* Hans Thoma (*1839 Bernau, Hochschwarzwald † 1924 Karlsruhe), Maler und Zeichner, Direktor der Kunsthalle und Lehrer an der Akademie in Karlsruhe, vor allem Landschaftsmaler.

Thorner Straße *(1928, Bad Cannstatt)* Stadt Thorn an der Weichsel, Polen; heißt heute Torun.

Thouretstraße *(1925, Mitte)* Nikolaus Friedrich (von) Thouret (*1767 Ludwigsburg † 1845 Stuttgart), Baumeister, beendete als Hofbaumeister König Friedrichs I. von Württemberg den Bau des Neuen Schlosses, erbaute den Kursaal in Bad Cannstatt und das Katharinenhospital. Er plante und baute wichtige Straßen, wie die untere Königstraße, die jetzige Konrad-Adenauer-Straße, die Charlottenstraße und die Christophstraße sowie viele Privathäuser und ordnete die Schloßgartenanlagen neu.

Thüringer-Wald-Straße *(1936, Feuerbach)* Thüringer Wald.

Thurgau-Weg, Müller- siehe →Müller-Thurgau-Weg.

Thymianweg *(1959, Heumaden)* Der Thymian, thymus vulgaris, ist eine alte Gewürz- und Heilpflanze.

Tiefenbachstraße *(um 1915, Rohracker)* Nach dem Tiefenbach, an dessen südlicher Seite die Straße verläuft.

Tiefer Weg *(1890, Birkach)* Vertieft eingeschnittener Verlauf des Weges.

Tierbergstraße *(1937, Feuerbach)* Schloß Tierberg, Gemeinde Braunsbach, Landkreis Schwäbisch Hall.

Tiergartenweg *(1880, Nord)* Am Ende des Weges befand sich 1871 bis 1906 der Nillsche Tiergarten. Der Gastwirt und ehemalige Zimmermeister Johannes Nill (*1825 Bodelshausen bei Hechingen † 1894 Stuttgart) hatte dort neben seiner Gaststätte einen zoologischen Garten eröffnet, der ein beliebter Anziehungspunkt Stuttgarts war und Besucher aus dem ganzen Land anlockte. Bild: Seite 240.

Tigerstraße *(1928, 1972, Vaihingen)* Der Tiger, panthera tigris, ist eine große Raubkatze, die vom Kaspischen Meer bis zum Iran verbreitet ist.

Tilsiter Straße *(1937, Bad Cannstatt)* Stadt Tilsit, Ostpreußen, Republik Rußland.

Tiroler Straße *(1937, 1972, Uhlbach)* Österreichisches Bundesland Tirol.

Der Nillsche Tiergarten um die Jahrhundertwende.

Tizianweg *(1959, Feuerbach)* Tiziano Vecelli(o), genannt Tizian (*1476/77 oder 1488/90 Pieve di Cadore † 1576 Venedig), berühmter Maler der Hochrenaissance.

Todtnauer Straße *(1936, Kaltental)* Stadt Todtnau, Landkreis Lörrach.

Tölzer Straße *(1937, Bad Cannstatt)* Stadt Bad Tölz, Bayern.

Töpferstraße *(1957, Mitte)* Gewerbebezeichnung.

Törlesäckerstraße *(1957, Birkach)* Flurname. Die Äcker lagen neben dem mit einem Wildzaun eingefriedeten Asemwald und Ohnhold(wald). Die Straßen durch den Wald waren mit Lattentoren (Törle) abgeschlossen.

Topasweg *(1951, Nord)* Mineral und Edelstein.

Tor, Oberes siehe →Oberes Tor.

Torgauer Straße *(1937, Weilimdorf)* Stadt Torgau an der Elbe, 1760 Schlachtort des Siebenjährigen Krieges.

Torstraße *(1811, Mitte)* Die Straße wurde 1764 erstmals urkundlich genannt und hieß bis 1811 Hauptstätter Torgaß. Der Name geht auf das 1448 erstellte Hauptstätter Tor zurück, das einst am Ende der Straße, beim Wilhelmsplatz, stand.

Tränkestraße *(1982, Degerloch)* Nach dem dortigen Gewann.

Traifelbergplatz *(1935, Degerloch)* Berg der Schwäbischen Alb bei Honau, Kreis Reutlingen.

Traubenstraße *(1862, West)* Vermutlich nach den benachbarten Weinbergen.

Traubergstraße *(1927, Ost)* Der im 14. Jahrhundert erstmals urkundlich erwähnte Flurname ist wohl von traut (lieb) abgeleitet und dürfte als Hinweis auf den guten Ertrag aus diesen Grundstücken zu verstehen sein.

Treiberstraße *(1937, Sillenbuch)* Alter Sillenbucher Familienname.

Treitschkestraße *(1937, Sillenbuch)* Heinrich (von) Treitschke (*1834 Dresden † 1896 Berlin), Historiker, beschäftigte sich vor allem mit der Geschichte des 19. Jahrhunderts.

Trettachstraße *(1936, Untertürkheim)* Nach der südlich von Oberstdorf in den Allgäuer Alpen gelegenen Trettachspitze.

Triberger Straße *(1936, Kaltental)* Stadt Triberg, Schwarzwald-Baar-Kreis.

Triebschlag *(1957, Kaltental)* Bezeichnung für ein Waldstück (Schlag), zu dem das Vieh getrieben wurde.

Triebweg *(um 1937, Feuerbach)* Nach dem früher vom Volksmund so bezeichneten Weg (1524 Viehtrieb), auf dem das Vieh zu den Weidebezirken getrieben wurde.

Triegeläckerstraße *(1925, Weilimdorf)* Der Flurname geht wohl auf den Namen eines um 1400 genannten Besitzers dieser Äcker zurück.

Triftweg *(1933, Wangen)* Der Name verweist auf einen Weg, auf dem das Vieh zur Weide getrieben wurde.

Trochtelfinger Straße *(1957, Möhringen)* Stadt Trochtelfingen, Landkreis Reutlingen.

Trollingersteg *(1977, Ost)* Traubensorte. Der Steg wurde zur Bundesgartenschau 1977 gebaut; er führte zu einer Weinbau-Sonderschau.

Trollingerstraße *(1937, Uhlbach)* Traubensorte.

Troll-Platz, Thaddäus- siehe →Thaddäus-Troll-Platz.

Trossinger Straße *(1957, Sillenbuch)* Stadt Trossingen, Landkreis Tuttlingen.

Trüffelweg *(1957, Schönberg)* Der Sommertrüffel, tuber aestivum, gehört zu den wertvollsten Speisepilzen. Er lebt unter der Erde und kann nur mit eigens dazu abgerichteten Schweinen und Hunden gefunden werden.

Trümmlestraße *(1935, Degerloch)* Der Flurnamen bedeutet vielleicht Endstück oder Zipfel.

Tuchbleiche *(1955, Stammheim)* Der Flurname verweist auf Wiesen, auf denen früher das von Hand gewobene Leinen der Sonne zum Bleichen ausgesetzt wurde.

Tuchmachergasse *(1937, Bad Cannstatt)* Gewerbebezeichnung (Leineweber).

Tucholskystraße *(1971, Feuerbach)* Kurt Tucholsky (*1890 Berlin † 1935 Hindàs bei Göteborg, Schweden), Schriftsteller, Satiriker, Zeitkritiker und Lyriker.

Tübinger Straße *(1811, Mitte und Süd)* Stadt Tübingen.

Türkenstraße *(1933, Untertürkheim)* Nach der Brunnenfigur eines Türken, die lange Zeit den »Türkenbrunnen« in der Großglocknerstraße zierte. Man vermutete früher, daß Unter- und Obertürkheim aus einer Ansiedlung von Türken entstanden sei.

Türlenstraße *(1887, Nord)* Nach dem erstmals 1350 urkundlich erwähnten Flurnamen Türlin, der das Tor eines Flurzaunes bezeichnet.

Tulpenstraße *(1894, Süd)* Die Tulpe, tulipa, gehört zu den Liliengewächsen und ist einer Zier- und Gartenblume.

Tunnelstraße *(1900, Feuerbach)* Nach dem nahegelegenen Eisenbahntunnel, dem 1843 bis 1849 erbauten Pragtunnel.

Tunzhofer Platz *(1901, Nord)* Nach der 1220 erstmals urkundlich genannten Siedlung Tunzhofen, die damals dort lag und seit 1393 als Wohnort nicht mehr erwähnt wurde. Man nimmt an, daß Tunzhofen im Städtekrieg 1378 zerstört wurde oder daß die letzten Bewohner damals nach Stuttgart gezogen sind.

Tunzhofer Straße *(1886, Nord)* siehe →Tunzhofer Platz.

Turbinenstraße *(1953, Weilimdorf)* Maschine zur Krafterzeugung.

Turmalinweg *(1978, Heumaden)* Mineral und Schmuckstein.

Turmhahnweg *(1957, Sonnenberg)* Gedicht Eduard Mörikes, der einige Jahre als Vikar in Möhringen tätig war, siehe auch →Mörikestraße.

Turmstraße *(1811, Mitte)* Die früher als Alte Münzgasse bezeichnete Straße erhielt ihren Namen nach dem Willermannsturm, einem neben dem ehemaligen Schultor gelegenen viereckigen Gefängnisturm, der 1831 abgebrochen wurde.

Turnhallestraße *(1957, Rohr)* Nach der am Ende der Straße gelegenen Turnhalle.

Turnierstraße *(1957, Plieningen)* Nach der Flur »Turnieracker«, die 1524 Thurnacker hieß. Der Name der Flur (Thurn bedeutet Turm) hängt vielleicht mit der Unterhaltung des Kirchturms zusammen.

Tuttlinger Straße *(1957, Sillenbuch)* Stadt Tuttlingen.

Udamstraße *(1906, Möhringen)* Flurname, 1701 erstmals urkundlich genannt.

Überkinger Straße *(1937, 1976, Bad Cannstatt)* Gemeinde Bad Überkingen, Landkreis Göppingen.

Uferstraße *(1933, 1978, Ost)* Nach ihrer Lage längs des Neckars.

Uhlandshöhe, Zur siehe →Zur Uhlandshöhe.

Uhlandstraße *(1863, Mitte)* Ludwig Uhland (*1787 Tübingen † 1862 Tübingen), Rechtsanwalt, Politiker und Dichter. Uhland war 1810 bis 1814 Sekretär im Justizministerium, dann Rechtsanwalt in Stuttgart. Staatsbeamter konnte er nicht werden, da er es ablehnte, dem König, der 1805 widerrechtlich den Landtag aufgelöst hatte, den Eid zu schwören. 1831 wurde er Landtagsabgeordneter, 1829 Professor für deutschen Sprache und Literatur in Tübingen. Als ihm die Regierung den Urlaub zur Ausübung seines Mandats verweigerte, legte er seine Professur nieder. Er zog sich 1838 bis 1848 aus der Politik zurück und wurde dann als Vertreter der Liberalen Mitglied der Frankfurter Nationalversammlung. Seine Gedichte, vorwiegend Balladen und Romanzen, sind als Volkslieder bekannt, unter anderem »Ich hatt' einen Kameraden« und »Der Wirtin Töchterlein«. Ludwig Uhland gehörte zum Schwäbischen Dichterkreis um Justinus Kerner und Gustav Schwab.

Ludwig Uhland

Uhlbacher Platz *(1937, Uhlbach)* Ortsbezogener Name.

Uhlbacher Straße *(1937, Obertürkheim, Uhlbach)* Führt nach Uhlbach.

Uhlbergstraße *(1912, Ost)* Berg bei Plattenhardt am Rande des Schönbuchs.

Uhuweg *(1952, Wolfbusch)* Der Uhu, bubo bubo, gehört zur Familie der Eulen und ist deren größter einheimischer Vertreter.

Ukrainestraße *(1937, Bad Cannstatt)* Republik Ukraine.

Ulmenstraße *(1895, Süd)* Die Ulme, ulmus glabra, ist ein vom Aussterben bedrohter

Laubbaum. Schuld am Ulmensterben ist ein Schlauchpilz, den ein Käfer überträgt.

Ulmer Straße *(1906, Ost und Wangen)* Stadt Ulm an der Donau.

Ulrichstraße *(1858, Mitte)* Herzog Ulrich von Württemberg (*1487 Schloß Reichenweiher, Elsaß † 1550 Tübingen), übernahm als Sechzehnjähriger die herzoglichen Regierungsgeschäfte. Herzog Ulrich warf 1514 den Bauernaufstand des »Armen Konrad« nieder. Der jähzornige, prunk- und luxusliebende Herrscher stellte der Frau seines Stallmeisters Hans von Hutten nach, den er im Mai 1515 im Vaihinger Wald erschlug. Als der Mord bekannt wurde, verhängte der Kaiser über Ulrich die Reichsacht. Außerdem wurde er aufgefordert, sein Amt zur Verfügung zu stellen. Als er sich weigerte und drei hohe Beamte des Kaisers foltern und schließlich hinrichten ließ, griffen die im Schwäbischen Bund vereinten Reichsstände ein und besetzten das Herzogtum. Der Herzog floh und verbrachte die nächsten Jahre in der Schweiz und in der ihm verbliebenen Grafschaft Mömpelgard. Württemberg war habsburgisch geworden. Durch geschicktes Taktieren und die Hinwendung zum evangelischen Glauben gelang es dem Herzog, Verbündete zu gewinnen. Der Sieg des hessischen Landgrafen Philipp von Lauffen 1534 ermöglichte ihm die Rückkehr in sein Herzogtum, wo er in altgewohnter Strenge die Reformation einführte.

Herzog Ulrich

Ulrich-Weg, Fritz- siehe →Fritz-Ulrich-Weg.

Umgelterweg *(1964, Botnang)* Hermann Umgelter (*1891 † 1962), Botnanger Maler.

Ungsteiner Straße *(1977, Weilimdorf)* Weinort in Rheinland-Pfalz.

Universitätsstraße *(1969, 1976, 1986, Vaihingen)* Führt zur Universität.

Unkenweg *(1953, Bergheim)* Die Rotbauchunke, bombina bombina, gehört zur Familie der Scheibenzüngler und zur Gattung der Froschlurche. Sie lebt in Teichen und Tümpeln.

Unteraicher Straße *(1961, Möhringen)* Ortsteil Unteraichen der Stadt Leinfelden-Echterdingen, Landkreis Esslingen.

Unter dem Birkenkopf *(1982, West)* Der Hügel Birkenkopf, zu dessen Fuß die Straße verläuft, diente schon mittelsteinzeitlichen Jägern und Sammlern als Rastplatz. Nach dem Zweiten Weltkrieg diente er als Auffüllberg für Ruinenschutt. Von seinem Gipfel – zuvor 471 Meter, danach 511 Meter über dem Meeresspiegel – hat man eine prächtige Aussicht auf Stuttgart.

Unter den Birken *(1929, Lederberg)* Lagebezogener Name.

Unter der Mauer *(1957, Mitte)* Die Straße erhielt ihren Namen nach der früheren Straße »Unter der Mauer«, die sich als überbauter Gang an der Innenstadtmauer vom Schillerplatz zur heutigen Schmalen Straße hinzog.

Untere Brandstraße *(1897, Möhringen)* siehe →Obere Brandstraße.

Untere Hagstraße *(um 1920, Rohr)* Der Flurname wird von Hag (Hecke, Zaun) hergeleitet.

Untere Heckenstraße *(um 1910, 1986, Hedelfingen)* Der Flurname verweist auf Gestrüpp, Buschwerk, einzelne Baumgruppen oder auf die bis ins 18. Jahrhundert übliche Umfriedung der Dorfmarkung durch Hekken oder Zäune.

Unteren Kienle, Im siehe →Im unteren Kienle.

Untere Querstraße *(um 1897, Feuerbach)* Lagebezogener Name.

Untere Waldplätze *(1985, Vaihingen)* Lagebezogener Name.

Unterer Brühl *(1929, Kaltental)* Der Flurname bezeichnet ein wasserreiches, in der Niederung (am Nesenbach) gelegenes Wiesenland, das in herrschaftlichem Besitz war.

Unterer Dornbusch *(1974, Nord)* Der Flurname leitet sich von Gebüsch ab.

Unterer Grund *(1904, Vaihingen)* Der Flurname bezeichnet wohl die örtliche Lage in einem Tälchen.

Unterer Hurtweg *(1934, Zuffenhausen)* Der Flurname läßt auf eingezäunte Äcker oder Wiesen schließen. Hurde bedeutet Flechtwerk oder Gatter aus Ruten.

Unterer Schloßgarten *(1963, Ost)* In Fortsetzung der 1806 bis 1808 entstandenen Anlagen wurde 1813 die Platanenallee gepflanzt. Die Bäume mußten in den beiden nächsten Jahren und 1826 häufig nachgepflanzt werden. 1817 bis 1818 wurde das angrenzende Wiesental als Park angelegt. Dieser hieß bis 1912 Äußerer (Unterer) Schloßgarten, bis 1963 Untere Anlagen.

Unterer Wannenweg *(1891, Süd)* Nach der Flur Wanne, die oberhalb des Weges am Südhang des Hasenberges liegt. Ihr Name ist im bildhaften Sinne auf die Geländeform bezogen.

Untere Schießäckerstraße *(um 1930, Rohr)* Flurname, ehemaliger Schießplatz.

Untere Straße *(vor 1863, Süd)* Lagebezogener Name.

Unterhäuser Straße *(1935, Degerloch)* Ortsteil Unterhausen der Gemeinde Lichtenstein, Landkreis Reutlingen.

Unterländer Straße *(1938, Zuffenhausen)* Volkstümlicher Ausdruck für das ehemalige württembergische Neckarland im Gegensatz zum Oberland, der Schwäbischen Alb und Oberschwaben.

Untertürkheimer Kelterplatz *(1936, Untertürkheim)* Ortsbezogener Name.

Untertürkheimer Straße, Alte siehe →Alte Untertürkheimer Straße.

Urachplatz *(Ost)* Nach den Herzögen von Urach, Grafen von Württemberg, einer Seitenlinie des Hauses Württemberg.

Urachstraße *(1893, Ost)* siehe →Urachplatz.

Uranusweg *(1957, Dürrlewang)* Planet.

Urbansplatz *(1892, Mitte)* Heiliger Urban, Papst Urban I. († 230), Schutzpatron der Weingärtner.

Urbanstraße *(1851, Mitte)* siehe →Urbansplatz.

Ursulastraße *(1957, Stammheim)* Sebastian Schertlin von Burtenbachs Tochter Ursula wurde 1541 Frau des Grundherrn Hans von Stammheim, siehe →Schertelstraße.

Usedomstraße *(1957, Zuffenhausen)* Ostseeinsel.

Vaihinger Landstraße *(1957, Botnang)* Führt nach Vaihingen.

Vaihinger Markt *(1979, 1980, Vaihingen)* Lagebezogener Name. Die Straße hieß seit

1957 Brauereistraße, nach der benachbarten Brauerei, siehe →Robert-Leicht-Straße.

Vaihinger Straße *(1895, Möhringen)* Führt nach Vaihingen.

Vaihinger-Weg, Anna siehe →Anna-Vaihinger-Weg.

Vandalenstraße *(1933, Zuffenhausen)* Germanischer Volksstamm.

Varnbülerstraße *(1897, Nord)* Karl Friedrich Gottlob Freiherr Varnbüler von und zu Hemmingen (*1809 Hemmingen bei Leonberg † 1889 Berlin), 1864 bis 1870 württembergischer Minister des Auswärtigen und Leiter des Verkehrswesens, 1873 bis 1881 Mitglied des Reichstages.

Vaut-Straße, Hans- siehe →Hans-Vaut-Straße.

Veielbrunnenweg *(1937, Bad Cannstatt)* Veielsche Mineralquelle, nach dem Cannstatter Oberamtsarzt und Geheimen Hofrat Dr. Albert (von) Veiel (*1806 Ludwigsburg † 1874 Cannstatt), der 1837 die Veielsche Hautklinik gründete, benannt. Er wurde 1856 Ehrenbürger von Cannstatt.

Veiel-Straße, Theodor- siehe →Theodor-Veiel-Straße.

Veilchenweg *(1939, Vaihingen)* Von den etwa 25 einheimischen Veilchenarten ist das Wohlriechende Veilchen, viola odorata, am bekanntesten.

Veitstraße *(1933, Mühlhausen)* Nach der an der Straße gelegenen, 1380 bis 1385 erbauten und den drei Heiligen Veit, Sigismund und Wenzeslaus geweihten Veitskapelle.

Vellmenstraße *(1895, Süd)* Nach dem 1350 urkundlich genannten Flurnamen Felman, der auf den Namen eines früheren Besitzers zurückgeht.

Blick in die Mühlhausener Veitskapelle.

Verdistraße *(1961, Botnang)* Giuseppe Verdi (*1813 Le Roncole bei Parma † 1901 Mailand), italienischer Komponist, einer der bedeutendsten Opernkomponisten.

Verdunstraße *(1936, Bad Cannstatt)* Stadt Verdun, Frankreich, in Erinnerung an die schweren Kämpfe im Ersten Weltkrieg, die dort stattfanden.

Vermontstraße *(1983, Vaihingen)* Bundesstaat der USA. Zuvor hieß die Straße Atlantastraße nach der Hauptstadt von Georgia, USA.

Vestastraße *(1957, Möhringen)* Römische Göttin des Herdfeuers.

Veteranenstraße *(1957, Rohr)* Volksmundbezeichnung. Einige Veteranen des Krieges 1870/71 wohnten in dieser Straße.

Vetter-Straße, Leo- siehe →Leo-Vetter-Straße.

Viaduktstraße *(1903, Bad Cannstatt)* Entlang der Straße verläuft der König-Wilhelm-Viadukt der Umgehungsstrecke Untertürkheim–Kornwestheim, der 1896 fertiggestellt und 1989/90 erneuert wurde. Foto S. 247.

Viehhofstraße *(1914, Ost)* Nach dem nahegelegenen Vieh- und Schlachthof.

Viehwasen *(1952, Wangen)* Der Flurname bezeichnet eine Fläche, die mit Gras bewachsen und für den Anbau wenig geeignet war. Auf ihre weidete Vieh.

Viereichenweg *(1932, Vaihingen)* Nach den »Vier Eichen« im nahen Pfaffenwald.

Viergiebelweg *(1922, Nord)* Nach der Dachform der Gebäude in dieser Straße.

Vikarweg *(1957, Möhringen)* Erinnert an Eduard Mörike, der 1826 bis 1827 Vikar in Möhringen war, siehe →Mörikestraße.

Viktor-Köchl-Weg *(1928, Nord)* Benannt nach Viktor Köchl (*1851 † 1920). Seine Ehefrau Ida Köchl stellte 1920 zum Andenken an ihren verstorbenen Mann dem Verein für Kinderheime die Mittel für die dort gelegene Kinderklinik Viktor-Köchl-Haus in Form einer Stiftung zur Verfügung.

Villa Berg *(1915, Ost)* Erbaut 1846 bis 1853 im Auftrag des Kronprinzen und späteren Königs Karl von Württemberg durch den

Die Villa Berg um 1900. Im Zweiten Weltkrieg stark beschädigt, wurde sie nur vereinfacht wiederaufgebaut.

Der 675 Meter lange »alte« König-Wilhelm-Viadukt war einst der größte Viadukt Württembergs.

späteren Oberbaurat Christian (von) Leins. Vorausgegangen war eine Italienreise, die Karl zusammen mit dem Architekten unternommen hatte.

Villacher Straße *(1938, Feuerbach)* Stadt Villach in Österreich.

Villastraße *(1873, Ost)* Nach der nahegelegenen →Villa Berg.

Virginiaweg *(1982, Vaihingen)* Bundesstaat der USA. 1955 bis 1982 hieß der Weg Kasinoweg nach dem ehemaligen Kasino der dortigen Kaserne.

Vischerstraße *(1920, Vaihingen)* Friedrich Theodor Vischer (*1807 Ludwigsburg † 1887 Gmunden, Österreich), Ästhetiker. 1844 wurde Vischer als Professor für Ästhetik und deutsche Literatur nach Tübingen berufen. Wegen seiner freimütigen Antrittsrede und einiger Stellen in seinem Werk »Kritische Gesänge« (1844) suspendierte man ihn für zwei Jahre vom Dienst. 1848 wurde Vischer Abgeordneter der Frankfurter Nationalversammlung, 1855 Professor am Eidgenössischen Polytechnikum und der Kantonalen Hochschule in Zürich. Er kehrte 1866 als Professor nach Tübingen zurück und lehrte zugleich am Stuttgarter Polytechnikum.

Seit 1869 war Vischer ausschließlich an seinem Stuttgarter Lehrstuhl tätig und forderte die Verlegung der Universität von Tübingen nach Stuttgart. Damals schrieb er: »Oft, wenn ich über die Seewiese gehe, sehe ich als Traumbild ein stattliches Universitätsgebäude vor mir, das mit dem Polytechnikum, der Baugewerkschule, den weiteren akademischen Bauten, zu welchen der schöne Raum noch Platz genug bietet, eine stolze Gruppe bildet und dem Beschauer zuruft: Hier hat Württemberg und mit ihm Süddeutschland seine geistigen Kräfte zu einem Mittelpunkt gesammelt, der in unberechenbaren Strahlen auf ganz Deutschland, in die weite Welt sein Licht ergießt.« Vischers streitbare Publizistik, seine antiklerikale und pantheistische Weltanschauung und die Kraft seines Wortes waren von großer Wirkung auf seine Zeit. Seine »Ästhetik oder Wissenschaft des Schönen« (1846 bis 1857) baut auf der Hegelschen Philosophie auf.

Völterweg *(1945, Rot)* Johann Ludwig Völter (*1809 † 1888), von 1852 bis 1880 Pfarrer in Zuffenhausen. Als korrespondierendes Mitglied des Vereins für Württembergische Landeskunde und Herausgeber der Zeitschrift »Der Süddeutsche Schulbote« war Völter auch literarisch tätig.

Vogelherd, Am siehe →Am Vogelherd.

Vogelrainstraße *(1926, Süd)* Nach dem oberhalb der Straße gelegenen, zum Nesenbachtal abfallenden, bewaldeten Hang.

Vogelsangstraße *(1873, West)* Der seit 1393 bekannte Flurname könnte mit dem Vogelreichtum des Gebietes, zu dem auch die Quelle des Vogelsangbachs gehört, zusammenhängen.

Vogteiweg *(1933, Zazenhausen)* Erinnert an die frühere herrschaftliche Oberverwaltung.

Volkerstraße *(1936, Nord)* Spielmann Volker von Alzey, Gestalt aus der Nibelungensage.

Vollandstraße *(1946, Sonnenberg)* Ambrosius Volland (*1472 Markgröningen † 1551 Stuttgart), Kanzler Herzog Ulrichs.

Vollmoeller, Emilie siehe →Emilienstraße.

Vollmoellerstraße *(1957, Vaihingen)* Robert Vollmoeller (*1849 Ilsfeld † 1911 Stuttgart), Kommerzienrat, Fabrikant, übernahm 1881 die von Theodor Maier 1879 errichtete Trikotfabrik und baute sie in den folgenden Jahren zu einem der bedeutendsten Vaihinger Wirtschaftsunternehmen aus. Wurde 1910 Ehrenbürger von Vaihingen.

Voltasteg *(1959, Bad Cannstatt)* Alessandro Graf Volta (*1745 Como † 1827 Como), italienischer Physiker, Forscher auf dem Gebiet der Elektrizitätslehre, erfand das Elektrophor, den Kondensator und die Voltasche Säule. Nach ihm wurde auch die Maßeinheit der elektrischen Spannung (Volt) benannt.

Voltastraße *(1932, Bad Cannstatt)* siehe →Voltasteg.

Vor dem Lauch *(1974, Möhringen)* Flurname, siehe →Im Lauch.

Vordere Schafstraße *(1889, Plieningen)* Nach dem ehemaligen Schafstall.

Vordernbergstraße *(1886, Nord)* Flurname. »Vorderer Berg« bezieht sich auf die ehemalige Siedlung Tunzhofen.

Vorsteigstraße *(1906, West)* 1579 genannter Flurname, der ursprünglich wohl »Forststeig« hieß und den Zugang zum Forst meinte.

Voß-Weg, Werner- siehe →Werner-Voß-Weg.

Wachaustraße *(1938, Feuerbach)* Niederösterreichische Landschaft.

Wachenheimer Straße *(1937, Weilimdorf)* Stadt Wachenheim an der Weinstraße.

Wacholderweg *(1935, Degerloch)* Der Wacholder, juniperus communis, ist ein Strauch, der für die sogenannten Wacholderheiden auf der Schwäbischen Alb charakteristisch ist.

Wachtelweg *(um 1932, Vaihingen)* Die Wachtel, coturnix coturnix, ist der kleinste einheimische Hühnervogel. Er ist inzwischen selten geworden, weil seine Nahrungsgrundlage, Unkräuter in Feldern und Wiesen, immer mehr verschwindet.

Eberhard Wächter auf einem zeitgenössischen Stich.

Wächterstaffel *(1902, Mitte)* Eberhard (von) Wächter (*28. Februar 1762 Balingen † 14. August 1852 Stuttgart), Maler. Er studierte 1781 bis 1784 an der Hohen Karlsschule unter Harper und Guibal, 1784 in Mannheim, 1785 bis 1793 in Paris bei David und Regnault. Vor der Revolution floh Wächter nach Rom, wo er sich an Koch, Carstens, Fernow und Weinbrenner anschloß. 1798 bis 1808 lebte er in Wien und kehrte 1809 nach Stuttgart zurück. Wächter vertrat das Ideal seiner Zeit, die »Idee des Ganzen«. Seit 1809 war er Inspektor der Kupferstichsammlung in Stuttgart. Von ihm stammt der Entwurf für das Wächtersche Relief am Museum der bildenden Künste.

Wächterstraße *(1873, Mitte)* siehe →Wächterstaffel.

Wacker-Brücker, Friedrich- siehe →Friedrich-Wacker-Brücke.

Wagenburgplatz *(1914, Ost)* Der Flurname wurde erstmals um 1530 urkundlich genannt und geht angeblich auf das Heerlager König Rudolf von Habsburgs zurück, das sich bei der Belagerung Stuttgarts 1286 hier hinter Wagen verschanzte.

Wagenburgstraße *(1857, Mitte und Ost)* siehe →Wagenburgplatz.

Wagengutbahnhof *(1930, Mitte)* Lagebezogener Name.

Wagnerstraße *(1811, Mitte)* Nach dem früher in dieser Straße ansässigen Gewerbe.

Wagner-Straße, Richard- siehe →Richard-Wagner-Straße.

Wagrainstraße *(1957, Hofen)* Zum Neckar abfallende Flur. Der Name setzt sich aus Wag (Gewässer) und Rain (Grenzstreifen, langgestreckter Abfall) zusammen.

Waiblinger Straße *(1846, 1976, Bad Cannstatt)* Stadt Waiblingen, Rems-Murr-Kreis.

Waiblinger Straße, Obere siehe →Obere Waiblinger Straße.

Waid-Weg, Stephan- siehe →Stephan-Waid-Weg.

Walbrunnenstraße *(1957, Plieningen)* Nach dem früheren Walbrunnen, dessen Name vielleicht wallende Quelle bedeutet.

Walchenseestraße *(1971, Hofen)* See in Oberbayern.

Walckerstraße *(1927, Bad Cannstatt)* Eberhard Friedrich Walcker (*1794 Cannstatt † 1872 Ludwigsburg), Begründer der Orgel-

Eine der bekanntesten Plastiken auf dem Waldfriedhof: »Mutter Erde« von Fritz von Graevenitz.

bauanstalt E. F. Walcker & Cie. in Ludwigsburg.

Waldäckerstraße *(1957, Zuffenhausen)* Flurname, nach der Lage der Äcker beim Wald.

Waldburgstraße *(1957, Rohr und Vaihingen)* Nach der seit 1832 bestehenden Ausflugsstätte Waldburg im Böblinger Stadtwald.

Waldebene Ost *(1972, Ost, Wangen)* Lagebezogener Name.

Waldenbucher Platz *(1933, Degerloch)* Stadt Waldenbuch, Landkreis Böblingen.

Waldfriedhof *(1914, Degerloch)* Lagebezogener Name.

Waldheimstraße *(um 1921, Zuffenhausen)* Nach einem früheren Waldheim.

Waldhornweg *(1935, Wolfbusch)* In Anlehnung an die umliegenden Straßennamen (Tier- und Jagdnamen).

Waldmeisterweg *(1936, Ost)* Der Waldmeister, galium odoratum, ist seit dem Mittelalter als Heil- und Küchenkraut in Gebrauch.

Waldplätze, Obere siehe →Obere Waldplätze.

Waldplätze, Untere siehe →Untere Waldplätze.

Waldrand, Am siehe →Am Waldrand.

Waldstraße *(um 1900, Degerloch)* Lagebezogener Name.

Wald-Straße, Thüringer- siehe →Thüringer-Wald-Straße.

Waldwiesstraße *(1930, Lederberg)* Flurname.

Walheimer Straße *(1938, Zuffenhausen)* Gemeinde Walheim, Landkreis Ludwigsburg.

Wallensteinstraße *(1964, Freiberg)* Albrecht Wenzel Eusebius von Wallenstein (*1583 Hermanic, Nordböhmen † 1634, ermordet in Eger), Herzog von Friedland, Feldherr im Dreißigjährigen Krieg. Sein Leben verarbeitete Friedrich Schiller in seinem Drama »Wallenstein« (1800).

Wallgraben, Am siehe →Am Wallgraben.

Wallmerstraße *(1929, Untertürkheim)* Der Flurname wird von Walm (Abschrägung des Daches am Giebel) abgeleitet und ist im übertragenen Sinn auf die Geländeform bezogen.

Walpenreute *(1953, Feuerbach)* Der Flurname bezieht sich auf eine nach der Geländeform (Walbe, Walm) benannte Rodung (Reute).

Walpurgisstraße *(1933, Mühlhausen)* Nach der an der Straße gelegenen, um 1185 erbauten Walpurgiskirche, die nach der 779 in Heidenheim, Bayern, verstorbenen heiligen Walpurgis benannt ist.

Walter-Erich-Schäfer-Weg *(1982, Mitte)* Professor Dr. Walter Erich Schäfer (*1901 † 1981), von 1949 bis 1972 Generalintendant der Württembergischen Staatstheater, Träger der Bürgermedaille der Stadt Stuttgart.

Walter-Flex-Straße *(1937, Sillenbuch)* Walter Flex (*1887 Eisenach † 1917, gefallen auf Ösel), idealistisch-nationaler Lyriker und Erzähler, dessen Kriegserinnerungen »Der Wanderer zwischen beiden Welten« (1916) hohe Auflagen erreichen.

Walter-Heller-Straße *(1980, Vaihingen)* Dr. jur. Walter Heller (*14. September 1900 Vaihingen auf den Fildern † 31. März 1978 Stuttgart), letzter Bürgermeister von Vaihingen 1929 bis 1941.

Walter-Sigel-Straße *(1925, Stammheim)* Dr. Walter Sigel (*1871 † 1953), letzter Präsident der Generaldirektion der württembergischen Staatseisenbahnen, hatte nach der Überführung in Reichsbesitz (1920) als erster Präsident der Reichsbahndirektion Stuttgart an der Gestaltung der Verkehrsbeziehungen zwischen dem Deutschen Reich und den Ländern wesentlichen Anteil.

Walterstraße *(1938, Feuerbach)* Nach dem ersten urkundlich nachweisbaren Feuerbacher Pfarrer namens Walter, 1281 als Kirchherr in Feuerbach tätig.

Walter-Weg, Fritz- siehe →Fritz-Walter-Weg.

Wammesknopf, Am siehe →Am Wammesknopf.

Wand, Heslacher siehe →Heslacher Wand.

Wangener Kelterplatz *(1957, Wangen)* Ortsbezogener Name.

Wangener Marktplatz *(1957, Wangen)* Ortsbezogener Name.

Wangener Straße *(1902, Ost)* Führt nach Wangen.

Wannenstraße *(1890, Süd)* Der Name der 1286 erwähnten Flur ist im bildhaften Sinn auf die Geländeform bezogen.

Wannenweg, Unterer siehe →Unterer Wannenweg.

Wartbergstraße *(1936, Nord)* Flurname, 1473 erstmals urkundlich erwähnt. Hier befand sich wahrscheinlich die Burg Wartenberg, die den Grafen von Calw gehörte und 1133 zerstört wurde. Der Name der Burg ging auf die Flur über.

Warthäuser Straße *(1936, Wangen)* Gemeinde Warthausen, Landkreis Biberach.

Warthstraße *(1916, Untertürkheim)* Jakob Friedrich Warth (*1814 † 1909), königlicher Weingärtnermeister und Verwalter der Weinberge der Hofkammer, war lange Jahre Gemeinderat und Gemeindepfleger in Untertürkheim.

Wasenstraße *(1936, Wangen)* Der Flurname bezeichnet die grasbewachsenen, für den Anbau wenig geeigneten Flächen im Überschwemmungsgebiet längs des Neckars, die meist als Weide genutzt wurden.

Wasserbergweg *(1936, Ost)* Berg bei Schlat im Landkreis Göppingen.

Wattstraße *(1938, Zuffenhausen)* James Watt (*1736 Greenock † 1819 Heathfield bei Birmingham), englischer Erfinder, entwickelte die erste brauchbare Dampfmaschine.

Weberstraße *(1811, Mitte)* Wird auf dem Stadtplan von 1764 als Brühlgasse bezeichnet und wurde bei der 1811 erfolgten Straßenumbenennung als »äußerste Gasse vom Hauptstätter Tor an, wo die neuen Häuser stehen, bis an die Kanalstraße« beschrieben. Der Name geht auf das Gewerbe zurück, das früher in dieser Gegend (Esslinger Vorstadt) ansässig war.

Weckherlinstraße *(1909, Bad Cannstatt)* Georg Friedrich Weckherlin (*1778 Bad Cannstatt † 1843 Bad Cannstatt), Cannstatter Stadtpfleger, Bürgermeister und Landtagsabgeordneter, Mitglied der Ständeversammlung und des Landtags (1815 bis 1824). Bemühte sich vor allem um die Entwicklung Cannstatts als Badestadt.

Georg Fr. Weckherlin

Die Familie Weckherlin ist in Cannstatt mindestens seit 1635 ansässig.

Wegaweg *(1957, Dürrlewang)* Größter Stern des Sternbildes Leier.

Wegenerstraße *(1957, Stammheim)* Alfred Wegener (*1880 Berlin † 1930 Grönland), Geophysiker und Meteorologe, wurde 1919 Abteilungsleiter an der Deutschen Seewarte und Professor in Hamburg, 1924 Professor in Graz. Wegener nahm 1906 bis 1908, 1912/1913 und 1929/1930 an Expeditionen zum Inlandeis Grönlands teil; 1930 fand er beim Rückmarsch den Tod. Seine Hauptarbeiten befassen sich mit Thermodynamik und Wolkenphysik, mit der Mechanik der Tromben, mit der Deutung der Haloerscheinungen sowie mit der Erklärung der Vorzeitklimate durch die vielerörterte Verschiebungstheorie der Kontinente.

Wegländerstraße *(1927, Vaihingen)* Der Flurname weist auf Länder (kleine Acker-

Auf dem Terrain der bereits 1312 zerstörten Weißenburg baute der Hofbediente Heinrich Fellger 1843/44 ein Landhaus »zum Behufe der Aufnahme von Brustkranken & Molkenkurranten, verbunden mit einer Chocolade Fabrik nebst Restauration« (oben). 1898 erwarb der Seifen- und Ölfabrikant und Ägyptenforscher Ernst von Sieglin (siehe →Ernst-Sieglin-Platz) die Villa. Er baute einen unterirdischen Marmorsaal für große Gesellschaftsempfänge in den Hang hinein (unten, Aufnahme um 1920).

stücke) hin, die am Vaihinger Weg lagen, wie die Straße vorher hieß.

Wehinger Weg *(1971, Sillenbuch)* Gemeinde Wehingen, Landkreis Tuttlingen.

Weidachstraße *(1935, Degerloch)* Wohngebiet Weidach und Weidacher Höhe im Ortsteil Stetten der Stadt Leinfelden-Echterdingen, Landkreis Esslingen.

Weidenbrunnen *(1957, Mühlhausen)* Quelltopf an der Straße, der in früherer Zeit offenbar von Weiden umsäumt war.

Weidenröschenweg *(1983, Plieningen)* Das Schmalblättrige Weidenröschen, epilobium angustifolium, wächst auf Kahlschlägen und Waldlichtungen. Es kann bis zu 120 Zentimeter hoch werden.

Weidenweg *(1929, Süd)* Die Weide, salix, ist eine artenreiche Strauch- und Baumgattung. Ihre Blüten erscheinen als Kätzchen oder Ähren meist vor dem Laub.

Weikersheimer Straße *(um 1937, Zuffenhausen)* Stadt Weikersheim, Main-Tauber-Kreis.

Weilimdorfer Straße *(1946, Feuerbach)* Führt nach Weilimdorf.

Weilstetter Weg *(1971, Möhringen)* Ortsteil Weilstetten der Stadt Balingen, Zollernalbkreis.

Weimarstraße *(1886, Mitte und West)* siehe →Hermannstraße.

Weinbergen, In den siehe →In den Weinbergen.

Weinbergstaffel *(1975, Vaihingen)* Lagebezeichnung, siehe →Weinbergweg.

Weinbergweg *(1930, Vaihingen)* Am Südhang durch ehemalige Weinberge führender Wirtschaftsweg.

Weingarten, Im siehe →Im Weingarten.

Weingartenstraße *(um 1930, Weilimdorf)* Der Straßenname geht auf den noch bis zum Anfang dieses Jahrhunderts in Weilimdorf betriebenen Weinbau zurück.

Weinklinge *(1971, Rohracker)* Nach der dortigen Flur, einem engen Taleinschnitt in der Nähe von Weinbergen.

Weinsteige, Alte, Neue und Obere siehe →Alte Weinsteige, →Neue Weinsteige, →Obere Weinsteige.

Weissacher Straße *(1989, Weilimdorf)* Gemeinde Weissach, Landkreis Ludwigsburg.

Weißdornweg *(1983, Plieningen)* siehe →Hagdornweg.

Weißen, Am siehe →Am Weißen.

Weißenburgstraße *(1868, Mitte und Süd)* Nach der 1263 zum erstenmal urkundlich erwähnten, am Bopserhang gelegenen Weißenburg, die 1312 von den Esslingern zerstört wurde. Bilder: Seite 253.

Weißenhof, Am siehe →Am Weißenhof.

Weißenseeweg *(1977, Hofen)* See in Bayern.

Weißensteiner Straße *(1936, Wangen)* Ortsteil Weißenstein der Gemeinde Lauterstein, Landkreis Göppingen.

Weisser-Weg, Rudolf- siehe →Rudolf-Weisser-Weg.

Weißtannen *(1906, Süd)* Nach dem ehemals oberhalb der Straße gelegenen, im Jahr 1600 angelegten Weißtannenwald, dem ersten Nadelwald in der Gegend.

Weizenstraße *(1957, Plieningen)* Getreideart.

Welfenstraße *(1957, Birkach und Hohenheim)* Herzog Welf VI. (*1115 † 1191). Zu seinem Besitz auf den Fildern gehörte auch Birkach.

Herzogin Wera von Württemberg, um 1900.

Weller-Straße, Karl- siehe →Karl-Weller-Straße.

Wellingstraße *(1936, Sillenbuch)* Nach dem Stuttgarter Geschlecht der Welling, das Bürgermeister, Richter und Ratsherren stellte und zu den namhaften Grundbesitzern der Stadt zählte. Der einstige Wald hier gehörte teilweise um 1500 zum Familienbesitz.

Welsweg *(1957, Mönchfeld)* Der Wels, silurus glanis, kann bis zu drei Meter lang und 150 Kilogramm schwer werden. Die größten Exemplare dieses Fisches kommen in der Donau und in russischen Flüssen vor.

Welzheimer Straße *(1936, Ost)* Stadt Welzheim, Rems-Murr-Kreis.

Wendelin-Hippler-Straße *(1934, Weilimdorf)* Wendelin Hippler oder Wendel Hipler, (*um 1460 † 1526 Heidelberg), Bauernführer. Studierte in Leipzig, war im Bauernkrieg Kanzler der Odenwälder Bauern. Er suchte Ritterschaft und Städte für die Bauern zu gewinnen und bewirkte Götz von Berlichingens Wahl zum Bauernhauptmann. Er starb im pfälzischer Haft.

Wendelinstraße *(1911, Untertürkheim)* Nach der Kapelle des heiligen Wendel, die sich früher hier befand.

Wengertstraße *(1928, Botnang)* siehe →Julius-Wengert-Straße.

Wenzelstraße *(1933, Mühlhausen)* Nach dem in der Mühlhäuser Veitskapelle einst verehrten heiligen Wenzel, 921 bis 929 Herzog von Böhmen.

Werastraße *(1882, Mitte und Ost)* Herzogin Wera von Württemberg, geb. Großfürstin von Rußland (*1854 St. Petersburg † 1912 Stuttgart), heiratete 1874 Herzog Eugen von Württemberg (*1846 † 1877), der nach dreijähriger Ehe starb. Nach seinem Tod widmete sich Herzogin Wera neben der Erziehung ihrer Kinder in umfassender Weise der Wohltätigkeitsarbeit. Ihr Andenken lebt in karitativen und kirchlichen Einrichtungen, wie dem Weraheim, der Heilandskirche und der Russischen Kirche, fort.

Werderstraße *(1871, Ost)* August Graf von Werder (*1808 Schloßberg, Ostpreußen † 1887 Grüssow, Pommern), preußischer General.

Werenwagstraße *(1937, Feuerbach)* Schloß Werenwag im oberen Donautal zwischen Sigmaringen und Beuron.

Werfelweg *(1964, Freiberg)* Franz Werfel (*1890 Prag † 1945 Beverly Hills, Kalifornien, USA), österreichischer Schriftsteller und Dramatiker.

Werfmershalde *(1902, Mitte und Ost)* Der Flurname ist seit 1304 bekannt. Das Wort wurde sprachlich stark verändert und geht auf den Personennamen Werkman zurück (Werkmannshalde).

Wernerstraße *(1905, Feuerbach und Zuffenhausen)* Hermann Werner (*1848 Weddern, Westfalen † 1906 Untermais bei Meran), Kommerzienrat und Fabrikant, gründete 1879 in Gemeinschaft mit seinem Studienfreund Paul Pfleiderer die Firma Werner & Pfleiderer, eine Maschinenfabrik zur Herstellung von Knetmaschinen und Dampfbacköfen.

Werner-Voß-Weg *(1939, Sillenbuch)* Werner Voß (*1897 † 1917), Militärpilot.

Wernhaldenstraße *(1903, Süd)* Nach dem 1286 urkundlich erwähnten Flurnamen, der von Wuol-, Wüelhalde abgeleitet wurde. Für den Namen der Flur, die sich einst bis zum Fangelsbach hinzog, sind zwei Deutungen möglich: wuol, wüel bedeutet Wehr oder Damm an einem Gewässer oder eine Stelle mit Wasser und Schlamm, in dem sich Tiere (Schweine) wälzen.

Wernlinstraße *(1937, West)* Eberhard Wernlin (*1564 † 1635), 1611 bis 1635 Richter und 1629 bis 1630 Bürgermeister in Stuttgart, amtierte zur Zeit des Dreißigjährigen Krieges. Als nach der Schlacht bei Nördlingen (1634) mit dem kaiserlichen Heer die Pest nach Stuttgart kam, flüchtete er nicht mit Herzog Eberhard III. und seinen Räten nach Straßburg, sondern blieb in dieser schweren Zeit bis zu seinem Tod im Dienste der Stadt Stuttgart.

Werre, In der siehe →In der Werre.

Weserstraße *(1934, Münster)* Norddeutscher Fluß.

Wespenweg *(1935, Stammheim)* Die Gemeine Wespe, vespa vulgaris, ist die häufigste einheimische Wespe.

Westerwaldstraße *(1936, Feuerbach)* Teil des Rheinischen Schiefergebirges.

Westkai, Am siehe →Am Westkai.

Wette, Bei der siehe →Bei der Wette.

Wetteweg *(1936, Sillenbuch)* Der Flurname weist auf ein stehendes, zumeist als Pferdeschwemme genutztes Gewässer hin.

Wetzlarer Straße *(1939, Bad Cannstatt)* Stadt Wetzlar in Hessen.

Wichernweg *(1934, Steinhaldenfeld)* Johann Hinrich Wichern (*1808 Hamburg † 1881 Hamburg), evangelischer Theologe, gründete 1833 in Hamburg das »Rauhe Haus«, ein Erziehungsheim für verwahrloste Kinder. Auf seine Anregung hin wurde 1848 der Zentralausschuß für die Innere Mission der deutschen evangelischen Kirche gebildet.

Widdersteinstraße *(1936, Untertürkheim)* Berg in den Allgäuer Alpen, im Kleinen Walsertal.

Widdumhof *(um 1926, Weilimdorf)* Der Name (auch Widem, Wittum) bezieht sich auf das im Mittelalter der Kirche zur Nutznießung gewidmete (gestiftete) Gut (Pfarrhaus, Äcker, Wiesen und so weiter).

Widdumhofstraße *(um 1928, Weilimdorf)* siehe →Widdumhof.

Widmaierstraße *(1957, Möhringen)* Johann Karl Widmaier (*1819 † 1901), Brauereibesitzer und Möhringer Gemeinderat, Vater des Möhringer Ehrenbürgers Karl Widmaier (*1859 Möhringen auf den Fildern † 1938 Stuttgart), Brauereibesitzer.

Widmannweg *(1907, West)* Gottlob Widmann (*19. Januar 1852 Stuttgart † 4. April 1931 Stuttgart), Baumeister. Widmann war Steinhauer, Hofpolier und Bauführer, bevor er 1881 eine Bauunternehmung gründete. Bis 1912 erstellte er auf eigene Rechnung weit über hundert Häuser, vor allem im Stuttgarter Westen. Zwischen 1892 und 1911 betrieb er zudem auf dem Gelände der heutigen Ludwig-Pfau-Straße eine eigene Ziegelei. Seine 1934 gedruckte Autobiographie »Aus meinem Leben« enthält stadtgeschichtlich interessante Aufzeichnungen und Erinnerungen.

Gottlob Widmann

Widukindstraße *(1937, Untertürkheim)* Widukind († um 810), Sachsenherzog.

Wiederholdstraße *(1891, Nord)* Konrad Wiederhold (*1598 Ziegenhain, Hessen † 1667 Kirchheim unter Teck), Oberst im Dienst Herzog Eberhards III. von Württemberg, wurde im Dreißigjährigen Krieg (1634) zum Kommandanten der Festung Hohentwiel ernannt und verteidigte diese bis zum Ende des Krieges gegen alle Anstürme des kaiserlichen Heeres.

Wielandstraße *(1916, West)* Christoph Martin Wieland (*1733 Oberholzheim bei Biberach † 1813 Weimar), Dichter. Wieland war neben Klopstock (Lyrik) und Lessing (Drama) der große Erzähler der Aufklärung. 1769 kam er als Professor für Philosophie nach Erfurt, ab 1772 als Erzieher der Söhne der Herzogin Anna Amalie nach Weimar. Die ersten deutschen Shakespeare-Übersetzungen stammen von Wieland.

Wiener Platz *(1938, Feuerbach)* Wien, österreichische Bundeshauptstadt.

Wiener Straße *(1938, 1989, Feuerbach)* siehe →Wiener Platz.

Wiesbadener Straße *(1937, Bad Cannstatt)* Hauptstadt des Bundeslandes Hessen.

Wieselweg *(1933, Steinhaldenfeld)* siehe →Marderweg.

Wiesenäckerstraße *(1981, Riedenberg)* Gewanname.

Wiesengrund, Im siehe →Im Wiesengrund.

Wiesentalstraße *(1930, Degerloch)* Nach dem nahegelegenen Wiesental des Ramsbaches.

Wiesert, Im siehe →Im Wiesert.

Wigandstraße *(1957, Stammheim)* Nach dem Grundherrn Wigand von Stammheim, der 1292 urkundlich genannt wurde.

Wikingerweg *(1984, Stammheim)* Normannen, aus Skandinavien stammende Seefahrer, Eroberer und Staatengründer, 8. bis 11. Jahrhundert.

Wildbader Straße *(1937, Bad Cannstatt)* Stadt Wildbad, Landkreis Calw.

Wildbädle, Am siehe →Am Wildbädle.

Wildeckstraße *(1952, Feuerbach)* Schloß Wildeck bei Löwenstein, Landkreis Heilbronn.

Wildensteinstraße *(1937, Feuerbach)* Burg Wildenstein bei Beuron im Donautal.

Wildermuth, Adelheid siehe →Adelheidweg.

Der maurische Garten der Wilhelma in einer Aufnahme aus den zwanziger Jahren. Die Wilhelma diente ursprünglich als königliche Sommerresidenz und Kulisse für prunkvolle Feste des Hofes. 1918 wurde sie zum botanischen Garten umgestaltet; 1959 wurde der Tierpark integriert.

Wildermuthweg *(1927, West)* Ottilie Wildermuth (*1817 Rottenburg/Neckar † 1877 Tübingen), Schriftstellerin, wurde vor allem durch ihre Jugendschriften und den Sammelband »Bilder und Geschichten aus Schwaben« bekannt.

Wildgansweg *(1976, Neugereut)* Die Graugans, anser anser, ist die einzige einheimische Wildgans. Sie ist die Vorfahrin der Hausgans, die im Altertum gezüchtet wurde.

Wildparkstraße *(1963, Süd und West)* Nach dem 1815 von König Friedrich angelegten Rot- und Schwarzwildpark.

Wildpfad *(1938, Büsnau)* Lagebezogener Name.

Wildrosenweg *(1986, Lederberg, Heumaden)* siehe →Heckenrosenweg.

Wildseestraße *(1946, Obertürkheim)* See im Schwarzwald beim Ruhestein.

Wildunger Straße *(1937, Bad Cannstatt)* Stadt Wildungen, Hessen.

Wildwechsel, Am siehe →Am Wildwechsel.

Wilhelma *(1846, Bad Cannstatt)* Maurische Villa mit Säulengängen, Terrassen, Blumenbeeten, Wasserwerken, Gewächs- und Palmenhäusern, im Auftrag König Wilhelms I. 1842 bis 1853 durch Hofbaumeister Karl Ludwig Zanth erbaut. Heute ist die Wilhelma der einzige zoologisch-botanischer Garten Deutschlands und einer der schönsten Europas; mit 1,5 Millionen Gästen ist sie Stuttgarts meistbesuchte Sehenswürdigkeit.

Wilhelmaplatz *(1911, Bad Cannstatt)* siehe →Wilhelma.

Wilhelmastraße *(1880, Bad Cannstatt)* siehe →Wilhelma.

Wilhelm-Blos-Straße *(1925, Nord)* Wilhelm Blos (*1849 Wertheim, Baden † 1927 Stuttgart), 1919 bis 1920 erster württembergischer Staatspräsident, war von 1872 an Mitglied der Sozialdemokratischen Partei, redigierte eine Reihe sozialistischer Blätter, verfaßte historische Werke über die deutsche und die Französische Revolution. 1877 bis 1918 war er nahezu ununterbrochen Mitglied des Reichstages, wurde im November 1918 Vorsitzender der provisorischen württembergischen Regierung (Ministerpräsident) und am 7. März 1919 Staatspräsident des damaligen Freistaates Württemberg.

Wilhelm-Busch-Weg *(1939, West)* Wilhelm Busch (*1832 Wiedensahl, Niedersachsen † 1908 Mechtshausen, Harz), Dichter, Zeichner und Verfasser humorvoller Erzählungen, unter anderem »Max und Moritz«.

Wilhelm-Camerer-Straße *(1978, Ost)* Dr. Wilhelm Camerer (*1873 Langenau bei Ulm † 1942 Friedrichshafen), Begründer der Säuglingsheilstätte Berg.

Wilhelm-Geiger-Platz *(1940, Feuerbach)* Wilhelm Friedrich Geiger (*1869 † 1940), 1901 Schultheiß, 1907 Stadtschultheiß von Feuerbach, stand 42 Jahre im Dienste der bis 1933 selbständigen Gemeinde. 1923 wurde ihm vom württembergischen Staatsministerium der Titel Oberbürgermeister verliehen.

Wilhelm-Hertz-Straße *(1908, Nord)* Wilhelm Hertz (*1835 Stuttgart † 1902 München), Dichter und Professor der Literaturgeschichte, wirkte vor allem als Lyriker und Neuschöpfer mittelalterlicher Dichtungen.

Wilhelm-Hoffmann-Steg *(1989, Mitte)* Professor Dr. Wilhelm Hoffmann (*1901 † 1986), Direktor der Württembergischen Landesbibliothek.

Wilhelm-Keil-Weg *(1984, Mitte)* Wilhelm Keil (*24. Juli 1870 Helsa bei Kassel † 4. April 1968 Ludwigsburg), Politiker. Er kam aus einfachen Verhältnissen, lernte Drechsler und trat mit 17 Jahren der SPD bei, die damals verboten war. 1890 ging er nach Mannheim und begann, für die »Volksstimme« zu schreiben. 1896 wurde er Redakteur der SPD-Zeitung »Schwäbische Tagwacht«, was er bis 1930 blieb. Bei der Landtagswahl im Jahr 1900 wurde Keil als Abgeordneter von Ludwigsburg gewählt. Obwohl jüngster Parlamentarier, gewann er rasch Respekt. 1910 errang er das Mandat für den Reichstag. 1921 bis 1923 war er württembergischer Minister für Wirtschaft, Arbeit und Ernährung. Bis 1932 gehörte er dem Reichstag, bis 1933 dem Landtag an. Das NS-Regime verwies ihn in die innere Emigration. 1947 bis 1952 war Keil der erste Präsident des Landtags von Württemberg-Baden.

Wilhelm Keil

Wilhelm-Raabe-Straße *(1909, Süd)* Wilhelm Raabe (*1831 Eschershausen † 1910 Braunschweig), Dichter, lebte von 1862 bis 1870 in

Seite 260/261: Der Cannstatter Wilhelmsplatz 1909.

WILHELMS
BAU
302
231

A. BLUMHARDT
BABY-BASAR

Stuttgart, wo unter anderem seine Romane »Drei Federn« (1865), »Abu Telfan oder die Heimkehr vom Mondgebirge« (1868) und »Der Schüdderump« (1870) entstanden.

Wilhelmsplatz *(1832, Mitte; 1850, Bad Cannstatt)* König Wilhelm I. von Württemberg (*1781 Lüben/Schlesien † 1864 Bad Cannstatt), 1816 bis 1864 König von Württemberg. In seiner Regierungszeit wurde das Selbstverwaltungsrecht der Gemeinden gesetzlich festgelegt, erhielt Württemberg eine Verfassung und wurde 1843 der Bau einer Staatseisenbahn beschlossen. Das von ihm gestiftete Cannstatter Volksfest und zahlreiche Bauwerke (die Grabkapelle auf dem Württemberg, Schloß Rosenstein, die Wilhelma, die Staatsgalerie, der Königsbau und die Jubiläumssäule und andere) erinnern an seine für Land und Stadt fruchtbare Regierungszeit. Foto: Seite 260/261.

König Wilhelm I.

Wilhelmstraße *(1832, Mitte; 1831, Bad Cannstatt)* siehe →Wilhelmsplatz.

Willi-Bleicher-Straße *(1982, Mitte)* Willi Bleicher (*27. Oktober 1907 Stuttgart-Bad Cannstatt † 23. Juni 1981 Stuttgart), Bezirksleiter der Industriegewerkschaft Metall in Baden-Württemberg. Der gelernte Bäcker trat schon früh der Gewerkschaft bei. Nach Hitlers Machtantritt emigrierte er, als aktiver Gewerkschafter von Verfolgung durch die Nazis bedroht, in die Schweiz und nach Frankreich. Von dort aus unterstützte er den Widerstand gegen die Nationalsozialisten. Während eines illegalen Aufenthaltes in Deutschland wurde er verhaftet und ins Konzentrationslager verbracht. Als Häftling im KZ Buchenwald, so wurde später bekannt, setzte er sein Leben aufs Spiel, um ein jüdisches Kind über ein Jahr lang zu verbergen, durchzufüttern und ihm damit das Leben zu retten.

Bleicher war einer der legendärsten Arbeiterführer der Nachkriegszeit. 1959 bis 1972 führte er den südwestdeutschen Metalltarifbezirk und ging, wie er einmal sagte, keiner Auseinandersetzung aus dem Weg, »wenn es um eine bessere und gerechtere Welt für die Arbeiter ging«. Aus zwölfjähriger KZ-Haft trug er gesundheitliche Schäden davon. Dennoch war er später ein vitaler und kompromißloser Kämpfer für die Gewerkschaft.

Willi Bleicher

Oberbürgermeister Manfred Rommel würdigte ihn 1979, als er Bleicher die Bürgermedaille der Stadt überreichte, mit den Worten: »In Ihnen verbindet sich das Charisma des Arbeiterführers, dem Autorität nicht kraft Satzung zukommt, sondern aus seiner Persönlichkeit wächst. Sie wurden nicht umsonst beim DGB ›Marschall Vorwärts‹ genannt. In Ihnen vereinen sich die Vernunft des Sachkundigen und die Menschlichkeit dessen, der mehr Unmenschlichkeit ertragen mußte als die meisten anderen.«

Die Straße hieß vor ihrer Umbenennung Kanzleistraße und ging 1811 aus der 1764 erstmals genannten »Canzleygasse« hervor, deren Namen auf das Kanzleigebäude zurückzuführen ist, das später Teil des Ständehauses wurde.

Willy-Reichert-Staffel *(1976, Süd)* Rudolf Wilhelm (Willy) Reichert (*30. August 1896 Stuttgart † 8. Dezember 1973 Grassau im Chiemgau), Schauspieler und Humorist. Reichert war Sohn eines Maschinenmeisters und lernte den Beruf des Zuckertechnikers. Dann wandte er sich der Bühne, später dem Film und dem Fernsehen zu. 1920 nahm er bei Max Bing Schauspielunterricht am Stuttgarter Staatstheater, stand auf Opern- und Operettenbühnen, spielte den »Mackie Messer« in Brechts »Dreigroschenoper«. Berühmt wurde er mit der im schwäbischen Dialekt gehaltenen Kleinkunst. Von 1933 bis zu seinem Tod mimte er in mehr als hundert Häberle-und-Pfleiderer-Sketchen den Pfleiderer; sein Partner Oscar Heiler verkörperte den Häberle. Spätestens damit und mit der Fernsehsendung »Deutschland deine Schwaben« wurde er weit über Schwaben hinaus bekannt. Zunächst kauzig und grob, wurde Reichert immer hintergründiger und »knitzer«. Er wurde der Schelm, der Ästhet, bei dem niemand mehr fragte, ob er Humorist, Komiker oder Schauspieler sei. Er war Willy Reichert und als solcher »der Schwabe«.

Als »Pfleiderer« unvergessen: Willy Reichert

Wilnaer Straße *(1967, Mühlhausen)* Stadt Wilna, Hauptstadt von Litauen.

Wimpfener Straße *(1937, Zuffenhausen)* Stadt Bad Wimpfen, Landkreis Heilbronn.

Windgassen-Weg, Wolfgang- siehe →Wolfgang-Windgassen-Weg.

Windhalmweg *(1954, Plieningen)* Von der drei Arten der Grasgattung Windhalm, apera, ist die häufigste der Gemeine Windhalm, auch Ackerschmiele genannt. Er kommt als

Unkraut besonders auf Getreidefeldern und sandigem Brachland vor.

Windröschenweg *(1936, Sommerrain)* siehe →Anemonenweg.

Winkel, Im sonnigen siehe →Im sonnigen Winkel.

Winkel, Stiller siehe →Stiller Winkel.

Winkelriedstraße *(1935, Zuffenhausen)* Arnold Winkelried, Volksheld aus den schweizerischen Befreiungskriegen gegen Österreich, 14. Jahrhundert.

Winterbacher Straße *(1959, Bad Cannstatt)* Gemeinde Winterbach, Rems-Murr-Kreis.

Winterhaldenstraße *(1896, Bad Cannstatt)* Der Flurname weist auf die sonnenarme Nordlage hin.

Winterlinger Weg *(1971, Möhringen)* Gemeinde Winterlingen, Zollernalbkreis.

Wisentweg *(1951, Wolfbusch)* Die letzten europäischen Wisente (Bisons) haben sich im Kaukasus erhalten.

Wissmannstraße *(1957, Stammheim)* Hermann Wissmann (*1853 Frankfurt/Oder † 1905 Weißenbach/Steiermark), 1890 geadelt, Afrikaforscher, 1895/96 Gouverneur von Deutsch-Ostafrika.

Withauweg *(1970, Stammheim)* Der Flurname bezeichnet einen Gemeindewald, in dem jährlich das Bürgerholz geschlagen wurde.

Witikoweg *(1964, Freiberg)* Roman von Adalbert Stifter.

Wittenbergstraße *(1946, Obertürkheim)* Stadt Wittenberg an der Elbe.

Witthohstaffel *(1930, Süd)* Berg bei Tuttlingen.

Wittlinger Straße *(1937, Feuerbach)* Burgruine Hohenwittlingen auf der Schwäbischen Alb bei Urach.

Wörishofener Straße *(1937, Bad Cannstatt)* Gemeinde Bad Wörishofen, Bayern.

Wörthstraße *(1927, Vaihingen)* Der Flurname Wörth (auch Wörd oder Wert) weist auf erhöhtes, wasserfreies Land in sumpfigem Gelände hin.

Wolfbusch, Im siehe →Im Wolfbusch.

Wolfeggstraße *(1936, Wangen)* Gemeinde Wolfegg, Kreis Ravensburg.

Wolfer, Im siehe →Im Wolfer.

Wolffstraße *(1888, Süd)* Adolf Wolff (*1832 Esslingen-Wäldenbronn † 1885 Stuttgart), wirkte viele Jahre als Stadtbaurat in Stuttgart. Er erbaute die Stöckach- und Johannesschule, war 1866/67 am Umbau des alten Bahnhofs beteiligt und erbaute die am Ende der Straße gelegene Matthäuskirche.

Wolff erbaute die Matthäuskirche (Foto um 1890).

Wolff-Straße, Emil- siehe →Emil-Wolff-Straße.

Wolfgangstraße *(1929, Hofen)* Bischof Wolfgang von Regensburg (*924 Pfullingen [?] † 994 Popping/Oberösterreich), zweiter Schutzheiliger der Hofener Kirche.

Wolfgang-Windgassen-Weg *(um 1980, Mitte)* Wolfgang Windgassen (*1914 † 1974), Operndirektor, Opernregisseur und Kammersänger.

Wolfmahdenstraße *(1957, Vaihingen)* Der Flurname könnte entweder auf das Raubtier oder den Personennamen Wolf zurückgehen. »Mahd« war eine Wiese, die nur einmal jährlich gemäht wurde.

Wolframstraße *(1936, Mitte und Nord)* Der Flurnamen Wolframshalde, 1351 erstmals urkundlich genannt, geht auf den Personennamen Wolf zurück.

Wolfsberg, Am siehe →Am Wolfsberg.

Wolfschlugener Straße *(1939, Degerloch)* Gemeinde Wolfschlugen, Kreis Esslingen.

Wolf-Staffel, Friedrich- siehe →Friedrich-Wolf-Staffel.

Wolf-Straße, Abraham- siehe →Abraham-Wolf-Straße.

Wollerweg *(um 1937, Rohracker)* Herkunft unklar.

Wollgrasweg *(1967, Plieningen)* Das Schmalblättrige Wollgras, eriophorum angustifolium, wächst in vielen Mooren und Sümpfen. Seine Blütenähren sehen aus wie kleine, weiße Wollknäuel.

Wollinstraße *(1957, Zuffenhausen)* Ostseeinsel.

Wolzogenstraße *(1938, Weilimdorf)* Nach der mit Schiller befreundeten Familie Wolzogen.

Wormser Platz *(1938, 1957, Weilimdorf)* Stadt Worms, Rheinland-Pfalz.

Wormser Straße *(1938, Weilimdorf)* siehe →Wormser Platz.

Wrangellstraße *(1945, Steckfeld)* Dr. Margarete Fürstin Andronikow, geb. Freiin von Wrangell (*1877 Moskau † 1932 Stuttgart), Professorin für Pflanzenphysiologie. Sie stammte aus einer in Estland ansässigen deutschen Familie. Ihr Vater, Baron Karl Fabian von Wrangell (*1839 † 1889), war russischer Offizier, ihre Mutter, Julia Ida Marie (*1843 †1927), hatte das Gouvernantenexamen abgelegt, übte jedoch ihren Beruf nach ihrer Heirat nicht aus. Auch die Tochter, die sich Daisy nannte, legte nach ihrem Schulabschluß 1894 das Lehrerinnenexamen ab, das als Studienvoraussetzung galt. Nach einem Semester in Leipzig zog sie mit ihrer Revaler Freundin Ebba Husen nach Tübingen. Sie war dort zwar nicht die erste Studentin, doch leitete ihr Studium, das sie mit drei Abiturientinnen des Stuttgarter Mädchengymnasiums 1904 begann, offiziell das Frauenstudium in Tübingen ein.

Margarete von Wrangell

»Daisy« studierte Chemie, absolvierte 1909 ihre Doktorarbeit »summa cum laude«, war anschließend Assistentin an der landwirtschaftlichen Versuchsanstalt in Dorpat, 1910 bis 1912 Assistentin am Chemischen Institut in Straßburg, dann wissenschaftliche Assistentin bei Sir William Ramsay in London und bei Marie Curie in Paris, 1912 bis 1918

Leiterin der Versuchsstaion des estnischen landwirtschaftlichen Vereins in Reval. Als sie sich während der kommunistischen Herrschaft in Estland 1917 bis 1918 weigerte, ihr Labor einer Regierungskommission zu übergeben, wurde sie verhaftet und mit anderen Frauen des baltischen Adels interniert.

Nach dem Einmarsch deutscher Truppen in Estland setzte Margarete von Wrangell ihre wissenschaftliche Tätigkeit über den estländischen Phosphorit in Hohenheim fort. Über diese Zeit schrieb sie: »Inzwischen hatte ich zwei außerordentlich glückliche und fruchtbare Arbeitsjahre in Hohenheim verbracht. Die Erlebnisse des Krieges und der Revolution hatten meine Stellung zum Leben verändert; ich empfand das Leben nicht mehr als eine Selbstverständlichkeit, ich empfand es als ein seltenes Geschenk, das man auszunutzen verpflichtet ist. Ich genoß die Möglichkeit, still und ohne viel Berührung mit der Außenwelt wissenschaftlich arbeiten zu können; ich wollte so wenig wie möglich mit Menschen zu tun haben, die sich mißverstehen und verfolgen; ich legte das Ohr an den Boden, und es schien mir, als seien die Pflanzen froh, etwas über die Geheimnisse ihre Wachstums erzählen zu können.«

Ihre Arbeiten über Phosphorsäure und die Ernährung der Pflanzen hatten in Wissenschaftskreisen Aufmerksamkeit erregt. 1920 verfaßte Margarete von Wrangell die erste Habilitation in der Geschichte der Landwirtschaftlichen Hochschule in Hohenheim und wurde schließlich als Professorin nach Hohenheim berufen. »Im Herbst 1923«, berichtete sie, »war das Pflanzenernährungs-Institut in Hohenheim nach meinen Plänen fertiggestellt; ich bezog es als erste weibliche Ordinaria Deutschlands.« 1928 heiratete sie Wladimir Fürst Andonikow, einen Jugendfreund. Sie war eine strenge Institutsdirektorin und arbeitete oft über ihre Kräfte. Ihr menschliches Verständnis für ihre Mitarbeiter und notleidende Studenten war sprichwörtlich.

Württembergstraße *(1931, Untertürkheim und Rotenberg)* Nach der ehemaligen, 1081 urkundlich genannten Stammburg des württembergischen Herrscherhauses, erbaut von Conrad von Wirdeberch (erwähnt um 1080 bis 1100). Nichts blieb von dieser Burg erhalten. Eine Inschrift, die in die heutige Grabkapelle eingemauert ist, weist auf die Weihe der Burgkapelle (7. Februar 1083) hin. Der Name des Berges lautete bis etwa 1450 vorzugsweise Wirtenberg. Die Bergkuppe, lange Zeit nach dem Dorf Rotenberg genannt, heißt seit 1907 wieder Württemberg. König Wilhelm I. ließ die Stammburg seiner Vorfahren abreißen und 1820 bis 1824 von Hofbaumeister Salucci für seine 1819 verstorbene Frau Katharina eine Grabkapelle errichten, eines der bedeutendsten Bauwerke des schwäbischen Klassizismus. Als König Wilhelm I. 1864 starb, fand auch er in diesem Mausoleum seine letzte Ruhestätte. Bild: Seite 267.

Wüstenroter Weg *(1981, Rot)* Gemeinde Wüstenrot, Landkreis Heilbronn.

Wulfilastraße *(1936, Bad Cannstatt)* Wulfila (*310 † 383 Konstantinopel), Gotenbischof, dessen Bibelübersetzung ins Gotische als ältestes germanisches Sprachdenkmal gilt.

Wullestaffel *(1988, Mitte)* Wo heute das Hotel Intercontinental in der Neckarstraße steht, befand sich zuvor die älteste Stuttgarter Großbrauerei: Wulle. 1861 erwarb der Kaufmann Ernst Wulle zusammen mit dem Braumeister Maier das Grundstück. Als sich die geplanten Anlagen schon während der Bauzeit als unzureichend erwiesen, trenn-

Die im 11. Jahrhundert erbaute Stammburg des Hauses Württemberg war eine der ältesten und größten Burgen Schwabens. Auf dem Kupferstich von Matthäus Merian (um 1618) sieht man links das Dorf Rotenberg.

ten sich die Partner. Ernst Wulle baute die Brauerei auf und aus und wandelte sie 1896 in eine Aktiengesellschaft um, die »Aktienbrauerei Wulle«.

Das Unternehmen expandierte, und ein Tochterunternehmen ließ um die Jahrhundertwende den im Zweiten Weltkrieg zerstörten Friedrichsbau errichten, mit seinem Restaurant, Café und Varieté bald beliebter Treffpunkt der Stuttgarter.

Auch ein großer Teil der Brauerei und die daran angebaute »Stuttgarter Bürgerhalle« wurden im Krieg zerstört. 1950 waren die Betriebsanlagen an der Neckarstraße wiederaufgebaut. 1971 kaufte die Brauerei Dinkelacker Wulle auf. Bald darauf schloß die Brauerei Wulle ihre Pforten. Das Wulle-Gelände wurde 1973 an eine englische Immobilienfirma verkauft.

Wunderlichstraße *(1926, Ost)* Karl August Wunderlich (*1815 Sulz/Neckar † 1877 Leipzig), Professor für innere Medizin in Tübingen und Leipzig, gilt als der Begründer der exakten physiologischen Forschung in der Medizin.

Wunderstraße *(1926, Untertürkheim)* Wilhelm Wunder (*1874 † 1926), städtischer Baudirektor, leitete von 1913 bis zu seinem Tode das städtische Elektrizitätswerk und verbesserte die damals unzulänglich gewordende Stromversorgung durch den Bau von Wasser- und Dampfkraftwerken.

Wunnensteinstraße *(1902, Ost)* Aussichtsberg bei Oberstenfeld im Kreis Ludwigsburg.

Wupperstraße *(1935, Münster)* Im Sauerland entspringender Nebenfluß des Rheins.

Wurmlinger Straße *(1938, Degerloch)* Ortsteil Wurmlingen der Stadt Rottenburg, Landkreis Tübingen.

Wurm-Straße, Theophil- siehe →Theophil-Wurm-Straße.

Wurzacher Straße *(1971, Plieningen)* Stadt Bad Wurzach, Landkreis Ravensburg.

Ypernstraße *(1936, Bad Cannstatt)* Die belgische Stadt Ypern wurde in den Flandernschlachten des Ersten Weltkriegs nahezu völlig zerstört.

Zabergäustraße *(1938, Zuffenhausen)* Landschaft des württembergischen Unterlandes.

Zahn-Nopper-Straße *(1933, Zuffenhausen)* Nach den an der Straße ansässigen Firmen Vereinigte Eisenhandlungen Zahn und Cie. (gegründet um 1721) und Friedrich Nopper GmbH (gegründet 1816), die sich 1900 zusammenschlossen.

Zainerweg *(1957, Rotenberg)* Nach dem 1559 genannten Burgvogt Zainer.

Zaisgasse *(1957, Bad Cannstatt)* Alter Cannstatter Familienname.

Zamenhofstraße *(1960, West)* Dr. Ludwig Lazarus Zamenhof (*1859 Bialystok † 1917 Warschau), polnischer Augenarzt, veröffentlichte 1887 in Warschau sein erstes Lehrbuch über die von ihm geschaffene internationale Sprache Esperanto.

Zanderweg *(1957, Mönchfeld)* Der Zander, lucioperca lucioperca, gehört zur Familie der Echten Barsche und ist ein geschätzter Speisefisch.

Zaunwiesen *(1950, Hoffeld)* Nahegelegene Flur, früher eingezäunte Wiesen.

Zavelsteinstraße *(1937, 1972, Feuerbach)* Burgruine in Bad Teinach-Zavelstein, Landkreis Calw.

Zazenhäuser Straße *(1933, Zuffenhausen)* Führt nach Zazenhausen.

Zechweg *(1957, Süd)* Julius Zech (*1821 Stuttgart † 1864 Stuttgart), Professor für Mathematik und Astronomie an der Universität Tübingen.

Zedernweg *(1957, Degerloch)* Die Zeder, cedrus, ist eine Gattung der Nadelholzfamilie Kieferngewächse.

Zehnthof *(um 1892, Zuffenhausen)* An der Straße befindet sich die heute noch benützte Zehntscheuer (Zehnthof), in der bis 1851 der ursprünglich für die geistliche, später für die weltliche Obrigkeit bestimmte zehnte Teil des von den Lehensbauern erwirtschafteten Ertrages gelagert wurde.

Zeisigweg *(1933, Vaihingen)* Der Zeisig, carduelis spinus, gehört zur Familie der Finken. Der gelb-schwarz gemusterte Vogel baut meist in höheren Gebirgslagen auf den Zweigen hoher Nadelbäume sein Nest.

Zelgmadenstraße *(1953, Sillenbuch)* Flurname. In der früher üblichen Dreifelderwirtschaft wurde jeweils ein Drittel der Markung als Zelge bezeichnet. Mahd war eine Wiese, die nur einmal jährlich gemäht wurde.

Zellerstraße *(1909, Süd)* Dr. Eduard Zeller (*22. Januar 1814 Kleinbottwar † 9. März 1908 Stuttgart), Geheimer Rat, Professor der Philosophie und Theologie. Zeller war zunächst Professor für Theologie in Bern (ab 1847) und Marburg (ab 1849), dann Professor für Philosophie, ab 1862 in Heidelberg und ab 1872 in Berlin. Als Theologe war er Vertreter der Jüngeren Evangelischen Tübinger Schule, als Philosoph Vertreter des Neukantianismus und Neokritizismus. Seine Hauptwerke: »Die Philosophie der Griechen in ihrer geschichtlichen Entwicklung« und »Grundriß der Geschichte der griechischen Philosophie«. Er lebte von 1894 an in Stuttgart und erhielt 1906 das Ehrenbürgerrecht.

Ferdinand Graf von Zeppelin

Zeppelinstraße *(1909, West)* Dr.-Ing. Ferdinand Graf von Zeppelin (*1838 Konstanz † 1917 Berlin-Charlottenburg), Erfinder des lenkbaren Luftschiffes. Graf Zeppelin wohnte mehr als dreißig Jahre in Stuttgart. Als Zeppelins Luftschiff am 5. August 1908 bei Echterdingen durch einen Brand zerstört wurde, eröffnete die Stadtverwaltung mit einer Summe von 20 000 Mark die Zeppelin-Volksspende, die schließlich auf rund 6,5 Millionen Mark anwuchs. Damit konnte Zeppelin sein Werk fortführen. Graf Zeppelin wurde anläßlich seines 70. Geburtstages zum Stuttgarter Ehrenbürger ernannt.

Zetkin-Straße, Clara- siehe →Clara-Zetkin-Straße.

Zettachring *(1974, Möhringen)* Flurname, Herkunft unklar.

Ziegelbrennerstraße *(1958, Bad Cannstatt)* Nach der nahegelegenen Oberen Ziegelei.

Ziegelklinge, In der siehe →In der Ziegelklinge.

Zieglergasse *(1937, Bad Cannstatt)* Gewerbebezeichnung.

Zikadenweg *(1957, Stammheim)* Die in ganz Europa verbreiteten Zikaden oder Zirpen sind artenreiche Kerbtierfamilien mit Stechrüssel, zwei Paar Flügeln und kräftigen Sprungbeinen. Sie sind oft saugende Pflanzenschädlinge.

Zilleweg *(1932, Vaihingen)* Heinrich Zille (*1858 Radeburg † 1929 Berlin), Zeichner und humorvoller Darsteller des Berliner »Milieus«.

Zimmermannstraße *(1907, Mitte)* Friedrich Wilhelm Zimmermann (*1807 Stuttgart † 1878 Mergentheim), Dichter und Historiker. 1847 Professor der Geschichte und der deutschen Literatur an der Polytechnischen Schule in Stuttgart. Als Abgeordneter der

Beim Zuckerleweg (hier ein Foto aus dem Jahr 1957) beginnt die bekannteste Cannstatter Weinlage.

Deutschen Nationalversammlung (1848) verlor er seine Stellung.

Zimmerstraße *(1934, Feuerbach)* Nach der 1886 bis 1927 dort ansässigen Firma Vereinigte Chininfabrikation Zimmer & Co., zu der sich 1886 die Chininfabriken Conrad Zimmer in Frankfurt am Main und Friedrich Jobst in Feuerbach zusammengeschlossen hatten.

Zimtweg *(1957, Heumaden)* Als Zimt wird die getrocknete Innenrinde verschiedener tropischer Bäume bezeichnet, die seit der Antike als Gewürz verwendet wird.

Zinkbrunnenstraße *(um 1905, Wangen)* Nach dem früher an der Straße gelegenen sogenannten »Zinkbrunnen«.

Zinsholzstraße *(1936, Sillenbuch)* Nördlich der Straße gelegene Waldflur. Die Nutzung des Waldes war mit finanziellen Verpflichtungen verbunden.

Zirpenweg *(1937, Stammheim)* siehe →Zikadenweg.

Zorndorfer Straße *(1937, Weilimdorf)* Durch den Sieg Friedrichs des Großen 1758 über die russischen Truppen im Siebenjährigen Krieg bekannt gewordene Ortschaft bei Küstrin.

Zuckerbergstraße *(1933, Steinhaldenfeld)* Flurname, grenzt an den Südhang der Zuckerle-Weinberge, siehe →Zuckerleweg.

Zuckerleweg *(1928, Bad Cannstatt)* Flurname und volkstümliche Bezeichnung für den bekanntesten Cannstatter Wein. Sein Name ist im 19. Jahrhundert entstanden.

Zu den Tannen *(1939, Vaihingen)* Lagebezogener Name.

Züricher Straße *(1925, 1986, Bad Cannstatt)* Zur Erinnerung an die Hilfe, die Zürich in den Notjahren nach 1918 Stuttgart erwiesen hat.

Zürnstraße *(1957, Vaihingen)* Alter Vaihinger Familienname.

Züttlinger Straße *(1951, Rot)* Ortsteil Züttlingen der Gemeinde Möckmühl, Landkreis Heilbronn.

Zuffenhäuser Kelterplatz *(1967, Zuffenhausen)* Nach der dortigen Kelter.

Zuflucht *(1957, Kaltental)* Beim Kniebis gelegene Schwarzwaldhöhe.

Zum Lauchwald *(1939, Vaihingen)* Früher führte diese Straße zum nahegelegenen Wald. Lauch (auch Lau, Loh) bezeichnet ein kleines Gehölz, das sich meistens in Privatbesitz befand.

Zum Ölhafen *(1958, Untertürkheim)* Führt zum Ölhafen.

Zumsteegstraße *(1932, Botnang)* Johann Rudolf Zumsteeg (*1760 Sachsenflur † 1802 Stuttgart), Komponist und Hofkapellmeister Herzog Karl Eugens, wurde 1793 herzoglicher Konzertmeister und verantwortlicher Leiter der Oper. Seine kammermusikalischen Werke, Solokonzerte, Opern und vor allem die von Zumsteeg vertonten Lieder und Balladen werden auch heute noch geschätzt.

Zundel-Straße, Friedrich- siehe →Friedrich-Zundel-Straße.

Zur Anhöhe *(1932, Hoffeld)* Lagebezogener Name.

Zur Schillereiche *(1929, Süd)* Führt zur Schillereiche, die 1865 gepflanzt wurde. Sie erinnert daran, daß Schiller seinen Freunden von der Hohen Carlsschule im Bopserwald sein Erstlingswerk »Die Räuber« vorlas.

Zur Staibhöhe *(1927, Ost)* Karl Otto Staib (*1845 † 1904), Kaufmann; nach ihm wurde die 1926 gestaltete Aussichtsplatte »Staibhöhe« genannt. Er stiftete dem Stuttgarter Verschönerungsverein 25 000 Mark zum Ankauf des Geländes.

Zur Uhlandshöhe *(1927, Ost)* Führt zur Uhlandshöhe. Die Höhe selbst wurde nach Ludwig Uhland benannt, siehe →Uhlandstraße.

Zweibrückener Straße *(1937, Weilimdorf)* Stadt Zweibrücken, Rheinland-Pfalz.

Zweig-Straße, Stefan- siehe →Stefan-Zweig-Straße.

Zwergenweg *(1954, Möhringen)* Mensch von sehr kleinem Wuchs und Märchengestalt.

Zwinglistraße *(1937, Bad Cannstatt)* Ulrich Zwingli (*1484 Wildhaus/St. Gallen † 1531 bei Kappel), Züricher Reformator, Humanist und Politiker, leitete 1522 die Reformation in der Schweiz ein.